军机处二百年

袁灿兴 著

岳麓書社 · 长沙

图书在版编目（CIP）数据

军机处二百年 / 袁灿兴著. — 长沙：岳麓书社, 2021.10（2022.12重印）
ISBN 978-7-5538-1319-6

Ⅰ．①军… Ⅱ．①袁… Ⅲ．①军机处－研究－中国－清代 Ⅳ．①D691.42

中国版本图书馆CIP数据核字(2021)第088842号

JUNJICHU ERBAI NIAN

军机处二百年

袁灿兴 著

岳麓书社出版发行

地址｜长沙市岳麓区爱民路47号
承印｜长沙鸿发印务实业有限公司

开本｜880mm×1230mm 1/32　印张｜13.25　字数｜350千字
版次｜2021年10月第1版　印次｜2022年12月第3次印刷
书号｜ISBN 978-7-5538-1319-6
定价｜68.00元

如有印装质量问题，请与本社印务部联系
电话｜0731-88884129

雍正帝祭先农坛图（局部）

乾隆南巡图卷（局部）

紫光阁赐宴图卷（局部）

道光帝喜溢秋庭图轴

圆明园四十景之正大光明

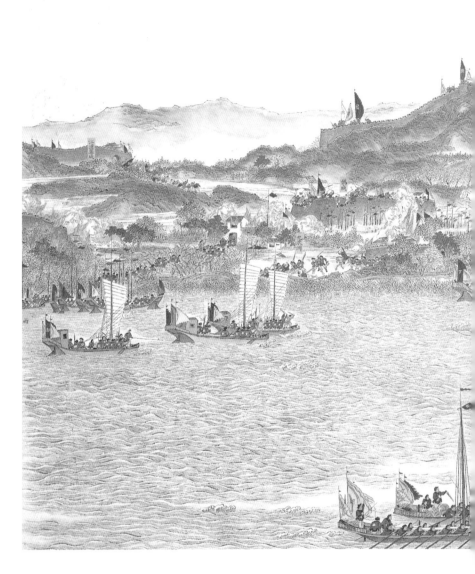

攻克江浦浦口二城力破九洑洲诸隘图

圆明园四十景之方壶胜境

前　言

　　中国历代皇帝所面临的一个问题是，他们必须集中权力，以确保皇权独尊；但他们又必须适度放权，以让臣子去处理纷繁复杂的事务。在分权与集权之间如何做好平衡，是考量皇帝执政能力的重要标准。

　　雍正登基之后，培养亲信大臣，打击朋党，整顿吏治，又在思想领域打击异端，争夺舆论阵地，宣传清廷统治的合法性。在这一过程中，雍正已开始构思创设一个政治机构，这个政治机构专属于皇帝，由皇帝任命，唯皇帝是从。这个政治机构必须效率极高，又具备保密性，但没有专属府衙，也没有专门官吏。它既能满足皇帝集权的需要，又能高效地处理军政、控制思想、预防朋党。雍正七年（1729），带着这个机构的蓝图，在张廷玉的辅佐下，雍正一手创设了影响清朝国运、主持清朝大政一百八十三年的军机处。

　　军机处创设后，议政王大臣会议、内阁被彻底架空，皇权一统，乾纲独断。军机处的负责人军机大臣由皇帝挑选内阁中的满汉大学士、各部尚书、侍郎等亲信大臣担任。虽然名义上到军机处上班是兼职，但基本上军机大臣都在军机处办公。而自军机处设立后，军国大事概由军机处负责。用兵时，由军机大臣决定战略方针，皇帝批准之后，再以谕旨发往前方。前方将领的请示经由军机处讨论，奏报皇帝批准后，再发往前方执行。至于用兵时的兵马粮秣、山川地形之类，概由军机处主持策划，这便是后世参谋本部的雏形。

在重要案件上，军机处能越过刑部取得法律执行权。军机处审理的案件，一种是由军机大臣单独审讯，将被审者押到内务府公所或步军统领衙门内接受审问；另一种则由军机大臣会同刑部审讯。因案件涉及的都是当朝大员，故而交给军机大臣来处理。军机大臣还可以推荐重要职位的官吏人选，从六部尚书到各省督抚，乃至地方官员，皆可由军机大臣开列名单，交给皇帝选择。

军机大臣权势虽重，但伴君如伴虎，这也是份高风险的职业。军机处的奠基者张廷玉不过因为上书乾隆，请他对自己配享太庙的资格做个保证，就招惹乾隆雷霆大怒，使自己不得安生。讷亲在金川前线久战无功，乾隆本来要让他去边疆充军赎罪，不想因为他私底下的几句牢骚话而送掉了自己的性命。咸丰朝首席军机大臣赛尚阿受命前往广西镇压太平军。出征之前，他自知要倒霉，竟然一路哭着出京。

军机大臣之中，能长期稳坐、安享富贵荣华的不外谨慎持身、不结党营私之人。嘉庆朝担任了十几年首席军机大臣的庆桂性格平和，在中枢数十年，不敢有丝毫逾越，规规矩矩，毫无过失，一口气干到了七十九岁才退休。当时人认为他过于谨慎，近于迂腐，可嘉庆却始终信任并重用他。被称为"三百年第一福气之人"的潘世恩，该说话时就说话，该磕头时就磕头，该闭嘴时就闭嘴，得享高寿，终生平安，后世子孙文章都做得好，孙子潘祖荫还考中了状元。潘世恩的苏州同乡彭蕴章是咸丰朝首席军机大臣，老前辈潘世恩的那套功夫他学不来，所以干脆一言不发，人送外号"彭葫芦"，倒也能做个太平宰相。

军机大臣之外，军机章京是军机处中不可忽视的角色。军机章京的工作极多，如拟定谕旨、随军机大臣出差、参与审理案件等等，这些工作中，最为重要的是拟定谕旨。本来拟定谕旨是军机大臣的任务，经过实际操作之后，这份工作也被转给了军机章京。将草拟谕旨的工作转给军机章京，一方面有助于提高军机章京们的积极性，给他们发挥才华的机会，以向皇帝、军机大臣们证明自己的才能。另一方面，也有利于军机大臣专一于军政事务，提高军机处的工作效能与质量。就皇帝而言，也乐于看到军机章京们起草谕旨，这样可以适度分权，避免军机大臣大权独揽的现象出现。

军机章京虽不似军机大臣那样声名显赫，标榜于史册，但他们在当时职责重大，担任撰写谕旨，整理政令、档案工作，并因其职位之重要，而在官场中可获得更多的升迁机会。从军机章京走出来的首席军机大臣就有讷亲、阿桂、庆桂、文孚、赛尚阿、彭蕴章等人。据统计，清代由汉军机章京升为军机大臣者有三十三名之多。军机章京们在政治上的辉煌前途，也吸引了更多的人才投身其中，并视军机章京一职为人生的荣耀。

总体而言，军机处虽然有权势过人如和珅者，却从未能对皇权形成任何制约，更遑论威胁。军机处不是正式的机构，军机大臣不是正式的官衔，既可以说它有权，也可以说它无权。只有皇帝最信任的大臣才能入军机处。而在军机处之中，军机大臣所处理的一切事务都是皇帝交付的，他们只是皇权所操控的木偶，并不具备任何主动性。在军机处的历史上，从来没有出现过皇权与相权激烈对抗的现象，也从来没有军机大臣的权势嚣张到不可控制的程度，这可以说是军机处最成功的地方。

军机章京们曾发出豪言："起家词赋皆先泽，报国文章在此身。书生蝇头钻故纸，不输沙场斫贼刀。"军机大臣到底是些什么样的人物？

他们对待新事务的态度又是如何？军机处日常如何运作？军机大臣与军机章京们的心态又是如何？曾影响大清国运的军机处，在清末时节能否经得起历史的考验？

　　历经一百八十三年的军机处，一笔厚重的历史，一群出类拔萃的人物，一堆有待挖掘的故事，在《军机处二百年》之中，我将努力给读者朋友们展示一个全面而真实的军机处。

目　录

第一部

雍乾盛世

"一人治天下"的梦想

　　紫禁城的乾清宫广场西侧，靠近隆宗门，有一排简陋的平房。与金碧辉煌的宫殿相比，它颇显寒酸，游客们也大多会忽略它。然而，别看它不起眼，它却是大清帝国一百八十余年的决策中枢。

　　它就是军机处。

　　军机处为清朝独有，首创者乃雍正帝。雍正为何要设立这么一个"中央军事领导小组"？根本原因是想有效发挥君主集权的优势，而导火索是一场发生在帝国西北边陲的战争。

俯瞰隆宗门两侧的军机处

事情起于雍正二年（1724），青海和硕特蒙古首领罗卜藏丹津叛乱，被年羹尧、岳钟琪荡平。罗卜藏丹津逃亡准噶尔。准噶尔是清廷的老对手了，康熙皇帝都曾披挂上阵，三次亲征准噶尔。

雍正四年（1726），内政整肃完毕，皇帝准备对准噶尔用兵。

雍正七年（1729），战争爆发。军情如火，需立即处理，且必须保守秘密。但当时的政治机构不尽如人意。清承明制，以内阁为国家行政中心。内阁设于紫禁城太和门外的文渊阁附近，而雍正皇帝在养心殿处理政务、就寝，两者相距一千余米。宫禁重重，手续繁多的处理流程极易延误时机；而军报到京，先经内阁也容易泄露机密。于是雍正以需要一个密且近的处理机关为借口，在隆宗门一带的墙根搭建了一排平房，始称军需房，后改称军机房，又改称军机处，遴选心腹允祥、张廷玉、蒋廷锡三人秘密办理军务。

打开故宫地图就能发现，隆宗门位于乾清门广场以西，正北面就是雍正皇帝的寝宫——养心殿，两者相距不足五十米。一千米到五十米，从内阁到军机处，距离的缩短意味着政务处理的快捷，也意味着权力向皇帝集中。

军机处的房子和宫墙之间有两米空隙，据说这里曾有一条通往养心殿的专用通道。这条路穿过宫墙，经过御膳房，直达养心殿，如今御膳房的宫墙依然留有通道的痕迹。心急的雍正皇帝将军务处理中心迁到自己附近还不够，还要凿出一条便捷往来的孔道。雍正的孜孜求治之心、乾纲独断之望，显露无遗。

西北战事结束后，雍正并未撤销军机处，反而在第二年增设办理文书事务的"小军机"——军机章京。雍正十年（1732），又铸军机处印信，储于大内。一个临时机构为何能存在如此之久、影响如此之大？因

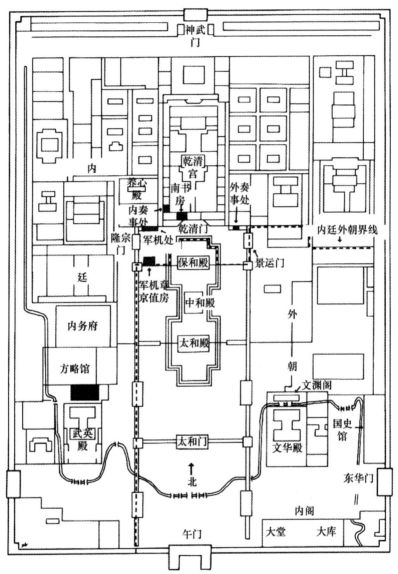

- - - - - 内廷与外朝的大致界线

紫禁城的内廷和外朝

（白彬菊：《君主和大臣：清中期的军机处（1723—1820）》，中国人民大学出版社，2018）

为皇帝借着军机处掌握了乾纲独断的秘密，破解了集权统治的难题。

创设军机处，既是对准噶尔用兵的需要，也是集中权力的需要。军机处创设之后，早先的议政王大臣会议徒具虚名，议政王大臣成为虚衔，无应办之事，有名而无实，在乾隆年间最终被裁撤。南书房虽仍为翰林入值之所，但已不参预政务，主要负责文辞书画。但入南书房行走一直是清代士人心中最大的荣耀，皇帝也常让亲信大臣入南书房作为奖励。

养心殿的西暖阁是雍正皇帝处理政务、批阅奏章的地方。墙壁上悬挂着一副雍正手书的对联，十分醒目：惟以一人治天下，岂为天下奉一人。皇帝不加掩饰地表达了他对集权的渴望。那么，他又是如何做到的呢？

秘密在于军机处的三个字：勤、速、密。雍正追求高效。军机处甫一成立，雍正皇帝就规定，不管有多少公文，必须在当天完成。即便一天的奏折多达几百件，也必须连夜处理完毕。皇帝要求如此严格，军机大臣的工作就很辛苦了。王文韶是清末的一位军机大臣，在他的日记中，留下了军机大臣辛苦工作的场景。每日寅时初（凌晨三点）天还没亮，王文韶就要入值军机。光绪七年（1881）的元旦，他凌晨两点就到了值庐（军机处所在地），直到早晨七八点才能稍微缓一口气，休息一下。夜里办公腹中饥饿，军机大臣们会在离家前先吃好夜宵。皇帝也考虑得很周到，军机处办公室的门廊下总会摆放着一盘盘烧饼、油条，供大臣们充饥。

凌晨三点，紫禁城内一片漆黑，唯有军机处值庐中灯火通明。不过，最辛苦的人不是军机大臣，而是负责撰拟谕旨和管理档案的军机章京。军机处成立后，权责日重，举凡政治、军事、经济、外交事务，莫不经过军机处，单凭几个军机大臣已经处理不过来了。于是军机处成立的第二年，就增设军机章京。起初军机章京无定额，从内阁中书、笔帖式等官员中选调。嘉庆四年（1799）起，定军机章京满汉各十六人，分为满汉各两班。每班的领头称为"达拉密"，由他领着章京们在军机处值班。通常情况下，满汉章京轮流值日，每班值两日。即便是大年初一，军机处也要当差入值。

军机处最强调效率与速度。军机大臣的工作流程生动地描绘了这里的"速度与激情"：军机大臣入值后，约五六点钟，天刚蒙蒙亮，就要去养心殿面见皇帝，聆听皇帝对政务的处理意见，这叫"承旨"。皇帝在征询军机大臣对政务的意见后下达指示，军机大臣就会急匆匆赶回五十米以外的军机处，将皇帝的意思"述旨"给军机章京，章京们走笔如飞，执笔"拟旨"。军机大臣拿着拟好的谕旨，再赶回养心殿报皇帝批准。一来一去，不过一个时辰，许多政务就处理完了。

军机大臣是跪着"承旨"的。久跪辛苦，大臣们总结了一些小窍门。比如他们会在膝盖处用圆夹布中置棉絮为衬里，这样跪着就不疼了。为了免除终日长跪，军机大臣们还练就了简明扼要的本事：无论事情多复杂，一定三句话内讲完，免得皇帝再问。皇帝批文封好后，就会加盖军机处大印，并写明驿递日行里数，交给兵部发驿马传递，或每日行四五百里，或六百里加急，飞奔的骏马带着皇帝的批文，在帝国的驿道上川流不息。凭着这套交通系统，中央集权的触角伸向帝国各方。

"密"，是军机处最大的特点。军机处成立后，雍正三令五申地告诫属下"臣不密则失身"的道理，并规定军机处外面由护军把守，上至王公大臣、下至太监宫女都严禁私入。甚至服务人员，也规定必须是十五岁以下不识字的小太监，称为"小么童"。十五岁之后，就立刻换新人。而占军机处文书大头的廷寄，与文武大臣向皇帝呈递的奏折，更是改变了古代中国长期以来的公文惯例。

今天，"上朝批折子"是人们对皇帝工作的主要印象。殊不知，清代之前的皇帝是"不批折子"的。奏章摆在皇帝案头，需经过复杂的流程。以明朝为例，当时地方各省及中央各部的上行公文，若有关公事的，叫"题本"；有关私事的，叫"奏本"。这些"本"首先要汇总到相当于国务院办公厅的通政使司，然后交给内阁。内阁先"票拟"附上处理意见，与奏本一同送达皇帝审批。皇帝用朱笔写下意见后再发给内阁执行，这叫"批红"。

明朝中叶后，皇帝对政务懈怠，往往将"批红"权力交予司礼监，让首席秉笔太监按照皇帝的意思作"朱批"。明朝这套政务处理流程，虽然开了太监参与朝政的后门，也对皇权形成了制约。因为内阁首先阅览奏章，在皇帝过目之前就拟定了意见。即便皇帝驳回了内阁的"票拟"，内阁也会想法子补救。慢慢，内阁首辅变成事实上的宰相。如果他与首席秉笔太监关系密切，且皇帝年纪幼小，那么决策权就掌握在内阁首辅手中。例如万历年间的张居正，属下官员上奏本，内阁依张居正的意思"票拟"，政治盟友冯保控制的司礼监再"批红"，"万历新政"就这样雷厉风行地推行开了。

为了避免自己被内阁蒙蔽，康熙中期发明了奏折制度——皇帝亲信秘密地直接呈递报告，皇帝通过秘密报告掌控全局。奏折绕过了内阁，这就保证皇帝不受干扰地贯彻自己的意志，实现权力集于君主一身。

雍正完善了奏折制度。他不仅将有权写折之人扩展至大学士和各省督抚、藩、臬、提、镇，也在保密措施上下足了功夫。首先，密折均直达御前，中间不经过任何人转手；而且密折只能由皇帝一个人批阅，即便是军机大臣也不能过目。

在《朱批谕旨》前言中，雍正自得地说："此等奏折……一字一句皆出朕之心思，无一件假手于人，亦无一人赞襄于侧。"大臣与皇帝之间的密折与朱批由特制匣子传递。大臣与皇帝一人一把钥匙，除此之外，没有人能够打开匣子。即便如此，雍正还要谆谆叮嘱臣下不要泄露密折内容。鄂尔泰是雍正最信任的宠臣之一，雍正在给鄂尔泰的侄子鄂昌的奏折朱批中告诫他："不可令一人知之，即汝叔鄂尔泰亦不必令知。"就是朱批过的奏折，雍正依然不放松，还下旨要求具奏人在一定时间内交回宫中保存，本人也不得抄录留底，否则严惩不贷。

那么，朱批后的奏折是如何到达具奏人手中的呢？靠军机处。军机处收到朱批奏折后，先由军机章京将奏折连同朱批誊写一遍，加以保存；原件则密封装好，直接传给上折大臣。有些折子，皇帝当天没有考虑周全，就"留中"不发；另一些极为机密的，只录"另有旨"，连副本也不保存。

雍正靠密折了解下情，推行新政，震慑臣下，清明政治。举凡气候、粮价、养廉、水利等，皆在密折之内，几乎是无所不包。除了这些，精力充沛的雍正还喜欢插手鸡毛蒜皮的小事，而大臣也望风希指，投其所好：雍正六年（1728）六月，河南府孟津县居民翟世有捡到陕西棉花商人秦泰170两银子，没有私自独吞。时任河南山东总督的田文镜在奏折中向雍正陈说此事，皇帝批示："这是田文镜你教化有方，真是国家的祥瑞，朕很高兴。"由于地方大员多有密折具奏之权，雍正乐得他们相互牵制、相互监督。王绍绪由鄂尔泰举荐出任广州提督，雍正担心他过于"善柔，行小惠沽名钓誉"，于是让广州将军石礼哈监视王的表现。在接到石礼哈"王绍绪念念不忘圣恩，志洁行清，勤于办事"的回奏后，雍正依然疑虑重重，又询问了两广总督、署理广东巡抚的意见。得到广东巡抚傅泰的肯定意见后，方才罢了。

任命一位广州提督，就要耗费皇帝如此的心神。在天威罩顶的震慑下，雍正力推的新政，如摊丁入亩、改土归流等，也轰轰烈烈地推行下去了。自雍正朝始，密折政治成为清朝政治的主流。军机处扮演枢纽的作用，对于大清帝国走向盛世，功莫大焉。

　　雍正借着军机处"以一人治天下"，同时也将重担放在肩头。清朝皇帝普遍勤政，而雍正是其中最突出的。雍正四年（1726）五月，皇帝在上谕中感慨地说道，皇考每日上朝，已经是勤政的楷模了；而朕，每天从清晨工作到深夜，又有过之。白天，雍正帝接见大小官员，披览章奏；晚上在青灯下，还要阅读各地的密折，多至二三十件。

　　据统计，雍正当政十三年，至少批阅过奏折两万两千余件，题本十九万余件，写下了千余万字的批语。与他的父亲和儿子不同，雍正从未南巡锦绣江南、围猎木兰围场。除了生日放假一天外，他就是一架工作机器。君主集权的背面就是放弃休息、勤于政事。雍正十三年（1735）八月二十三日，皇帝暴死于圆明园，大位传给宝亲王弘历，新帝年号乾隆。在乾隆皇帝时，军机处彻底成为皇帝的左右手，军机大臣彻底成为皇帝的高级秘书。

最受恩宠的汉人

有清一代，若数最受恩宠的汉人，第一必是张廷玉。张廷玉的父亲张英，在他未曾出仕前，就已为他积累下了丰厚的政治资源。张廷玉的父亲张英曾担任过雍正的老师，极受康熙恩宠。张廷玉出生在北京，二十九岁时考中进士，次年张英告老还乡，要将康熙赏赐的房子归还。康熙却道："此屋即赐卿两子居之，朕见卿子，如见卿也。"

张英为儿子奠定了从政的基础，而张廷玉的进一步飞黄腾达则与他自身的勤奋与能力相关。入关之后，满人不可避免地开始汉化。在满人汉化的同时，却也有小部分汉人满化，以求得到清廷统治者的信任与重用。张廷玉考中进士后，被派到翰林院学习满文，这对他来说是一次重要机会，掌握好满语也就意味着能融入满人的圈子。张廷玉学习时几忘寝食，每次考试必是第一，很快就熟练掌握了满语。学习期满之后，张廷玉御试第一，被康熙嘉奖。

康熙四十三年（1704）四月，三十三岁的张廷玉被康熙召至畅春园，康熙亲切地询问了张英的身体状况。当日张廷玉奉旨侍值南书房，特旨带数珠，着四品官服色。十二月，康熙又亲赐"福"字与对联一副，这是汉人大臣中少有的恩宠。此后，康熙不管是巡游江南，还是避暑热河、秋狩塞外，张廷玉"皆珥笔以从"。至四十五岁时，张廷玉被擢授内阁学士兼礼部侍郎，开始进入内阁处理政务。

康熙去世的第二天，雍正就提拔张廷玉办理翰林院事宜。在康熙葬礼期间，张廷玉显示了自己出色的文书功底。雍正守灵时席地而坐，晨夕涕泣，有臣子入内奏事，则临时口授大意，张廷玉就伏在地下以笔书写，稿成后立刻呈给雍正浏览，每日不下十数次。

雍正对张廷玉的表现极为满意，私下对他道："以前做皇子时，不大好与朝内大臣交结，一直听说过你的名字，却未曾谋面。现在见了你，发现你气度端凝，应对明晰，朕心里很是欢喜，吾师有子矣。"对喜欢的臣子，雍正的肉麻话是一套一套的，现在喜欢上了张廷玉，自然也少不了肉麻一番。雍正对张廷玉道："你一片忠心，办事敬诚，真是个伟器！你是父皇康熙培养出来的，你要到棺材前磕头感谢。"雍正这么一说，张廷玉又要涕泪纵横地在康熙棺前表演一番了。

雍正七年（1729），军机处创设。允祥担任首席军机大臣不久便去世，遂由张廷玉接任。张廷玉在任时，奠定了军机处的基础，使得军机处成为维系清廷统治的重要支柱，如后人所言："军机处初设，职制皆廷玉所定。"

中国传统政治的运作依赖于文官与文书。明代的文书制度层次混乱，效率低下。清初予以改革，形成了三种文书制度，即题本、奏本、奏折。题本、奏本是正式的文本，使用面广，上至督抚，下至州县衙门，均依照格式施行。此套文书系统弊病也多，一来大小官员均可上题本、奏本给皇帝，皇帝根本无暇处理。再者题本、奏本须依照固定格式书写，然后由通政使司转送，转送时还需要经过内阁拟定处理意见之后再转交皇帝。一层层的转送过程中，既缺乏效率，也不容易保密。而最关键的一点在于，文书送达皇帝之前须经过内阁处理，再交给皇帝，这无形中削弱了皇帝的权威。奏折是秘密行文制度，它不是正式的公文，由亲信官员直接呈送给皇帝，速度快、保密性强，在康熙时很受重视。但奏折也存在问题。奏折制度未规范化。受到皇帝信任的官员可以直接上奏，如江宁织造曹寅可以直接上奏，而地方大员则不能，如此职权划分混乱。

军机处创设后，经张廷玉改革，奏折成为一种正式制度。张廷玉制定规制，凡是臣子奏报一般事务用疏，由通政司递交，皇帝的回复则由内阁拟旨。奏报重要事务用折，由奏事处递交，这样奏折就成了正式文书。奏折是直接上奏，省去了中间的流转环节，保密性强。借助奏折制度，皇帝可以直接控制国内一切事务。更重要的是，通过奏折制度，各级官僚彼此监督，可以分散权力，防止结党，有利于强化皇权。

在张廷玉的主持下，廷寄也成为正式制度。廷寄也称廷寄谕旨，它的特点一是保密，二是高效。军机处建立后，在张廷玉的主持下，军国大事凡归军机处办的事情，不论大小，均在当日办完，绝不积压。军机大臣当面聆听皇帝指示，草拟文书，形成谕旨，不经内阁，由军机处直接下发。谕旨由军机处密封，函面上书"办理军机处封寄某处某官开拆"或"传谕某处某官开拆"。军机处用寄信的方式，将廷寄直接送达负责臣子，不经过中间环节，保密性强。密封好的廷寄交给兵部，依据内容的紧急程度决定投递日行里数，书写"马上飞递"的上谕，由各地驿站日行三百里递送，最为紧急的事务以六百里加快递送。廷寄到达后，须由受命者本人拆阅，不许其他人代拆。阅完谕旨后，受命者要将谕旨到达的时间、谕旨的内容、如何办理向皇帝回奏。

廷寄制度建立后，内阁被彻底架空。此后，内阁不过是颁发一些象征性的重大政令，如宣战、议和、大赦、巡幸、谒陵、重大案件的处理结果等。通过军机处的廷寄、奏折制度，皇帝直接而高效地处理着帝国内部的事务。军机处之创设，最初的目的是对准噶尔用兵。征战经年，虽在额尔德尼昭战役中由策棱取得光显寺大胜，但高昂的军费开支也让清廷头痛。雍正十二年（1734），皇帝命前线统兵将领返京，商议对准噶尔战略。当时主张继续用兵者居多，张廷玉则力陈不可。雍正采纳了张廷玉的建议，与准噶尔划分疆界，达成和议。

军机大臣的主要任务是帮助皇帝拟定谕旨。掌握了满汉两种语言，对儒家典籍烂熟于胸的张廷玉，操作起公文来得心应手。雍正曾称赞他："遵旨缮写上谕悉能详达朕意。"对准噶尔用兵期间，张廷玉在朝内昼夜值班，随时拟定谕旨，不经过内阁，直接发给前线将领。

张廷玉对文书制度的改革，在提高文官系统办事效率的同时，保证了皇帝的集中权力，为清朝统治的巩固与延续立下大功，是故雍正夸赞他道："汝之功勋在疆场汗马之上。"

张廷玉患病在家时，雍正对近侍道："朕连日来臂痛，你们知道为什么吗？"近侍惊问为何。雍正叹道："大学士张廷玉正在患病，朕这不是臂痛吗？"在雍正看来，张廷玉已成为自己的臂膀。

对张廷玉的厚爱，表现在方方面面。雍正十一年（1733），张廷玉回安徽桐城老家祭祖，雍正特意赐了个如意给他，祝他"往来事事如意"。在张廷玉的谢恩折上，雍正又批了番肉麻的感慨："朕即位十一年来，在廷近内大臣，一日不曾相离者，惟卿一人。义固君臣，情同契友。"

张廷玉堪为雍正最亲信的臣子，雍正甚至将秘密所立储君人选也告诉了他。雍正汲取康熙诸皇子恶斗的经验，登基之后，不设皇储，改行秘密立储制度。至于雍正所立皇储为何人，外界虽有流言，但终无确证。雍正八年（1730），可能是因为允祥去世，雍正伤心过度，患了重病，自以为将不久于人世，紧急召张廷玉入宫，将写有储君名字的密旨给他看。此时张廷玉是唯一知道储君人选者。到了雍正十年（1732），鄂尔泰入军机处，雍正再次将密旨出示给鄂尔泰，皇储人选为谁，"汝二人外再无一人知之"。

皇储是谁，生性谨慎的张廷玉自然不敢对外公开，但有意无意之间，他也露出了蛛丝马迹。张廷玉曾进宫给皇子们教书，与皇四子弘历关系尤其密切。雍正八年（1730），弘历请张廷玉为自己的《乐善堂文钞》作序，张廷玉欣然命笔，大肆奉承。又吹捧弘历："以天授之才，博古通今之学。"

平日里弘历也与张廷玉诗词来往，彼此唱和。张廷玉对弘历的态度，间接表明了雍正的选择。雍正十一年正月，弘历被封为"和硕宝亲王"，"和硕"是清代宗室封爵最高的爵位，这也表明了弘历将是皇位接班人。雍正赏给张廷玉最大的礼物，则是配享太庙的无上殊荣。太庙是供奉皇室神位的地方，立下大功的功臣，经过皇帝批准，也可以供奉在太庙，这是无上的尊荣，是中国历代帝王给予立下巨功的臣子的最大奖励。

雍正八年六月，因辅佐有功，雍正下诏命大学士鄂尔泰、张廷玉身后配享太庙。有清一代，臣子得配享太庙者不过二十六人。二十六人中，有二十三人是满人，另有两名蒙古贵族策棱和僧格林沁，张廷玉是配享太庙的唯一汉人。不但如此，配享太庙的功臣中，绝大多数以武功而得此荣耀，如雅尔哈齐、代善、多尔衮、费英东、额亦都，为清廷开国立下汗马功劳。如策棱取得了额尔德尼昭战役的大胜，如僧格林沁战死于疆场。其他配享太庙者，如允祥乃是雍正最为信赖的弟弟，又如晚清力挽狂澜的恭亲王奕䜣，均位高权重，系出皇室，故而配享太庙。

雍正十三年（1735）八月二十一日，雍正身体不适，但照常办公。第二天病情加重，他紧急召王公大臣至寝宫授遗诏，子时即龙驭上宾，终年五十八岁。雍正死后，清廷下了道奇特的谕旨，不准大臣、太监、宫女向外间"妄行传说国事"。这封口令一下，外间反而议论纷纷，以致雍正死因扑朔迷离，猜测纷纷。

雍正的死因复杂，他自身体质较弱，性格暴躁激进，做了皇帝之后，终日操劳，又疏于运动，身体越发虚弱。雍正八年，他一度重病不起，自以为不久于人世，所幸无碍。此后为了进补，雍正开始服食丹药。法号为"破尘居士"的雍正，招募了十几名炼丹道士，在西苑紫碧山房中存放了大量木炭和炼丹器具，炼服丹药。

丹药的副作用极大，中国历史上，因为热衷炼丹，服食丹药而死的帝王极多。仅唐代因服食丹药而亡命的皇帝，先后有太宗、宪宗、穆宗、敬宗、武宗、宣宗多人，这是因为丹药中含有汞、铅、砷等重金属。虽然服用丹药等于吃慢性毒药，可帝王们还是前赴后继地去找死。

雍正一死，乾隆即位，他立刻驱逐了宫中的十几名炼丹道士。乾隆还为他老爹炼丹寻找借口："皇考听说有炼丹之术，想看看这是什么样子，以为游戏消闲，所以找了一群炼丹术士，但'未曾听其一言，未曾用其一药'。"年轻的乾隆，忘记了有个成语叫作欲盖弥彰。

首席军机大臣之死

乾隆继位之后，一度将军机处改名为"总理王大臣会议"，并削减军机处权能。不久后他发现，雍正创设的军机处，对于维持统治具有不可替代的作用，遂在乾隆二年（1737）十一月二十八日重新恢复军机处，并以鄂尔泰、张廷玉、讷亲、海望、纳延泰、班第六人为军机大臣，办理一切事务。

军机处的负责人军机大臣，俗称"大军机"，又称"军机处行走"。清代官场上的"行走"，指凡以原官在不设专官的机构兼职、入值或当差，称某处"行走"，由皇帝挑选内阁中的满汉大学士、各部尚书、侍郎等三品以上亲信大臣担任。大学士、尚书、侍郎等，虽然名义上到军机处上班是兼职，但基本上都在军机处办公。

军机处初创时，军机大臣不过三人，此后逐渐增多，一般为五人，至后期扩为六七人。军机处中满汉大臣的人数并无明确规定，但在选用军机大臣时，须考虑满汉平衡。军机大臣属于任务性质，而非定制官衔，无品阶，也无俸禄。

雍正朝军机处创设之初，以允祥为首席军机大臣，为了避免亲王权势过重，后世曾限定亲王不得入军机处。实际上亲王入军机处在后世也不鲜见。据统计，在军机处存在的近二百年里，有二十九人担任过首席军机大臣，其中有七个亲王，任职共五十二年；还有十四名是旗人，任职共九十三年；而汉人仅八位，任职共三十八年。

军机大臣名义上是共同议事，实际上由首席军机大臣做主，"军机大臣有时多至六七人，而权实操于领袖，新进者画诺奉行，徒拥其名也"。

各省发来的奏折，如果皇帝发给军机处商量，则先由首席军机大臣阅览，然后再由他指定某位军机大臣翻阅，未经指定的军机大臣不得观看。军机大臣被召见时，可以各抒己见，一般由首席军机大臣首先发言，其他军机大臣发言时不大会悖逆首席军机大臣的意思。

军机大臣要轮流在军机处值宿，以备皇帝随时召见，提供意见。召见一般每日一次或数次，商量各种军政要事。皇帝至圆明园或出巡时，除安排个别人留京办事外，其他军机大臣都要随行，随时准备接受皇帝咨询。乾隆初年，考虑到张廷玉年迈，还特意为他修建了精舍，以让他住得舒适点。

自军机处设立后，军国大事概由军机处负责。用兵时，由军机大臣决定战略方针，皇帝批准之后，再以谕旨发往前方。前方将领的请示，经由军机处讨论，奏报皇帝批准后，再发往前方执行。至于用兵时的兵马粮秣、山川地形、人文地理之类，概由军机处主持策划，这也是后世参谋本部的雏形。

军机大臣原先只在后方出谋划策，到了乾隆年间，由于大小金川战事旷日持久，不能取得突破，乾隆便令首席军机大臣讷亲亲往前线统兵指挥，结果却让讷亲死于刀下。

讷亲是满洲镶黄旗人，祖父遏必隆是清代名将，死后佩刀被收入皇宫，名"遏必隆刀"。讷亲年轻时曾在宫内做侍卫，被雍正所熟知，以为可以重用。

雍正十一年讷亲入军机处，此时不过三十余岁。乾隆登基后，初期依赖于鄂尔泰、张廷玉等老臣。但乾隆是何许人也，自然不愿受老人限制，而要培植自己的亲信。年轻勤敏、能领会"圣意"的讷亲，受到乾隆青睐，恩眷尤厚。

讷亲能被乾隆看重，自有他的可取之处。讷亲为官清廉，为了杜绝有人前来行贿，特意在宅门口养了条巨獒。讷亲出巡江南时，各省供应，极为奢华，他一概回避，乾隆对此大为满意，表扬道："伊素性谨慎公正，朕所深知。"

讷亲在各省整治河道，办理赈灾，整顿吏治，颇有功劳。到了乾隆十年（1745），讷亲被授内阁保和殿大学士。保和殿大学士是清代文官中的最高尊荣，能得到保和殿大学士的人寥寥无几。讷亲之后，直至清末，只有傅恒一人得过。

老臣鄂尔泰死后，讷亲成为首席军机大臣。有清一代，如果内阁首揆不兼任军机大臣，则有宰相之位，而无宰相之权。军机大臣如果不入内阁，则有宰相之权，而无宰相之位。如果二者兼得，方为仕途圆满。讷亲二者兼具，堪为圆满了。

年纪轻轻的讷亲，在军机处排名于三朝老臣张廷玉之前，满朝文武自有非议，汉人官僚更是不平。讷亲也觉得乾隆厚爱得有些过分了，上疏称自己资历浅薄，不敢排名于张廷玉之前。乾隆想想也是，就弄了个折中办法。军机处奏事时，凡满文奏折则讷亲排名在前，凡汉文奏折则张廷玉在前。虽在排名上玩些花枪，讷亲掌握军机处已是不争的事实。

但讷亲也面临着傅恒的崛起与挑战。

与讷亲相比，傅恒更年轻，更有背景，更有实力。傅恒的来历不一般，他是乾隆钟爱的孝贤皇后的亲弟弟。乾隆十三年（1748），孝贤皇后陪同乾隆南巡时，在德州感染风寒去世，年仅三十七岁。孝贤皇后容貌艳丽，贤淑节俭，做皇后十三年都未曾佩戴过珠翠首饰。去世后，乾隆哀恸至极，写诗云"廿载同心成逝水，两眶血泪洒东风"。

孝贤皇后去世后，对她的亲弟弟傅恒，乾隆自然是异常恩宠了。傅恒于乾隆七年（1742）担任御前侍卫，到了乾隆十年（1745），二十四岁的傅恒就被任命为军机处行走，升迁之快，前所未有。在培养讷亲的同时，乾隆也在栽培傅恒。乾隆自己说道："当大学士鄂尔泰在时，朕培养讷亲；讷亲在时，朕培养陶成傅恒。皆几经教导，几经历练。"

当傅恒崛起之时，讷亲急切地需要证明自己，此时机会来了。乾隆十二年（1747），西南烽火燃起，大金川土司叛乱。讷亲亲往前线，指挥战事，结果却是久战无功。

傅恒像

金川战事，日后被乾隆列为十全武功之首。于正当壮年的乾隆而言，金川之战是处于鼎盛国力的大清以巨大战车去碾压一个小小蛮夷族群。然而，金川爆发出来的惊人战力，让乾隆损兵折将，指天骂地，却又无可奈何。

乾隆十三年（1748）六月，讷亲到了前线。屡遭败绩之后，讷亲知道仗是没法打了，高挂免战牌，每日里只是向乾隆请求多发援兵。讷亲甚至悲观地认为，就是增兵之后，官兵虽多，但能否攻下大金川，就是再过两三年也很难说。

前线战事拖延，胜利遥不可及，乾隆准备将讷亲调回京师。首席军机大臣坐镇中枢，任务繁重，自然不能在外久留。乾隆也知道讷亲身体不好，"即以身体而论，伊素日体虚气弱"，不宜常驻金川这样的苦寒之地。乾隆决定在来年春季调讷亲回京师，另从前线将领中选一人总领军务。

春天还未到，八月间，乾隆看到前方战事拖延，心中焦躁不安，想提前召讷亲回京，当面询问为何久攻不克。讷亲一看要调自己回京，心中大喜，竟然忘乎所以，上书乾隆，请让自己立刻回来。讷亲同时在奏折中称，朝廷中有人攻讦排挤自己。此时他也知道自己在朝中地位不稳，傅恒崛起，故急着回京巩固自己的地位。

乾隆一看讷亲急火火地要回来，自然是恼怒异常，指责讷亲"而乃一闻召入之旨，如获更生"。乾隆也指出，讷亲认为有人排挤自己，所以急着回京，实际上是为败绩寻找借口而已。他讽刺道："你如果有能耐取得大胜，有必要担心被排挤吗？你讷亲在军机处时暗中排挤过的人，朕没有察觉的肯定也有吧。"

讷亲仗没打胜，回京倒是积极。乾隆看在眼里，火在心里，下令将讷亲革职，暂留在军营中效力。到了九月，乾隆命新任首席军机大臣傅恒赴金川前线，接替讷亲指挥战事。

讷亲惹怒了乾隆，失去了恩宠，亲兄弟跟着都胆寒，于是纷纷上奏讨伐讷亲。哥哥两江总督策楞先奏称，讷亲在前线退缩乖张，辜负皇恩，请交刑部严惩。弟弟山西巡抚阿里衮上奏，请跟随傅恒前往金川前线，愿身先士卒，以弥补兄罪。乾隆看了极为满意，指示阿里衮，有此心就可以了，杀敌的事，你就不要去了。

十一月，傅恒从京师出发，前往金川。此月讷亲上了两个奏折，让乾隆大为不满。他先是上了一个奏折，洋洋洒洒数万言，却没有提及金川前线情况，只是将失败归咎于张广泗。随后又上了一个奏折，大谈如何处理金川善后事宜。

乾隆看了奏折后大为震怒，金川前线战事毫无突破，你就想着善后了，"其与古人所谓何不食肉糜者，又奚异乎？"乾隆本来准备金川战事终了之后，将讷亲发配到北方充军赎罪。现在一看讷亲如此糊涂，用乾隆的话来说就是"顽钝无耻"，对他是彻底失望，遂命在金川前线的侍卫富成逮捕讷亲。

此时乾隆并未对讷亲动杀心，不想讷亲的一句话却断送了卿家性命。却说富成逮捕讷亲后，将与讷亲的谈话记录全部交给了乾隆，其中讷亲一句闲话"金川事大难，不可轻举，此言不敢入奏"刺激了乾隆。在乾隆看来，这句话透露了讷亲对乾隆的真实看法，即明明不能攻下大金川，你乾隆却硬要出兵，这不是盲目决策，好大喜功吗？此外，讷亲碰到前往大金川的八旗援兵时，曾发牢骚道："此皆我罪，令如许满洲兵受苦。"这又让乾隆恼羞不已。满洲兵被调往大金川这种苦寒之地作战，自然是满腹牢骚。对此乾隆也心知肚明，但嘴巴上硬要说："满洲兵闻调，无不欢欣鼓舞。讷亲以为受苦，实是嫉妒他人成功，动摇众心，罪不可逭。"

讷亲私下的这几句闲话，刺痛了乾隆。讷亲是乾隆一手提拔起来的，不想私下如此说自己，失望之余，对他自然是恼恨至极，杀意已生。此年十二月，乾隆亲自给讷亲定性，"讷亲乃阴柔之小人"。

恼恨于亲信的腹诽，乾隆赐出遏必隆宝刀，命尚书舒赫德带着到前线斩杀讷亲。乾隆此举用心颇是险恶，因为这把宝刀是讷亲爷爷遏必隆用过的，由是得名。用爷爷的宝刀来斩杀孙子，大概只有作诗十万、文采过人的乾隆想得出、做得出。讷亲在解送途中知道自己必死，开始绝食，以求速死。次年正月二十九日，押解队伍行至班拦山时遏必隆宝刀送到，讷亲被当场处决。

"上既诛讷亲，知大权之不可旁落。然国无重臣，势无所倚。"此时张廷玉年迈失宠，乾隆可信任的重臣只有小舅子傅恒了。

傅恒出马，亲赴金川前线指挥作战。对傅恒，乾隆是恩宠有加。乾隆皇帝特派头等侍卫达清阿、户部尚书达勒党阿等随行，在金川前线照料傅恒的饮食起居，又多次降谕令傅恒爱护身体。

自傅恒奔赴金川前线之后，乾隆发现军机处的效率开始下降，抱怨道："经略大学士起身以后，军机处所办事件，多不能惬意。"乾隆开始思念起傅恒了："今日召见军机大臣等，面降谕旨，伊等从清晨直办至黄昏，方行进呈。而词句中诸多不当之处，复烦朕修改至半夜。傅恒在前线主持战事时尚能操办事务，朕在此间，实在想念他。"

第一次金川之役自乾隆十二年（1747）三月延续至十四年（1749）正月，前后历时两年，清廷调动各省兵力八万余众，耗银千余万两，阵亡将官计参将买国良等二十六员、游击孟臣等二十二员、士兵计三千八百八十二员。

在金川取得名义上的胜利后，乾隆大喜，厚赏傅恒。傅恒在首席军机大臣的任上却战战兢兢、如履薄冰，不敢有丝毫懈怠骄横之态。从前任张廷玉、讷亲的际遇上，傅恒清晰地知道，皇帝如火般的恩宠，若不矜持点对待，瞬间会变成寒冰。但位极人臣之后，想要独善其身也难。

乾隆瀛台赐宴时，风传有两名学士为了讨好傅恒，竟然跑过来向他屈膝请安。傅恒的兄长去世后，操办丧事时，各部大小官员纷纷登门祭奠。由于车马轿舆拥挤，竟将道路堵塞，以致要步行才能入内。

乾隆重用傅恒，是因为他能干、会干、肯干，这有利于皇权，有利于统治。可看着傅恒的翅膀一天天硬了起来，乾隆也开始有点吃醋了。这吃醋，只是看着傅恒在大臣们的簇拥下，在主持军机处时如鱼得水的姿态，在心理上产生出的失落感罢了。

忧虑傅恒的权势过重，乾隆开始旁敲侧击，提醒傅恒。在内廷时，傅恒偶有小错，乾隆严词训斥，美其名曰"防微杜渐"。一日上朝，傅恒因故迟到，跌跌撞撞地跑入时，气喘吁吁。御前侍卫笑道："相公身肥，所以喘息。"乾隆顺势开玩笑道："不但身肥，只怕心儿也肥了。""心肥"的潜台词就是胆壮、权重了。此言一出，傅恒"神气不宁者数日"。

皇贵妃慧贤的弟弟，两淮盐政使高恒，因为贪腐被判斩刑。行刑之日，傅恒帮高恒求情，请皇上看在皇贵妃的面上，饶他一命。不想乾隆说了一句话："若皇后弟兄犯法，当如之何？"皇后之弟兄即傅恒也。傅恒闻言之下，顿时"战栗失色"，不敢再言语，高恒也被斩首。

对于乾隆"乾纲独断"的性格，傅恒洞然于心。成为首席军机大臣后，为避免以往首席军机大臣一人入内廷见皇帝，给人专擅之感，傅恒请所有军机大臣一同进见，此后所有军机大臣一起入见成为定制。对乾隆赏赐的黄带、四团龙补服、宝石顶、双眼花翎，他再三推辞，不敢佩戴，直到乾隆以不戴不符合礼制规定，才小心翼翼地佩戴上。小心才能驶得万年船，谨慎乃是保住富贵的不二秘诀，深谙此中奥义的傅恒，小心翼翼地帮乾隆打点着江山，如此才在首席军机大臣位置上一坐二十余年。

赵翼的军机章京岁月

乾嘉年间，赵翼与袁枚、蒋士铨并称"乾隆三大家"，著作等身，被视为乾嘉年间的学术泰斗。但赵翼早年并不是很如意，屡次科举不第，只是在入军机处做了军机章京之后，被傅恒、刘统勋等军机大臣欣赏提拔，最后科举高中探花，得入翰林院，被当时读书人所羡慕。赵翼成名之前经历过多年的艰难岁月，而在军机处的历练，则是他人生中最重要的财富。

赵翼出生在常州府阳湖县（今属武进）。赵家祖上也曾荣耀过，算起来与宋王室还有点血缘关系，在明代也曾出过达官贵人。沧海桑田，世事巨变，至清代，赵家已开始没落。赵翼的祖父在阳湖县城谋生艰难，迫不得已，搬到阳湖乡下以农耕为生。赵翼的父亲终生也不过是名乡下穷塾师，勉强糊口。雍正五年（1727），赵翼出生。父亲给他取名为翼，期盼着他能展翅高飞。

在贫困的生活之中，在父亲的期盼之下，赵翼发奋苦读，期待着能经科举而改变自己的命运，改变家人的命运。但厄运在他十五岁时来临，此年父亲突然去世，留下了未嫁的姐姐和三个年幼的弟弟。为了维持家用，年轻的赵翼顶替父亲，做起了私塾先生。

穷困交迫的赵翼，成年后连老婆都娶不起，在科举上也没有什么进展，至南京参加乡试榜上无名。乾隆十四年（1749），二十三岁的赵翼北上京师，在刑部尚书刘统勋家做幕僚，闲暇时继续准备科举。

刘统勋出自山东诸城刘氏。从清顺治年间到嘉庆年间，诸城刘氏出了十一名进士、三十五名举人，考取功名者一百九十八人，出任各级官吏者百余人。刘家声势显赫，权倾一时，但刘统勋为人谦恭，对后进新人也会加以照顾。

刘统勋每次在家吃饭时都要喊上赵翼，并让儿子刘墉作陪。刘墉此时虽然未有功名，但以书法驰名，赵翼模仿刘墉的字体连刘统勋也不能辨别。后来赵翼回忆这段日子时，作诗云："我昔客公家，每饭共素几。得习闻绪言，披豁无城垒。"

饱读诗书、文采斐然的赵翼，自然不愿意一辈子做幕僚。次年，赵翼两次冒充北方人参加科举。一口吴侬软语的他操起北方方言来，何其难也。两次冒籍科考虽告失败，赵翼却意外地得到了顺天府主考官汪由敦的赏识。汪由敦是当世大儒，为人宽厚，乐于提拔后进，就让赵翼寄居家中做塾师，由此他得以广泛阅读汪由敦的藏书。

几番沉沦，科举场上多次失落，看着故交们一个个金榜题名，赵翼内心无比煎熬。他知道做塾师不是长久之计，遂决定改行他策，报考内阁中书，结果以第九名被录取。内阁中书是个清淡差事，没有多少实惠，对生活也无大的改善，但赵翼已没有选择。

乾隆二十年（1755），赵翼补授内阁中书。内阁中书是个最不起眼的小官，官衔为从七品，负责缮写、撰拟文书等事务。虽然贫寒，但内阁中书也被准许佩戴朝珠，这对赵翼来说是个心灵安慰了。此外，在内阁中书任上达到一定年限，经过选拔，可以转任军机章京。

在内阁中书任上一年，赵翼即被选为军机章京。赵翼能脱颖而出被选入军机处与他的才华相关。在军机处举办的选拔考试中,贫困不堪的赵翼衣冠不整,又不熟悉京师官话,土包子形象一出场就引起了主考官们哄堂大笑。不想考试时,赵翼文章超群,首席军机大臣傅恒对他青睐有加,当场拍板录用了他。

军机处设立之时并无军机章京。随着事务的增多,张廷玉与鄂尔泰在军机处办事时,开始携带得力助手来帮忙处理文书。雍正十年(1732),张廷玉带内阁中书四人,鄂尔泰带内阁中书二人,帮助处理缮写文书等事宜。此时军机章京由军机大臣自己携带。随着事务的增多,军机章京也开始增多,并从内阁中书、笔帖式中挑选精干可靠人选作军机章京。

"军机章京"亦称"小军机"或"司员",他们虽不似军机大臣那样声名显赫,标榜于史册。但他们在当时职责重大,担任撰写谕旨,整理政令、档案工作,并因其职位之重要,在官场中获得更多的升迁机会。据邓之诚统计,清代由汉军机章京升为军机大臣者有三十三名之多。又据刘绍春统计,嘉庆朝以前入值的二百七十五名满章京中,升为从二品以上官员者有七十五名,占百分之二十七。嘉庆朝以前入值的汉章京有二百一十五名,官至二品以上者五十三名,占百分之二十五。

虽然位微,军机章京也有着许多一般官员所没有的荣耀。七品的军机章京可以戴朝珠、红帽罩,穿貂褂。戴朝珠是军机章京所享有的特权,自雍正七年军机处创设起,就得享此殊荣,而依照礼制,只有五品以上文官才可以挂朝珠。乾隆三十五年(1770),军机章京准戴全红帽罩,准用红雨帽,这是三品以上大员的待遇。乾隆三十七年(1772),又准军机章京穿貂褂,而依照规例,只有三品以上大员才可穿貂褂。

寒冬时分,章京们可以在衣服里穿被称为"军机坎"的衣服。"军机坎"衣襟开在右侧，衣长只及腰部，衣袖与肘部齐平。因为军机处上班，常早出晚归，夜间寒气逼人，故而章京们穿这种马褂御寒。军机章京每日里要做文书工作，所以马褂的袖口与肘部齐平，即使穿在补服里面也丝毫不妨碍写字。渐渐地，这种衣服也开始流行到军机处外面，并从内穿改为外穿，成为风靡一时的马褂。和军机大臣一样，军机章京也分满汉。五间值班房，两间为汉官，两间为满官，中间则为仆役、纸匠。仆役所用为方桌，军机章京所用为长方小桌，沿窗排列，桌面皆粘蓝布，晚上点白蜡烛照明。值班房内陈设极为简单，只有桌子、椅子、炕及纸、笔、砚台等物。

军机章京需要轮流值班，是为"上班"。"上班"的时间是早上八点到下午三点，共八个小时。军机处白天有十几个章京办公，晚上轮流安排人值夜班到凌晨四点。由于五更上朝，此前会有大量奏折递到军机处，早上也比较繁忙，排了两人值早班，大致从凌晨四点值到七点，每班两天。

军机章京中资格较老的称为"老班公"，资格较浅者称"小班公"。老班公执掌拟定谕旨事务，小班公则负责"随手档"事务。随手档者，每日依照时间、地点扼要登记皇帝谕旨与大臣奏折，使前后经过一日了然。至春节值班，无事时则在当日"随手档"上书"太平无事"，有事则书"太平有象"，遇到皇帝万寿节则书"万寿无疆"。

本来拟定谕旨是军机大臣的任务。军机处初创时，皇帝只召见首席军机大臣，当面传达意思，再由首席军机大臣拟定谕旨。雍正朝时，张廷玉担任了五年首席军机大臣，他精通满汉文，记忆力又好，拟定谕旨一气呵成，毫不吃力。到了乾隆朝，由讷亲担任首席军机大臣。讷亲没有张廷玉那样的文学能力，但记忆力超强，每次乾隆单独召见后，均能将意思复述。讷亲转述意思给其他军机大臣之后，再由汪由敦来拟旨。对这个吃力不讨好的活儿，汪由敦叫苦不迭，但又不好推却。

讷亲被杀后，傅恒任首席军机大臣，他的记忆力没有讷亲好，乾隆单独接见时，有些话记不住。傅恒感到头痛，就请乾隆接见所有军机大臣，大家一起来记，但仍由汪由敦拟旨。汪由敦为了偷懒，也为了避免自己专擅的嫌疑，就将拟旨的活儿转给了军机章京。此后拟定谕旨遂成了军机章京的任务，而帮汪由敦拟谕旨的，自然是他的得意门生赵翼了。

将草拟谕旨的工作转给军机章京也是军机处发展成熟的一个标志。军机大臣每日例行公事，是协助皇帝处理军国大事。如果军机大臣每天都要忙于处理技术性的文书工作，必然会削弱其处理其他重要事务的效率。将草拟谕旨的工作转给军机章京，一方面，既有助于提高军机章京们的积极性，给他们发挥才华的机会，以向皇帝、军机大臣们证明自己的才能。另一方面，也有利于军机大臣专一于军政事务，提高军机处的工作效能与质量。就皇帝而言，也乐于看到军机章京们起草谕旨，这样可以分权，避免出现军机大臣大权独揽的现象。

当军机大臣被皇帝召见，回到军机处后，他们会将此次召见的主要内容向章京们转达，这就是"述旨"。然后章京们开始"批拟"，即拟定谕旨。一般情况下，军机大臣要根据皇帝口述的意思，于晚上将谕旨拟定，第二天进呈。一些军机章京由于善于缮写谕旨而飞黄腾达。如军机章京申甫所起草的谕旨都能切中乾隆的意思，且明白流畅，洞彻机要，后来升任二品大员。军机章京孙永清拟定谕旨一气呵成，被刘统勋、于敏中等人所看重，后来也做到了广西巡抚。由于对西南大小金川、西北准噶尔的频繁用兵，奏折如雪片般飞来，开始要求随时拟定述旨。要求虽高，但赵翼从事文字工作多年，做起文书工作来轻车熟路。

对西北用兵的谕旨及军需事件均由赵翼处理，片刻之间即成文章，均切中圣意。

作为一种荣耀，皇帝出行时，特意选择办事出色的军机章京随同扈从。在军机章京任上时，赵翼三度扈从去木兰围场行猎。木兰围场位于承德避暑山庄以北二百里，此处风景秀美，水草茂盛，鸟兽极多。康熙年间，蒙古翁牛特部特意将这块猎场献出。康熙重视武功，通过木兰行猎可以锻炼八旗兵丁，并示不忘祖先的马上骑射功夫。雍正是个宅男，在位十三年，一次也没有木兰秋狝，借口自己"恶杀生"。乾隆深受祖父康熙影响，性喜游猎，自然要去木兰围场。他先后木兰秋狝三十九次，在木兰围场一般要二十天，多则一个月。

离开京师这么长的时间，国政却不可荒废，自然要携带军机大臣与军机章京们同行。在行猎过程中，乾隆时常对军机大臣口述旨意。军机大臣转达后，赵翼就要立刻下马"批拟"，随后快马飞送至皇帝休憩之处进奏。在夜间则用铁丝灯笼做烛台照明，不小心打翻蜡烛时，常弄得一身蜡烛油。后来乾隆南巡，赵翼至宿迁迎接，见行宫的军机房窗明几净，华褥绣毯，军机章京们安然稳坐，顾盼自雄，不觉怅然若失。

就在第三次木兰围场回来后，赵翼遭遇到了双重打击，一方面，他的妻子突然去世；另一方面，他被人构陷。军机章京中有红黑章京之分，红章京是其中得意者，当时有诗云："流水是车龙是马，主人如虎仆如狐。昂然直到军机处，笑问中堂到也无。"黑章京则是官运不通者，也有诗云："篾篓作车驴作马，主人如鼠仆如猪。悄然溜到军机处，低问中堂到也无。"

赵翼初期自然是黑章京。赵翼的出色才能让傅恒极为满意，想将他提拔为部曹，但赵翼之意不在部曹，而在翰林。赵翼知道自己无法应对官场的险恶，相对清闲的翰林院则更适合自己，就婉言加以谢绝。从傅恒身上赵翼也学到了许多。傅恒虽然文采一般，但对公文何处有错，如何改定，立刻就能指出。赵翼很是惊讶，向傅恒讨教经验，傅恒笑道："无他，但办事熟耳！"

赵翼在军机处上班时穷困潦倒，一顶貂皮帽戴了三年，毛皆卷如刺猬。一日早晨，傅恒跑到军机章京值班房前，将赵翼喊出，从怀里摸出五十金，对赵翼道："你买个新帽子过年吧。"此时适逢年末，赵翼正缺钱用，就将这笔钱拿来置办年货了。次日再入军机处时，依然戴着旧帽。傅恒看了一笑，也不再多言。

由于傅恒、汪由敦对赵翼特别看重，引起了一些人的嫉妒。在军机处开始有流言蜚语，指责他狂妄自大，不适合在军机处供职。军机处涉及的都是军国要务，特别注意保密，军机章京与各部京官极少往来。刚入军机处时，赵翼就看到一个前辈在军机处值班房前正襟危坐，训斥一名立在台阶下的部官："此机密地，非公等所宜至也。"同僚中有偶与各部官员见面时聊天者，也被训斥。

听到各种关于赵翼的流言，傅恒也很无奈，遂在乾隆二十四年（1759）让赵翼离开军机处，转入内阁供职。从军机处出来后，赵翼继续在内阁做中书。不想过了一段日子之后，又被重新调回军机处。自从赵翼被调走后，在陪同乾隆木兰行猎时，军机章京草拟的文稿错误百出，于是傅恒名正言顺地将赵翼调回军机处帮忙。

乾隆二十六年（1761），赵翼决定一试身手，参加科举考试。但此时参加科举时机不对。历年科举考试中，军机章京考中的较多。去年科考的状元毕沅、榜眼诸桐屿，都是军机章京，以致当时有"历科鼎甲皆为军机处所占"之说。就在会试之前，在军机处供职的某御史因为泄密被逮捕，军机大臣及军机章京成为众矢之的。作为军机章京的赵翼如果再高中，会让军机大臣们遭受舆论的压力。

傅恒私下告诉赵翼，不要指望在这一科的殿试中能取得状元。担任阅卷官的刘统勋、刘纶都是军机大臣，且和赵翼关系密切，两人知道赵翼在文学上的能耐，但此时他们也只能避嫌，压低赵翼的名次，缓解军机处的压力。对此赵翼也有所准备，知道两人熟悉自己的字体，就在答卷时改了字体，这果然瞒过了二人。卷子改出来后，前十名的试卷要被选出来递交给乾隆御览。刘纶忧虑赵翼进入一甲（前三名）会让外界非议，就再次翻阅试卷。试卷名字都被密封，刘纶也没法判断哪张卷子是赵翼的。他看来看去，怀疑第一名的试卷是赵翼的，就将试卷拿给刘统勋复查。刘统勋一看大笑道："赵翼的字迹就是烧成灰我也认识，这个卷子肯定不是他的。"这其中还有个典故，当年赵翼初入京师时，曾在刘统勋家住过一段日子，模仿他儿子刘墉的书法，练就了一手"石庵体"小楷。入军机处后，赵翼仍然使用"石庵体"，刘统勋对此字体是再熟悉不过了。刘统勋这么一说，刘纶也就放心进呈了。

卷子拆开后，由乾隆来做最终判定。乾隆见第一名是江南赵翼，第二名是浙江胡高望，第三名是陕西王杰，第一名、第二名又是军机章京，就召阅卷大臣过来问："本朝陕西有没有状元？"大臣对道："本朝陕西未出过状元。"乾隆遂将王杰的试卷与赵翼对调，让王杰做了状元，赵翼做了探花。

成绩公布的当日，一甲三人照例要出来跪谢，乾隆在龙椅上看见赵翼挂着朝珠，就问傅恒这是谁。傅恒道："军机中书，例带数珠。"又介绍道："昔汪由敦应奉文字，皆其所拟。"

乾隆听了颔首不语。次日乾隆在朝廷上对众大臣解释："赵翼的文章自然是好，但江浙多状元，不足为奇，本朝陕西还没有出过状元。最近在西北边陲取得战绩，给王杰第一名也不为过。"这样，赵翼的第一名就飞掉了。实际上，乾隆取王杰为第一还有其他因素。

王杰是陕西韩城人，曾在两江总督身边做过幕僚，时常撰写奏折，字体为乾隆所熟悉。这次乾隆看到卷子上字体熟悉，就仔细询问了王杰的情况，知道王杰各方面都很出色后，遂给了他第一。到接见时，乾隆见王杰风度翩翩，更加喜欢。赵翼虽然文章写得好，但乾隆说他面相苦没福气，所以赵翼一辈子没飞黄腾达，而王杰则位极人臣。

军机章京之所以在科举考试中屡屡高中，实因军机处所处理的事务关系时政。在八股考试之中，经过军机处浸染多年、通达政事、熟谙公文、又具文采的军机章京们自然容易高中。此外，因军机章京长期在中枢，贴近皇室，升迁的机会也更多。

在科举场上拼搏了十年，六次参加会试之后，赵翼终于扬眉吐气。此后，他从军机处离职，进入翰林院担任编修。翰林院是个清净之地，虽然俸禄较低，但终于圆了赵翼的梦想。因为在军机处多年，处理准噶尔战事的公文较多。在翰林院，赵翼担任编撰《平定准噶尔方略》的工作。翰林院任职三年后，赵翼被考核为一等。傅恒屡次在乾隆面前推荐赵翼，但乾隆认为赵翼没有福相，一直未加以重用。

至乾隆三十一年（1766），赵翼突然被任命为广西镇安府知府，这让赵翼措手不及。在翰林院虽然薪俸较低，但赵翼满足于编修史籍的工作，猛地换到一个不熟悉的环境中去，一时难以接受。在乾隆接见时，赵翼表示自己"吏治未娴"，不适合做外官。乾隆却认为读书人没有不能办事的，且赵翼在军机处锻炼多年，颇能任事，做外官毫无问题。既然皇帝这样说了，赵翼没有别的选择，只能前往广西上任。

一名太监引发的窝案

乾隆三十八年（1773）十一月十六日，首席军机大臣刘统勋死在任上。

当日刘统勋一早坐轿前往军机处，行至东华门时病发，未及上朝便急忙回家。乾隆闻讯后，急忙派福隆安从宫中带药前往刘府急救，到达时刘统勋已溘然长逝。刘统勋去世之后，乾隆亲自前往刘府祭拜。不想到了刘府门前，因为刘家门太小，轿子无法通过，把轿盖掀掉才得以进去。乾隆看到刘统勋虽为一品大员，家居如此简陋，大受感动，嘉奖道："如刘统勋方不愧为真宰相，汝等宜法效之。"刘统勋死后谥号"文正"，乾隆朝六十年，得此谥号者仅此一人。

刘统勋去世之后，以于敏中为首席军机大臣。于敏中是张廷玉的门生，出生在江苏金坛，于氏家族在当地是名门望族。乾隆二年（1737），二十四岁的于敏中考中状元，在翰林院供职七年，被调任"起居注官"，工作不过是记载皇帝的一言一行，但只有皇帝最欣赏的臣子才能得任。

乾隆二十五年（1760），于敏中被调入军机处，此后在乾隆身边出谋划策。在乾隆朝的几次重大战役中，由他负责谕旨的拟定工作，于敏中一丝不苟，俯察机要，与万里之外的武将不谋而合。在刘统勋去世后，于敏中担任首席军机大臣自然是众望所归。

于敏中之前，历任军机大臣虽然位极人臣，但无不谨慎，唯恐过于招摇，触犯皇帝忌讳。讷亲虽被斩首，但在担任首席军机大臣时，为人苛严，不通人情，门庭冷落，无人过来钻营。傅恒虽是乾隆的小舅子，却是谨慎无比，丝毫不敢露出权力欲望，刘统勋担任首席军机大臣时更以清廉闻名。

于敏中初入军机处时也能爱惜羽毛，注意与京内大臣保持距离。做了首席军机大臣之后，逢迎的人多了，此时于敏中也不再掩饰，广结外吏，"凡词林文士无不奔竞其门"，导致整个官场风气为之一变。

据在华的西方传教士所观察，傅恒在世时还表达过与乾隆相左的意见，于敏中却从来不敢这么做。此时的朝臣们主要忙于书写颂词，编撰官方刊行的书籍。中枢的奢侈之风，不久就蔓延到了全国，后世常认为，乾隆朝中后期的贪腐风气实源自于敏中。

担任首席军机大臣没多久，乾隆三十九年（1774），于敏中卷入了太监高云从一案。

有清一代，对太监是严加管束，顺治立铁牌于内务府，永禁内监干预朝政，并规定太监不得与外官结交，不得假亲戚名义购买田产。如有太监与外官勾结、干预朝政者，即行凌迟处死。乾隆对太监与外官交往一直防范极严，曾有太监赵起龙与大臣庆复的儿子来往，私下议论乾隆人品之类。乾隆得悉后，立刻将赵起龙处死。虽然乾隆严厉禁止太监与官员来往，却屡禁不止，乾隆三十九年又有太监高云从结交大员一案。

此年从五月到八月，乾隆一直驻跸在承德避暑山庄。皇帝不在京师，京内的一二品大员就定期开会，互通信息，传达政务。话说七月间，兵部侍郎高朴在开会时耳朵尖，听到左都御史观保、户部侍郎蒋赐棨、刑部侍郎吴坛、上书房行走倪承宽等人凑在一起讨论"道府记载"。高朴就去询问这是从哪里听来的消息，观保等人就含糊着说是从内廷执笔太监那里打听到的。

"道府记载"是皇帝的私人小秘密，上面记载着各省道府官员政绩的优劣，直接关系道府官员的升迁或奖惩。"道府记载"由执笔太监书写，属于最高机密，其内容除了皇帝及执笔太监外无人知晓。几个官员凑在一起议论"道府记载"中的内容，高朴知道机密已被泄露，立即赶去避暑山庄，向乾隆告密。

但高朴也只是道听途说，乾隆问他是内廷哪个太监泄露消息，他也说不出名字。乾隆就询问军机大臣怎么看待此事，首席军机大臣于敏中认为此事不必当真，定是谣传。因为此事关系重大，乾隆还是决定加以清查。不想一追查，发现"道府记载"果然泄露，泄密者是宫内写字处太监高云从。

高云从被捕后，乾隆亲自加以审问，当得知于敏中也向高云从打听过"道府记载"之后，乾隆"不胜骇异"。随着追查的深入，发现高云从不但泄露机密，与京内高官如于敏中等人交往，更与各省高官往来密切，帮助弟弟谋取官职。

高云从的四弟高云惠，被托付给了粤海关监督李文照，跟着一起到广东捞油水。李文照本系内务府司员，乾隆对他特别青睐，提拔他管理粤海关税务，不想竟然也与太监来往，遂下令将李文照革职解京，交给内务府大臣审讯。高云从的另一个弟弟高云龙，此时正在山东临清跟在临清知州身边做长随。乾隆随即严令山东巡抚徐绩审讯临清知州如何与太监结识。随着案件清查的深入，又查出山东河道总督姚立德与高云从结交，并将高云龙推荐给了临清知州。至于于敏中，高云从因为买地的官司纠纷，曾请他出面帮忙。

高云从结交诸多大员，举手间可以翻云覆雨，让乾隆目瞪口呆，他严厉责问群臣："朕如此开诚布公以待群臣，诸臣不思恩以图报效，良心何在？"而群臣交结高云从，不外是为了探悉乾隆心意，好谋取官职，这干预了乾隆的用人权，也是对皇权的极大冒犯，故而乾隆大怒道："岂容此等事置之不问乎？"

高云从一案让乾隆很受伤，牵涉的都是他最信任的臣子。比如吴坛，在乾隆眼里一直是最有出息的臣子，政绩显赫。乾隆都替他安排好了仕途，先去做江苏巡抚，过几年再提拔为刑部尚书，不想也被牵涉进来。如蒋赐棨一家，累世功勋，祖父蒋廷锡与张廷玉都是军机处创设后的第一任军机大臣。

虽然震怒，但对此案，乾隆心中也很是忧虑，因为高云从目前所供出的大臣都是位高权重的大员。若再追究下去，恐怕牵涉到的大臣会更多。案发七天之后，高云从即被斩首，乾隆以此告诉大臣们，他不想追究下去，"朕不屑因此遽兴大狱"。

此案发生后，牵涉的大臣如观保、蒋赐棨、吴坛、倪承宽等人，都被革职，交给军机大臣舒赫德查办。

在重要案件上，军机处能越过刑部，取得法律执行权。军机处审理案件，一是由军机大臣单独审讯，被审者押到内务府公所或步军统领衙门内接受审问。另一种则由军机大臣会同刑部审讯。此案涉及的都是当朝大员，故而交给军机大臣来处理。舒赫德在军机处资格最老，他是军机处创设之后的第一个军机章京，为人精明强干，对时局常有独到见解。但舒赫德锋芒毕露，不懂韬光养晦，官场人送外号"铁汉"。因为敢于发表意见，吃了不少苦头。

向来敢言的舒赫德，此次却因为没有上奏被乾隆一通责骂："平日里你经常上奏，是非不断。现在入了军机处一年多，于敏中与太监结交的事情你肯定知道，却一直隐瞒不报，请你清夜自思，良心安在？"

舒赫德很是郁闷，自己并未与高云从结交，也不知晓于敏中与太监结交，却平白无故地被皇帝骂了一顿，只好卖力审案以求赎过了。但舒赫德审案时也很头痛，因为被审的都是一二品大员，依照礼制，对于一二品大员不能动用大刑。

四名涉及打探"道府记载"的大员也一口咬定，称未曾与高云从有过交往。舒赫德无奈，就将皮球踢给了乾隆，问他怎么处理，是不是该大刑伺候？

乾隆也很矛盾，一旦用刑，打得血肉横飞，伤了大员的体面不说，如果这四人还是一口咬定没有与太监交往，岂不是丢了自己的脸吗？思前想后，乾隆给出的处理意见是，参照高云从被处决的先例，依法处理。乾隆的潜台词很明显，就是处死这几人。不过因为与太监交往就处死四名大臣，确实过于严苛了，必然让朝野内外大臣寒心。乾隆也明白于此，故而埋下了伏笔，就看舒赫德会不会领会了。伏笔乃是，不久就是乾隆的万寿节，照例是不能杀人的。舒赫德果然聪明，他会同刑部，急匆匆地将观保、蒋赐棨、吴坛、倪承宽等四人定为斩监候。舒赫德的意思很明显，也就是拖到万寿节之后，再等乾隆开恩饶四人一命。

乾隆看了舒赫德的处理意见，心中一笑，但还是板起脸来警告舒赫德："你的鬼主意，朕洞然于心。你将四人判为斩监候，以待朕加恩宽恕，你以为朕不明白？朕岂是汉献帝、明神宗这样能轻易被臣下蒙蔽的人？"话虽如此，几个大臣的命还是被保了下来。

没过几个月，蒋赐棨首先被起用，先是承袭了祖父蒋廷锡的轻车都尉，不久又加恩令在武英殿行走。吴坛次年也被起用，没几年就做到了江苏巡抚。惩罚敲打于前，恩宠起用于后，一张一弛之间，此即为君之道，乾隆洞悉于此。

于敏中从政多年，自然知道不该与太监往来，却做出让乾隆失望之事，本来也要被严厉敲打的。但此时正值金川战役最为激烈之时，乾隆需要于敏中来辅政，故而暂时免治其罪，革职留任。于敏中此时已是惊弓之鸟，只能卖力苦干，以求饶恕。至大小金川平定之后，乾隆表扬他："自办理军务以来，承旨书谕，夙夜殚心。"重新恢复了他的职位，并赏给双眼孔雀翎。

乾隆四十五年（1780），于敏中去世，乾隆让他入了贤良祠。贤良祠是雍正所设，祭祀清开国以来满汉大臣中勋德卓著者。不想于敏中死后，却被查出涉及诸多贪腐案。于敏中遗留的家产估算下来值二百万两。乾隆闻听后不由怒道："朕重用敏中几十年，一直以为他清廉，不想有这么多财产！"

查出于敏中贪污受贿、营私舞弊，乾隆虽然没有将他的子孙治罪，可怎么也得将他从贤良祠中赶出。乾隆大骂："于敏中如果活着，朕必加严惩。贤良祠岂可有不慎廉隅之人滥行列入？"到了乾隆六十年（1795），记仇心切的乾隆将赏给于敏中后代世袭罔替的一等轻车都尉给夺去，又狠狠地痛骂了于敏中一通。

第二部

嘉道风云

和珅的黄粱一梦

乾隆四十年（1775）十二月，以二十六岁的御前侍卫和珅为正蓝旗满洲副都统。乾隆四十一年（1776）一月，命和珅补授户部右侍郎。乾隆四十一年三月，命户部右侍郎和珅在军机大臣上行走。从御前侍卫到军机大臣，和珅只用了四个月。

和珅的迅速崛起，引发了无数猜疑，为何他被赏识，被迅速提拔？和珅得宠，原因其实很简单，他颜值高，心灵巧，又有一定的政务处理能力。

乾隆用人特别在乎长相，能得到重用的官员不但为人机灵，熟读诗书，更要长相英俊。赵翼就因为长得不够俊帅，丢掉了即将到手的状元，年迈后赵翼还发出苦叹："到老始知非力取，三分人事七分天。"赵翼其实该满足了，想那柳永，如此才气，黄榜上无名，只好牢骚着奉旨逛青楼。

乾隆朝的大员，如傅恒、王杰、于敏中、董诰、梁国治、福康安等人，无不是风度翩翩的美男子。纪晓岚虽然才华横溢，但是人长得胖，且相貌不美，一直不被重用。长得俊帅，也是和珅胜出的重要条件。不光人长得俊帅，和珅肚皮里也不是稻草。少年时代，和珅进入八旗子弟的重点学校咸宁宫官学就读。和珅在咸宁宫中学习刻苦，熟读四书五

和珅画像

经，通晓蒙古文和藏文，诗词书画也有一定水平。丰富的知识面，多才多艺，这些也是和珅出人头地的内在条件。和珅能得到乾隆的宠爱，不单单是那外貌与才华，更重要的是他有着玲珑剔透的心，能领会乾隆的心意。乾隆与和珅之间肉体有无相通，虽有各种八卦，但无实据可查，可以肯定的是，二人的灵魂是交汇的。

在军机大臣任上，和珅表现出色。他的记忆力绝佳，每日皇帝口授的谕旨，听一遍就能默记。各种奏折，虽然连篇累牍，仓促之间批阅，和珅也能提纲挈领，切中要害，奏对均称乾隆心意。处理政务是把好手，体贴皇帝更是无人能与和珅相比。在作为军机大臣被召见时，若乾隆咳嗽要吐痰，和珅立刻将痰盂端上，乾隆吃瓜子吐壳，他立刻接了吃下。清人笔记里嘲讽他在乾隆面前表现得更像个家奴，可所有的军机大臣，谁不是皇帝的家奴呢？只是和珅演家奴，更加入戏，更加投入，更得皇帝欢心而已。

到了乾隆六十年（1795），就皇帝的接班人问题，举国上下，议论纷纷。

多年之前，乾隆曾对天发誓，如果能在位六十年，将禅位给儿子，以示不敢媲美祖父康熙在位六十一年。乾隆三十七年（1772），乾隆正式宣布，将在八十五岁时禅位给儿子。

早在乾隆三十八年（1773），皇十五子永琰已被秘密立为皇储，此后他经历了二十余年的漫长考察。在此期间，皇储是谁，无人知晓。自雍正创设秘密建储制度后，谁是皇太子无人知晓，如此避开了兄弟争斗，也避免了以太子为中心，形成太子一党，威胁到皇帝本身。乾隆的保密工作做得很好，至乾隆六十年，乾隆有四个儿子还活着，但朝野内外没人知道哪个皇子已被立为皇太子。朝鲜外交使臣来华时，曾就此问题四处询问，不想朝野内外"皆缄口挥手"。由于无法猜测接班人是谁，甚至有人认为皇长孙绵恩也将进入未来皇帝的候选人梯队。

到了乾隆六十年，乾隆将所立皇储的密件展示给王公大臣阅看，确立皇十五子永琰为皇太子。此年永琰三十五岁。在九月三日正式举行确立太子仪式之前，和珅私下给永琰送去一个如意，暗示他已被立为太子。当日永琰收到玉如意时，自然是极为欢喜，不想日后这成了和珅的罪状。

嘉庆元年（1796）正月初一，八十六岁的乾隆在名义上宣告正式退休。当日举行了传位典礼，鼓乐齐鸣之中，乾隆将玉玺授给了皇太子。在外人看来，禅让是一团和气，乾隆是真心想做太上皇了，想安享清福了。

玉玺是让出了，可皇帝的宅子却被他占了。退休之前，乾隆已经为自己建好了退休后的养老地宁寿宫，不料禅让之后，他继续赖在养心殿里不肯移驾。儿子嘉庆也不敢请他走，只好继续住在毓庆宫。乾隆虽然退居二线了，但一切待遇照常。新皇称皇帝，乾隆则称"太上皇帝"。太上皇的生日称为万万寿节，新皇帝则称为万寿节。

乾隆退休之后，与其说嘉庆要依照乾隆的心意办事，不如说嘉庆要依和珅的心意办事。没人想到和珅会有这么大的能量，但确实是如此。

太上皇很敏感，他也很自豪。他自豪，他是古来最高寿之帝王，他期待着能活过一百岁。他敏感，权力是他的禁区。虽然是太上皇，但一切还得由他做主。乾隆是退而不休，禅而不让，仍掌大权。虽然他已经年迈，再雄才大略的君主在时间这把杀猪刀面前，也要卸去他的雄风、磨去他的英明。不过乾隆毫不担心，他有个与自己灵魂相通的影子，这就是和珅。有和珅帮他打点，这江山统治起来还是不太吃力。

乾隆对和珅的信任牢不可破。如果有谁说点和珅的不是，在乾隆看来此人必是别有用心，想挑拨离间二人的亲密关系。乾隆时刻离不开和珅，不论是去圆明园，还是避暑山庄，还是木兰秋狝，和珅时刻伴随着他。太上皇的心思只有和珅能懂，太上皇一个眼神，一句喃喃自语，和珅就知道他在想什么。和珅就是乾隆的贴身棉袄，合身、暖和、舒坦，乾隆时刻离不开他，也将一切政务都放心地交给了他。

而嘉庆登基后的主要政务活动，不过是参加祭祀、大阅、传胪之类的礼仪活动而已。新皇帝得时刻谦恭，不能表现出急火火想掌权的心思。嘉庆也不敢说服太上皇彻底放弃权力，他更不敢动和珅丝毫。隐忍的背后，其实他内心愤懑无比，"太上皇帝信之愈深，皇帝恨之愈切。太上皇帝愈以为功高，皇帝愈以为罪大。不除和珅则祸害无已，欲除和珅则投鼠忌器"，嘉庆所能做的就是等待。

新皇帝侍奉太上皇，太上皇喜则亦喜，笑则亦笑。不但对太上皇得喜得笑，对和珅，新皇帝也得如此。嘉庆得时刻摆出笑脸，让和珅知道，朕与太上皇一样信赖你、重用你。和珅的权势在新皇登基之后，更见扩张。嘉庆元年，和珅调任正黄旗领侍卫内大臣，兼任镶黄旗满洲都统。嘉庆二年（1797），又命和珅管理刑部，仍兼理户部。利用乾隆帝对自己的信任，和珅四处培植自己的亲信。

嘉庆二年八月，首席军机大臣阿桂死于任上。阿桂似乎洞悉生死，在此年自己的生日上，置酒作乐终日，并训诫子弟要谨慎持家，最后道："余从此长诀，今后再也不能教导你们了。"阿桂死前，嘱咐家人将所有兵书、诗文书稿悉数烧毁，"无以此误后人"。

阿桂一死，和珅升任首席军机大臣，更加飞扬跋扈。

两代帝王对和珅的信任貌似都牢不可破，而富贵荣华将永伴，功名利禄会长随。臣子中也有忠良耿介之辈，看着和珅飞扬跋扈，责问嘉庆，为何不将他除掉。嘉庆急了，赶紧道："和相公是朕的左右手，还要靠他办理四海事，你不可乱说。"

嘉庆还不时向和珅示以亲昵。和珅喜欢玩鼻烟壶，嘉庆亲手将他的鼻烟壶没收掉，劝告道："为了国家大事，和相公你还是把烟戒了吧，身体重要。"

当无人之时，嘉庆紧锁双眉，心中的怒火在燃烧，眼中的刀光在闪烁，怒火与刀光之中的，正是这权倾朝野的和相公。

嘉庆三年（1798），乾隆健康状况恶化。此年十一月，因为过度操心平定白莲教的事务，乾隆感染风寒，治愈后仍头晕目眩，此后饮食渐减，视听大不如前，老态顿增。年迈的太上皇开始迷糊，精力大不如前。昨天说过的事情，今天就忘掉了；刚刚吃过早饭，就念叨着怎么还没吃早饭，让太监再上一份；到了春天，老皇帝却戴上了冬天的帽子。人虽迷糊，可太上皇仍然放不下心，担心儿子处理不好国家大事。

嘉庆四年（1799）正月初三上午，八十九岁的乾隆作诗《望捷》，期待着平息白莲教的消息早日传来，之后突然病发，于养心殿病逝。乾隆死后，北京表面上一切如常，只是官员除掉了帽上的红络。京内舆论认为乾隆的去世乃是百岁老人的平常事，无须惊慌。

乾隆去世后，在颁布的料理丧事王公大臣名单上，和珅列在诸王之后，众大臣之首。这是嘉庆喂给和珅的定心丸，和珅果然被迷惑了，"窃自喜依任如故"。"自喜"二字，活生生地点出了和珅的心态，他对乾隆的忠心与感情只是为了权力。太上皇死了，只要能保住权力，内心自然还是欢喜的，当然表面上的痛哭功夫还得做足。

不料到了第二天，风云突变，和珅被革去军机大臣、九门提督等官职，被下令在宫内昼夜看守殡殿，不得随意出入，实际上已处于软禁状态。对着乾隆的梓宫，不知此时的和珅做何感想。随后嘉庆又下旨指责和珅冒功领赏，寡廉鲜耻，营私肥橐，导致白莲教起义经年未能平息。这道旨一下，大局已明朗，所有王公大臣都知道这是要惩办和珅了，于是纷纷附和。

正月初五，以刘墉为首的大臣开始上奏，指责和珅的各种不法行径。这刘墉，后世以"刘罗锅"闻名，他的父亲乃是已故去的首席军机大臣刘统勋。

正月初八，嘉庆下旨革除和珅及福长安的所有职务，下令刑部将二人逮捕收监，又下令查抄二人家产。被抓时，和珅穿了件皮袍，随身带了个鼻烟壶、鼻烟包。富贵荣华，幻若浮云。被查抄家产时，和珅的家人正在吃饭。知道富贵已到尽头时，一些人惊恐得难以自制，竟然开始呕吐。

和珅突然跌倒，和孝公主多次入宫，借着皇帝妹妹的身份，想求皇帝网开一面。但嘉庆下定决心，要拿和珅开刀。正月十一日，嘉庆颁布了和珅的二十条大罪。嘉庆认为和珅的罪行与鳌拜、年羹尧、讷亲相比，尤其过之，为了国体起见，特意加恩赐和珅自尽。

正月十五日夜间，京师内是一片繁华，火树银花，香车游骑，金吾不禁，玉漏相催。在狱中的和珅作诗两首，感怀前事，无限伤感，无限凄凉。和珅是乾隆十五年（1750）出生，被赐自尽时刚好五十岁。

正月十八日，和珅收到白练一条，在生命的尽头，和珅留下绝命诗云："五十年来梦幻真，今日撒手谢红尘。他时水泛含龙日，认取香烟是后身。"

和珅死后，他在北京的住宅被分割，前半段被分给了嘉庆的亲弟弟永璘，后半段则留给了和珅儿子丰绅殷德与和孝公主。和珅在驴肉胡同的老宅子，给了和琳儿子丰绅宜绵。永璘得了他梦寐以求的和珅的豪宅后，对房子加以改造，使之更符合王爷的身份。此府后世被转到了恭亲王奕䜣手里，成为著名的恭王府。

富贵荣华，变幻若梦。和珅若是知道自己最后的结局，是否会满足于在宫中做一个轿夫？他的子女们前半生风光无限，后半生无限凄凉，他们是否会后悔生于这样的家庭？

熙来攘往，皆为利益，皆为权势。被权欲富贵冲昏头脑者，在生命的最后一刻常发出哀叹，所叹者，不过求一平淡生活矣。然而，当身陷名利场时，有几人肯跳出来去过平淡的生活？

军机处的大手术

好大喜功的乾隆耗尽了国库，留给嘉庆一个烂摊子。嘉庆当政之后，国库收入不足，人口过度膨胀，官员贪腐严重，河患频繁出现。

为挽救危局，嘉庆一度打出"咸与维新"的旗帜，在内政上做了些改革。

嘉庆是个勤奋的人，他提倡"崇俭黜奢""勤政务实"，并身体力行，以身作则。在做皇子时，嘉庆就很节俭，逢年过节，送给师傅们的礼物不过是荷包、食物等简单物件，"从未有以陈设玩器相持赠者"。在收拾了和珅之后，嘉庆令各地官员停止进贡如意、玉、铜、瓷、书画、插瓶、挂屏之类的物件。在嘉庆看来，贡物都是民脂民膏，借着进贡之名，官员大肆盘剥民众。此后嘉庆又颁布了系列谕旨，严禁奢侈之风。

每天天尚未明，嘉庆就早早起床，在蜡烛下批阅奏章，早膳之后，每日照例召见大臣十余人。嘉庆四年（1799）的夏天，京师天气格外炎热，睿亲王淳颖为皇帝着想，怕嘉庆操劳过度，将本该递上的奏折撤下。嘉庆得悉后，下令将淳颖交给宗人府圈禁，并指示："今后凡有奏折，均必须直达朕前，听朕批示，不得擅自撤下。"

对乾隆朝后期形成的歌功颂德、粉饰太平的官风，嘉庆也大力整顿。嘉庆四年，浙江旱灾，偶尔下了几滴雨，浙江巡抚玉德赶紧报告：

"天降甘露了，粮价也下来了。"嘉庆看后斥责："此等奏报，不可粉饰。"嘉庆五年（1800），云南发生水灾，云南巡抚江兰报称当年收获颇丰。嘉庆立刻将他革职，并指令今后再有粉饰太平者必予以严惩。

不过，粉饰太平者还是陆续不断。嘉庆九年（1804），北方蝗虫肆虐，皇宫之中，漫天飞舞的都是蝗虫，随手一抓，就能抓到十多只。不想直隶总督颜检竟然上奏称，蝗虫灾害不足为虑，蝗虫们是来吃青草的，不吃庄稼，"飞蝗不伤禾嘉，惟食青草"。嘉庆看了奏折后，是否会为官员的智商着急？

嘉庆朝初期整顿吏治，起到了一些效果，暂时刹住了乾隆朝晚期官吏贪腐的风气。同时嘉庆严查各省钱粮亏空，治河赈灾，体察民情，减免税收，裁减冗员，让世人顿有"咸与维新"之感。改革春风，扑面而来。

在"咸与维新"的旗帜之下，嘉庆对军机处做了一些改革，其目的是将一度松散的权力，再次紧握在皇帝手中。

清代在政治制度的设计上，以皇权大一统为主线，通过各种方式分权。而军机处的设置，不过是大一统皇权中的一个环节。皇帝要发号施令，要保证政务通达，这就需要效率。军机处的廷寄与谕旨，使皇帝能得心应手地控制。

和珅秉政以前，所有奏折直接送达皇帝拆阅，然后再将副本发给军机处。在权势巩固、掌握军机处后，和珅改变此做法，令将奏折的副本同时送交军机处。和珅这一刀，就在皇权中切开了一个口子，这个口子中分出的权力，就是他和珅威福自擅的空间。

奏折本是在皇帝批阅之后，再发交军机处。现在同时递送皇帝与军机处，军机大臣们就可以及早就奏折的处理做好准备，并能揣摩到皇帝的心意。如是，皇帝既省心也更开心，而军机处的权势也扩大了。

而自嘉庆初年五省教乱后，乾隆日夜等待前线军情。不想和珅在军机处，将各路军营送来的军情有选择地递送，常报喜不报忧。和珅跌倒之后，延误军情被视为一大罪状，并将其视为五省教乱经年未能平息的重要原因。

　　嘉庆对和珅恨到家了，曾私下询问军机大臣吴熊光，和珅可有不臣之心。吴熊光看得却是透彻，对嘉庆道："想谋反的人必然要收买人心，比如王莽。和珅只顾捞钱，不顾名声，天下人都厌恶他，所以他不会谋反。"可和珅这样的蛀虫寄生在大清帝国身上，土壤里的养分都要被他给吸干了。更重要的是，皇帝的权力如何能让他人分来分去！

　　有鉴于此，把握大权之后，嘉庆采取系列措施，限制军机处权势的扩张。在擒拿和珅的当日，嘉庆发布上谕，要求各部文武大臣及各省督抚今后凡有奏折，"俱应直达朕前，俱不许另有副封关会军机处"。此外，还警告不可将所奏之事预先告知军机大臣，并称拆阅奏折之后，嘉庆自然会和军机大臣当面会商，再交各部门办理。

　　过了十一天，嘉庆再次发出上谕警告称，以前和珅专擅用事，所以有投递军机处另封事件，此后各省所有抄送奏折副本都不得再递送军机处。嘉庆警告，此次整顿后如果还有重蹈前辙者，将重治其罪，绝不宽贷。嘉庆五年，在四川前线镇压五省教乱的广兴，投递奏折时另行咨文送到军机处。嘉庆知悉后，将他降为四品京官，并不得再奏事。

　　在制度上，嘉庆也加以完善，健全军机处的保密及用人机制。设立军机处的初衷，一是为了效率，二是为了保密。保密工作在雍正年间及乾隆朝早中期做得很好，但到了乾隆晚年，随着皇帝的老去，和珅的专权，军机处的保密工作开始走下坡路。

　　军机处的台阶上和窗外走廊边常挤满了京内各部官员，他们以禀报公务为借口，过来探听消息。往往奏折皇帝还没有批阅，街头巷尾就已开始风传消息了。宫廷的一切，都吸引着人们的眼球，八卦消息更是人人爱听。

每日在天子身边的军机章京，自然成了人们打探消息的去处。乾隆年间曾担任过军机章京的策拔克，做了外官之后，利用在军机处的关系打探消息。在寄给军机章京的信内，策拔克甚至探询圆明园同乐园上演的是什么戏。嘉庆知道后不无愤怒："大内演戏，无干伊事，探询何为？"

嘉庆五年发布谕旨："军机处为办理枢务，承写密旨之地，首以严密为要。军机大臣传述朕旨，令章京缮写，均不应稍有泄漏。"为了加强保密工作，嘉庆特意规定，军机大臣只准在军机处处理当日所奉谕旨，不得处理其他各部的文件，其他各部官员不得到军机处去回事，满汉文武大臣不准去军机处找军机大臣聊天，军机章京办事处不准外人偷窥，军机章京不得将文书带回家办理，京中王公大臣不得请军机章京代办陈奏事件。

此外，嘉庆还派御史到隆宗门军机处办公室坐镇，每天监视军机大臣和军机章京，如果有泄密事件，可以立刻上奏。同时也让军机大臣监视御史，如果御史迟到或者早退，也可以上奏报告，双方互相监视，以为保密。而在保密的功能之外，御史实际上也扮演了监视军机处的角色，以限制军机处扩张权势。

在军机章京的选任上，以往都是军机大臣挑选可靠的内阁中书、笔帖式充任，具有一定的随意性。军机处保送章京时，基本上从六部挑选，但工部保送人员被录用者最少，因为工部与军机处工作的契合度最弱。

嘉庆四年又规定，嗣后由内阁、六部从中书、笔帖式中选择人品端正、年富力强、字画端正者，交给军机大臣引见，再由皇帝挑选。记名人员则在军机章京有空缺时，按秩序补任。军机章京在乾隆朝尚无定额，此时正式确定满汉章京各十六人。同时规定，凡大员子弟不得保送为军机章京。当年军机大臣引见的各部人员，有十五人被录用为章京，另有二十人按名次候补。此后每年引见的人员一般在十人左右，录用者有六七人。

嘉庆十一年（1806），又规定军机章京须经过考试，凡考试合格者才有资格被带领引见。考试时，限时三刻交卷，字数须满三百，过时不交卷者立刻淘汰。此年考试题目是"勤政殿疏"，工部笔帖式董萼得了第一名。

嘉庆四年，因为擒拿了和珅之后，国家事务繁忙，军机处缺人，嘉庆就让成亲王永瑆入军机处帮忙。过了不久，嘉庆觉得不妥，亲王辅政，位高权重，容易滋生弊端，遂让成亲王永瑆退出军机处，并规定此后王公不得入军机处，以免专擅。

看到嘉庆大力整顿军机处，善于捕捉政治风向的御史也开始跟风。

嘉庆七年（1802），御史王宁焯上奏，认为军机大臣权力过重，应加以限制。对此嘉庆批驳道，各省所寄信件及所拟谕旨，断然不能让很多人分工承担，交由军机处拟写发放，事有统汇，能提高效率。而军机大臣奉旨撰写谕旨，并不是将皇帝的权力转给军机大臣。"朕亲政以来，令出惟行，大权从无旁落，将此奏掷还。"

嘉庆十年（1805），御史何元烺上奏，请将军机处名称加以改变。何元烺认为，军机处所承办的都是军事事务。现在军事事务已告停，似应更改名目，以表国泰民安，天下太平。

对此奏嘉庆予以否决。嘉庆认为，自雍正年间创设以来，军机处这一名称沿用已久，所负责的谕旨及文书工作均是大事，并不是专一于军事事务。现在教匪叛乱已经肃清，四海升平，不改军机二字，才表示天下真正太平。

嘉庆对于军机处的系列改革，起到了拨乱反正之效，使皇权得到了加强，也使军机处在制度与法律上被确定下来。

然而，嘉庆朝初期出现的"咸与维新"，却没有带来根本性的变化，在官吏选拔任用、官制设置、国库管理、农商政策等方面，嘉庆没有做任何实质性的变革，他只是治标，而不能治本。"咸与维新"短期能挽回些许颓势，但不能避免清廷走向衰败。

在做皇子的时代，嘉庆就已表现了他守成的倾向，在一首诗中他写道："守成继圣王，功德尽巍峨。"嘉庆四年，在扳倒和珅之后，就如何选拔人才嘉庆指出："自当率循旧章举行。"嘉庆六年（1801）二月，嘉庆在谕旨中宣称："列圣旧章，自当恪守。"保守的嘉庆，在方方面面都以祖先的成法为依据，时刻遵循而不敢逾越。历代帝王的实录，成了嘉庆晚年执政的依据。皇帝死后都要编撰实录，实录中择取了各个时期的谕旨、皇帝的起居、婚丧礼仪等各种活动。编排实录的本意是作为档案而加以保存，不想在嘉庆看来，这实录却是现实执政的根据。

实录成了嘉庆手中的万能宝典，尽管前所未有的难题不断涌现，但只要一恭阅祖先皇帝们的实录，嘉庆立即能从中汲取经验，加以处置。然而时代不同，人物不同，祖先们的成法、做法业已过时。古人云"半部《论语》治天下"，靠《论语》治天下，嘉庆没有那份天资，他有的是勤奋，有的是翻阅列祖列宗们实录的刻苦精神，在他手中，几部实录可治天下。

在嘉庆十六年（1811）所作的《守成论》中，他系统地阐述了他的守成思想。他认为："守成二字，所系至重。"之所以要守成，原因很多：其一，嘉庆认为开国君主都神武过人，大清国尤甚，祖宗所制定的规章制度完美绝伦，后世只需好好守着就是。其二，如果妄行改革，则祸福难测。唐宋以来，凡提倡改革的君主都没有好下场。在嘉庆看来，守成关系到国家的兴亡，不守成者，天必亡之，"亡国之君皆由于不肯守成也"。

《守成论》是嘉庆的执政宣言，是嘉庆一朝乃至后世皇帝的执政纲领。守成的后果是，该怎样还是怎样。既然官员任用机制不能变革，选用的多数还是庸碌之徒；当运动式的反腐结束之后，官员们照样贪污；既然不能开源节流，国库照样还是拮据；当欧洲开始工业革命时，清国还在原地踏步。

嘉庆十年的内讧

　　在军机处之中，如何在军机大臣之间做好平衡，既不致军机大臣坐大，结成朋党，又要兼顾到各部事务，也不是容易的事。嘉庆曾特意规定，在遴选军机大臣时，要使六部都有大臣在军机处任职，也就是所谓的"军机处行走"。

　　总体而言，军机大臣的选任是各方面平衡的产物，既考虑各部均衡，也得考虑满汉平衡。以嘉庆十年为例，此年在军机处行走的大臣先后有六人。首席军机大臣庆桂是文渊阁大学士，董诰是文华殿大学士，二人既入掌握实权的军机处，也入名义上的辅政机构内阁，可谓是名实具备。刘权之此年先任兵部尚书，后改任礼部尚书。军机大臣戴衢亨，先任工部尚书，再改任户部尚书。

　　英和担任户部左侍郎。在刘权之、英和被罢职后，入军机处的托津则任吏部左侍郎。虽然悬挂着"一堂和气"的匾额，军机处里却不是和气一堂。嘉庆十年，刘权之、英和二人一度内讧，同时离职，军机大臣人数不够，嘉庆才让托津入军机处帮忙。

　　刘权之为官道路也颇坎坷，乾隆二十五年（1760）他中了进士，其间一直在做闲官，到嘉庆二年才被调到吏部任职。此后鸿运高照，升到吏部尚书，也是一品大员了。吏部为六部之首，执掌官员之升迁，位高权重。在吏部任上，刘权之铨选人才也算公正。嘉庆七年（1802），刘权之以吏部尚书入军机处行走。

刚入军机处，刘权之就因为用人问题被弹劾。军机处元老董诰告诉嘉庆，据给事中鲁兰枝参奏，刘权之不按规则，将自己的学生吴侍曾提拔任用，外界议论纷纷，不可不加以详查。嘉庆遂让董诰将鲁兰枝、吴侍曾等人唤来与刘权之当面对质，结果查明是诬告，此事也就过去了。

嘉庆九年（1804），受吏部书吏舞弊的影响，吏部的满人尚书琳宁被革职，吏部侍郎范建丰、钱樾也被革去侍郎之职。刘权之在军机处上班后，吏部尚书一职成了兼职，书吏弄权与他关系不大，但为了避嫌，嘉庆还是将刘权之从吏部尚书改调到兵部担任尚书。

书吏弄权问题，是清代政治中的一大弊端。六部所处理的工作多数与文书相关，就雇佣一批书吏帮忙办公。书吏们的薪资微薄，官署中又没有办公经费预算，必须捞外快补贴家用。六部书吏就利用最擅长的文书，钻制度上的漏洞，敲诈勒索官员。

书吏能耐之大，连权倾朝野的大臣也不能奈何。嘉庆元年，福康安征战回京，到户部报销军费。书吏勒索钱财，福康安大怒，我是何许人也，岂能容你敲诈？不料小书吏冷笑一声，不给钱？军费拖延你几个月，到时你一分钱拿不到，还要被惩办！福康安听了只好乖乖掏钱。在吏部，书吏们洞悉各地官员们吏治上的不足，并利用文书上的漏洞，借此敲诈，被捏住了命根子的各地官员自然也愿花钱消灾。

当时有句话叫作"堂官（尚书、侍郎）不如司官（吏部的中下级官吏），司官不如书吏"。嘉庆也洞悉此弊端，曾指出："自大学士尚书侍郎，以至百司，皆唯诺成风，而听命于书吏。"故而在嘉庆九年痛下决心，整顿书吏弄权。

到了嘉庆十年，刘权之以协办大学士的身份被加封太子少保衔，可谓是位极人臣，不想此年在仕途上他沉重地摔了一跤。

却说大文人纪晓岚有女儿三人，长女嫁给山东德州卢见曾之孙卢荫文。卢家因两淮盐引案而衰败，纪晓岚暗中报信，也被发配去新疆。纪晓岚的次女嫁给山东邹平县袁守诚之子袁煦，三女儿本来许配给河北献县戈源之子，不想未嫁而亡。对于二女婿，纪晓岚极为喜爱，动用人脉，帮助女婿在仕途上有所发展。

刘权之是纪晓岚的学生，有了出息后，自然不能忘记老师的好女婿，就帮忙将袁煦弄进军机处做了章京。嘉庆十年，依照惯例，军机大臣可以保举优秀的军机章京升官。

在军机处，军机章京们的主要升迁途径是保举。保举是军机大臣根据章京们的平日表现与个人能力，分出等次，列出名单，递给皇帝，再由吏部议叙，之后军机章京们在原衙门的职衔便会提升一次。乾隆朝，军机章京的保举并未形成定制，由军机大臣不定期保举。到了嘉庆七年六月，军机处建议，如无特殊情况，每三年保举一次。经过嘉庆许可之后，遂成定制。

军机大臣会商之后，决定保举齐嘉绍、蔡炯、武尔通阿三人升为主事。这事是军机大臣一起商量好的，不想刘权之突然想起老师还有个女婿在军机处，就插了一腿，要将袁煦也列入保举名单。刘权之还找庆桂、董诰、戴衢亨做工作，称纪晓岚都是大家的老朋友，他女婿袁煦在军机处时间也蛮长了，就帮帮忙，三年一次机会，让他升升官吧。

庆桂、董诰、戴衢亨是军机处老人，世事通达，对刘权之的请求睁一只眼闭一只眼，本来此事就成了。不想新入的军机大臣英和年轻气盛，不给刘权之面子，跳出来弹劾刘权之。

当时嘉庆住在圆明园，英和乘戴衢亨、刘权之不在，上奏请皇上晚上秘密召见自己与庆桂、董诰三人，称有要事进奏。三人入内时，庆桂、董诰并不知道英和要弹劾刘权之。在嘉庆面前，英和大肆攻击刘权之，说他才能平庸，名声极差。并请嘉庆此后不要再召见刘权之，让刘权之退出军机处。不料嘉庆对英和此举大为愤怒，在谕旨中指出："英和此言实为胆大狂妄，从前和珅与阿桂不和，也不敢公开说让阿桂退出军机处。英和后生新进，刚入军机处就敢如此，若不及早惩治，恐怕又是一个和珅。"

嘉庆遂下令将刘权之、英和、袁煦三人都赶出军机处，对英和的惩戒最重，将之连降三级。受此牵连，本来要被提拔的三名章京也继续留在原职上。此后，从嘉庆十年到嘉庆十六年（1811），军机大臣只有庆桂、董诰、戴衢亨、托津四人。刘权之虽然受到处分，很快就被重新起用，担任兵部尚书，但一直未入军机处。

英和也是当时难得的人才，其家族是满人中少有的书香世家，"为八旗士族之冠"。乾隆三十六年（1771），英和父亲德保在广东担任巡抚，英和在广东出生。乾隆五十八年（1793），英和二十三岁时考中进士。当年殿试者七十三人，加上补试者八十一人，八旗入试者只有英和一人。引见时，因为汉满分开，英和一个人站了一队，格外引人注目。

英和小时长得聪慧可爱。和珅曾看中英和，想把女儿嫁给他，不料英和的老爹德保坚决不同意这桩婚事。和珅倒台之后，嘉庆上朝时还很八卦地问英和："汝家事，朕皆深悉。唯独不知道和珅想招你做女婿这个事，你给朕说说看到底是怎么回事？"英和就讲给嘉庆听："八岁时和珅去我家，当时我在家门口玩儿。和珅就给了我一把糖，问我几岁了，此外别无他语。等我十一岁时，和珅托人来说媒，想把女儿嫁给我。老爹德保赶紧帮我订了个娃娃亲，回绝了这门亲事。这事还是后来军机大臣阿桂告诉我的。"

随后英和一把鼻涕一把泪，哭诉父亲生前如何受和珅欺压、抑郁而死的悲惨故事。嘉庆听了大为感动，第二天就下旨将英和老爹赐谥号"文庄"。实际上，德保是阿桂的亲信，自然不愿意投入和珅门下。在英和的仕途上，阿桂也帮了大忙。

英和年富力强，又曾拒绝过和珅的提亲，嘉庆将他视为亲信，三十一岁时就被授总管内务府大臣。嘉庆九年（1804），三十四岁时，英和入军机处行走，并被赏在紫禁城骑马。向来赏大臣在紫禁城骑马的殊荣，要年过六旬，官至一品，英和年纪轻轻就得此殊荣，是为非常之恩宠了。

此次英和弹劾刘权之不成，自己反被降职。但嘉庆对英和还是信任有加的，在满人之中，英和诗词文章出色，年纪又轻，嘉庆怕他重蹈和珅的覆辙，故意磨磨他的锐气，好今后更好地使用。对于嘉庆十年的连降三级，英和在年谱中一笔带过，称措辞不当，奉旨降为太仆寺卿。此后英和时常被嘉庆派出去处理案件、查看河工、审核物价作为锻炼。过了九年，英和才被再次召回军机处。

隆宗门外的杀声

嘉庆十八年（1813）秋，北方暗潮涌动，民间风传"中秋八月，黄花满地"，千年末日即将来临。

此谶语中的玄机没有几个人真正了解，也未引起官府的警惕，京内照常是一片太平景象。嘉庆在七月十八日起程秋狝木兰，随后前往承德避暑山庄。留在京内军机处值班的章京们心中不无郁闷，若是能去承德，既是陪伴圣驾的无上荣耀，也能一睹途中的壮美风光。

而在京师郊外，八卦教分支的领袖林清，正忙着策划一次惊人之举。就在此月，林清前往河南道口，与河南、山东等地的八卦教领袖李文成、冯克善、于克敬、牛亮臣等人会晤。林清此行，促成了活跃在京畿的八卦教分支与八卦教联合，改组为天理教。天理教最高领袖分为三皇，由李文成任人皇，统治人间；林清、冯克善为文武圣人，辅佐大政。各方决定在九月十五日同时发动，林清攻打京畿中枢，杀入皇宫；冯克善取山东，李文成攻河南，然后共同会师直隶。

可林清、李文成等人的动作太大了，难免不走漏风声。九月初五，滑县知县强克捷在衙门内正无聊时，突有一名退休老书吏求见。老书吏在地方上多年，结交各种人物，信息灵通。得知李文成要闹事后，老书吏急来告密。

强克捷得知消息后大吃一惊，此前他曾得到邪教要闹事的消息，但没有此次这般翔实。强克捷紧急将消息报告给上峰卫辉知府与河南巡抚，却被斥责为多事。盖官场习俗，多一事不如少一事，各种邪教闹事的传闻，在五省白莲教起事之后已是屡见不鲜。早在嘉庆十七年（1812）春，有台湾人高妈达因"妖言惑众"在淡水被捕，审讯时供称林清等人将于明年闰八月十五日在京师起事。淡水地方官员将此事上报，被上司认为太过荒诞不经而忽略。在上峰认为自己多事之后，强克捷自作主张，组织县内衙役前往李文成老家，将李文成及干将牛亮臣等二十四人捕获。酷刑之下，李文成等人却不露口风，强克捷无奈，遂将众人关入狱中。

九月初七日，山东教首冯克善与山西教首于克敏等人商议，认为十五日起事之期已近，断不可拖延。此时教徒已准备充分，不如直接攻打滑县，救出李文成，然后直隶、山东各地同时举义配合。当日，天理教出动三千余人攻进滑县。滑县中的衙役看到情势不妙，立刻溃逃。攻入滑县后，天理教教徒将李文成等人救出，又将强克捷全家及老书吏全家杀光。

李文成滑县闹事的消息很快传到清廷中枢，军机处紧急调兵前往河南镇压。依照计划，李文成本要派出一批精干人员潜入京师，帮助林清攻打皇宫。不想滑县事泄，提前起事，所派人员也被耽搁。

虽然援兵未到，但林清仍在京外黄村宋家庄积极准备，以杀入紫禁城。对于此次行动，林清是相当自信。此前有彗星出自西北方，光芒万丈，划破长空。此彗星在星相学上象征着王朝更替，天下易主，这更让林清增强了信心。到了嘉庆十八年，此年恰好有闰八月，历来即有"闰八月不祥"之说。天理教遂以"八月中秋，黄花落地"附会"闰八月"

之说，以为千年之劫将至。

但在清廷官方公布的历书中，此年无闰八月。在编定历书时，钦天监发现嘉庆十八年有闰八月。但如果在历书中排闰八月，则此年冬至将是十月三十日，而以前冬至都是十一月。每年清廷举行的郊祀大典，均在十一月举行。排出闰八月，必与祭祀相冲突，钦天监遂奏请将"闰八月"延后到了明年的二月。尽管如此，林清仍确定在此年的"闰八月"，即九月行动。

此次行动还有多名太监与官员作为内应。茶房太监杨进忠在宣武门外铁市铸造了数百口快刀，京内很多人知晓此事，但慑于杨进忠宫内太监的身份，也无人敢去过问。四品武官曹纶与儿子曹福昌乃是林清信徒，负责在城内策应。曹福昌探听到嘉庆将于十七日驻跸白涧行宫，当日京内王公大臣都要去迎接，京师空虚，建议林清改在十七日行动。此时"八月中秋，黄花落地"已传遍京师，林清认为如果不按时攻打，对应不上末日劫难之说，将会影响到整体起事，遂决定按时动手。

九月初十日，教众陈爽、陈文魁带了一百多人化装成小贩之类，分几路进入京师，约定十五日同时发动，攻打皇城。这几日之间，林清在城内开戏园的徒弟，将进城的教徒请去看戏，终日酣饮，言语之间，难免有所泄露，但也无人过问。

九月十五日，天理教城内的教徒开始集合，准备进攻紫禁城。计划分两路，从东西分别攻入。东华门一路由太监刘得财、刘金带路。行到东华门外时，教徒与运煤的所谓"煤黑子"争路，双方发生争执。天理教徒在冲突中露出所藏兵刃，守城官兵再糊涂也知道事情不妙，赶紧关门。陈爽带了众人急忙持刀涌上，边杀边冲，结果只冲入了陈爽、龚恕、王世有、祝真、刘进玉五人及太监刘得财、刘金。未进城的天理教徒分散开来，在城内四处藏匿。

入了东华门之后，刘得财想泄私愤，杀掉总管太监常永贵，没有按照计划直扑皇帝所住的养心殿，而是带了龚恕、刘进玉两人进入苍震门。入了苍震门就是进了内廷，此处太监很多，太监虽然身体上有缺陷，拼命倒是可以。龚恕、刘进玉两人先是砍倒一人，随后，众太监一起围上，将两人击倒擒住。刘得财一看形势不妙，就跟着众太监后面大喊"抓贼"，"假意持棍打贼"，利用太监身份作掩护，得以暂时逃脱。刘金带了陈爽等三人，走到熙和门口，与大批清军护卫相遇，结果两人被杀死，陈爽重伤被俘。

从西华门入宫的一路相对顺利，教徒扮成贩卖柿子的小贩，将刀藏在挑担之中。到了西华门前，众人取出刀一拥而上，砍死门卫，在果房太监杨进忠及其徒弟高广幅的带领下，大部分人冲入皇宫。入了皇宫后，众人用白布缠了头，束了腰，由杨进忠带路，开始冲杀。

杨进忠在嘉庆十四年（1809）得了大病，被林清的徒弟治好，遂入了教，此后又发展了多名太监入教。此次林清对他许诺，如果带人杀入皇宫，事成之后封为他太监总管，可以发大财。财迷心窍的杨进忠就带了徒弟高广幅一起做内应。

却说杨进忠与负责修补衣服的尚衣监太监结下梁子，一直伺机报复。入宫之后，杨进忠先将所有天理教徒带去尚衣监，将制衣太监全数击杀，又奔至文颖馆。文颖馆内都是弱不禁风的读书人，哪里是天理教的对手？最终被杀死数人。

在东华门外的护军统领杨澎增将东华门关闭后，听说有人从西华门进入，就急忙冲到隆宗门，将大门关闭。隆宗门是联系内廷与外廷的枢纽，军机处值班房就在隆宗门内。

天理教一行人行至隆宗门外，却见隆宗门大门紧闭，就四处寻觅破城工具。在隆宗门外，天理教徒也有意外的收获，隆宗门外的一排箭垛上正好放着弓箭。十几个天理教徒抢到了弓箭，开始射箭。其中一箭射到隆宗门的门匾上，迄今隆宗门门匾上"宗"字旁尚存有铁箭头。

此次天理教教徒入宫，目标是皇帝的住所养心殿。若是冲破隆宗门，杀到养心殿，当日则会有高价值目标可以捕获，皇二子、皇三子等人正在此处呢。领头的陈文魁先是指挥众人撞击隆宗门，但没有撞开。随后又派人从御膳房上的矮墙爬上内右门西大墙，想攻入北边皇后居住的储秀宫。皇二子绵宁此时正在养心殿，看到对面墙上有人，一时惊慌失措。太监总管常永贵倒是冷静，建议用鸟枪将墙上的人打下。绵宁赶紧回屋取了鸟枪，亲自开枪，连毙两人。陈文魁又改谋他途，再派两名天理教徒到御膳房寻路，也被太监打死。

宫内突然有此惊天巨变，京内的文武百官根本无从应对。庄亲王绵课、礼亲王昭梿、镇国公奕灏等人得讯后赶到神武门时，都踉踉跄跄、衣冠不整。此时他们不知道有多少天理教徒杀入宫中，手中仅有的官兵又不足百人。众人正慌乱间，统领火器营的奕灏突然想到该营士兵正在集结，准备前往河南滑县镇压李文成起事，于是紧急将火器营调入。

过了一会儿，大队清军与天理教徒在慈宁宫的伙房相遇，一马当先的庄亲王绵课先射了一箭，射中一人，其余官兵纷纷开枪，天理教徒不支后撤。庄亲王绵课带队追到隆宗门外时，天理教徒正准备放火，被火器营官兵猛攻击退。

此时各城门已关闭，几十名残余的天理教徒在宫内四处奔窜，却丝毫不畏惧。太监杨进忠看情势不妙，自己一个人逃走了。他的徒弟高广幅倒是太监中少有的有胆之徒，带了天理教徒从马道奔上城楼，在城楼上打出旗帜。旗帜迎风招展，上书"顺天保民"。众天理教徒以白布裹头、缠腰，在城头上大张旗帜，白刃如雪，呼号奔走，这也是清代仅有的一幕大剧。

无数清兵涌上城头，兵刃之声不绝于耳。至黄昏时分，入宫的天理教徒有投御河自杀的，有藏在城堞草丛中的，有匿入假山中的。十五日白天入宫的教徒共七十二人，被俘、被杀者有三十一人。

十六日凌晨，天初亮时，突然大雨如注，火器营士兵手中鸟枪的火绳被打湿。清军在雷雨之中，鸟枪无法击发，无不怨声载道。十六日清晨，宫内各处陆续抓获潜藏的天理教徒。

十六日夜间，在御书处的一处石缝中，清军又抓出教徒二十四人。此日共俘获天理教徒二十七人，击杀十四人，至此事态平息。清廷方面，此次事件共造成侍卫、太监等四十二人死亡，六十余人受伤。

也正是在十六日，嘉庆抵达白涧行宫时，收到皇二子、皇三子的六百里加急奏报，方知宫中发生此次惊天巨变。嘉庆看完奏报之后，浑身发抖，竟泪流满面。现场文武官员也是一片慌张。有官员慌了神，奏请嘉庆立刻前往奉天，待军队调集之后再行回京。军机大臣董诰则力主迅速回京。董诰对事态的判断倒较为清晰，他对嘉庆道："这不过是场小动乱，不久就有俘虏要送到。"看着嘉庆还在犹豫要不要逃去奉天，董诰急了，大哭着劝告皇帝。嘉庆无奈，遂听从了董诰的意见，继续进京。军机大臣卢荫溥此时正好扈从嘉庆，也帮着出谋划策，调兵遣将，以平息事变。

此次天理教从天而降，突袭紫禁城，是中国历史上从来未有之举，予清廷统治者之心理打击更是空前绝后。而天理教到底有多少力量，一时间也无从知晓，未来形势发展如何，也很难预测。嘉庆被此次事件给吓住了，看起来固若金汤的大清江山，却被几个底层小民搅动得摇摇欲坠。受此巨变，嘉庆心胆俱颤。十七日，行至烟郊行宫时，嘉庆颁《遇变罪己诏》，诏书最后称"笔随泪洒"。后来，在其他诗中，对此次事件的心理冲击，嘉庆写道："齐豫骚动，阙下震惊，惟椎心挥泪，宵旰仰求上苍赦罪，此外无可言矣。"

命运总是青睐有准备的人。康绍镛在军机处做章京时，平日里留心掌故，通晓当世之事，董诰等军机大臣都将他作为左右手，他平时便将各省的将领姓名、是否有军事经验、统兵多少等数据整理好，编成一个小册子，随身带着。至林清事变时，嘉庆询问直隶周边各省将领情况，康绍镛将小册子呈上。嘉庆由此知道他有才，可以大用，异日他也做到了封疆大吏。

早在十五日，庄亲王绵课已从被俘者口中得到了主持者是林清及其居住地等信息，紧急报告嘉庆。

十六日，嘉庆得知林清是主谋后，迅速派正担任步军统领的英和回京，督办抓捕林清。英和一路快马加鞭，中途马蹶，换马再奔，三个时辰疾驰一百四十里进京。英和入京后，先到神武门附近视察，见警备森严，秩序井然，方才放心。回京之后，英和迅速挑出精干衙役张吉、高铎、徐永功三人，连夜前往宋家庄抓捕林清。

林清从未能进入东华门的溃散教徒口中判断此次行动难以成功，整夜未眠，绕床嗟叹。此时他若是清醒，应当立即出逃，不能留在宋家庄。但林清仍将希望寄托在曹纶、曹福昌等人身上，希望十七日能再次发动，予清廷以致命一击，故而未逃遁。

十七日黎明，张吉、高铎、徐永功三人抵达宋家庄，摸到了林清家门口。林清家大门紧闭，张吉敲了一会门。林清在床上听到敲门声，以为是滑县李文成派来的教徒到了，就穿着家居便服出来开门。林清一出门就被擒住，屋内的两名教徒也一起被擒。林清被擒后，庄内人声鼎沸，教徒纷纷涌出，要夺回林清。张吉等三人将林清押上马车就往北京急赶。林清的手下一路急追，追到南苑门。马车入城，城门轰然闭上，留下一路烟尘，追者方才绝望返回。

十八日，被俘的陈爽将宫内接应的太监供出。除了五名太监直接参与此次行动之外，尚有九名太监加入天理教，都被英和一一加以擒拿。

十九日，嘉庆回京，王公大臣到朝阳门迎驾。嘉庆入宫后，即下罪己诏，王公大臣齐集于乾清门跪读，呜咽声、痛哭声，声震宫廷。

至二十三日，嘉庆亲自审问林清及太监刘得财、刘金等人。审讯完毕之后，所有被俘者照例是以最残酷的凌迟处死。曹纶、曹福昌父子不久也被抓捕。曹福昌很是硬气，不想牵连太多人，行刑时对刽子手道："我是可交之人，至死不卖友以求生也。"

京师巨变平息之后，所有的焦点都集中到河南滑县。早在九月十五日之前，已有大批清军被抽调前往滑县镇压。九月十五日事变之后，嘉庆又改调亲信那彦成前往指挥，同时派出健锐、火器二营士兵两千名前往镇压。嘉庆又抽调了名将杨遇春前去滑县。

待兵力集中后，那彦成、杨遇春先对被天理教占领的道口发起攻势。大炮轰鸣之下，道口城破，清军涌入。天理教徒守道口的有一万五千人，阵亡者过万，余部撤退到滑县。道口之战中，天理教头目、武林高手冯克善"独骑白马，持大刀奔山东去"，以联络山东的天理教徒。

此时天理教只剩下滑县一个据点，困守孤城。十一月初一，桃园的天理教头目刘国明带八百人冲入城内，经过商量之后，决定由刘国明用轻车将双腿受伤的李文成带出城，前往山东。天理教主力由李文成之妻及牛亮臣等人率领，留在滑县固守待援。

清军围攻滑县，架起大炮轰击，不想滑县城是土城，炮弹轰入后没有效果。清军改挖隧道，又被发现，只好狼狈逃回。滑县虽然被围，但守城的天理教徒丝毫不惧，李文成妻子张氏亲自指挥防守，一度还带领人马出城偷袭。

冯克善从道口奔出之后，清廷在各地布置抓捕。十一月十九日，冯克善行抵直隶献县三角村时被知县张翔抓获。

李文成逃出滑县后，在各处受阻，根本无法突破封锁前往山东，遂占据太行山下险要据点司寨。十一月十九日，在冯克善被擒的同时，清军设下埋伏，引诱李文成军出司寨交战，结果三千余人阵亡约两千四五百人。被俘的两百人全数被清军于阵前处死，场面极其残酷。李文成残部退守司寨。

次日，清军主力发起攻击。司寨地势险要，清军顶着如雨般的枪石攻入司寨，将天理教徒赶下寨墙。寨内街道逼仄，短兵相接之后，天理教徒退守民房。寨内有民房两百多间，皆是砖石砌成，又有碉楼七八处，坚不可摧。清军见强攻伤亡太多，遂改用火攻，在大火之中，天理教徒逃出被擒者有两百余人。李文成带领残部退守于碉楼内。

清军本意是生擒李文成，好献给嘉庆请功，见诱降无望，遂全力攻楼。李文成与几十名追随者拥抱在一起，于碉楼上点火自焚。由于他在滑县时曾受刑，腿部有伤，并贴有膏药，用棉布包裹。清军据此找出李文成的尸体，随即在山东、直隶、河南各地展示。在搜索时，清军寻出旗帜一面，上书"大明天顺李真主"。

十二月初十，各路清军齐集滑县城外五门，同时发起攻击。清军久攻不下，遂点燃埋在城下地道中的火药，将南门、西门轰塌，随后冲入城内。城破之后，李文成的妻子张氏带了天理教徒进行巷战，不敌之后自杀。至次日中午，才将所有天理教据点烧毁。纵横直隶、河南、山东三省的天理教起事，在四十天之后终告平息。此战中，天理教战死一万七八千人，被烧死者七八千人。

天理教主要骨干冯克善、牛亮臣等人，经过一个多月的审讯之后，于嘉庆十九年（1814）被凌迟处死。京师的民众，又可以目睹一场血肉横飞的酷刑"盛宴"。然而，正如天理教所宣称的那样，千年末世之劫在华北降临。林清事变之后，此年华北平原上瘟疫流行，民众死者过半，此后又有持续多年的各种灾荒。

此年年底，恍如惊弓之鸟的嘉庆突然下了一道奇怪的禁令，不准民间贩印小说，禁止民间上演杂剧。嘉庆认为，小说、杂剧之中充满好勇斗狠的内容，无知小民看了受其感染，危害尤甚，务必认真禁止。

林清事变是清代由盛转衰的征兆，"是役为有清一代兴亡关键"。风雨飘摇之中，清廷走到了嘉庆二十四年（1819）。此年嘉庆与衍圣公孔庆镕有过一次谈话，六年前林清事变造成的震荡犹在嘉庆脑海中徘徊。他小心翼翼地询问孔庆镕："我想到曲阜去，却不能，你知道不？山东的民情到底安静不？你那里有邪教吗？你好生与我严拿邪教！"孔庆镕无奈地回答："臣世受国恩，理应报效朝廷，可是严拿邪教，不是臣所管。容臣回去寄信山东巡抚严拿。"嘉庆听了大为开心："好生教地方与我拿邪教。"

然而，嘉庆的足迹再也没有踏上孔府的大门。此次谈话之后的次年，嘉庆去世。

木讷宰相曹振镛

虽有早期波澜壮阔的五省白莲教起义，后期直击中枢的林清事变，嘉庆小心翼翼操控着大清这艘巨舰，总算在风浪之中停泊靠岸，将它顺利交给了儿子。

嘉庆二十五年（1820），嘉庆前往木兰秋狝，七月二十四日抵达热河。次日嘉庆照常批阅奏章、接见群臣，不料当晚即在避暑山庄突然病死。随后绵宁接位，是为道光皇帝。

道光接班后，面临着千疮百孔的局面，民间普遍贫困，"富户变贫户，贫户变饿者"，财政岌岌可危。中国经济在十九世纪出现重大逆转，从十八世纪的长期繁荣转入十九世纪中期以后的长期衰退，此逆转始于道光朝，因此被称为"道光萧条"。

道光萧条原因复杂，根据李伯重教授的研究，道光时代，全球气候剧降，气候变冷，低温导致影响中国大部分地区的季风停留并交锋，导致降水量增加。频繁的水灾既使得政府在河工上的开支激增，也使得农业产量下降，这又加剧了萧条。焦头烂额之中，道光帝还得面临前所未有的挑战，那就是跨海而来的欧美列强。

君王们留给儿子的除了江山，还有帮助打点江山的老臣。嘉庆在位二十五年，也培养了一批可以重用的大臣，并指望他们能辅佐儿子，挽回颓势。老臣们的名单可以罗列出很长很长。在长长的名单之中，一名外表木讷、战战兢兢的安徽人，最终博取了道光的宠信，执掌军机处十四年，他就是曹振镛。

曹振镛出生于乾隆二十年（1755），至二十六岁时考中进士，到翰林院任职。曹振镛得到乾隆赏识，一路高升，历任侍读、侍读学士等职。曹振镛的父亲曹文埴，在乾隆朝也是一方大员，在刑、兵、工、户四部先后担任过侍郎，也曾在南书房行走。乾隆朝晚期，夹在老臣阿桂与权臣和珅中间，曹文埴左右为难，于是申请退休。

到了嘉庆朝，曹文埴的辞职被视作是对和珅专擅的抗拒，成为了政治资本，儿子曹振镛得到大用，在各部担任过要职。从嘉庆十六年（1811）到道光十五年（1835）去世时，曹振镛一直担任户部尚书兼翰林院掌院学士，是清代此职位任期最长者。

道光登基后，军机处元老众多，如托津、戴均元、卢荫溥、文孚等人，均久历政事，在军机处多年，暂时也轮不到曹振镛出头，不想军机大臣们的一个错误，让他脱颖而出。

却说七月二十五日，嘉庆死前，让军机大臣们拟定遗诏。遗诏拟好之后，道光伤心欲绝，也无暇细看，以为军机大臣们在军机处混了多年，断不会出错，于是就在八月初五向全国人民公布。到了九月，道光静下心来之后，在审读遗诏时却发现其中有个错误。原来几个军机大臣把乾隆的出生地给搞错了，乾隆出生在雍和宫，在遗诏中变成了出生在避暑山庄。道光一看大惊，赶紧让曹振镛去查核。结果不管查乾隆朝实录还是乾隆御制诗集，乾隆都是出生在雍和宫。

将皇帝出生地搞错，放在古代是严重的政治问题，且所拟遗诏已颁行天下，无可挽回。当年的军机大臣共有托津、戴均元、卢荫溥、文孚四人。年轻点的卢荫溥、文孚被连降五级，仍留在军机处帮忙辅政，年迈的托津、戴均元则被连降四级，赶出军机处。

随后道光命曹振镛入军机处，三个月后又担任首席军机大臣。在道光朝，曹振镛以首席军机大臣兼内阁首揆，前后长达十四年，权倾朝野，恩眷之隆，当世无匹。

道光当政之后，英和与曹振镛同入军机处，一满一汉，共主朝政。但英和入军机处没有多久，就被赶了出来，此后再也没入军机处。如果英和在军机处，首席军机大臣也轮不到曹振镛长期担任，而道光朝的政坛也不会如此沉闷。英和被赶出军机处，与他主持废除陋规有关。

清代官员账面工资极低，以至有人称是"亘古未有"。其实历朝历代，官员们的账面工资都不是很高。中国古代不实行高薪养廉政策，主要在于儒家奉行以德治国，当官的目标在儒家典籍中被描述为庄严无比的"治国平天下"。但当官不能不吃饭，要吃饭就得向现实低头，理想与道德之间的冲突常让初入官场的书生们困扰不已。理想终究敌不过现实，面子比不上肚子，脊梁还是得向稻粱弯曲。有道德洁癖的官员，最终会被视为异类而淘汰。

清代官员账面上的工资，一品大员每年不过一百八十两，每月只合十五两。七品知县更是可怜，每年薪水只有四十五两。为了补贴官员，雍正朝开始给官员发"养廉银"。督抚每年所得的"养廉银"较多，乾隆得知亲信李侍尧贪腐后，大骂他："每年养廉银都有万两，你怎么还贪污？"知县的养廉银较少，从几百两到一千两不等。

"养廉银"等于是朝廷发给官员们的生活补贴，但各级官员开支繁多，这点银子根本不够花。从中央到地方的各级官员，都要靠陋规才能过上滋润日子。

陋规的种类很多，外省的官员逢年过节都要给京官送上各种孝敬，夏天有"冰敬"，冬天有"炭敬"。根据自己的人际关系与官场人脉多少，外官每次孝敬的京官人数从十几人到上百人不等，数目从几两到几百两不等。此外，还有名目繁多的"礼"，如岁金、节礼、程仪、赆礼、赈礼、贺仪之类，种类繁多，从地方特产到古玩字画，无所不包。逢年过节时，各地官员送礼物入京的车络绎不绝，所幸当时还不致大面积交通堵塞。

至于地方官员，也是各显神通广开财源。每逢各种节日及官员生日之类，下级要过来送门礼，如春节、端午、中秋、官员及官员老婆生日时的"三节两寿"礼之类，也是名目繁多。

这些礼节性的陋规，只是小头，对官员们来说不过是零花钱而已。陋规中的大头，则来源于火耗、关税、盐课、漕运等。以火耗为例。地方州县在征税之后，要将碎银铸造成五十两一个的大银锭。在铸造过程中，不可避免地有损耗。正常铸银的损耗不过百分之一二，官方就将这些损耗额外摊派到民众头上。

对于征收火耗，政府没有明确规定，地方官员就将火耗加派到十分之一二，或者十分之三四，捞取巨额利益。州县一级捞到钱了，自然要孝敬督抚，督抚们则孝敬京官，彼此共享此项巨利。火耗之外，在盐业、漕运、驿站等领域，官员们通过各种手法，也能捞取巨额陋规收入。

陋规收入在正常工资的十倍乃至百倍以上。根据地区不同，陋规的收入也不同，但即使是最偏僻的地区，陋规的收入也很可观。

与京官相比，地方官获取陋规的机会更多，所得更为丰厚。如雍正元年，河南巡抚一年各项陋规收入不下二十万两，素称贫瘠的贵州巡抚每年的陋规收入在二万两左右。道光年间，张集馨担任以"肥缺"而闻名的陕西督粮道，每年陋规收入有三四十万两。京官刘彬士得知自己被外放到浙江任巡抚后，踌躇满志地道："老夫穷翰林出身，在京二十余年，欠下一屁股债，今番须要还债了。"浙江人闻听后，惊呼刘彬士如"饿虎出林，急不能待"。

陋规拿不上台面，所有人都知道它的存在，且都分了一杯羹，达成利益共享。陋规的危害极大，它既造成了国库的损失，也加重了民间的负担。嘉庆年间，有大臣提出将陋规的数目明确化、合法化，以杜绝弊端，嘉庆批复"实不可行"。

道光刚当上皇帝，将颇有创新精神的英和调入军机处。英和一入军机处就建议将各省陋规加以清查，应该革除的就革除，可以保留的就公开、明确。刚当上皇帝的道光还有点锐气，立刻同意，摩拳擦掌，要大干一把。随后十几天，道光接连颁布谕旨，指示地方官员必须清查陋规。不想督抚们却联合起来，给了新皇帝一个下马威。

各省督抚们认为，陋规这种丑事，怎么能明确、公开？可以说一套做一套，但是绝不能给民众知道，一旦知道了，怎么进行统治？陋规一禁，官僚怎么维持生活？谁来帮你统治？

道光被督抚们这一逼，顿时没话说了，只好收回成命，下令停止陋规改革。道光尴尬地解释："朕刚没了老爹，心里乱糟糟，听了英和的话乱搞。朕刚当上皇帝，没啥经验，还请各位多多包涵，多多原谅。"他在谕旨中还灰溜溜地道："为君之难，诸臣亦当谅朕之心。"

为了向地方督抚表示歉意，道光不得不将英和作为替罪羊，将他赶出了军机处。两江总督孙玉庭反对废除陋规最为激烈，却被赐给了"公忠大臣"的匾额，于是群臣叹服，竞相赞叹道光为天下圣主。

既然不能改革，那就保持原状，拖延一日是一日。道光主政时，清国这艘大船已是锈迹斑斑。道光是个没有魄力的皇帝，他既无胆又无力推行改革，也无心将船的内部构造换掉，重新起航，他只是想将船涂抹一把，不沉即可。但要想这艘船不沉没，对多年积习总是要有所整顿。也正是这一定程度上的整顿，才给了曹振镛一方天地，以收拾颓败之局。

清代关系国计民生的不外漕运、盐政、国库存银和存粮之类。在曹振镛的辅佐下，道光就漕运、盐税等做了系列整顿。曹振镛从政经验丰富，又深得韬光养晦之道，行事不似英和那样咄咄逼人、锋芒毕露，所以能连续担任首席军机大臣十四年，也能在一定程度上对弊政加以整顿。

漕粮弊端首在浮收，根源在旗丁。运送漕粮的旗丁在各州县索要帮忙的小费，不给就在漕粮上捣鬼。各地官员为了应对勒索，不得不多征收漕粮。由于漕粮浮收严重，各省督抚不堪重负，纷纷打报告给中央请求将上交的漕粮打折。

漕粮运输途中，旗丁也暗中捣鬼，比如将石灰撒于米上，再将温水灌入舱底。待米粒发胀后，每石米可以多出数升。多出来的米就被旗丁盗出贩卖，至于入库的漕粮因为受过潮自然容易霉变。经过千里运河，江南漕米运抵京仓，一路上各种开支导致米价暴涨，一石漕米需银十八两，是正常价格的十八倍。

曹振镛建议从源头上着手打击旗丁勒索州县，一旦查出即从严处理。但曹振镛的办法不过是周期性的严打运动，时间一长，旗丁照样。所以道光六年（1826），英和主持了漕粮经海路运输北上的试验，效果极佳，成本更少，运输更快。不想各地反对声四起，因为无数人的饭碗将要被断送，无数的利益链将被切断。屈从于压力，道光最后还是选择了走内河运送漕粮。

漕粮之外，盐政更是弊端诸多。一些经过官方许可的盐商暗中贩卖盐引。清初发行盐引时，好比发行原始股，招商购买，买到盐引的盐商将名字及盐引数目登记入册，然后官方按册派给盐引。盐商手中的盐引可以世代相传。当年没有买原始股的人眼红于盐业的暴利，就从盐商手中购买盐引。如同股票一样，买的人多了，价格自然被推高，盐价也跟着走高。官府卖的盐价居高不下，民间贩卖私盐的人自然也就更多，这样便导致官盐卖不掉，政府税收减少。

道光十年（1830），两江总督陶澍整理盐务，决定打破原先盐商对盐引的垄断，开放盐引，让资金涌入。陶澍的改革触动了很多人的利益，遭到了极大阻力。曹振镛家族很多人在扬州从事盐业交易，陶澍本人则是曹振镛的门生，一时间投鼠忌器，难以下手，就写信给曹振镛讨教。曹振镛看了信后，回复他道："只要有利于国家，你就放心去做，不要担心我家，世上有饿死的宰相吗？"曹振镛这样表态了，陶澍遂一展身手，整顿盐政。

面对危局，道光初期曾有诸多整顿措施，诸如改漕入海、裁撤兵员、清查浮收、裁定陋规等等。但这些措施，或是受到官员抵制，不得不提前终止，如裁定陋规；或是虎头蛇尾，草草收场，如改漕入海；或是收效甚微，一如既往，如清查浮收。唯一能推行下去的改革，也就是陶澍主持的盐引改革。但这次改革也仅限于两淮地区，并没有推广到全国，也不能挽回道光朝衰败的局面。

道光不是个有勇气、有担当的人，所以选了小心谨慎的曹振镛辅政。才气卓著、率性敢言、勇于任事的英和则相应地被冷落。曹振镛没有大刀阔斧地改革，也没有英和那样直率敢言，但终究还是能恪尽职守，本人也能洁身自爱，非贪赃枉法之徒。后世对他评价虽然不高，终究未将他列入"奸相"的行列。

在走向萧条的时代，作为首席军机大臣，曹振镛实无回天之力，也没法开出根治的药方，只能小心谨慎地辅佐着道光。而在这样的时代，有识之士人都意识到了危机，他们期待着中枢能够振起，有所变革，有所进取，有所突破。然而，曹振镛却让他们失望，于是乎，在众多的民间野史之中，曹振镛也成了庸碌的代言词。

《清史稿》中，也不见他的显赫政绩；野史之中，更无他的风雅趣谈。后世对曹振镛评价极低，常以"庸庸碌碌""只会磕头"来评价他，但曹振镛不是"庸碌"二字所能简单概括的。在道光朝萧条时代之下，他小心谨慎地维持着平稳局面，在力所能及的范围内进行整顿，也是着实不易。仁者见仁，智者见智，林则徐就将曹振镛赞誉为国朝第一人。

无疑，道光喜欢曹振镛，并把他当作是可以依靠的人。曹振镛死后，道光在追悼词中夸奖他："实心任事，体用兼优，外貌讷然。"

不妨假设一下，如果曹振镛所辅佐的是充满情趣、附庸风雅的帝王，所处的又是一个蒸蒸向上的时代。他木讷的面具一定会脱下，表情一定会更丰富，也会留下更多的文人逸闻。在政治舞台上，他的拳脚也会从慢柔的太极转为刚猛的泰拳。

曹振镛身处萧条之世，他也很是无奈，他没法如盛世的名臣那样扬眉吐气、扬鞭万里、开拓疆域。他清楚地认识到，自己站在已经进水的船上，辅佐皇帝，操控着大清这艘巨轮。他如果稍一用力，开得过猛，这艘巨轮可能就会沉没。

曹振镛主政的十四年间，以无为清静为目标，小心谨慎，如履薄冰。道光十五年（1835）时，曹振镛走到了生命的最后，他以八十一岁高龄死于任上。道光赐给他象征着文臣最高荣誉的"文正"谥号。

人性极其复杂，很难用一个好字抑或一个坏字来笼统、绝对地评判一个人。对曹振镛这样的重臣，史书很难评价他，乃至于没法评价他。他就如同一池清水，你仔细看，他是清澈见底的，再细看，其中难免也有污浊。更重要的是，这一池清水却是一潭死水，死水中沉淀的不仅仅是曹振镛，更是大清帝国。

"秦桧再世"穆彰阿

提起清代的权臣，鳌拜给人的印象是飞扬跋扈，和珅是贪腐无度，曹振镛是庸庸碌碌。一提起穆彰阿，立场坚定的士大夫们无不咬牙切齿，恨不得冲到他面前，指着他的鼻子痛骂他是"秦桧再世"。但穆彰阿这个"再世秦桧"，年轻时对岳飞崇敬无比。在岳飞墓前，穆彰阿无限感慨，作诗祭奠忠魂，声讨贼桧，不想几十年后，自己却被称为"秦桧"了。

秦桧不是一日炼成的，穆彰阿也不是生来就奸坏的。他早年为官勇于任事，政绩累累。乾隆四十七年（1782）穆彰阿在北京出生，老爹光泰在嘉庆年做到右翼总兵。大概酒喝多了，光泰毛遂自荐，请兼任兵部侍郎，不料反而丢了官。所幸儿子穆彰阿争气，嘉庆九年（1804）中了举人。此年是英和主考，穆彰阿也算是英和的门生了。

嘉庆十年，穆彰阿初入仕途时，老师英和因为政坛纠纷被连降三级，但不久再被起用。英和也是科举正途出身，对同是满人、才华横溢的门生穆彰阿额外照顾。有人提携，在官场上升起来也快。到嘉庆十九年（1814），穆彰阿已升至内阁学士兼礼部侍郎，此后又转任刑部左侍郎。

嘉庆二十年（1815），官运顺畅的穆彰阿突然被降职。此年刑部所进呈死刑立决人数多达五十二人。嘉庆素称"仁义",用刑主张宽缓。现在一下出现了这么多死刑案,嘉庆认定是刑部拖沓积压案件所致。受此牵连,穆彰阿也被降职以观后效。降职这回事,其实也是嘉庆磨砺一下穆彰阿,让他吃点苦头,好珍惜来之不易的前途。到了次年,穆彰阿果然又被大用。

道光朝前期形成了汉人以曹振镛为首,满人以英和为首的辅政格局。在老师英和的扶持下,再加上办理昌陵(嘉庆陵墓)工程有功,穆彰阿成了道光最亲信的臣子之一。

由于漕运弊端连连,道光朝有改漕入海之说,其中倡议最为卖力者就是英和。道光五年(1825),英和上《筹漕运变通全局疏》,请将漕运改为海运。但地方官员,如两江总督孙玉庭、漕运总督魏元煌等人,对此反应消极。道光遂以陶澍为江苏巡抚、穆彰阿为漕运总督、琦善为两江总督主持漕运改海运。漕运总督也是个不可小觑的官职,与总督一样,都是正二品。

为了漕运改海运,两江地方大员竟全被撤换,穆彰阿等人自然不敢怠慢。九月份,穆彰阿亲自押送漕船经海北上,至通州交卸后才回京。初次试验成功之后,次年海运正式启动,第一批八百艘漕船由上海北上。穆彰阿此时改任工部侍郎,以钦差大臣身份在天津验收漕米。验收过程中,穆彰阿根据实际情况修改海运章程,加速了漕米入仓的速度。因为办理海运极有功劳,穆彰阿此年被授工部尚书,进入了一品大员行列。

漕运改海运轰轰烈烈地搞了一年之后,却突然停止。所有人都知道海运的好处,但漕运一改海运,十几万旗丁、水手、纤夫就要失业,流落在江湖,走上亡命之路,运河两岸的无数城镇也将因此而衰落。道光下不了决心，于是就在道光七年（1827）下旨，所有海运停止，一切漕粮照常河运。

道光七年，穆彰阿受命在军机大臣上学习行走。

军机大臣名称很多，有军机大臣、军机处行走、军机大臣上行走、军机大臣上学习行走之类。名目虽多，但区别不大，都是军机大臣，只是加上"学习"二字的是实习生。清代在军机处学习行走的大臣很多，实习期满，合格的自然留在军机处，皇帝就不再下旨实授了。唯一的例外是穆彰阿，"学习"行走了一年，次年被实授军机大臣。

在军机处近二百年的历史中，满、蒙翰林担任军机大臣者前后共六人，分别是尹继善、梦麟、那彦成、英和、桂芳、穆彰阿。穆彰阿入军机处是英和力荐的结果。英和是穆彰阿的双重座师，即举人和进士的老师。穆彰阿入仕之后，英和对他大力提拔，在重案审判、漕运改海、视察河工等重大事务上，都可看到英和频频带着门生穆彰阿出入。道光八年（1828），穆彰阿被实授军机大臣之后，英和大喜道："词林传为盛事，亦门墙之光也。"

不过此年英和本人倒了大霉，因为监修的孝穆皇后墓地工程渗水，差点掉了脑袋。最终皇太后出面，劝告道光"不应以家法诛大臣"，才保住了一条命。

道光八年，英和被发配黑龙江做苦差，两个在官场上正如日中天的儿子也被革职一起同行。英和所有家产被充公，他只能临时寄居在一座古庙中，且身患重病。此时穆彰阿伸出援手，不但亲自前去探望英和，更每年接济他一万两银子。

在道光朝的历史上，英和的作用被大大地限制了。道光对英和也有深刻了解，认为"英和人本明白，性复敢言"。但英和的一生也是悲催，老碰上倒霉事，一直没能得到施展身手的机会。

英和落难之后，朝中曹振镛一统天下。曹振镛与英和关系极好，算起来，曹振镛还是英和老爹的门生。对英和的门生穆彰阿，曹振镛也是极力栽培，二人关系融洽。穆彰阿去南方办理漕运改海，回京之后立刻去拜见曹振镛，两人侃侃而谈，穆彰阿在诗中写道："新情兼旧情，款款语回环。"

从道光九年（1829）至十二年（1832），军机处共二满二汉四位军机大臣，分别是曹振镛、文孚、王鼎、穆彰阿，穆彰阿居于末列。曹振镛、文孚两人年龄大了，不能长途跋涉，留在京内辅佐大政。至于外出办理地方上的要务，就交给了王鼎和穆彰阿二人。

王鼎也是当时少有的能干之才。他是陕西蒲城人，年少时家里极穷，时常每日只吃一顿，晚上读书时又没有油灯，只能去城隍庙的长明灯下读书。嘉庆元年，王鼎考中进士，之后却被埋没多年，直到嘉庆十九年才授工部侍郎。嘉庆召见他时曾道："朕一向不知道你，也从没人保举过你。看过你的文字，朕才知道你学问好。"

王鼎被"挖掘"出来后，开始被重用，在各地负责清查大案，清理芦盐弊端，治理黄河决口，政绩累累。与王鼎相比，初出茅庐的穆彰阿资历、政绩都还不够。但穆彰阿的优势是年轻，他比王鼎小十四岁，更为重要的是，他是满人。作为最年轻的军机大臣，穆彰阿被派往各地，处理地方上的大事。

道光十五年，曹振镛病逝，清廷暂以文孚为首席军机大臣，潘世恩位列第二，穆彰阿第三，王鼎则为第四。文孚做到了首席军机大臣，在内阁又升到了文渊阁大学士，仕途履历上堪称完美。不想刚做首席军机大臣没多久，文孚就被派去山东查案，一路上鞍车操劳，案件却没有查好，被道光下旨处分。

年迈的文孚一看，官已经做到最大了，再没奔头了，自己身体又不好，做首席军机大臣这么辛苦，不如辞掉算了。过了几天，文孚就以"耳聋健忘"为由，申请辞去首席军机大臣一职。看着老臣疲惫的面孔，道光无奈，只好允许他辞去首席军机大臣，以内阁大学士管理吏部事务。此后文孚又称"耳聋头晕"，恐耽误公事，辞去一切职务。文孚辞职后，退休回家不到一年也就故去。

文孚一走，依资历、名望，潘世恩理所当然地被提升为首席军机大臣，穆彰阿的排名上升到了第二。《郎潜纪闻》称潘世恩为三百年第一福气中人，认为有清一代，所有的荣耀之事他都碰上了，且富贵高寿，后世子孙文章也做得好。但潘世恩在军机处并未对穆彰阿形成大的制约，而在为政上也不见他有大的作为。

穆彰阿与潘世恩都希望无为而治，达成天下太平。穆彰阿在《读史》一诗中写道："汉代重经术，天下良吏多。民淳安朴陋，政简无烦苛。"道光朝初期，有英和这样锐意进取、德才兼具的大臣，但是道光不重用他，而选择了小心翼翼、遵守典章制度的曹振镛。道光朝中后期，辅政的穆彰阿、潘世恩，也是谨慎小心、内敛保守的人物。

道光十七年（1837），穆彰阿升任首席军机大臣。穆彰阿之所以胜出，一是他年纪比较轻，二是因为他是满人，三是他与道光心意相通。穆彰阿主政后，很多人骂他庸碌无为。道光也曾问他："你在位多年，怎么没有突出政绩？"穆彰阿却回答："自古以来，贤臣顺时而动，不标新立异，不求一己之赫赫名望，只求君主省心，百姓安宁。"

道光是个内敛安静的人，在为政上主张守成持稳，不希望有大的变动与变革。他也知道大清国已开始陷入危机，但他不会采取任何激烈的措施以挽回危局。道光与穆彰阿应对危局的方法就是拖延，尽力在大政上不生出大的是非，假以时日，走出低谷。

然而，世事巨变，运道无常，道光朝所处的时代是三千年未有之变局的时代。在承平年代，保守持平的执政者靠着小心翼翼，也许能拖延下去，但在乱世只会让时局失控，生出无数祸乱。大清国已病入膏肓，非有大手术、大动作不能挽回危局。凡清醒者都知道出了问题，但谁会掏出手术刀对着大清国做大手术呢？

鸦片战争背后的党争

雍正初创军机处的原因之一是为了禁绝朋党之争，乾隆、嘉庆两朝，虽有权臣如傅恒、和珅等人，但未曾出现党争。至穆彰阿成为首席军机大臣之后，形成了"穆党"，朝内党争激烈。朋党的形成和禁烟有关。

道光十一年（1831），因为吸烟者日众，朝廷在全国范围内开展了禁烟运动。禁烟运动中，刚入军机处的穆彰阿比较卖力。但此年的禁烟运动雷声大，雨点小。此后多年，各地鸦片屡禁不止。对于禁烟，道光是首鼠两端，一方面想控制住鸦片的蔓延，另一方面又不想因为禁烟生出太多是非，与英国发生冲突。作为泱泱大国，大清朝为何不想教训蛮夷英吉利？很简单，打仗得花钱，守财奴道光穷得很，没有打仗的底气。

鸦片不但禁不了，且日益猖獗。道光十六年（1836），太常寺卿许乃济建议"弛禁"，干脆将贩卖、吸食鸦片合法化，参照药材纳税。如果官员、士兵吸鸦片，则立予革职，但免于处罚。至于民间贩卖、吸食者，一概勿论，随他们去了。

道光十八年（1838），围绕"弛禁"还是"严禁"，朝内大臣产生分歧。此年鸿胪寺卿黄爵滋提议，请将吸鸦片者以一年为期戒烟，不能戒烟者处死。黄爵滋列出鸦片贸易导致白银大量流出的数据。道光三年（1823）以前，每年流出不过数百万两。道光三年至十一年，每年流出白银一千七八百万两。道光十一年至十四年，每年流出白银两千余万两。道光十四年之后，则激增至三千万两。

道光对钱看得极重，一看每年三千万两白银流出去了，心痛得要命。随即下旨，将黄爵滋的奏疏发给盛京、吉林、黑龙江将军和各省督抚，就"吸食鸦片处死"给出意见。在二十六份将军、督抚的回复中，十七份报告不赞成"吸食者论死"，认为此举"专尚峻酷"，是兴天下大狱，万万不可行。八人主张严禁鸦片，吸食者该处死，湖广总督林则徐也属此列。与黄爵滋提议严惩吸食者不同的是，收回的十九份报告认为，应该将禁烟的关键放在海口即广东上，只要堵塞了鸦片的流入，即能正本清源。

后世依此次意见的不同，将朝野内外大臣分成所谓的"严禁派"与"弛禁派"。其实，两派的分歧不大，都主张禁烟，分歧仅在于是否应该将吸烟者处死而已。

"严禁派"主力湖广总督林则徐在湖北严查鸦片，鸦片馆经营者闻风逃窜。在此年八月给道光的一份奏疏中，林则徐痛陈鸦片之害，如果不及时处理，数十年之后，"中原几无可以御敌之兵，且无可以充饷之银"。林则徐认为鸦片之所以屡禁不止，是因为衙门中吸烟的人最多，处处包庇烟贩子。要想禁烟，"必以重治吸食为先"，将吸食者处死就能正本清源。

九月初六日，道光命令军机大臣会同刑部研究各省将军、督抚们的禁烟意见，此时他尚在犹豫。坚定道光禁烟决心的是庄亲王奕窦、辅国公溥喜等人躲在尼姑庵里吸食鸦片一事。

灵官庙是位于京师东郊的一所尼姑庵，由尼姑广真主持。广真将尼姑庵当作高档会所来经营，尼姑庵内设妓院、赌场、大烟馆，又招募了一群多才多艺的妓女表演歌舞。广真的经营能力较强，很快就做出名气来，京内达官贵人、纨绔子弟无不出入其中。

灵官庙生意越做越大，名声在外，被御史报告给了道光，道光就派兵去清查。清查的当天恰好是广真生日，过来祝贺的客人极多。灵官庙内粉黛云集、欢歌劲舞，好不热闹，结果众多显贵与尼姑一起被抓。被抓获的人中有庄亲王奕𧇊、辅国公溥喜、镇国公绵顺、内务府郎中文亮、理藩院郎中松杰、主事奎英、刑部员外郎吉清和文奇等达官显贵。

庄亲王奕𧇊、辅国公溥喜被抓时，正躺着吸食鸦片，镇国公绵顺则自带了妓女，到尼姑庵里登台献歌。刑部员外郎庆启被抓时，诡称衣服溅水湿透，到庙里来烘烤，想蒙混过关。广真也当场被捕，不过她神通广大，随后竟然找机会逃了出来。

道光得知清查结果后大怒，将庄亲王奕𧇊、辅国公溥喜、镇国公绵顺等宗室革除爵位，查到的官员也全数革职。道光认为京师是首善之区，王公大臣都沾染了抽鸦片的恶习，“此外官民人等吸食者，谅亦不少，皆由平日查缉不严，以致日甚一日”。

灵官庙事件坚定了道光禁烟的决心，过后不久，九月初八日，道光即下令严惩各地贩卖鸦片、开设鸦片馆者，文武官员军民吸食鸦片者，也一体查拿。过了两天，道光想起来，前年太常寺卿许乃济曾请弛禁鸦片，不由怒火中烧，命许乃济立刻退休。

九月二十三日，道光召林则徐入京，赏紫禁城骑马，八天召见了十九次，并以林则徐为钦差大臣南下禁烟，统领广东所有水师。此次入京，林则徐备受道光恩宠，是“国初以来未有之旷典，文忠破格得之"。当得知林则徐被任命为钦差大臣后，穆彰阿心中吃醋，一时竟然没能掩饰住，"为之动色"。

林则徐快马南下，路过直隶时，直隶总督琦善给了他一个忠告，此行"勿启边衅"。琦善此语，是揣摩道光心意之后给林则徐的忠告。道光朝，为了平息新疆的张格尔叛乱，耗银千万，财政吃紧。道光此时已年近六旬，不想再生出战事，好平稳地将这江山传给儿子。清廷朝野上下，此时只是将禁烟当作自己的内部事务，未曾想到会演变成一场与英国的全面战争。

此年禁烟运动如火如荼之际，穆彰阿母亲去世，依照礼制，他是要丁忧的。但道光让他穿孝服操办军机处事务，并就禁烟发表意见。穆彰阿一看道光铁了心要禁烟，自然也跟着摇旗呐喊，力呼禁烟了。道光十九年（1839），穆彰阿上疏称："鸦片产自外洋，欲杜来源，必严海禁。"对于沿海口岸的禁烟运动，穆彰阿态度鲜明，在同年十二月的一份奏疏中，他甚至建议："嗣后沿海各行户，应令该管各州县逐户清查，取具五家联保。一家有犯，四家不首，一体治罪。"

1839年3月27日，英国驻华商务总督义律宣布，以英国政府的名义，要求商人将所有鸦片交给中国政府。此举让英国鸦片商人大为兴奋，事后英国政府将赔偿他们的损失，这比走私贩卖鸦片来钱轻松多了。美国商人也积极配合，上缴鸦片，想从英国占点便宜。义律这招极其高明，将英国政府成功地拉下水，禁烟也从经济问题演变为政治问题，从国内查禁变成了国际纷争。最让道光担心的"边衅"最终引爆。

道光十九年，鸦片战争爆发，"严禁派""弛禁派"转而演变为主战派与主和派。以王鼎、祁寯藻、林则徐、邓廷桢为首的主战派与以穆彰阿、琦善、伊里布为首的主和派，泾渭分明。

在军机处内部，为了制衡穆彰阿，道光二十一年（1841）九月，王鼎将力主禁烟并对外持强硬态度的祁寯藻引荐入军机处。祁寯藻主张禁烟，认为禁烟的重点一是海关，二是官员。担任江苏学政时，祁寯藻就曾创作《新乐府》，宣传吸食鸦片的危害。道光十九年，祁寯藻与黄爵滋会同闽浙总督邓廷桢共同办理禁烟。

穆彰阿不想开战，他为政主张息事宁人，与民休息。英国军舰所带来的经久不息的战事与外交交涉，让道光觉得疲惫，并认为林则徐处理不善。身在中枢的穆彰阿，敏锐地察觉到了道光态度的改变，并将此信息传递给琦善。上意改变了，琦善自然也跟着配合。

当英国军舰出现在大沽口之后，直隶总督琦善看到英国人投递的书信中有林则徐凌辱英国领事的言辞，顿时大喜，以四百里加急递告道光，称英国人是受了屈辱，现在跑过来述说委屈。在琦善的游说之下，英国军舰离开天津。道光认为琦善"片言片纸，连胜十万之师"。遂将林则徐革职，以琦善为钦差大臣，南下广州处理夷务。

当时士人对林则徐被革职不无愤慨，纷纷指责穆彰阿嫉妒林则徐声望压过自己，在道光面前构陷林则徐。"割地、偿烟价、撤守备。……主之者穆彰阿，成之者琦善。"林则徐的门生李星沅唾沫横飞，在日记中大骂穆彰阿："才臣误国，……普天共愤。"

然而这一切都只是同情林则徐一方的感情流露。

其实，军机大臣不能主宰战和。军机处的设置，其中心是为了强化皇权，弱化相权。军机大臣的入值，不是按照国家正常官职制度运作；军机大臣的选用，也没有品级与资历规定，一切只凭皇帝意志。军机大臣的权力都是基于皇帝的信任而获得，所以他们权位的保持也就寄托在取得皇帝的宠信之上。这样，皇帝保持了对军机大臣和军国大政的牢牢控制。

穆彰阿是道光的奴仆，他没有能耐主使道光的意志。决定战争走向的只有道光一人。与英国开战之后，道光以为这只是在广东的一场小规模战事，很快会结束。不想开战之后，蔓延七省，旷日持久，道光懊恼地指出："英夷如海中鲸鳄，去来无定。"大清国虽整兵备武，奈何却没法将龙爪伸入大海之中去擒住英夷，战事旷日持久，军费开支无数。

巨大的军费开支使得本已透支的财政更加吃紧。道光二十年（1840），大清国库存银不过一千万两，应付一场战事都捉襟见肘，更不要提河工、漕运、道光老婆葬礼之类的开销了。

琦善报告中对清军战斗力与英国军舰实力的陈述，也是道光革除林则徐，采纳羁縻政策的重要因素。琦善本来对英国人是不屑一顾的，英国军舰开到大沽口之后，琦善看了不由倒吸一口冷气。英军军舰分三层，每层有炮百余尊，前后各有大炮，重七八千斤。琦善同时也指出，英国人狡猾绝伦，利用海上通道，可以时时进击骚扰，旷日持久，防不胜防。从琦善的报告中可以看到，天津可用之兵不过六百人，大炮储存多年，铁锈斑斑，不堪应用。从军事角度来看，琦善这是清醒的认识与判断。

到了道光二十一年（1841），道光这个抠门皇帝却卷起袖管，拿出大把银子，要与夷人决一死战。却说琦善南下广东后，谈判多轮，口水流了不知多少，最终英国未能达成通商的目标，清廷也未能让洋人退走。道光二十年年底，看到英国开出的赔款通商的谈判条件后，道光怒火冲天，批示："逆夷要求过甚，情形桀骜，既非情理可谕，即当大申挞伐。"

"大申挞伐"，意思就是大规模开打。而英国人也在谈判桌上失去

鸦片战争中的穿鼻之战

了耐心，遂在1841年出兵攻打虎门。

皇帝要打，穆彰阿自然分外卖力，他协助道光调拨军饷数百万，又抽调各省近两万兵力前往广州助战。

大清国的万千军队在英军的利炮之下是不堪一击。前线将领都在忙着虚报战功，掩饰败绩，糊弄皇帝。一名将领竟然派人与英军商量："你不要放炮，我也不放炮，谁也不放炮。我放几次没有炮弹的炮，给皇帝面子，然后走掉。"前线的大吏已成惊弓之鸟，开会时一名护卫擤鼻涕时用力大了点，督抚们竟然以为是洋人开炮，满座皆惊。

广州一战如黄粱一梦，有犹在梦中未醒者，有震惊者。原先的主战派，如闽浙总督颜伯焘，狂呼英国人船坚炮利，纪律严明，实在没法打。浙江巡抚刘韵珂哭喊，英国鬼子大炮猛烈精巧，实在是没法打。此后穆彰阿也全盘反对开战，力主羁縻。

军机大臣中主战的本有王鼎和祁寯藻，不想王鼎突然自杀，只剩下刚入军机处的祁寯藻。

此年，王鼎奉派去河南堵塞黄河决口。此时林则徐已被革职，王鼎就让他来帮忙堵决口。黄河决口堵上后，王鼎回京。至军机处，每见到穆彰阿，王鼎就要大骂他是秦桧、严嵩，穆彰阿则含笑不语，也不与他争辩。在皇帝面前，王鼎每次都很激动，唾沫横飞地乱骂，道光也厌烦了他，碍于他是老臣就没发作。王鼎骂得厉害了，道光就让太监扶他出去，并摇头叹息道："卿醉矣。"

道光二十二年（1842）四月，英军攻陷乍浦，道光派"穆党"大将耆英、伊里布前去谈判。四月三十日，王鼎上朝时力陈琦善不可用，请起用林则徐，称不杀琦善无以谢天下。道光听了大怒，拂衣而去，王鼎竟冲过去一把拉住道光衣服不让他走。

看皇帝不听自己的意见，王鼎心中郁闷，想来想去，想出个老法子，就是所谓的"史鱼尸谏"。

"尸谏"是臣子最厉害的杀手锏了，王鼎老人家以为自己一死，皇帝就会听他的。当夜，七十四岁的王鼎回到圆明园旁的寓所中上吊自缢，临死前留下遗书，弹劾穆彰阿擅权误国，力荐林则徐该大用。

却说军情吃紧，道光每天召见军机处大臣时，王鼎总是准时赶到。当日召见时，久等王鼎不至，道光就让军机章京陈孚恩去王鼎家查看他是不是生病了。陈孚恩到了王鼎家后大吃一惊，王鼎已上吊自杀，还有一封遗书留在身边。

过了一会儿，翰林张芾、军机章京聂潭也过来查看情况。这两人都是王鼎的门生，也都是陕西人，后来却投到穆彰阿门下。看到王鼎自杀，三人与王鼎的儿子王沆商议，认为军机大臣上吊在大清历史上还是第一回，传出去不好听，就以"暴疾而亡"上报，并删改了遗书。

道光二十一年之后，琦善、伊里布、讷尔经额和耆英等一批满人官僚聚集在穆彰阿周围，结成穆党，彼此援助。战场上屡遭败绩之后，道光闷闷不乐，厌倦了喧嚣的主战声，"恶闻洋务及灾荒盗贼之事"。皇帝如此，主和派自然得势了。此后，由穆彰阿一党包办了所有条约的签署。一批汉人铁杆主战派变为主和派，也投入了穆彰阿门下。

穆党形成之后，一方面排斥主战派，一方面互相援助。如琦善，在广东私下与英国人达成和议，道光觉得丢了天朝的面子，准备将他问斩。经过穆彰阿运动，由恭亲王奕䜣帮他求情，最终免了死罪。奕经、文蔚等穆党成员，在浙江前线指挥不力，被道光下旨交部治罪，但并未明说将他们革职。军机章京不知道如何处理，就去询问潘世恩。潘世恩道："既是治罪，当然应革职了。"穆彰阿却对军机章京道："主上并未说革职，叫我革他们的职，我不敢。"经穆彰阿回护，本来要被斩首的奕经也未被深究。

对于主战派，穆党也予以排斥打击。除了林则徐、邓廷桢被发配新疆外，龚自珍、姚元之、周天爵、黄爵滋等大臣也被边缘化。《南京条约》签署后，御史苏廷魁上疏弹劾穆彰阿，不久便被罢官。御史陈庆镛因为反对重新起用琦善而被解职。

"穆党"的崛起导致了更多人投身于其门下。道光二十八年（1848），在七个内阁大学士中，有五人是"穆党"。军机大臣中，陈孚恩依附于穆彰阿，何汝霖、季芝昌二人是其门生，领班军机章京穆荫也是穆彰阿门生。其他军机大臣，潘世恩年迈不管事，遇事自保；祁寯藻为军机处后进，难挑大梁；赛尚阿则洁身自好，乐于旁观。

军机处中无人制衡，遂使"穆党"坐大。穆彰阿在军机处的前期还能注意修身自制，保持节操，自"穆党"形成后，便开始忘乎所以了。

"穆党"充斥朝野，世人将穆彰阿与和珅相比，有"上和下穆"之说。此说固然有所夸张，但"穆党"当道，结党营私，也造成了道光朝后期吏治腐败、纲纪松弛的局面。

时间很快走到了道光二十九年（1849）年底，皇帝与军机大臣们面对的问题越发棘手，水患连连导致河工开销不断上涨，官员贪腐无从根除，科举百弊丛生，漕粮浮收高昂，旗丁勒索如常。

此年，困扰各省的水患到了十一月还是没有消退，东南各省督抚们纷纷上奏，请暂缓漕粮。道光大度地许可了，但他很是忧虑，如果东南的漕粮不北运，那么京师数十万人口吃什么？与军机大臣们商量之后，对策是让地方督抚采购粮食，或由河运，或由海运，总之要源源不断将粮食运到京师。道光也知道地方督抚们必然会拖延，无奈的他只能对军机大臣们道："朕将拭目俟之矣。"

然而，道光没有能拭目以待到最后。十二月，皇太后病逝。道光是个大孝子，他痛不欲生，亲自为太后守孝。皇帝守孝也得遵照礼制，住草泥搭的"倚庐"，盖草席子，睡草枕头，喝稀饭。在北方寒冷的天气中，道光坚持了几天就一病不起。

道光三十年（1850）一月十三日，道光知道自己不行了，让定郡王载铨及军机大臣等人打开装有皇储人选的密匣。让所有人惊讶的是，匣内竟然有两道谕旨，分别立皇四子奕詝为皇太子，皇六子奕䜣为亲王。

如果说他的父亲嘉庆处于一个王朝由盛转衰的下滑过程中的话，到他执政时，已经处于下滑曲线的底部。他没有康熙、乾隆那样的十全武功，也没法如雍正那样刚猛为政，严肃吏治。平心而论，道光可能平庸，但他绝不昏庸；他也想有所作为，却无能为力。他无法开源节流，只能勒紧腰带，节俭治国；他也无法大力改革，只能小心翼翼，清静无为。

　　道光留给他儿子咸丰的是一座即将爆发的火山。这是三千年未有之巨变的时代，广西山野之间，在洪秀全的带领下，拜上帝教教徒们已按捺不住，随时准备冲出山野，开创出一个全新帝国。而西方列强的巨舰利炮，横亘于国门之外，随时准备进击。

第三部

苦命天子

咸丰大洗牌

道光帝御宇三十年，靠着勤俭持家的精神，总算将大清国给维持下来。他一生谨慎，为政用人从无险着，不料死后，遗诏却让所有人大跌眼镜。

自雍正之后，清皇室以密诏的形式确立继承人已成为定制，道光却打破成例，在遗诏中搞出来两道谕旨，一道是以皇四子奕詝为接班人，另一道则是封皇六子奕䜣为亲王。

两道谕旨，证明了道光生前在立储上的矛盾。

道光总共生了九个儿子，但次子、三子早殇，长子奕纬又在二十三岁时突然去世，死因扑朔迷离。道光登基时，奕纬十二岁，此时道光只有他这一个儿子，奕纬也理所当然地被视作了接班人。

奕纬的母亲并非皇后，但清室立储，并非重于正室，乾隆即以侧出而成为皇帝。对奕纬，道光也给予了更多的厚望。

奕纬的性格不同于他小心谨慎的父亲，成年之后，已开始显露出豪迈之气，若是康熙、乾隆看到这个子孙，定然是极其喜欢。可道光是个谨慎的人，又处在一个衰落的时代，对儿子的要求自然不同于祖先们。

奕纬读书时不是那么用功，老师嘴碎，不时念叨："要好好读书，将来做个好皇帝。"不料奕纬却回嘴道："等我做了皇帝，就杀了你。"

此话一出，如何了得，道光格外愤怒，下令打奕纬二十大板。行刑的太监看着皇子金贵，没有舍得用力打。道光看着儿子挨了一顿板子，还是活蹦乱跳，气上心头，冲上去就是一脚，正好踢中奕纬的命根子，奕纬随后一命呜呼。儿子被自己给踢死了，道光极为懊恼，但对外又不能公开讲，只能给奕纬以皇子的葬仪作为弥补，又赐他"隐志"的谥号。

奕纬死时，其他儿子都还未出生，故而道光也未立即立储。奕纬的名字中，奕是乾隆皇帝所定的，不能更改，纬是道光所定。纬中有"纟"字偏旁，给人命悬一线之感，此后生的儿子，全部改用"言"字偏旁。

到了道光二十年之后，年近六旬的道光开始思考皇储问题。

此时可以选择的有三个儿子，分别是皇四子奕詝、皇五子奕誴、皇六子奕䜣。皇五子奕誴性格随意，大大咧咧，讲话也不注意场合，自然不讨重视礼法的道光之喜。道光二十六年（1846），奕誴被道光过继给了三弟惇亲王锦恺，这排除了奕誴继承帝位的任何可能性。此时，皇四子奕詝、皇六子奕䜣成为最有可能性的接班人。

奕詝的母亲在他十岁时去世，此后交由静贵妃博尔济锦氏抚养，博尔济锦氏也是皇六子奕䜣的母亲。

至读书时，兄弟二人各有一名老师辅佐。奕詝的老师是杜受田，奕䜣的老师是卓秉恬，两名老师均是汉人大儒，饱读诗书。

做皇子们的老师，不但是无上的荣耀，更寄托着未来的无限机遇。若是皇子异日能登上帝位，则今日的老师将是他日的帝师。而成为帝师，则是潜伏在中国知识分子心中的梦想。

两个皇子各有特点，奕詝老成持重，奕䜣天资聪颖。据当时人的观察，道光似乎更加喜欢皇六子。

但奕䜣的老师杜受田很高明，他包装出了一个得到道光认可的"奕詝"，那就是韬光养晦，让他向外展示出忠厚仁德、谦恭温良的形象，如此，奕詝优柔寡断的性格反被视为优点。与此相反，天资过人的奕䜣则恃才傲物、锋芒毕露。

毫无疑问，道光其实更喜欢奕䜣。在生命的最后关头，昏迷中的道光犹问："六阿哥到否？"看着赶到的奕䜣，道光只是"微叹"，随后去世。在生命的最后关头，道光仍然念叨着皇六子，可见他对奕䜣的喜爱。

但道光的选择是奕詝。之所以做出这样的选择，道光是基于多方面的考虑。其一，奕詝年长，符合中国传统嫡长子继承制。清皇室虽然没有严格遵守嫡长子继承制，但也受此影响。道光在立储时左右为难，奕詝是长子，且表现较好，为人处世没有任何纰漏。依照嫡长子继承制，自然应该立他为皇储。其二，道光虽然极喜欢六子奕䜣，可立他为皇储，却有另一番考虑。道光是个稳重的人，一生恪守祖宗成规，让他标新立异、锐意改革，他做不出来。这样的性格，决定了他所选择的皇储必然也是一个稳重持平的人。

在老师杜受田的点拨下，奕詝在道光面前尽情展现着仁厚的一面。围猎时，他不杀鸟兽，并说自己不忍伤生命，更不想与兄弟们比较马上功夫。道光召见时，他只知磕头，以示孝敬。与他相反，弟弟奕䜣则策马开弓，展示自己的骑射功夫；更在道光面前滔滔不绝，表现自己的治国良策。

道光选择接班人的主要考虑是政治，可他又不可避免地受到人情世故的影响，一个宽厚仁爱的皇子，更接近于万民的心理期待。在皇四子奕詝的仁爱攻势下，道光的天平开始倾斜，并最终确定了皇四子奕詝为皇储。但道光对皇六子奕䜣的厚爱也表露无遗，这使得他敢突破祖先定下的规矩，破例在遗诏中封奕䜣为亲王。

咸丰登基之后，朝中格局又是一番大变，军机处也被重新洗牌。

首席军机大臣穆彰阿是上书房总师傅，上书房负责皇子们的读书事宜，名义上他也是新帝咸丰的师傅。穆彰阿与做皇子时代的奕詝关系如何，没有直接证据可以查证，但穆彰阿与奕䜣的关系较为密切，却有明证。道光二十三年（1843），为了营救琦善，穆彰阿动员奕䜣在道光面前说情，由此可以看出二人是有交结的。此外，奕䜣还娶了穆彰阿的政治盟友桂良的女儿，这使双方又多了一层关系。

与此相反，奕詝在读书时就备受老师杜受田的影响，而杜受田的政见与穆彰阿相左。杜受田对外态度强硬，力主对英国开战，并认为道光朝与英国战事的失利在于主和派把持了朝政。饱腹诗书的杜受田虽然在讨论对英国人的战事时提出了一些荒诞不经的战术，但当时的知识分子认知基本如此，号称开眼看世界的林则徐处理起外交与军事，其水平与杜受田相差无几。

受杜受田影响，咸丰对外也持强硬态度，自然对主和派穆彰阿心有成见。此外，穆彰阿与奕䜣有联系，两人一旦形成政治势力，对咸丰也是一种威胁。但刚做了皇帝，咸丰还不好立刻拿穆彰阿开刀，于是就先剪除穆彰阿的羽翼。

第一个倒霉蛋是穆彰阿的得力干将——军机大臣陈孚恩。二月十六日，在召见王公大臣时，因为葬礼事宜，陈孚恩与怡亲王载垣发生激烈争执。咸丰乘机指责他出语乖谬，将其降三级留任。陈孚恩军机章京出身，为人八面玲珑，何等乖巧，一看形势不妙，便在五月上奏，以母亲

咸丰帝

年迈多病为由，请求辞去一切职务，返回原籍江西尽孝。奏疏上达，咸丰立刻批准。陈孚恩离京之后，避开了这一轮政治大洗牌，异日他又将重新崛起。

咸丰在重用载铨、杜受田、礼亲王全龄的同时，又借修《宣宗皇帝实录》之名，任命穆彰阿为实录馆监修总裁，实际上这等于将他排挤出军机处。随后，咸丰让群臣上疏，就如何用人提出自己的看法。

理学卫道士倭仁上疏认为应当远离小人，小人的标准是巧佞躁进、排斥异己、模棱两可、揣摩上意。倭仁的上疏表面上看没有明确所指，但穆彰阿在道光朝把持朝政、排斥异己，人尽皆知，题中之义，不言而喻。随后咸丰在上朝时，又特意将倭仁的奏折展示给群臣，并亲自褒奖了倭仁。咸丰这是在间接释放信号，预示朝中将有大变。

在朝廷中厮混的，哪个不是揣摩上意的高手？咸丰此举一出，朝内立刻知道政治风向变了，新君必将清理穆彰阿一党，于是群臣踊跃上奏，响应咸丰，请整顿弊端、正本清源。借着此种声势，咸丰又在朝野内外掀起新一轮的"君子小人"之辩，为清理穆党营造舆论。面对此景，穆彰阿一党不敢直接反击皇帝，但他们也不甘坐以待毙。

穆党的中坚之一耆英首先出击。耆英在辩论之中，不阴不阳地对皇帝道"君子亦恐误事"，激得咸丰一腔怒火，将之痛斥一番。而在朝野内外的口水大战中，作为穆党的领袖，穆彰阿却按兵不动，冷眼旁观。

穆彰阿也不是没有牌可以打。咸丰想营造声势，打击穆党，而穆党在政治上的主要旗帜是对外主和。反对穆彰阿的一派对外主战，咸丰要打击穆彰阿，必然要站在主战派一方。诚然，咸丰登基之后，在杜受田的推荐下，曾被罢黜的主战派林则徐、姚莹、周天爵等人纷纷被起用。

就在此时，英国人进入广州城一事闹得沸沸扬扬。英国在广州与对外持强硬态度的两广总督徐广缙无法达成协议，就转而想从主和派穆彰阿、耆英之处取得突破。为此，英方派出专人向清廷投递外交文书。在外交文书中，英方直接把穆彰阿、耆英当作了谈判对象，大赞耆英"熟悉外务事理，众所共知"。英国投递外交文书，对穆彰阿集团是把双刃剑，如果利用此次契机将咸丰给绑架，转而对英国持主和态度，则穆彰阿一党的政治地位必然能保全。

不料咸丰是初生牛犊不怕虎，对来华的英国人嗤之以鼻，让各地督抚严加防范，并拒绝接受英国人的投书。英国使臣在上海碰壁之后，转而到天津投书，又被拒绝。外交沟通未能成功，英国人只好灰溜溜地返回香港去了。英国人这一退，却让咸丰大感得意，以为自己的强硬态度让洋人畏惧，一展天朝雄威。

两江总督陆建瀛又适时地上了一个奏疏，称上海天主教堂十字架被雷击中。这在当时人看来，不啻是老天开眼，出来显灵惩戒洋鬼子。看到这个奏疏，咸丰顿时百感交集，批示道："敬感之余，更深惭愧。"咸丰所惭愧的是，他没有立刻发力，犁庭扫穴，将这些洋鬼子赶入大海。

历次科甲殿试阅卷官的变更直接反映了未来的政治风向。此年的阅卷官，以祁寯藻、贾桢、孙瑞珍、柏葰、杜受田、周祖培等人充当，穆彰阿及其党人无一入选。此时穆彰阿一党，可谓是在风雨飘摇之中，而穆党大将耆英又无端招惹了是非。

有一名天主教徒想去拜见耆英，却被步军统领衙门抓获，此事交由杜受田审理。事后查明耆英确实与这名教徒没有任何关系，但咸丰在心中已有了这样的认知，即耆英乃至穆彰阿与洋人有着说不清的关系。

中国的政治斗争时常被脸谱化为忠奸之争，而每当这种政争涉及对外战争问题时，凡主战派则一概被视为忠臣；与此相对应，凡主和派则一律被视为奸臣。自英国人入寇以来，朝中以穆彰阿为中心的一派势力对外力主和议，排斥主战派，自然也被视作了奸臣。

新君登基以来，受杜受田等主战派的影响，以往被压制的主战派人士重新出仕，扬眉吐气，连老迈的潘世恩也开始为林则徐的重新起用摇旗呐喊。在这种背景之下，穆彰阿一党已是日薄西山，毫无扳回局面的机会了。

咸丰暂时没有动穆彰阿，不是实力不够，只是时机未到。在处理好道光的丧事后，咸丰下谕，正式罢免穆彰阿。

在谕旨中，咸丰指出穆彰阿的四宗罪：其一，贪图权位，妨贤病国，小忠小信，阴柔以售其奸；伪学伪才，揣摩以迎合上主。其二，排斥异己，构陷主战派达洪阿、姚莹等人，同时包庇主和派。其三，在英国人投书时，想利用此次机会荼毒天下，以挽回自己的权势。其四，在咸丰派林则徐去广西镇压土匪时，穆彰阿曾说林则徐未必能成行。据此四宗罪，咸丰下令将穆彰阿革职永不录用，穆党大将耆英则被降为五品顶戴。

后人常将穆彰阿归入奸佞大臣的行列，此论不当。穆彰阿虽然是首席军机大臣，但如咸丰在谕旨中所言，他需迎合上意，他的一切行动都是在皇帝的意志下进行的。他也不是一味地主和，他曾经抽调各地军民布置防务，筹集军费、组织兵力对英国作战。只是在取胜无望后，道光转而倾向议和，穆彰阿自然得秉持皇帝心意，主张和议。

至于穆彰阿排斥达洪阿、姚莹等人，咸丰忘了，正是他父亲道光下令将二人革职，交军机处审讯的，而在审讯之中，穆彰阿对此二人还有所回护。二人被道光革职后再未被起用，这又与穆彰阿有何关系？再者，咸丰询问林则徐的情况，穆彰阿根据实际情况回奏："林则徐此时身体不好，能否坚持到广西上任，不能判断。"后来林则徐果然病死在路上，如何又能将此定为罪状？

穆彰阿诚然要对道光朝后期的颓废、腐化负责，但不能将清王朝衰败的责任推卸到他一个人身上，并据此指责他为奸佞之徒。这王朝的走向、国家的命运是穆彰阿一个人所能左右的吗？

穆彰阿这一倒台，就再也没有站起来。咸丰只是免去他的职务，却没有查抄他的家产，他衣食无忧，还可过上奢华的生活。但穆彰阿知道，他已没资本高调。余生，穆彰阿只能低调地住在北京甘井胡同，一切日用起居，不过平常人家光景。到了咸丰三年（1853），穆彰阿捐助军饷，才被赏给五品顶戴。咸丰六年（1856），穆彰阿病逝。据云其死前遍邀门生亲朋到家相聚，设宴数十席，欢饮过后，穆彰阿拱手对众人道："少陪，少陪。"随即坐下而逝。

祁寯藻的心病

咸丰朝初期，帝师杜受田以其对咸丰的巨大影响成为政坛上的重要势力，能与杜受田双峰并峙的则是祁寯藻。祁寯藻的人脉与力量是经由漫长的时间积累而成。

祁寯藻的父亲祁韵士曾任户部主事，并参与复校文渊、文源两阁《四库全书》，这一经历对幼年随父读书的祁寯藻影响深远，使他从小就受到良好的熏陶。嘉庆九年（1804），京师内负责铸钱的宝泉局铜亏空严重，户部郎中祁韵士受到牵连入狱，十岁的儿子祁寯藻到狱中服侍父亲，同时在狱中学习诗词。

父亲被发配伊犁后，出身书香世家的祁寯藻留在家中学习四书五经，并准备科考。十九岁时，祁寯藻参加会试不第，此时父亲从伊犁被释，到陕甘总督那彦成府中教书，同时充作幕僚，祁寯藻跟着父亲一起在那彦成身边效力。那彦成是乾隆朝首席军机大臣阿桂的孙子，备受嘉庆信赖，这无疑是祁寯藻日后仕途中的重要资源。

二十二岁时，祁寯藻在科举上获得突破，殿试取得了二甲第三名的成绩，此后他便在翰林院从事文字编撰工作。在京师为官经年后，祁寯藻得到了外放的机会。

在军机大臣王鼎的推荐下，道光二十一年（1841）祁寯藻入军机处。与王鼎一样，祁寯藻对外持强硬态度，自然与主张和议的首席军机大臣穆彰阿相悖。王鼎死后，祁寯藻在军机处中未主动挑战穆彰阿，他知道穆彰阿一派暂时还不是自己所能撼动的。

新君咸丰登基之后，军机处格局大变，穆彰阿势力被铲除，此后军机处的资深大臣就只有祁寯藻与赛尚阿了。此二人都是科举正途出身，在文坛享有大名，且资历深厚，堪为群臣领袖、文坛宿将。穆彰阿去职后，在军机处排名仅次于穆彰阿的祁寯藻顺理成章地成了首席军机大臣。

在祁寯藻的主持下，军机处作了新一轮的整顿。此次整顿共涉及九项内容，涉及军机处的各种具体事务。如严格军机处用印管理，用印时由一名章京监督，用印的数目要详细登记。所发廷寄由谁缮写应当登记入档，如果泄密则可加以查核。对于每日的草稿，由军机章京监督焚烧。无关人员不得进入军机处值班房，也不得在军机处值庐外窃听。严格稽查军机处，不得旷班误班。对军机处的仆役也要认真稽查，不得随意出入。隆宗门内军机章京值班房后面原有一道小门，为了防止由小门传递信息，应将此门封死。军机处档案一存圆明园，一存方略馆，军机章京不在圆明园时，应由圆明园防守官兵严密看护。同时严明纪律，严禁军机章京对外泄露信息。

由此次军机处整顿的内容来看，主要涉及的还是保密事务。自雍正七年军机处创设以来，每一任皇帝都对军机处的泄密事件加以打击整顿，可还是无法根绝军机处泄密。军机处的具体事务，如拟定、缮写谕旨，均由军机章京操办。军机章京系从各部抽调出来的精英，他们与本衙门及京师内外的高官有着无数联系，并期待着得到财力与人脉的支援，从而得到仕途的进一步发展。因此，他们处理的各项事务必然会泄露给与自己交结的朋党，以期获得相应的回报。

军机处泄密的弊端实是中国政治模式的弊端。中国传统政治依赖于人事，人事者，人与人之关系也。在军机处中，控制了重要信息的军机大臣与军机章京或主动或被动地编织出了人事关系这张蛛网，而军机处的信息则是编制出这张网的蛛丝，只需不时吐露出一丝丝信息，自然会有无数馈赠回报。

有学者认为，祁寯藻为人处世不免迂腐，将自己所恪守的儒家理念照搬到现实政治中来，手法生硬，思想僵化。有史料云，咸丰登基之后召见军机大臣时，祁寯藻滔滔不绝，唾沫横飞地说了半天，让咸丰感到厌倦，此后更对他产生恶感。

笔者对此实不敢苟同。祁寯藻为人绝不迂腐，反倒相当圆通，此点在他与门生的诗词唱和及人际关系中即可看出。徐继畲曾将祁寯藻比为欧阳修，认为他"相业诗名两相称"。如果是个呆头呆脑的迂腐之徒，祁寯藻断难写出诸多传世的文章诗词，也难在官场游刃有余纵横多年，且门生无数，如众星捧月。

此外，重视实学的祁寯藻断然不会将书本上的知识生搬硬套到现实政治中来。祁寯藻曾写过农学著作《马首农言》，倡导实学，重视民本。咸丰元年，咸丰下令免去道光三十年以前的民欠，祁寯藻认真部署清查工作，并请各省督抚努力让"小民均沾实惠"。在主持军机处后，祁寯藻实行了诸多措施以改善民生。

再者，依据军机处惯例，凡皇帝召见，就所问问题军机大臣回答时要言简意赅，在几句话内将事情说清楚。祁寯藻处理政务以"慎之又慎"闻名于政坛，在军机处十几年，"慎之又慎"的祁寯藻断然不会作答时烦琐拖沓，以至于让咸丰对他产生恶感。相反，祁寯藻不但未被咸丰反感，反而备受恩宠。

祁寯藻面临的问题是，此时的清国面临着日益严重的内忧外患，崛起于广西山野之间的洪秀全更以排山倒海之势一路狂驱猛进，向清廷发出挑战。

当此危难之世，明眼人都知道，"国难需用猛药"，可祁寯藻、杜受田等老臣却为政保守，未对时政加以大的改造。曾国藩等政坛新秀对此大为不满，他在给郭嵩焘的信中就批评了祁寯藻、杜受田、贾桢、翁心存等大臣，"恶其不白不黑、不痛不痒，假颠顸为浑厚，冒乡愿为中庸……阴排善类，而自居老成持平之列"。

实际上，早期曾国藩与祁寯藻的关系并不坏。在道光朝，曾国藩虽是穆彰阿的得意门生，对京内汉人大臣中坚祁寯藻，精明过人的曾国藩自然也要去结交。为了与祁寯藻交往，曾国藩做足了功夫。

曾国藩与祁寯藻的弟弟祁宿藻是同年进士，两人关系密切，由祁宿藻这层关系，曾国藩得以与祁寯藻交往。据曾国藩在日记中记载，道光二十一年七月十三日，他早上起来后一气写了两百六十个大字送给祁寯藻。在祁寯藻的照顾下，祁宿藻没几年就外放到湖北当了知府，这让曾国藩颇为羡慕，并特意嘱咐自己湖北的朋友，要与祁宿藻搞好关系。

新帝咸丰登基之后，为了营造新气象，广开言论，命群臣进言。这类事本是皇帝摆个态度，臣子们上一二奏折，说些不痛不痒的话题，成就君王开明的美名罢了。可曾国藩一根筋，直接上了《议汰兵疏》，直指绿营百弊丛生，官兵与土匪无异。奏折递上后，咸丰看了扔在一旁，一笑置之。

不想曾国藩抓住杆子往上爬，不久又上一折，矛头直接指向皇帝本人。他指责咸丰帝重视小节，忽略大计，惑于虚文而不求实学，刚愎自用不能知人善任。此次咸丰帝看了后大怒，将奏折摔在地上，眼看着这个湖南愣头青要倒霉了。作为首席军机大臣，祁寯藻赶紧帮曾国藩求情，云："主圣臣直。"军机大臣季芝昌是曾国藩会试时的房师，也在一旁帮忙求情道："此臣门生，素有愚直，惟皇上幸而赦之。"祁寯藻、季芝昌帮忙说情，咸丰才平息了怒气，认为他只是迂腐："念其意在进言，朕亦不加斥责。"

迨曾国藩崛起于乡间，组织乡勇对抗太平军，肃清湖北。喜讯送到京师，咸丰阅后大喜过望，立即下旨让曾国藩署湖北巡抚，又对军机大臣们道："不意曾国藩一书生，乃能建此奇功。"此时祁寯藻却道："曾国藩以侍郎在籍，犹匹夫耳。匹夫居闾里，一呼蹶起，从之者万余人，恐非国家之福也。"咸丰听后神色大变，沉默良久，随后撤去曾国藩署湖北巡抚的命令。此后曾国藩多年不被重用，六七年后才得以担任封疆大吏。对于祁寯藻的这一刀，曾国藩在心里默默地记下，到了咸丰十一年（1861）友人过来探望他时，曾国藩出语激烈，嘲讽祁寯藻。对于自己的过激反应，重视修身养性的曾国藩事后"退而悔之"。

但曾国藩没有想到的深一层是，他的突然崛起必然会遭到亲贵与大臣们的妒忌乃至打击。其实，祁寯藻提醒咸丰导致曾国藩仕途遭遇挫折，也可以视作是对他的另一种保护。当时人云祁寯藻妒忌曾国藩，祁寯藻闻言后大笑道："予所以为此言者，正保全之也。"通过压制而达到保全的目的，也是中国传统政治的一种高明手法。

同样，有学者认为，咸丰四年（1854）八月，祁寯藻因病求退，其真正原因并不是生病，而是因为奕䜣的崛起。奕䜣一入军机处便担任了首席军机大臣，且军机处中还有一班新进的年轻人，年轻人与老年人之间，新进与老臣之间，不可避免地产生了矛盾，于是孤掌难鸣的祁寯藻不再恋栈，遂急流勇退，主动致仕。

但实际情况是这样吗？如果仔细翻阅祁寯藻的年谱与日记，可以发现，第一，祁寯藻的致仕并不是因为奕䜣的崛起及与年轻人不和，而是因为他身体确实不好。第二，祁寯藻身体不好的原因有多种，他的弟弟在南京守城而死是诱因，而筹集剿灭太平军的军饷让他无从下手，财政状况日益恶化，众多事务交杂，则是主因，这导致他病情加剧，遂主动请辞。

咸丰三年（1853）正月，太平军攻陷南京，祁寯藻的弟弟祁宿藻此时担任江宁布政使，在守城时呕血而死。祁寯藻得到消息后大恸，"余比年有晕眩头摇之疾，至是益剧，饮食亦减矣"。

咸丰四年二月二十二日，户部奏请将四川省的一些款项解到户部以用作办公款项。前方军营开销尚且不够，户部竟然要增加开支，咸丰大怒："恐军营饷需尚且不敷，尔何关紧要，如是之搜罗也！"为此祁寯藻被"传旨严饬"。祁寯藻是有苦说不出，为了解决财政危机，户部事务日繁，人员日多，需要更多的办公费用，这却不是皇帝所能知晓的。

咸丰四年四月，咸丰在西苑召见祁寯藻时，见他头不停晃动，很是好奇，就加以询问。祁寯藻回奏道，臣得了眩晕病，吃药也没有效果。而头痛加重，吃药无效的原因，则是日益困窘的财政状况。

与太平天国的战事耗尽了大清的国库。财政吃紧，连一般旗人的生活也受到影响。咸丰四年六月初一日，内务府镶蓝旗人吉年因为领到的俸禄宝钞贬值，四处借贷无门，饥怒之下，闯入紫禁城告状。吉年当街大骂管理户部的军机大臣祁寯藻"无非是个酒囊饭袋、穿衣裳架子""军营头名大奸贼"，认为祁寯藻推行的财政措施，如发行钞票、铸造大钱等，都于国家无益。此事在京师影响极大，咸丰下令将吉年以叛逆罪处死。

吉年虽被处死，但祁寯藻心中并不好受，此月祁寯藻左肋胀痛，气喘头晕，请了两次假休养。七月销假之后，咸丰看他气色不好，又让他继续休息五日。但此时祁寯藻失眠严重，饮食困难，经常眩晕，八月又连续请了三次假，最终撑不下去，就在八月二十九日请求开缺退休。

祁寯藻在军机处中是资深大臣，此时与太平军的战事日益激烈，需要他这样的大臣坐镇军机处。咸丰让他暂时不要开缺，也不给他限定修养的时间，先让他在家安心调养，等养好病再去军机处上班。

祁寯藻在家调养了四个月，肝火上冲，头上生疮，病情反而加重。到了十一月底，他再次请求辞职。咸丰同意他辞职，并特许他以大学士的官位退休。之后祁寯藻没有返回山西寿阳老家，暂居京师，以示与皇帝共患难，"身留京师系天下望"。

祁寯藻本来住在东华门外，方便应卯散衙。退休之后，就搬到了宣武城南下斜街四眼井旧宅中。搬家之后，祁寯藻请诗人何绍基撰联"草堂小秀野，花市下斜街"悬于壁间，以示不问朝政，逍遥隐逸。可大清国的现实状况让他无法逍遥隐逸。

咸丰五年（1855），僧格林沁肃清了北伐的太平军，咸丰奖励群臣，祁寯藻因为此前在军机处操劳，也被算了一份军功。此时祁寯藻的病情加重，眼睛看物体时，会将一个物体看成两个。祁寯藻自以为生命将尽，甚至开始准备后事。此年下半年，经过名医郭言义的细心医治，祁寯藻的病情渐渐好转。

对于自己的病情，祁寯藻也坦承了原因，自入军机处以来，他十几年都未曾请过一次假。这次突然患病，且病情严重，久治不愈，主要原因在于，军兴以来，清军所费军饷无数，作为军机大臣的祁寯藻四处筹集军饷，却无功而返。

更深层的一个原因则是，要筹集军费就要加大对民间的盘剥，这与祁寯藻"重民"的政治理念不合。咸丰三年，祁寯藻写道："计臣愧无术，搜罗力已殚。"实际情况确实如此，清廷已经到了挖东墙补西墙的地步，如山西此年已交清了地丁银，却被下令再征一次。京师中的大小官员也被要求量力而捐，已革职在家的前首席军机大臣穆彰阿也捐出了一大笔银子。当日户部发行纸钞，在京的山西票号为了表示支持，认购较多。后来纸钞贬值，一文不值，山西同乡受累较多，这也让祁寯藻很是愧疚。

作为户部尚书，祁寯藻每日要为军费而操心。一方面王朝基业的捍卫需要无数军费；另一方面则是民生凋敝，经不起风雨。昔日的主战派大将祁寯藻流露出了厌战的情绪："频年海氛恶，瓯越厌兵事。终当洗甲兵，壮士毋弃置。"每日被筹集军饷所困，忧虑交加之下，祁寯藻最终病发退休。

祁寯藻的自订年谱写到了六十四岁，此后的年谱则由儿子后来补订，由此也可以换一个角度观察退休后的祁寯藻。据他儿子记载，自从退休后，祁寯藻有大半年时间只能扶杖在园中慢慢行走。咸丰六年（1856）之后身体稍好，开始与文人往来唱和，对在京师求学赶考的老家士子，或提供住处，或予以钱财，或加以提携。此一时段内，祁寯藻关注民生，与文人们吟诗唱和，来往密切，作了大量的诗歌，并借诗言志，阐释自己的政治理念。

祁寯藻出身于书香世家，除了少年时代陪父亲入狱之外，一生顺畅，并得享荣华富贵。但他所秉持的民本思想，让他不得不去关注社会的底层。致仕之后，他的诗文之中少见清闲洒脱，多的是民众的苦难。

咸丰六年，北方久旱无雨，祁寯藻心忧难耐，四月时天降甘霖，欣喜之下作诗《喜雨》。咸丰七年（1857），看到京师中有少妇抱着濒死的幼子去领取一碗稀粥时，祁寯藻悲痛得难以自抑，写下了《打粥妇》。祁寯藻曾作《述怀诗》一组，表达自己对时局的不满。忧虑这些诗会带来是非，祁寯藻又嘱咐儿子祁世长将吟诵苦难的诗删掉。

咸丰十年（1860），英法联军进逼北京，祁寯藻返回山西寿阳隐居。寿阳老家的房屋已经破败，修葺之后勉强可以居住。在寿阳乡下时，祁寯藻每日都要去宗祠中焚香，读书静思。祁寯藻鼓励乡中子弟努力读书，"见童子塾中归，必询所读书，其聪颖者奖以笔墨等物"。他还一度到离村四十里、风景秀丽的山寺中居住养病，此地松翠弥谷，飞泉满山，夏季阴凉。山中的他，是否会有"四十年来人事异，白云变幻如苍狗"之感？

祁寯藻一生高官厚禄，久居京都，但不忘乡民故土，常以笔墨抒发自己对故乡的情感。他的书法在山西被乡人追捧，为"一时之最"，存世较多。不知何故，祁寯藻后来被京师内修炼拳法者，与孙悟空、猪八戒、黄天霸、武松之类并列，目为大神，设坛供奉，却也是清代大臣中的唯一。更有意思的是，祁寯藻的故乡寿阳平舒的民众，每逢生病就要到祁寯藻墓去问病治病，此习俗一直延续到"文革"。"文革"期间，当地政府组织民兵用枪托将到祁寯藻墓问病的人赶走，又将祁寯藻的墓拆掉，方才断了此习俗。

永安之战

十九岁的咸丰刚刚登基，就面临着声势浩大的太平天国起义。在老谋深算的恩师杜受田的辅佐下，咸丰调兵遣将，以李星沅为钦差大臣兼程前往广西，同时任命素以残酷著称的周天爵署理广西巡抚，想将太平天国早日扑灭。不料太平天国运动如野火一般蔓延，前线清军屡遭重创。

剿灭无功，除了清军作战能力低下之外，前线主将不和也是原因之一。广西巡抚周天爵、广西提督向荣、将领秦定三三人不和，也不把李星沅放在眼里。李星沅气恼之下，重病不起。前方久战无功，"匪患"越发严重，咸丰学习以往帝王们的做法，派出军机大臣赛尚阿作为钦差大臣，前往前线督战。

赛尚阿军机章京出身，历练多年，熟悉军机处业务。考取进士之后，官场上一帆风顺，混到了军机大臣。当时，赛尚阿清正廉洁、提携后进，为士人所推崇。初登基的咸丰对厚道老实的赛尚阿颇为信任，将他视如往昔傅恒、阿桂一般的能臣，指望着他能力挽狂澜，扑灭战火。

选择赛尚阿到前线领兵，主要是军机大臣中他具有一定的军事经验。道光二十一年，赛尚阿曾在天津构筑炮台，以防御英国人。此后赛尚阿在京训练鸟枪队，颇有成效，被赏给花翎。但赛尚阿的这点军事经验不足以扑灭太平天国，当时即有人指出"赛素不知兵"。

咸丰元年（1851）三月初十，咸丰以军机大臣赛尚阿为钦差大臣，授遏必隆刀，前往广西督战。为了给他壮行，咸丰给了他库帑两百万两。遏必隆刀颇有故事，乾隆年间，军机大臣讷亲征金川不克，死于刀下。此次咸丰祭出此刀，一者警告前方将领；二者此刀随傅恒经略过金川，咸丰希望此刀能带来好运，克敌制胜。对于此次出征，赛尚阿并无多大信心，出京之前，他与军机处同僚告别时竟老泪纵横。

有见识者也知道赛尚阿此行凶多吉少，赛尚阿曾邀请翰林院侍讲铁林作为幕僚同去广西。铁林却拒绝了邀请，并认为"伊此去必无成功，然天下之兵灾自此始矣"。军机章京王拯随同赛尚阿出征，也记下了当时京师的议论："论者或以粤中股匪太多，未可日月以期蒇事，或谓元戎非济变才，亦未必能即时有功。"

出京时的声势还是浩大的，赛尚阿携带了七十五名小钦差（幕僚），二百四十名京兵。此时担任礼部侍郎的曾国藩，认为赛尚阿清廉公正，但带了这么多人出行，恐怕地方上不堪重负，"沿途办差，实为不易"。然而，曾国藩日后的派头却一点也不输给赛尚阿。

五月初二，太平军突围进入象州，咸丰大怒，下令革去周天爵官衔，同时拔去向荣、秦定三花翎，又命令赛尚阿到了前线后详细调查将帅不和之事，并据实禀报。

在奔往广西的途中，得知清军连遭败绩的消息后，赛尚阿担心到了前方没有人才可用，就紧急上奏，请调正在湖南的前任浙江秀水知县江忠源前往广西军营效力，江忠源后来成为对抗太平军的一员大将。

六月初四，赛尚阿到达广西桂林，开始淘汰弱兵，严肃军纪，同时收买间谍，切断太平军后勤，将被裹挟的民众遣返。咸丰看了他的这些措施后大为满意，以为他能控制全局，很快会班师回朝，于是又命军机处发去黄马褂、大小荷包、火镰犒赏赛尚阿。

赛尚阿到广西时，太平军正从象州退回紫荆山。得知钦差大臣赛尚阿到了桂林，在前线的乌兰泰飞骑来见。赛尚阿对乌兰泰却极为冷淡，对随后赶来的向荣则优礼有加，这让幕僚感到奇怪。赛尚阿不喜乌兰泰，因为此前的系列战事中心高气傲的乌兰泰连遭败绩，却又屡屡邀功。

　　乌兰泰是满洲正红旗人，善于练兵，尤注重火器的使用，自诩为清军将领第一。向荣是甘肃固原人，少年从军，征战多年，战功显赫，每战必亲冒矢石，身先士卒，是清军中少有的勇将。天理教起义时，向荣率先攻入道口，脸被削去半边，此后缺了半边脸。他素来自恃骁勇，此时得到赛尚阿赏识，更是一心求战，以期立下大功。

　　赛尚阿本人也求功心切，他以乌兰泰、向荣各统军队，夹击太平军。至前线后，赛尚阿定下赏格，抓到洪秀全等太平军重要头目者，"给五六品翎顶，赏银二万两至八千两"。太平军针锋相对地给出了赏格，得向荣首级者赏千金，乌兰泰次之，赛尚阿的首级则赏银五钱，可见太平军对他的轻视。

　　太平军被围困在紫荆山内，向荣围堵后路，乌兰泰包围前方，都以为太平军走投无路。九月十一日夜，太平军从金田突围，经山间偏僻之路而出。得悉太平军突围的消息后，乌兰泰、向荣急忙领兵突进，试图拦截住太平军。

　　当日大雨，雨打得山间雾气弥漫，逶迤山路之间，山林莽莽苍苍。向荣领兵行走在山间，测算以自己的行军速度，定可赶在乌兰泰之前拦截太平军。行至官村时，全军已疲惫不堪，向荣遂令安营休息。大营尚未扎好，太平军突然来袭，向荣军措手不及，被打得人仰马翻，手下猛将杨成贵战死。此战清军损失惨重，辎重被全数丢弃，向荣带着残部一口气逃到平南县城。此后，号称清军中每战必为先锋的向荣竟然缩着不敢再出战。

击溃向荣之后，太平军分水陆两路进军，于九月底攻下永安，并在永安城外建立了炮台、壕沟、土垒等坚固防御工事。攻陷永安对太平军具有里程碑的意义。正是在永安，洪秀全举行了封王典礼，李秀成、李世贤等后来的中坚将领，也正是在此地加入太平军。

战败之后，向荣羞愧难当，又被拔去顶戴花翎，遂请了病假，回桂林修养去了。乌兰泰看向荣走了颇是高兴，再没人和他抢功了。赛尚阿见向荣走了，就起用都统巴清德，令他带领清军精锐迅速前进至永安城，防止太平军攻击桂林。

永安周边均是险峻山脉，县城处于群山中央。太平军攻下永安后，没有及时抢占隘口。尾随太平军的乌兰泰发现太平军的失策，立即分兵占领永安周边各处险隘，将太平军团团围困。

围城之后，赛尚阿就近在阳朔主持了四次进攻。攻势最猛时，一度出动上万人作战，付出惨重代价之后，却未能攻下永安。围攻至十月中，清军屡战屡败，不能攻克永安。羞怒之下，咸丰命广东、广西地方官员将洪秀全、杨秀清等人祖坟彻底挖掉，以破坏其风水。

得知洪秀全祖坟被挖后，赛尚阿大喜过望，此时又逢冯云山老婆被抓，赛尚阿以为太平气数已尽，就发起了第五次进攻。此次进攻照样失败，各路兵勇损失惨重。此后清军改变战略，对永安严密围困，不再发起强攻。

到了1851年年底，在桂林养病的向荣复出，赛尚阿也亲自到永安前线督战，两千斤大炮也被运到，并围绕着永安城修筑了炮台。清军炮火攻势猛烈，每日可发射三百余发炮弹，永安城内损失惨重，北门也被炮弹击毁。面对着清军炮台的威胁，太平军只能处于消极防御状态。为了打破这种局势，太平军对清军把守的炮台发起多次反攻。

咸丰元年十二月十二日，清军在炮台上眺望着前方。虽然永安近在眼前，清军的包围圈也如铁桶一般，却屡攻不克。雾气朦胧之中，永安城门大开，大批人马涌出。让清军惊讶的是，被围困了这么久，太平军的大炮仍然拥有弹药，并不断对清军发起反击。实际上，自金田起义后，太平军曾试着铸炮，终因技术不过关而无法使用。在与清军的交战中，太平军俘获多门大炮，开始学习、改进铸炮技术。到此年年底时，太平军中已有相当数量的大炮。

此日的进攻，太平军以五千人对清军据守的要隘发起了全面攻击。面对着如蚁流般蔓延而来的太平军，清军大炮发出了沉闷的轰击声，在弥漫的烟雾与火药味中，士兵们被刺激得头皮发麻。

此日在炮台及周边的山岭一带，双方呈现出一片混战态势。这是一场力量的较量，也是一场意志的战争。太平军士兵多数来自广西乡野之间，长期从事体力劳动，粗犷凶猛。在漫长的艰苦生活之中，他们为了生存而奔走操劳，终年所得却不能一饱。加入太平军之后，他们怀抱着改变命运的希望，又受到太平天国理念的深刻影响，手执藤牌，上下跳跃，刀光飞舞，拼死血斗。

刀光剑影之中，血肉横飞，山岭之上，早春寒气中，呐喊声响彻云霄。太平军发起了多次攻势，但未能拿下炮台。此后多日，太平军连续发起凌厉攻势，均被清军击退。太平军面临的问题是兵员不足，后勤补给困难，缺乏大型火器，在多日攻势不能突围之后，暂时偃旗息鼓，固守永安。

赛尚阿与将领们对永安城的城防做了仔细研究，太平军的严密防守令其惊讶。太平军中的一大批矿工发挥了他们的所长，他们在永安城外修建了一道严密的防守工事，布置有炮台、壕沟、木栅栏等。由于火药匮缺，太平军开始自制硝，但无法制作硫黄。太平军火药枪的铅弹也极其缺乏，每次清军攻势过后，落在地上的铅弹都被太平军细心地拾起。太平军炮台中虽有大炮，由于火药、弹丸缺乏，只在清军靠近时方才鸣放，炮手射击之精准，让清军也叹服不已。

在具备各种优势条件之下，清军仍然不能攻克永安。大年初一，乌兰泰、向荣到赛尚阿驻地贺岁，赛尚阿与向荣并坐于上，令乌兰泰下坐。乌兰泰受到此般侮辱，回到大营后恼羞成怒，要弹劾向荣误事，被江忠源苦苦劝住。

永安围城持续大半年，太平军虽处于被动，但在永安，太平天国分封诸王，扩充军队，在与清军的频繁交手中获得了更多的军事经验，为未来的发展奠定了基础。被围半年之后，太平军开始突围。

永安城东十里处，有一条羊肠小道，直通昭平。此地要隘古苏冲，仅有千余战斗力较弱的团练防守，是清军围困阵线中的薄弱点。

咸丰二年（1852）二月十五日夜，当夜大雨倾盆，太平军以罗大纲为前锋，率兵翻山越岭，突袭清军后方。罗大纲原为大湟江上水贼，强悍善战，清军团练一触即溃。太平军打开了出路，并获得了最为紧缺的火药。

二月十六日清晨，前锋紧急来报，永安城内太平军全军撤退。得悉太平军全军突围之后，乌兰泰、向荣也顾不上争执，令长瑞、长寿、董光甲、邵鹤龄等四总兵统领满汉精锐六千，先行追击太平军，乌兰泰、向荣则领大军在后接应。

二月十八日，清军行至龙寮坳，此处只有一条羊肠小道可以通行，走上坳口，需要攀爬几百米的陡峭石梯，石梯也仅能容一人通行。此处地势太过险峻，如果太平军设下埋伏，则清军很难攻上。

太平军逃跑心切，也无人在此设防。站上坳口，可以看到前方绵延的山路尽头，太平军正簇拥在一处山隘口。太平军后方只有两千余人，多为老弱之士。清军追上之后，这些战斗力低下的太平军仍各执刀枪，拼死抵抗，战死者有千余人。

此战中清军还俘获了一个奇怪的人物，即自称为"天德王"的洪大全，此人被立即送往后方赛尚阿大营。

取胜之后，清军继续行军，追赶太平军。被前日的大胜给冲昏了头脑，清军将士都以为胜利就在眼前，拼命向前追击，好立下天大的功劳。在泥泞的土路上，清军"皆穿靴，衣长袍"，"又两人负一炮行山，前后牵制"。

二月十九日，清军行至大峒山一处山凹之间时，由于连降大雨，山路泥泞不堪，士兵只能奋力前行。大雾之间，难以辨别方向，只听得人声鼎沸，一片哀怨。正行军时，突然闻得一声清脆尖锐的响箭从山顶直升而起，两旁群山之中，伏兵四起。

清军拥堵在山路之上，前后被围，进退不能，也无法布阵。士兵们互相推诿，只想冲出包围。前方的清军向前冲击时，却发现前路上的太平军手执长长的竹矛，布成矛阵。太平军手中的竹矛是用山中竹子制成，削尖之后，锐利易用，清军根本无法突破。

清军陷入混乱后，太平军呐喊着从山间汹涌而出，冲向清军。太平军单衣短刀，手执藤牌，赤足而行。太平军贴近清军之后，肉搏激战。清军为了活命，只能拼命抵抗。但山间泥泞，穿着战靴的清军行动不便，又腹饥难耐，激战一上午之后，均被消灭。此日上午，清军总兵长瑞、长寿、董光甲、邵鹤龄四人战死，清军阵亡者有五千人。穿靴子的终究还是玩不过赤脚的。

二月二十日，洪大全被押解到赛尚阿营中，他自称与洪秀全地位相当，太平军"一切用兵之法，都请教于我"。洪大全本名焦亮，湖南兴宁县人，曾考取廪生，参加天地会后改名洪大全。

洪大全读过书，能吟诗，恃才傲物，投奔太平军后以为能得到大用，不想却被洪秀全晾在一边。于是他心生不满，但出逃不成，反被关入狱中，太平军在永安突围时将他带上，又被追来的清军抢走。他被擒后已将生死置之度外，自称"天德王"，好得到清廷重视，能有酒肉享用，也算轰轰烈烈一场。

此日赛尚阿得到前方大败的消息，全军震骇。洪大全吹嘘自己与洪秀全平起平坐，同称万岁，赛尚阿知道其中必有不妥。可此时连遭败绩，为了弥补，只能将洪大全当作大人物上报朝廷了。为了让洪大全的大人物身份看起来更逼真，赛尚阿的幕僚操刀对其进行了一番包装，然后押解送去京师请功。洪大全本就抱了必死之心，只要好酒好菜伺候，也就积极配合。

可这个太平天国"大人物"洪大全的故事有一个破绽，洪大全被抓时头发很短，而太平军都留长发，被称为"长毛"。为了让故事逼真，幕僚们编造了一个故事："洪大全因为苦读不中，愤懑之下，出家为僧，并研究兵书，要学诸葛孔明一样争霸天下哩。"

二月二十一日，赛尚阿的亲信，随军的军机章京丁守存，亲自将洪大全押送进京。临行前，赛尚阿紧握住丁守存的手，老泪纵横，竟然说不出话来。

可这个洪大全的破绽太多，很多人都看出其中的蹊跷，"军中讳败饰胜，事所常有，惟奏获洪大全之事则过于虚谬矣"。给事中陈坛则上奏咸丰，指出洪大全并非著名头目，如果把他当回事，只会使"逃匪闻而窃笑"。

洪大全一案在两广一带传得沸沸扬扬，"人人嗤笑"。对于这个被送到京里的"叛贼头目"，咸丰将他交给了军机处审理。负责审理的军机大臣也很为难，洪大全的供词中破绽连连，要揭穿这个把戏也很容易，但这样就要追究赛尚阿的欺君之罪。

在京的军机大臣与赛尚阿是多年同事，关系亲密，哪里能下此狠手？再说，如果赛尚阿因为此事被追究，又要让其他军机大臣顶替他到前线去吃苦，还不如卖个人情，帮赛尚阿搪塞过去，留他继续在前线效力。权衡再三之后，军机处将洪大全当作太平军重要头目进行审理，后押上刑场凌迟处死，临刑前洪大全犹高呼："拿酒来。"

洪大全娶妻许香桂，妻妹许月桂则嫁给了弟弟焦三。咸丰五年五月，广东天地会攻克郴州，焦三、许月桂、许香桂聚众反叛，被湘军王鑫击溃，三人被擒后均被处死。

对于洪大全一案的内情，耳目灵通的咸丰洞悉于心。抓到了洪大全这样的"重要头目"，清军前线将领却一个也没得到赏赐，反而被咸丰严厉训斥。押送洪大全进京的军机章京丁守存，不仅"未晋一阶"，反被军机处中的同僚嘲笑。

长寿、长瑞等四总兵同日战死，赛尚阿不敢隐瞒，快骑到京师汇报。翻阅奏报时，看到长瑞、长寿兄弟同日战死，咸丰情不自禁，竟热泪盈眶。咸丰下令将长瑞、长寿老母接回京师赡养，同时又询问二人后人的情况，嘱咐好生照看，待成年后加以重用。长寿的儿子荣禄此时十五岁，后来权倾朝野，成为首席军机大臣，左右晚清政局。

四总兵同日战死，不久乌兰泰在追击太平军时中炮身亡。此后太平军一路直下，势不可挡，攻桂林，连陷兴安、全州，声势浩大。太平军由小县城一路打到省会桂林，咸丰震惊不已，将赛尚阿降四级留任，此时他才知道，赛尚阿不能主持军事。

江忠源在蓑衣渡设伏，击毙冯云山之后，太平军转而突入湖南，连陷多城，包围长沙。赛尚阿领兵在后，一路猛追。长沙四周城门都被堵死，守城人员在东北设置了长梯，将士入城或出战都要经过此处。赛尚阿一路追击太平军，到了长沙城外，也由此入城，负责湖南防务的罗绕典调侃道："此出将入相之门也。"

长沙被围后，赛尚阿的仕途也到了尽头。九月初二，咸丰以赛尚阿调度无方，号令不明，赏罚失当，以致劳师糜饷，日久无功，革职回京治罪。赛尚阿出任钦差不足一年半，便被革职押解回京。

在当时官场，赛尚阿是少有的洁身自好、清廉持正的官员。但他是个书生，对于军事一窍不通。至前线后，各路骁将又彼此推诿，互相争功，赛尚阿为人仁厚有余，虽然日夜操劳，以致形神疲惫，却劳而无功。

被押解回京的途中，路过某县时，县令过来安慰赛尚阿。赛尚阿却大哭道："我是顾命大臣，朝中首相，现在辜负国恩，死不足惜。可这贼不是寻常的贼，总愿别人不要同我一样才好。"

赛尚阿也是明眼人，这些崛起于两广的长毛不是那种水浒英雄般的造反者。他们有着明确的纲领，有着严密的组织，有着无比的雄心，有着殊死一战的意志，欲图开天辟地，营造出一个新的天国。这是一场旷日持久的战争，陨落于此战中的文臣武将足以填满京师的昭忠祠。

咸丰三年（1853）正月二十二日，经过军机大臣会同刑部审理，赛尚阿被定为斩监候，秋后处决。审判时，赛尚阿伏地痛哭流涕，自言不忍心杀人，所以没有控制住前线将领，导致军心涣散，连遭败绩，对不起皇上。

当时舆论颇为同情赛尚阿，认为他"清勤公正，朝野共知。……至于将略，本非所长，以致师久无功，溃围失利"。咸丰也知道将这个心地仁厚、清廉公正的老臣派往广西前线有所不妥，暗中对赛尚阿加以回护。查抄赛尚阿家产时，咸丰特意派了同是蒙古人，且与赛尚阿有交情的僧格林沁负责，以让他多留点家产过日子。

赛尚阿被发往边疆戍边，至咸丰五年被特旨释放。他活得时间很长，至光绪元年（1875）方才去世，这也让他可以一睹后来的历史发展。皇室对赛尚阿的愧疚在以后的岁月中得到了补偿。他的儿子崇绮在同治四年（1865）一举高中，成为清代唯一的蒙古族状元，他的孙女则成为同治的皇后。书法家启功的外曾祖是赛尚阿的五子崇纲，启功的母亲就是崇纲的孙女。

清代的惯例是，每逢有大的战争都以满蒙重臣至前线督导大军。乾隆、嘉庆年间，有阿桂、福康安、勒保、额勒登保等人不辞辛劳，料理戎机。道光朝有长龄经营西域，他亲自披坚执锐，飞骑纵横天山南北，于雪花纷飞之中擒拿张格尔。此后的鸦片战争中，至前线的重臣如奕山、奕经之类，却是纨绔子弟，根本就不能一战。咸丰延续祖先的惯例，派出首席军机大臣赛尚阿至前线，不想竟然徒劳无功。

"朝廷兵柄，不轻假汉人。……粤匪之乱，始用赛尚阿，不济；继用向荣、和春，亦无功。"此后清廷所能依赖的只能是曾国藩、胡林翼这样的汉人中坚了，而兵权也开始逐渐下移。

靠谱的恭亲王

咸丰三年二月，太平军攻下南京，随即组织了北伐与西征。

太平天国北伐军由林凤祥、李开芳、吉文元等将领统领，从扬州出发，取道安徽，沿途连克多城，进入河南。北伐军本准备从归德渡过黄河，但是清军防守严密，渡船也被烧毁殆尽，遂转攻开封。太平军只是虚攻开封，吸引住清军之后就绕城别走，继续在黄河边寻找船只，以渡过黄河。

太平军的北伐吸引了北方无数底层人的关注，果敢无惧者纷纷投入其中。在巩县，当地运煤工人用运煤船将北伐军运过黄河，随后直扑怀庆府，以夺取火药和粮食。怀庆府被围两个月后，清军各路援军终于出现，并对太平军形成反包围。

北伐军此时采取迂回作战的方式，转而西进，进入太行山区，绕道山西北进。在山西境内，北伐军战无不克，打得清军望风而遁。看着前方久战无功，清廷就将山西巡抚哈芬革职，以胜保为钦差大臣，全力围堵北伐军。新任的钦差大臣胜保，用兵粗蛮，莽撞无惧，也未能围堵住太平军。

此年九月，一路驰骋的北伐军进入直隶境内，占领深州，此后又连续攻下青县、静海、独流，逼近天津。狂飙一般席卷而来的北伐军让整个京师震动，上下无不惊愕。

另一方面，此前在前线领兵围剿北伐军的大员们，为了哄皇帝开心，编出了天大的捷报送到京师。咸丰看到"捷报"后大喜过望，亲笔题写"喜报红旌"四个大字，制成匾额，挂在军机处值班房。此时太平军早已涌至天津城外，军机大臣们该如何面对这个匾额？这个匾额至今仍挂在故宫军机处旧址内，只是再无八百里捷报送来。

当太平军出兵北伐之后，咸丰已从各地调兵来京。又令科尔沁郡王僧格林沁、步兵统领花沙纳、右翼总兵达洪阿、军机大臣穆荫办理巡防事宜。当北伐军进入直隶后，咸丰惊呼"畿辅重地，岂容逆贼窜扰"，又从各地紧急调兵加强直隶、京师防御力量。

出现在天津城外的北伐军，让京师群臣一片混乱，有建议迁都西安的，有建议迁往盛京的，有建议闭城死守的，不一而足。咸丰帝也惶惶不可终日，以为自己将落得与明崇祯皇帝一样的下场，"今豫南北皆残破，贼已渡河，明代事行见矣"。

国难之时，还是自家人最靠谱。九月初九日，咸丰任命叔父惠亲王绵愉为奉命大将军，表兄科尔沁郡王、御前大臣僧格林沁为参赞大臣，统领精锐四千五百人出京，会同钦差大臣胜保围堵北伐军。九月十日，又委派弟弟恭亲王奕䜣办理京城巡防事务，并署正白旗领侍卫内大臣。

常有史学家云咸丰为苦命天子，一个十九岁的青年，继承了无限的权力，而前代帝王所积累下的无数问题在他登基时全部爆发，这既是对他的考验，也是他的机遇。处理得好，他就是中兴之主，可以以赫赫武功挽救危局而标榜于史册。处理不好，则会黯然落幕，如崇祯那样找棵歪脖子老树上吊。

面对着狂飙突进的北伐军，咸丰坐卧不宁，他不甘心黯然落幕，他立志要做一个英武过人的君王，度过这艰苦的岁月，将这大清江山世代传下去。当此非常时期，自然可以行非常之举。十月初七，咸丰打破祖先定下的规矩，让弟弟恭亲王奕䜣入军机处，担任首席军机大臣，此年奕䜣刚好二十岁。

兄弟二人曾竞争帝位，哥哥胜出做了皇帝之后，对弟弟表示了大度，封他为亲王，赏用黄绒结顶冠，穿蟒袍，用金黄色。弟弟也感恩戴德，不时称颂哥哥，兄弟二人诗词来往，你唱我和，看起来是感情融洽。一个雄才大略的弟弟，终究不是皇帝哥哥所能容忍的。奕䜣小心翼翼压制着自己的才华，在与哥哥的唱和诗歌中，也尽量压制自己的才气，曹植的命运已是生动的先例。再说，当年道光帝遗命封他为"恭亲王"，"恭"字的意思很明显，就是要"兄友弟恭"，老爹可是用心良苦。

恭亲王奕䜣

咸丰二年四月，奕䜣被赏给了府邸，宅子是让人羡慕的和珅旧宅。和珅跌倒后，他府邸的一半被嘉庆帝赏给了乾隆最小的儿子永璘作为庆亲王府。永璘不是铁帽子王，后代不停降级，没有资格住在王府。于是咸丰将永璘后人撵出，把这个府邸赏给了弟弟奕䜣。咸丰二年六月，奕䜣被正式册封为亲王。虽然道光在遗命中已册封奕䜣为亲王，咸丰登基之后也已确认，但正式手续一直拖到道光大丧结束之后。一拖两年，这也是哥哥对弟弟的考察。在此期间奕䜣曲意奉承、低调谦恭，赢得了咸丰的信任。

和春园已闲置多年，经过清理之后，奕䜣搬入。此园虽然简洁，但清溪流淌，荷塘清月，古松幽竹，别有出尘之感。奕䜣喜欢上了这里，居于此间，"松风水月入襟怀而妙道自生也"。咸丰偶尔也来看望弟弟，并将此园易名为"朗润园"，此园即后世燕京大学所在地。

咸丰做皇子时，在南苑狩猎曾从马上坠下，将腿摔断，此后行走不便，不时腿病发作。咸丰三年五月，皇帝腿病发作，持续了将近一年，不能参加各种祭祀活动，就让弟弟奕䜣帮助行礼。让兄弟帮代行礼，与祖先之制并不冲突，先皇们多有先例。可让亲王入军机处与祖先之制不符。

祖先定下规矩，亲王不得入军机处，以防止亲王坐大，威胁到皇权。可现在太平军兵临城下，哪里还顾得了许多，关键时刻最靠谱的还是自家人。再说，咸丰对弟弟还是比较了解的。奕䜣虽然年轻，但有胆略，处事果敢，与优柔寡断的自己可以互补。让他入军机处，可以操控全局，全心办事。再说，亲王入军机处也有先例，雍正朝的怡亲王允祥，嘉庆朝的成亲王永瑆，也是在非常时期入了军机处。

入了军机处，贴近了朝政，奕䜣才发现大清帝国的危机糜烂得如

军机处二百年

此之深。太平军控制扬州，漕粮被切断，军费开销日昂。咸丰三年六月十六日，户部奏报："自广西用兵以来，迄今三载，经臣部奏拨军饷及各省截留筹解，已至二千九百六十三万余两。……户部银库，截至本月十二日止，正项待支银仅存二十二万七千余两。"

为了扑灭北伐军，军机处只能四处筹集军饷。十月二十七日，军机大臣与咸丰见面时，建议将山西省的地丁银借征一年，以用作军饷。山西地丁银每年可征三百余万两，且历年来都能如数上交，可谓纳税模范省。现在军情紧急，不得不杀鸡取卵，限山西地方官员，在三个月内额外再征三百万两地丁银，并许诺待将来库帑充沛之后，免山西地丁银一年。

不想咸丰对于这个杀鸡取卵之策很是不满，认为征集过程中难保地方官员不中饱私囊，骚扰民众。奕䜣苦口婆心劝说咸丰，不用此策，哪有银子打仗？再说，可以适度变通，不再硬性规定三个月内必须征满，由山西地方官员确定征募的时间。同时严禁地方官员贪腐，凡地方官员骚扰民众者概以军法从事，并实行连坐制，一个官员出事，连带追究地方督抚。经过咸丰许可，最终决定从山西再征地丁银。

就任首席军机大臣后，奕䜣才知道军机大臣不好当，最头大的事情就是筹集军费。由于军饷匮乏，朝廷号召广大官员们捐款救国。军机章京们虽然薪资微博，也凑了一千两银子捐出来作为军费。咸丰看到后批示："现军务繁多，章京日夜当差，朕念伊等辛勤，所捐银两不必，赏收。"

自号召捐款以后，京内外大小官员，有捐几两的，有捐几十两的，就是没人捐大笔银子，看来大家还是不积极。军机处无奈，就设立褒奖条例，凡是官员捐款多的，给予特别奖项，或加升官爵，或抵消处分。

钱不够花，咸丰也急了，六月他就下令将三座纯金打造的大钟处理掉。

忙了半年，才将金钟处理成金条，折下来合银子三万二千四百九十七两。这个事情咸丰也不放心，让奕䜣在军机处好好监督，不要被人给私贪了。金条铸好了，奕䜣上奏报告，咸丰批示："知道了，熔成金条，永远实用，自可无虞。如何使用，待朕缓酌。"咸丰对金银看得极重，又让奕䜣送几块金条给他看看成色如何。

奕䜣忙着筹集军费之时，北伐军进至距天津不过十里的稍直口村。此时太平军恍如是冲到禁区的足球运动员，就等着发出终结大清王朝的临门一脚。形势是如此紧急，一旦天津被攻陷，则北京将岌岌可危，咸丰已开始准备逃亡热河行宫。北京城中一片混乱，百业停顿，逃出京城的有三万多户人家，原本繁华无比的大栅栏一片萧条。

天津蒙受了巨大的威胁，知府钱忻、知县谢子澄等地方官员迅速组织团练，协同守城。团练人数不足，监狱中的囚犯都被放出来守城，以戴罪立功。为了阻滞北伐军，运河大堤被挖开，以引水护城，结果"大水漫衍百里，城在水中，西通一线之路"。

九月二十八日，太平军到达天津城外，果然被大水给阻碍。次日北伐军组织了几十只船，准备渡水攻城。天津城内的官员组织"雁户"进行狙击，"雁户"平日在水上以猎杀大雁为生，枪法精准，此次被天津官府以重金聘用。"雁户"伏在小船上，身上盖有芦席，埋伏在芦苇之中进行猎杀，导致北伐军损失严重。北伐军无奈地望城空叹时，僧格林沁又带了快若疾风的蒙古骑兵在天津西北的杨村准备包抄北伐军退路，北伐军遂退至静海过冬。

至静海后，林凤祥、李开芳分兵，一在静海，一在独流，扎下营寨，互为犄角，彼此援助。负责攻打北伐军的主要是胜保与僧格林沁两支部队，军机大臣瑞麟也被派到前线来作战。

咄咄逼人的胜保，以跋扈骄横而著称。骁将一般统领的都是悍兵，胜保却很无奈，在他的统兵生涯中，一直没有统领过一支像样的部队。胜保所统领的都是临时招募来的士兵，士气、战斗力都极差，士兵战斗意志的来源，一是杀戮抢劫发财，二是胜保的激励。

与胜保的乌合之众相比，僧格林沁所统带的是清国最精锐的八旗蒙古兵。看着僧格林沁骑兵的整齐划一，威风赫赫，旗甲鲜明，胜保满肚子怨气，满心嫉妒，满脑子不服。打仗不行，可胜保杂牌军抢军功的功夫过人，双方矛盾不断。作为首席军机大臣，奕䜣不时得出面调和胜保与僧格林沁的矛盾，并严明军纪。

胜保和僧格林沁进攻北伐军，但师久无功。眼看着太平军在自己眼皮底下扎下根，咸丰怎么能睡得着？他恨不得立刻消灭掉北伐军。前方的两个主将，僧格林沁是自己一贯推崇的表兄，不好发脾气，只好拿胜保出气。于是乎，只要胜保得了点小胜，立刻被加官晋爵，而只要他一有小败，咸丰就破口大骂，威胁要拿他的脑袋和全家性命相抵。

天津城内的团练多数是市井无赖，"私斗则勇，杀贼则怯"，将领们都认为天津团练不能用，钦差大臣胜保却不信，大度地将这批混混们纳到了麾下。

十月十八日，胜保带了一千六百名天津团练出战。出城时，团练们无不踊跃，如同河豚鼓足了气一般，摆出出城慷慨赴死的表情，口中豪言壮语，感天动地，胸口拍得叮当作响。可天津市民最了解这帮人，都等着看好戏上演。

果然，仗还未打，枪尚未发，这批原先膨胀无比、斗志昂扬的天津团练就掉头狂奔。胜保一看不好，在马上赶紧拔刀大喊："不用害怕，有我在此！"

不想天津团练没有一人理他，都一口气狂奔逃回城内，让天津市民嗤笑不已。此时北伐军已经追了上来，胜保一个人尴尬地骑在马上，环顾四周一个手下也没有，只有扔了一地的刀枪与旌旗。胜保还没勇敢到能一个人冲锋陷阵，挥戈回日，立刻掉了马头，往天津城内狂奔。

输阵不能输人，胜保边逃边回头与北伐军对骂，展示了他扎实的毒舌功夫。所幸其他部下拉了门小炮过来轰退了北伐军，才将胜保救下。此战过后，无人再敢统带天津团练，都视之为毒蝎，避之唯恐不及。胜保行事夸张，僧格林沁没他那么高调，可也有他的独特之处。僧格林沁时常着青布马褂、青布鞋，头戴青呢大帽，上阵时持关公大刀，骑黄马，面色枣红，俨如关圣。

十一月二十三日，不甘寂寞的胜保，带了蒙古副都统佟鉴、天津知府谢子澄等人，到运河大堤上勘察地形，却被太平军设伏包围。佟鉴当场被杀，谢子澄中了七枪而死，胜保狼狈逃回。北伐军也派出多批密探，混入京师，刺探情报。军机处严密查访进京人员，特别是由天津一带来的可疑人员。在必经之路通州南门及八里桥，清军设下卡口，严密盘诘形迹可疑者。虽然北伐军雇了些能说北方方言的密探进京，但这些人都被尽职的清军守卫查出。

咸丰四年正月，北伐军自静海、独流南撤，占据河间府束城，在束城等待援军不至后，转退往献县。二月十五日，北伐军占领阜城，随即构造坚固工事，等待援军。

阜城失守，导致山东震动，咸丰下令僧格林沁、胜保迅速歼灭北伐军。阜城攻防战中，北伐军重要将领吉文元战死，损失惨重。此时也有利好消息传来，太平军派出的援军，"号称三十万，所过城邑，莫不摧破。山东一带，人心汹汹"。

清军紧急部署，以僧格林沁包围阜城，胜保南下拦截太平军援军。

处于困境之中的北伐军，听闻太平天国派出的援军北上，就放弃城外据点，收缩城内待援。清军之中，将帅不和，士兵放纵，军官琦龄沿途劫掠民众，甚于盗贼，在军中甚至与士兵争抢娼妓。阜城之战中，琦龄自告奋勇，查探地道，结果被手下士兵从背后击杀。攻防战一直持续到四月初，援军还未出现，北伐军弹尽粮绝，多次尝试突出包围。战至四月初九，北伐军冲出包围圈，退走直隶东光县连镇。

太平军援军北上后，一路势如破竹，进至山东。二月十七日，太平军攻占临清。临清地理位置重要，在此既可固守等待北伐军突围，也可继续前进接应北伐军。援军的快速推进，让咸丰哀叹，一旦两军会合，无异于虎添双翼，严令胜保务必堵住援军。

攻下临清后，援军继续北进的计划却被阻。因为沿途进军时扩充了大量人员，这些人员来源复杂，主要是盐枭、溃败的清兵、地方上的无赖及游民之类，现在听说要继续北上作战，都鼓噪着要南撤。其中有上千人不听命令，径自南下，其他部队也跟着南撤。援军将领无奈，三月二十五日，下令全军南撤。至此援军是兵败如山倒，沿途遭到清军与地方团练不断袭击，损失惨重，最后全军覆没，只剩下将领许宗扬一人逃回天京。

与太平军援军人员混杂一般，胜保统领的也是乌合之众，在山东一带到处劫掠。张集馨就亲眼看到一名川勇头目因为劫掠被村民抓住处死，沿途所见被当地民众杀掉的兵勇极多，"营制之坏，不可救药"。

在连镇的北伐军并不知道援军已失败，他们在五月初二分兵，由李开芳率领马队六百三十人，突围进入山东，经过德州、平原、恩县。五月初三，李开芳到达高唐时，得知援军已失败。在各路清军逼迫下，李开芳占领高唐，进行抵抗。

京外打得热闹，京内的奕䜣一刻没有闲着，最烦恼的问题是国库存银无几，经费紧张，连中枢军机处也受到极大影响。每年四月，照例由内务府拨四千五百两给军机处，作为军机章京及仆役们一年的伙食费及纸张、器具、木炭各项开销。但咸丰三年国库告罄，军机处只领到了一半的钱，内务府承诺，等手头一宽就将钱给补上。

不想到了咸丰四年四月，内务府一直也没把钱给补上，军机章京们的积极性受到了打击。眼看着又到了发办公经费的时间，满汉军机章京们唯恐又要扣下一半的钱，就一起鼓噪，抱怨每天没日没夜干活，还要自己出钱吃饭。虽然说做臣子的要忠君爱国，可忠君爱国也得让人过好日子啊。肚皮问题都不能解决，谁理你那套虚无的忠君说辞？

四月二十二日，在咸丰召见时，奕䜣、祁寯藻等军机大臣赶紧奏请，说今年事情太多，军机处进来的新人也多，不能再扣钱了。去年拖欠的办公费用，内务府给不给回头再说，但这次一定要给全经费。

咸丰一看也是，不能只让马儿跑，不给马吃草，赶紧让内务府把钱拨全，提高军机章京们的工作积极性。同日，奕䜣向咸丰奏报，北伐军正在南撤，似无北犯之虞。在卢沟桥等地设卡盘查的官兵，以目前情势而言，均可撤回，这样可以节省军费。一看能省钱，咸丰自然大笔一挥，准了。

奕䜣担任首席军机大臣的主要任务，就是筹钱。就在他忙得焦头烂额之时，咸丰四年却又发生了户部书吏贪污库银一案。

虽然正值国难之际，可是捞钱的行径却没有停息。户部书吏黄遇清、银库书吏孙锦齐、顺天府书吏范鹤亭三人联合做手脚，将顺天府解交户部的银两贪污掉两千一百两。刑部审讯时，认为范鹤亭只分得了三百零六两，属于从犯，故而判其流放充军。咸丰认为判刑不当，未能从重处理，为此刑部多名官员被降一级，罚俸一年。随后三名书吏被改判为斩监候，多名户部官员被解职查办。负责管理户部三库的王公大臣，从奕䜣开始，都被罚俸九个月，户部尚书祁寯藻被降二级留用。此后，祁寯藻萌生退意，请求致仕。

此案过后，咸丰对于户部银库弊端屡禁不止很是恼火，想将银库所有官员全部换掉。奕䜣一看这可不好，请留下钟秀、灵杰二人，以带带新人。咸丰让京内各部迅速推荐人才，由自己亲自接见，判断是否可用，同时指出，现在国家情形不同以往，银库工作人员更当谨慎。

为了筹集剿灭太平军的军费，咸丰开始搞捐输。捐输名义上是士民自愿报效朝廷，朝廷则给予一定奖励，实际上是变相卖官。每逢战事，军饷不济时才开捐输之途，如康熙年征三藩、准噶尔，雍正年征青海，嘉庆年平定白莲教等。

对捐输咸丰也很苦恼，捐输的人，你要给他官吧。花钱买官，这就是生意投资，当了官儿肯定要捞回投资，羊毛出在羊身上，倒霉的还是老百姓。可不搞捐输，又没钱打仗，咸丰哀叹："捐输乃朕不得已之苦衷。"

捐输在操作中也是弊端百出，山西、陕西、四川等地捐了不少银子，结果钱捐出去了，州县或隐瞒不报，或少报，将银子吞下。咸丰得知后大怒，这捐输本来就是朕背负骂名而行的不得已之举，你们竟然还敢从中挖一笔，给朕严查，不要因为牵涉的官员多就畏惧。至于查办官员侵吞捐输，自然又是军机处的分内之事了。

皇帝、军机处忙着凑钱打仗，此时也有利好消息传来，胜保总算争了口气，以乌合之众在山东击败了同样的乌合之众。胜保在山东围剿太平军援军胜利后，踌躇满志地又回师围剿在高唐的李开芳，然而，高唐之战的残酷却超过了他的想象。北伐军不过六百余人，清军连攻九个半月却丝毫无功，胜保得了个诨号"败保"。

咸丰五年正月，僧格林沁将连镇攻下，林凤祥被擒后送京师处死。随后僧格林沁带兵增援高唐，咸丰看着胜保在前线屡战无功，将他革职治罪。李开芳见僧格林沁军南来，知连镇失守，就从高唐突围，前往冯官屯，占据村庄，掘壕固守。北伐军至冯官屯坚守了两个半月。虽然只有区区百人，却打得极为坚强，僧格林沁久攻不克，就引水倒灌冯官屯。

至四月十六日，李开芳被僧格林沁诱出。李开芳至清军营中时，僧格林沁当面打出包票"我既准汝降，我断不杀汝"。李开芳倒不失英雄本色，入敌营后"盘腿坐于地"，"旁若无人"。

咸丰五年四月，北伐军这支射向清廷中枢的利箭，总算被阻截了下来。奕䜣也可以安心于军机处事务。

却说上年户部银库出事，一批官员被赶走，军机处特意奏请留下两人帮忙，将功赎罪。到了咸丰五年，留下来培养新人的银库员外郎钟秀、灵杰已期满。为了留下二人，军机处向咸丰进言，这二人实在是优秀，在户部对库款出入无不细心，极其得力。如果离开户部，则将少掉两个得力助手。咸丰同意将两人留下，但还是要降四级。

奕䜣一看这可不行，就对咸丰道："既然让他们留任，那就应该鼓励，降四级留用，谁有积极性？"奕䜣建议折中处理，二人也不要降四级了，去掉处分，留任三年看表现。咸丰一看弟弟这么说，知道确实离不开这两人，就批示"照所请行"。

奕䜣帮助哥哥打点江山，兄弟两人互补，关系日渐融洽，眼看着大清国能早日摆脱危局，进入中兴。为了奖励弟弟的辛勤，哥哥还亲笔书写了"屏翰宣勤"四个字，制成匾额，敲锣打鼓，热热闹闹地送入恭亲王府，看起来是兄弟一心，其利断金。不想到了咸丰五年七月，兄弟之间却产生裂痕，奕䜣也被赶出军机处。

此年夏，奕䜣生母博尔济锦氏病重。博尔济锦氏曾抚养了咸丰十余年，咸丰登基后尊她为皇考康慈皇贵太妃，一切待遇均参照皇太后规制。自皇太妃生病后，只要政务不是特别繁忙，咸丰必要前去探望。

但皇太妃心中有一个结，没法消除，在生命的最后关头，她仍然惦记着不能安心。亲儿子奕䜣知道母亲的心思，那就是封号问题。作为皇太妃，虽然她尽享荣华富贵，但死后如果没有皇太后的封号，则不能入太庙，葬入皇陵。

可咸丰对于皇太妃的这个心愿，一直不松口，不表态。奕䜣急在心里，却无法表达。却说这日咸丰去探望皇太妃，在门口时刚好碰到奕䜣出来，就问皇太妃现在病情如何。奕䜣跪下哭道："已不行了，想要一个封号方可瞑目。"咸丰听了后，不置可否地说了声："哦！哦！"奕䜣一听，以为咸丰同意给封号了，立刻跑回军机处拟定谕旨，命礼部查制具奏，此时他是首席军机大臣，操作起来简单顺畅。礼部又以为这是皇帝的意思，立刻上奏请封皇太妃为康慈皇太后。

咸丰看了礼部送上的奏折，勃然大怒，但又无法发作，弟弟奕䜣竟然敢径自做主，实在是狂妄至极。可皇太妃对他有抚养之恩，如果不同意礼部所请，岂不是出尔反尔，让人以为他先前对皇太妃的所有孝行都是装出来的。而如果向群臣坦白，旨意是弟弟所伪拟，则奕䜣必然要被严惩，又会招惹出弟兄相残的议论。咸丰咽下了这口怒气，同意了礼部的上奏。七月初一，正式尊康慈皇贵太妃为康慈皇太后，理由是"抚育朕躬十五载"。

七月初九，被封为皇太后之后，博尔济锦氏心满意足地辞世。大丧礼仪，由恭亲王奕䜣、怡亲王载垣、大学士裕诚操办。咸丰对于自己违心地尊皇太妃为皇太后，心中极其不快，就以军兴以来国库紧张为由，下令降低葬礼的标准。不久又传谕内阁，今后太行皇太后不得升太庙，谨升祔奉先殿。

七月二十一日，咸丰突然下旨，让奕䜣退出军机处，同时将他的宗人府宗令、正黄旗满洲都统等职务都开去。将奕䜣罢职，咸丰的理由给得冠冕堂皇，他指责奕䜣在军机处时间一长，对于礼仪多有疏略之处。咸丰同时责令弟弟，今后只准在上书房读书，"俾自知敬慎，勿再蹈愆尤，以副朕成全之至意"。

奕䜣虽然年少，入军机处不过一年零十个月，可处理军政、筹集军饷、任用人事均挥洒自如。时人对他当政充满好感，认为他为政中和，有名相之风。虽然暂时离开了政治舞台，奕䜣也不着急，时局的危急，问题的棘手，不是这个外表懦弱、内心急躁的皇兄所能处理的。奕䜣有才华，还年轻，待以时日，早晚有他重新出山、重整旗鼓、再入军机处的机会。

肃顺崛起

恭亲王奕䜣为生母的封号搞出"矫诏"之后，被咸丰疏远。可咸丰身边还是离不开重臣的帮忙，而最可靠的人选，自然还是爱新觉罗一氏。自奕䜣被赶到上书房读书之后，咸丰开始重用怡亲王载垣和郑亲王端华，此两人都属八家"铁帽子"王。端华是努尔哈赤侄子济尔哈朗的后代，载垣则是怡亲王允祥的五世孙。这两个铁帽子王才能没有多少，遇事无主见，汉文不通达，自觉才短，就全力支持"知历史风俗利病"的肃顺，引为外援。恰好此时性格刚毅、记忆力过人的肃顺开始被咸丰所看重。在政治舞台上，良好的仪表与潇洒的风度总能给政治家加分。肃顺身材高大，相貌堂堂，"一顾盼间，风采照人"，咸丰对这样的风流人物也是格外青睐。而肃顺性格果断，勇于任事，与咸丰讨论天下大事时，所论均切中咸丰心意，"文宗喜肃顺，言无不尽"。

自咸丰四年奕䜣被赶出军机处后，文庆担任首席军机大臣。文庆在满人之中有崇高声望，"为八旗王公所敬信"。端华、肃顺等人对文庆比较尊重，也不敢直接插手干预军机处事务。

对于其他满人权贵，肃顺则不放在眼里。肃顺曾评价满人道："咱们旗人混蛋多，懂得什么"，"满人糊涂不通，惟知要钱耳"。每见满人官员，肃顺如见仇敌，"大呼其名，恶语秽骂无所忌。一见汉吏，立即改容致敬，或称先生，或称某翁、某老爷"。

文庆死后，彭蕴章主持军机处，他碌碌无为，只求自保，其他军机大臣也多唯唯诺诺。在怡亲王载垣、郑亲王端华的支持下，得到咸丰赏识的肃顺迅速崛起。肃顺崛起之后，在政坛一方面打击满人大员，另一方面则予汉人督抚以大力支持。

咸丰八年（1858），英法联军进逼天津，咸丰命大学士桂良、吏部尚书花沙纳为钦差大臣，至天津与英法联军谈判。不想英法联军提出，要效法道光年间授予耆英"便宜行事"之权。此时大家都想起来，已被闲置十年的耆英曾和洋人打过交道，就再次起用耆英。

咸丰告诫耆英，与英法联军谈判时，一定要强硬，不能丢了天朝的面子。不想耆英一见到老外，立刻就将咸丰的底牌给抖了出来，以讨好洋人。同时耆英与英国人大套近乎，声称当年与英国人关系如何密切。不料英国人却拿出了在广东总督衙门中翻出的耆英大骂英国人的书信。

耆英丢尽了老脸，不想再与洋鬼子废话，就私自回京。走到通州时，军机处发出廷寄，"饬令仍留天津，自行酌办"。耆英也不理会，继续入京。耆英不听号令，事关重大，咸丰下令朝中王公大臣讨论如何处置。恭亲王奕䜣及一些大臣认为，应当处以斩监候，这等于给他留条活路。但肃顺认为，应该即行正法。最后咸丰折中处理，赐耆英自尽。

与祁寯藻不同，肃顺对于汉人大臣极为看重。肃顺为人虽跋扈，却勤于任事，更善于选拔人才。他认为在此危局之下，"非重用汉人，不能已乱"。由他加以提拔任用的汉人人才，其中最有名者有曾国藩、左宗棠、胡林翼等人。

咸丰十年，太平军攻克苏南，连下多城，两江总督何桂清逃亡上海，一时不知所终。咸丰想调胡林翼前往两江。肃顺奏请任用曾国藩，认为胡林翼在湖北已有建树，不可立刻调离，若用曾国藩，则可出大力。

经过满人两百年统治，祁寯藻、彭蕴章这样的汉人大臣已经认同了满人皇帝。他们是从王朝利益的角度出发考虑问题，而不是从汉人的角度出发。他们认为从长远来看，如果重用汉人，一旦他们坐大，拥兵自重，将会威胁到中央皇权，故而需要对汉人督抚加以限制打击。文庆、肃顺这样的满人大员则着眼于当前，着眼于早日扑灭太平天国起义，认为需要重用汉人官员，而不是加以限制。从短期历史来看，由于汉人督抚持续的努力，太平天国被扑灭，清王朝被捍卫。从长期历史来看，地方督抚崛起，汉人大臣势力扩张，将在以后的历史中完成终结满人统治的使命。

肃顺集团崛起之后，开始打击以祁寯藻为中心的政治集团。祁寯藻虽然已退居幕后，但在政坛上仍具有强大影响力，祁寯藻的政治盟友有翁心存、周祖培、彭蕴章这样的政坛大佬。他们的影响力对于肃顺集团来说是一个极大的阻碍。"凡肃顺所为掊克事，（祁寯藻等）皆力止之，肃顺大憾，每事相龃龉。"

肃顺在政坛上的咄咄逼人，让翁心存、周祖培等老臣备受威胁。据《翁同龢日记》记载，咸丰九年，当肃顺出击，置翁心存于困境时，翁同龢紧急到祁寯藻处求救。祁寯藻给出的对策是暂时退让，避其锋芒。

中枢的政治斗争也影响到了地方，在江南尤以何桂清与曾国藩之争最为激烈。

两江总督何桂清与曾国藩为了抢夺地盘、军饷而龃龉不断，互不相让。何桂清与军机大臣彭蕴章是同年进士，与祁寯藻、周祖培、翁心存等人渊源极深。在这些政坛大佬的支持下，何桂清对曾国藩不断加以限制。而肃顺集团则全力支持曾国藩，自然也将何桂清视为眼中钉了。

何桂清在浙江担任巡抚时，以搜刮来的钱财支持江南大营，每月提供六万两银子，保持对江南大营的影响力。咸丰七年春，两江总督空缺，在彭蕴章的鼎力支持下，何桂清担任此要职。此后，他又将善于理财的王有龄调到上海，增收关税四百五十万两。手中有钱，自然野心勃勃，何桂清一手操控军方，以雄厚财力拉拢江南大营；另一手则在政坛布局，想将江苏、浙江都置于自己的控制之下。

本来两江总督无权干涉江南大营，但何桂清不吃这一套，他声称："弟在此间，不论何人的事，我都要管。"江南大营的重要将领张国梁对何桂清是言听计从。在两江总督任上，何桂清每月给江南大营的银子增至四十万两，大米一万余石，江南大营有成为"何家军"的趋向。

咸丰八年，江苏巡抚赵德辙离职，何桂清大力推荐王有龄接任，不想肃顺从中作梗，最终以徐有壬为江苏巡抚。而何桂清想安排自己嫡系担任浙江巡抚的计划，由于肃顺的为难，也没有得逞，最终以倾向于曾国藩的罗遵殿担任。咸丰十年三月，太平军兵围杭州，何桂清坐视不救，浙江巡抚罗遵殿自杀。随后何桂清推荐亲信王有龄担任浙江巡抚，此举更让肃顺痛恨。

咸丰十年五月，太平军全面出击，击溃江南大营，何桂清从常州狂奔，逃亡苏州。他逃离常州时，地方民众跪地挽留，堵塞道路，何桂清下令侍卫开枪射击，死亡十九人。五月二十三日，何桂清一路逃到苏州，不想驻在苏州的江苏巡抚徐有壬却将城门紧闭，不让他入城。何桂清无奈，转奔常熟，又吃了闭门羹，他只好逃亡上海。

六月二日，太平军攻克苏州，江苏巡抚徐有壬跳水自杀，死前上奏弹劾何桂清。看了徐有壬的奏折后，"朝廷震怒，着即革职拿问"。何桂清逃到上海后，他的亲信薛焕继任江苏巡抚，在上海拥兵五六万，庇护何桂清。咸丰严令薛焕将何桂清押解进京，并阻止何桂清向英法借兵，不想薛焕对此命令阳奉阴违，既不抓捕何桂清，还暗中组织以洋人为主力的洋枪队。咸丰此时已焦头烂额，拿薛焕、何桂清没有办法。

肃顺抓住何桂清大败这个契机，步步紧逼，一方面提请咸丰对何桂清严惩不贷；另一方面则敲山震虎，打击彭蕴章。此时舆论四起，彭蕴章被指责"缺乏知人之明"。在压力之下，彭蕴章以"精力不济"为由，辞去首席军机大臣。彭蕴章一走，穆荫进阶为首席军机大臣。

穆荫在咸丰朝破了两次军机处的成例。任军机大臣一般必须要三品以上官衔，他却以五品官破格提拔为军机大臣。军机处的惯例是，首席军机大臣必须是内阁大学士，穆荫不是大学士，却进阶为首席军机大臣，可见他在咸丰心中的地位。穆荫执掌军机处之后，唯肃顺马首是瞻，使"枢柄尽移于御前诸贵"，肃顺集团权势日隆，如日中天。

肃顺先后打击了首席军机大臣彭蕴章、协办大学士周祖培、体仁阁大学士翁心存等人。至咸丰十年正月，肃顺被授御前大臣，并充经筵直讲。御前大臣地位虽隆，但不得参与政事。至咸丰年间，时局变化，也导致了御前大臣职权的变化。遇到重要事件，咸丰召见军机大臣，征询意见。不想军机大臣们常以"敬候皇上训示，不敢妄参一议"搪塞。有一军机老臣，跪的时间久了，竟然伏在蒲团上鼾声大起。咸丰听到他鼾声如雷，又不好责备，只能让太监将他扶出。从军机大臣处得不到所需的建议，咸丰就转而与御前大臣商量，重用亲贵如怡亲王载垣、郑亲王端华等人，"颇任宗室及御前大臣，枢密之权渐替"。

满人亲贵权势不断扩张，开始参与军机处事务。咸丰不时命亲贵如载垣、端华、肃顺等人与军机大臣一起阅看奏折。在咸丰的朱批之中，常出现"此折与惠亲王、载垣、端华同看"等批示。亲贵参与阅看奏折，不是看热闹，而是为咸丰提供实际的参考意见。一次惠亲王身体不适，未能来军机处看折，咸丰特意让军机处将奏折送给他翻阅，"并知照惠亲王若稍可支持，可扶掖至军机处同阅"。同看奏折，这是对军机处职权的干涉，而军机处缮写谕旨的权力也被干涉。咸丰有时命军机大臣与御前大臣商定之后再缮写谕旨，有时则直接让御前大臣会同军机大臣拟旨。

限于宗室不能入军机处的限制，端华、载垣、肃顺不能入军机处，但可以通过控制军机大臣间接执掌这个中枢机构。军机处中，军机大臣穆荫、杜翰、匡源等人都依附于肃顺，重新被起用的陈孚恩也投到肃顺门下，形成了"肃党"。肃顺权势凌驾于军机处之上，"军机处之权渐移，军机大臣皆拱手听命，伴食而已"。

军机章京虽然位卑，但"隐握实权，势耀煊赫"。对军机章京，肃顺也加以扶持、控制。焦祐瀛军机章京出身，官场混了多年，咸丰十年才做到了五品的户部郎中。在肃顺提拔下，咸丰十年十月他升为四品官，不到一个月，又"越次"升为军机大臣。其升迁之快，让官场惊叹。牢骚成性的绍兴人李慈铭不无愤懑地道："焦祐瀛以五品京官，刚升到四品官就入军机处，除了穆荫之外，本朝再无这样的例子。"

有史家认为，"晚清时期的权臣仅有一人，即肃顺"。肃顺的弄权，与前代的权臣如鳌拜、年羹尧、和珅都有极大区别。这区别就是，肃顺处于大清国力的最低谷，同时面临着更为严重的内忧外患，而统治这个王朝的又是一名软弱的皇帝。1861年，英国驻广州领事罗伯逊在一封信中指出：咸丰帝是一个当国家危急时机，不顾国政的人物；是毫无精力的皇族代表。中国民众对皇帝的懦弱是十分清楚的，他们谈到他就表示鄙视。

咸丰性格多疑，且波动性大，他既需要强力的人物在自己身边效力，却又对他有所猜忌，这从奕䜣的任用上即可看出。肃顺能够被咸丰所信任重用，在于他敢于任事，"治事严刻"，不同于尸位素餐、昏聩无能的满人贵族。在处理行政事务时，肃顺能破除旧习，大力整顿。再则肃顺又是远房宗室，对咸丰的权力毫无威胁。

此时肃顺虽然呼风唤雨，但他也觉察到自己在政坛的最大敌手是蛰伏着的奕䜣。自从咸丰五年退出军机处后，奕䜣每日里在上书房读书，貌似无比清闲。但上书房之中人才济济，都是当世才俊，这使奕䜣与一批大儒相交，其中有朱凤标、殷兆镛、潘祖荫、许彭寿、沈兆霖等人。通过这些文人，他也树立了自己在士人中的形象，并结下了自己的人脉。

到了咸丰八年，内有太平天国战事，外有英法联军威胁，咸丰已是焦头烂额，看着被闲置在一边的能干的弟弟，觉得可以让他出来了，就让他帮自己主持祭祀。咸丰九年四月，奕䜣又被任命为内大臣。此时奕䜣的政治前途已经明朗，他再次崛起已是指日可待，他所需的只是一次危机，而满目疮痍的大清国，环顾之下，却是危机无穷。奕䜣与肃顺的对决，即将展开。在军机处中奕䜣所能得到的支援，来自未曾依附肃顺的文祥。

英法联军带来的变局

咸丰八年，英法联军进至天津，京师再次设置巡防处。性格木讷、持身清正、处事稳重的旗人文祥被任命为镶黄旗汉军副都统，至五月被任命在军机大臣上学习行走。

得知自己入了军机处后，文祥不胜惶恐，急忙请辞，咸丰安慰他不要担忧，只要尽力办事即可。此年十一月，文祥被授紫禁城骑马的荣耀，这表明他已进入咸丰亲信大臣的行列。虽被咸丰所宠信，但此时的政局变幻无常，皇帝的宠信也是一种巨大负担，身体虚弱的文祥只能尽力操劳，以谢皇恩。

英法联军入寇的危机一直持续，虽然在此期间，能干的僧格林沁曾在大沽口击败了英法联军舰队，可洋人未曾停息用兵，而是不断调兵遣将。咸丰十年，此年京师受到了威胁，这次的威胁比咸丰三年打到天津的长毛更为可怕。

横跨大洋而来的洋人仗着坚船利炮轰开了天朝的大门。七月二十八日，咸丰一度准备借木兰秋狝的名义出逃，被文祥劝阻。为了安抚京师人心，咸丰特意让军机大臣缮写谕旨，声明自己没有逃跑的意思。

八月初二，英法联军破大沽口。八月初七，攻陷天津。气势汹汹的洋人一路杀奔北京。

洋人吵闹了几年，最终撕破了脸开打，个中原因说来简单，竟然是为了要派驻公使进京。咸丰可以给这些蛮夷最惠国待遇、领事裁判权、降低关税，可以多开通商口岸，但就是不能容忍他们进京。堂堂天朝上国，若是让几个蛮夷小邦到京派驻公使，这不是等于认同他们与自己平起平坐吗？那天朝的尊严又将置于何方？

炮声越来越近，京师人心越来越乱，天朝的尊严终在民间的喧嚣不安之中，稍稍地降了下来。咸丰偷偷摸摸地派出怡亲王载垣、首席军机大臣穆荫为钦差大臣，去和洋人谈判。载垣是个糊涂蛋，哪里能和洋鬼子谈判，他把一切事务都交给了穆荫去处理。

在通州谈了两天，穆荫对英、法两国所提，包括公使驻京问题在内的所有条款全部答应。眼看就要谈妥时，参加谈判的英方代表巴夏礼却突然变卦，要求换约时必须亲见皇帝，当面递呈国书。至于礼节么，自然要依照西方规矩来，而不行中国的磕头礼。

巴夏礼也是个传奇人物，他少年时随姐姐、姐夫来到澳门，开始学习中文。十四岁时曾参与了《南京条约》的签订。能说一口流利中文，长得如瓷娃娃一般可爱的小洋鬼子，吸引了参加谈判的中国大臣的眼光。吃饭时，钦差大臣耆英特意将他拉到自己身边，亲手给他夹菜。此后巴夏礼长期在各通商口岸英国领事馆充当翻译，是个不折不扣的中国通。此次英法联军入侵之战，他被英国专使额尔金任命为中文秘书。由于他能说中文，并负责谈判工作，以致当时清方官员都认定他是最主要的头目，公文及文人笔记中都将他记为"酋首"。

巴夏礼提出的要求让咸丰无路可退，而此时他又被认定为"酋首"。依照擒贼先擒王的思维，从咸丰到文武大臣都以为将巴夏礼拿住就可解决所有问题。载垣、穆荫看着双方谈不拢，就主动出击，命令僧格林沁将巴夏礼谈判团队抓捕送京。

八月初四日，巴夏礼得意扬扬地带了八名英国军官与记者在十七名印度兵护送下前往通州，准备继续谈判。途中发现清军开始调动，巴夏礼觉察到苗头不对，准备撤出时被僧格林沁的部队重重包围。巴夏礼被绑了送到僧格林沁面前，并被逼跪下行礼。此外，法国谈判代表三人和十名法国士兵也被擒拿。载垣兴高采烈地禀报道："巴夏礼善能用兵，各夷均听其指使。现已就擒，该夷兵心必乱，乘此剿办，谅可必操胜算。"随后，巴夏礼等人被戴上手铐脚镣，装上囚车，送入京师。

正被夷人杀入所威胁的京师，听到"酋首"被抓的消息，好比绝境中的人得了根救命稻草，每个人都在奔走相告，唯恐有人不知道这个利好消息，整个京师沉浸在兴奋之中。巴夏礼被关到刑部大牢囚禁，他悲催地发现，自己被关入七八十个外表粗野的囚犯之中。大臣们也被巴夏礼的擒获而刺激得亢奋不已，户部右侍郎袁希祖激动万分，狂吹道："自古平夷之功，未有捷于此者也。"更建议皇帝登临午门，举行献俘礼，然后将巴夏礼等洋鬼子凌迟处死。

兴奋持续了没多久，城内又陷入了恐慌之中。次日就有消息传来，洋兵派人到通州，从城门门缝里塞进了一封信，要求立刻释放巴夏礼，不然将立刻进攻京师。此时清廷也无路可退，一旦释放巴夏礼，手中更无牌可打，且还要面临夷人面见皇帝、亲交国书这个不可让步的关键问题，现在唯一的选择就是开战。

八月初六日，以骁勇好杀闻名的胜保带着京师内八旗兵往城外与僧格林沁的蒙古骑兵会合。此次京内旗兵尽出，连圆明园的八旗抬枪手一千名也出城助战。虽然城内弥漫着不安恐慌的气氛，但在京师外开战这样的热闹事情，让无数游手好闲之徒心痒不已，纷纷成群结队，出城观看战事。通州城内客栈已经住满了结伴而来的各色人群，有京内混混，有读书人，有老头，有年轻人，都是一脸期待的神情。和洋人开战这种热闹事，多少年也难得看到一回。

八月初七日，阴云惨淡。昨日已有神通广大的看客打探到，洋兵和大清国今日要在八里桥开战。众看客早早起身，或骑驴，或乘马，或坐轿，出城往八里桥观战去了。

八里桥本名永通桥，明正统十一年（1446）建，横跨在通惠河上，是一座单孔圆弧拱桥，因为距离通州八里，俗称八里桥。白日登临桥上，凭栏东望，可见凛凛通州古城，巍巍宝塔矗立，桥下驳船驶驶，桥上辐辏穿梭，南来北往，好生繁闹。八里桥为京津陆路必经之处，故而清军于此密集防守。一群看客热热闹闹地出了通州，此时已没法过八里桥，就在通惠河边上选了个高坡眺望双方交战。

八里桥外一马平川，清军在此布阵，其作战计划是，僧格林沁率领马队迎战东路，胜保、瑞麟分别督八旗军迎战南路和西路。

甲胄在初升的阳光下闪光，铁盔已经被汗水给浸透，马扬起蹄子，喷出粗气，乌黑的大旄在劲风里怒吼。从前列至后线，蒙古骑兵宽阔黝黑的脸上全无表情。一名传令官手执黑旗在全队前策马狂奔，整合队伍，胯下的那匹黑色雄马在飞驰中已经勃起，这是它最风光的时刻，好给那无数牝马展现自己的魅力。主人全然没有想到黑马的私心，胸中被万千骑兵的壮观给震撼。列队如林，静默如山，这是可以摧毁一切的力量。

八旗今日也精锐尽出，和魁梧黑壮、杀气腾腾、仪容雄伟的蒙古骑兵不同，八旗兵大多面目白静，带有倦畏之色。他们在京内安享太平日久，每天斗鸡走狗，赌博喝酒，寻欢作乐，突然拿起刀枪，再上战场，他们已经缺乏祖先的那股勇气。今日出战的，还有一千名驻防圆明园的抬枪队，这是保卫皇帝的近卫队，历来以骁勇闻名，他们期待着一展身手，让洋兵看看八旗子弟的威武。京内的武器由于交给士兵自己保管，日久之后，大半无用。所用抬枪还是战前刚从山西、河南等地赶运过来，山西运来了三百杆，河南则送来了一千杆，今天可以派上用场。

僧格林沁骑于马上，表情复杂。自从绿营、八旗兵屡战屡败之后，他所统领的蒙古骑兵已成为清国的中坚力量。蒙古骑兵雄壮的阵列，却没有增加僧格林沁多少自信。虽然他曾在大沽口打败洋人的进攻，可这些看来固若金汤的防御工事，今年却被洋人摧枯拉朽地扫除干净。而蒙古骑兵在快枪利炮面前能抵抗多久，他不能估计。

和僧格林沁的不自信相比，胜保则显得自信满满、杀气腾腾。过去几年，他在与捻军的战斗中少有胜绩，屡战屡败，被革去职务。这次皇上开恩，赏回顶戴花翎，让他带兵出战。他期待着一洗前耻。中国战争历来强调的是天时地利人和，胜保认为自己三者兼具。

布阵完毕后，让所有人惊讶的是，顶戴花翎、全身朝服的胜保独自一人骑了匹矮马，慢悠悠地向洋兵阵前而行。胜保身躯肥胖，小矮马被他压得大口喘着粗气，驮着一堆肥肉慢步而行。

见胜保只是一人，洋兵也未开枪，一名官佐模样的洋人还走上前去在阵线中间迎接胜保。不想胜保在马上伸出双指怒道："吾乃胜保，尔等亦尝闻我之名乎？尔夷人，何敢犯我天朝乎，还不退兵，保全尔等性命。"胜保越骂越激动，脖子间肥肉不停耸动，口水飞溅，将须上也沾湿。洋人官佐被喷了一脸，也不理胜保，自行归队。胜保得意扬扬地回到本队，以为自己的勇敢行为激励了全军。

英法联军并没有被胜保的所谓勇敢给惊倒，士兵们相对比较轻松，并对这场战事充满了自信。和中国军队相比，英法军队已经全部使用了最新式的武器。此年英军使用的是最新式的阿姆斯特朗炮，法国人则带来了改进型的拿破仑炮。阿姆斯特朗炮是当时最为先进的线膛炮，从后膛安装炮弹，射程远，炮身轻，威力大，精度高，是无与伦比的利器。作为前装炮，法国的拿破仑炮多年来一直是世界各国仿制的对象，此次法国人带来的则是最新改进型前装线膛炮。在武器上，英军使用的是恩菲耳德式步枪，法军使用的则是米涅式步枪，二者均是当时最先进的步枪。

虽然跨海而来，但英法联军丝毫不担心后勤问题。来自广东地区的大批潮勇被编入英军中，从事后勤等工作。这些人勤奋耐劳，得到英军赞许，却激起了中国人的无限愤慨。此外，还有一些来自山东芝罘的劳力在英军中效力。一名文人在自己的日记中写下了疑问，山东芝罘地方，被英国人控制不久，人心已开始倾向洋人，且愿意为洋人卖力，是何原因焉？

战鼓响起，骑兵开始慢跑，黑沉沉一大片骑兵如同公牛在预备冲刺，前方原野上身着红衣的英军则是他们的目标。马越奔越疾，刀也已经出鞘，发射着光芒。众骑并进，呼啸成群，骑手们在马背上呀呀地吼叫着，不时将刀娴熟地画出个漂亮的圆圈。一时间，烟尘蔽日，不可辨识。

冲了一半路程时，骑手们惊讶地发现，前方的洋兵丝毫没有被万马奔腾的气势给吓倒。一排排洋兵严阵以待，手上的枪支已经盯上了这些急奔的骑士。

一阵烟雾散过，啪啪声在洋兵阵线上次第响起。声响过后，战马惨嘶，马蹄高高扬起，马背上的骑手被重重地摔倒在地，而战马沉重的身躯则猛地将他压住。

　　骑手们不断地冲，可是洋兵的枪声、炮声总也不见停息。每一轮枪响之后，前列骑手与战马的宿命，就是倒在地下汩汩地喷着鲜血。战马惨嘶，骑手狂嗥，钢刀举起，喊杀不断。最勇猛的骑手怎么会怕这小小的子弹？它不过如蚊子在身上叮咬一下而已，带着子弹咬过后的血迹，骑手们继续冲锋。可洋兵的开花大炮每一次落在地下，总会硝烟弥漫、地动山摇、火海四起、血流成河。黑色波浪不停地向前涌动，想去挑战悬崖峭壁。悬崖峭壁纹丝不动，将波浪撕得粉碎，血红的浪花四溅。

　　看着黑压压的蒙古骑兵策马狂奔，如狂潮涌动、惊涛汹汹，胜保生起无限豪情，抹了抹湿漉漉的胡子，扬手对八旗兵狂呼："杀鬼。"

　　八旗兵没有蒙古兵马快，只能靠双腿前进，看着在弹雨下纷纷落地的蒙古骑兵，他们已经开始双腿打战。胜保指挥军队向前时，联军阵列也开始向前逼近。眼看双方愈走愈近，洋兵突然止步，在阵前将枪一一

八里桥大战

举起。八旗兵一看，知道坏了，于是走在最前列的持轻便鸟枪的鸟枪队赶紧举枪，不待命令就开始发射。硝烟弥漫之后，八旗兵却看到自己所射出的枪子在半途就纷纷坠地，击打得地上尘土四起。

鸟枪队正手忙脚乱地装弹时，洋兵阵列上枪声暴起，走在前列的八旗兵倒下一片。清军鸟枪手在腰间扎有装满火药的袋子，并将火药捻缠绕在臂膀上，以方便点火。被击毙之后，火药捻继续燃烧，最后引爆火药袋，倒在地上的尸体不时发出爆炸声。八旗兵见自己的鸟枪打不到洋兵，而洋人却能射中自己，都乱了阵脚，发声乱喊，开始后退。胜保见鸟枪队无用，恼羞成怒，举手命令抬枪队上前去。

抬枪笨重，需要两个人抬着使用，且难以整成队形。到了阵前，抬枪手们用各种姿势准备发射，有用肩膀扛着的，有弯腰用背抵着的，还有用双手托住的，不一而足。抬枪手准备好后，也不等号令，就各自射击。一阵阵巨响之后，胜保看到对面阵线中倒下了两个人，顿时大喜，这抬枪虽然笨重，但还是管用的。

胜保策马向前，呼令全军前进，此时一颗飞弹嗖地穿过，击中胜保下巴，血满胸前。胜保没有丝毫感觉，仍如山般稳坐于马上，指挥众兵前进。八旗兵见胜保带伤指挥作战，顿时勇气暴增，齐声大呼"杀鬼"。正呐喊着前进时，猛地一声巨响，胜保连人带马被炮弹轰倒在地。

随从的亲兵过去一看，马首已被炮弹炸飞，胜保被马尸给压着。抬起马尸后才发现，两块弹片穿过马鞍，击中胜保胯部，马倒人翻，胜保又被压伤左臂，倒地后昏迷不醒。亲兵将胜保抬起，赶紧后撤。不想胜保肥胖，亲兵抬着费力，就找了两根旗杆，将他放在上面弄了下去。八旗兵见胜保倒地受伤退下，刚刚被激起的战意顿时灰飞烟灭，跟着胜保亲兵一起退了下去。

正在后面压阵的瑞麟见胜保那边退了下来，知道大事不妙，一人先行策马狂奔而逃，手下众官兵也跟着逃散。僧格林沁正在指挥时，看到胜保、瑞麟二军已散乱，知道大势已去，急忙钻入一辆事先准备好的骡车也逃走了。在前方奔突的蒙古骑兵看到后方已乱，又不见僧格林沁踪影，便一起调转马头，开始逃命。

哪曾想到，蒙古骑兵逃跑时，却被八旗兵堵塞了退路。此时他们逃命心切，也不管是否伤到人，纵马肆意而奔。一些八旗兵看到蒙古骑兵有马可以逃得快，正愤懑时，又看到他们纵马踩人，更是怒不可遏，于是将鸟枪举起，朝着骑兵放了几枪，这又激起了一片怒骂声。一时之间，只听怒骂声、马嘶声、哀叫声、皮鞭声、飞弹声此起彼伏。蒙古骑兵好不容易从八旗乱兵之中冲出了逃跑的道路，而八旗兵只能撒腿狂奔，路上丢满了各式鸟枪、抬枪、大刀、号衣、大鼓。

在远处观战的一群看客看了此景，各自表情不一。一个京师内混混打扮的兴高采烈，狂叫："好好好。"一个文人装束的满脸郁闷，连呼："痛痛痛。"一个商家打扮的目瞪口呆，连叹："唉唉唉。"

八里桥之战后，僧格林沁一退再退，最后退至东直门外。京内听到消息后，骂声一片，给他取了个外号"松王"。英法联军也进至慈云寺，距离朝阳门不过八里。虽然战败，可军机处仍以六百里快递通知地方，凡杀黑鬼子首级一颗赏银五十两，白鬼子首级一颗赏银一百两，著名鬼子首级一颗赏银五百两。

最让京师内民众郁闷的是，八月初八，圣驾在巡幸木兰的掩饰下，丢下子民，逃去热河了。

咸丰一度征用马车，准备"北狩"，京内文武官员听到消息后纷纷

　　　　　　　　　　　　　　　　军机处二百年

上奏，请皇帝不要离开，甚至请求他从城外的圆明园搬回城内皇宫，以安抚人心。清军在通州大败之后，有大臣请咸丰巡幸木兰，暂时躲避。文祥则认为此举不可，会动摇人心，而且热河无险可守，英法联军也可以轻易攻至。

在咸丰召见时，文祥一再恳求咸丰留在京师。听了文祥的意见，咸丰若有所思，命文祥退出，不久下谕，称将留在京内，朝野暂时安心。文祥却不知道，咸丰此时已下定决心要去热河，谕旨只是虚与委蛇，安抚人心而已。

八里桥开战前，僧格林沁给咸丰上了一个奏折，称："若奴才等万一先挫，彼时即行亲征，亦不致落后。"这是含蓄地告诉皇帝，我如果打败了，您就赶紧逃命吧。

八里桥清军一败，咸丰立刻从圆明园闪人，临走前命恭亲王奕䜣、军机大臣文祥全权负责与英法议和，重要王公大臣如肃顺、怡亲王载垣、郑亲王端华及军机大臣都随行前往热河。肃顺此时也乐得让奕䜣留下，处理得好，自然于大清国有益；处理得不好，则可以借洋鬼子之手去掉这个政敌。

咸丰溜走后，军机章京沈淮没能随行，号啕大哭着准备跳井自杀。幸亏家人及时拦阻，才未能自杀，念在他这份忠心，军机处赶紧让他去热河，免得再去跳井。

在咸丰离开京师时，奕䜣点名要了朱学勤和张德容两名军机章京，帮助自己"办理抚局"，专门起草、处理有关公文事宜。朱学勤和张德容在与各国议和、办理换约的过程中，当差极其出力，深得奕䜣与文祥赏识，成为奕䜣的得力干将。利用此次英法联军入寇之机，朱学勤在京内低价收购了各种珍贵藏书，编有《结一庐书目》，后来这些藏书都给了女婿张佩纶。

咸丰一跑，京内人心惶惶，从京官到做买卖的争先恐后抢着出城。出城时，所携带的物品用骆驼装载，在各个城门口穿行而过，络绎不绝。把守城门的官兵乘机拦住城门，大肆勒索，每车需支付白银三四两不等。京内物资奇缺，物价暴涨，青菜、豆腐这类最普通的食物也奇贵无比。

对于文祥，京内是一片骂声，说他是汉奸之类云云。原来有一日，有洋人男女六七十人骑马到朝阳门外游玩。此时被革职在家多年的老臣赛尚阿再被起用，赏给了五品顶戴，正和文祥一起巡视城防。看到洋人时，赛尚阿激动不已，让城防士兵准备大炮以轰击洋人。不想文祥却反对，并严令官兵不得惊动洋人，凡擅自开炮者斩。赛尚阿气得鼻子都歪了，拂袖下城而去，事后大骂文祥是汉奸。

洋人兵临城下，奕䜣、文祥希望能早日达成停火协议。八月初九日，英法联军提出要先行释放巴夏礼等人，不然绝不停战议和。八月十一日，英法联军通知奕䜣，限三日内交还被扣留的巴夏礼等人。期满之后，奕䜣并未放人。咸丰也指示奕䜣，一旦英法联军攻城，则立即将巴夏礼正法。

八月十四日，英法联军通知奕䜣，明日如果不放人，将立刻攻城。但由于法军援军暂时未到，联军并未发动进攻，只好继续威胁奕䜣迅速放人。奕䜣则针锋相对："和议未定，难以草草送还。若用兵力威逼，不独和局可惜，恐该夷在京之人，亦必难保。"

不愿意立刻放人的原因在于："惟前将吧嘎哩（巴夏礼）发交刑部，跪锁押杠，熬审数日，须发全行烧燎，未敢遽行释回。"随即奕䜣命将巴夏礼放出，送到风景胜地高庙疗养，好吃好喝伺候。大学士周祖培还建议，不妨弄点女色迷诱巴夏礼，好为我所用。

八月二十二日，英法联军逼近德胜、安定门外，并大败僧格林沁、瑞麟军，此后窜往圆明园，大肆抢劫。驻园大臣文丰投河殉难，内务府员外郎泰清全家十六口自焚死。院内的宫女和太监，死者颇多。

英法联军入园所抢劫的多是容易携带的物品。洋兵抢劫完毕后，各处乡野居民和土匪一拥而入，将园内精致陈设抢掠一空。土匪抢劫之后，欢天喜地地抬着财物撤走，不想半途又被胜保的部下拦住劫杀，所得多数落入胜保囊中，真是螳螂捕蝉，黄雀在后。

八月二十三日，英军再次要求立刻释放巴夏礼。无奈之下，奕䜣最终决定释放巴夏礼等人。八月二十四日，巴夏礼先被释放。此后几日，又有几个被抓的"白夷""黑夷"被分批送出京师。英国专使额尔金见清国放回人质，虽同意不攻城，但却不肯签署和约，一定要等所有人质被释放后再签。

在通州诱捕的三十九个洋人，巴夏礼等九人被关在刑部，其他人分别被关在昌平、密云、房山各县监狱。奕䜣一查之后，大吃一惊，在狱中已经被折磨死掉了二十人，活着的也都被折磨的不成人样，《泰晤士报》记者包尔贝更被分尸。

此时清廷无法隐瞒，只好如实相告。英国专使额尔金决定对清廷虐杀外交代表的行为施行报复，要将圆明园焚毁。法国专使葛罗拒绝参加焚烧行动。焚园行动之前，英国军队在驻地及圆明园贴出布告："宇宙之中，任何人物，无论其贵如帝王，既犯虚伪欺诈之罪，即不能逃脱其应有之责任与刑罚。兹为责罚清帝不守前约及违反和约起见，决于九月初五日焚烧圆明园。所有种种违约行动，人民未参与其间，决不加以伤害，惟于清室政府，不能不惩罚之也。"

九月初五，圆明园及万寿山、玉泉山、香山等处宫殿被英军纵火焚烧，大火日夜不熄，烟雾蔽天，满城皆是宫殿被焚后飘过来的松木气味。圆明园被焚烧时，至北京参加会试的陈宝箴正在酒楼上饮酒，目睹西面火光冲天，顿时伏案号啕大哭。正在城外的奕䜣，带着随从行到高处，远眺圆明园一片火光，也不禁跺脚大哭。老大帝国被打痛了，才会哭；哭了，却不一定能改。

九月十一日，额尔金入京，住在怡亲王府。午刻，奕䜣等大臣在胜保的四百人卫兵护送下前往礼部大堂，双方签署《中英北京条约》。

条约签署后，额尔金突然下令所有人都不许动，将清廷官员吓得半死，以为又要生出什么变数。于是在英国摄影师的镜头下，清廷官员表情僵硬、一动不动地拍完了照片。西方人观察到，奕䜣对额尔金此举极为不满，脸上"露出厌恶的情绪"。签署条约时，洋人又导致了大批北京民众聚集围观，"观者万余人"。后世学者痛批民众只知围观，不知抗议，可这国家大事与匹夫小民又有什么关系？

次日，葛罗入京，住贤良寺，中法在礼部大堂签署《中法北京条约》。中英、中法两个条约的主要内容为：割让九龙予英国，对英赔款八百万两，对法赔款八百万两，开天津为通商口岸，准许华工出国，归还以前被没收的天主教教产。签约时法国态度相对温和，奕䜣也愉快地接受了葛罗所赠送的法国货币。奕䜣向咸丰奏报道，法夷"较英夷更为恭顺"，真是输战不输人，任何时候清国官员都能在口头上占尽便宜。

和约签署让咸丰皇帝吃了定心丸，但让京师内臣子惊讶的是，皇帝竟然赖在热河行宫不想回京了。恭亲王奕䜣、胜保等大臣屡屡上奏，请咸丰回京。胜保甚至说："京师久空，根本一失，将无可救。"但咸丰对此置之不理。

军机处二百年

咸丰迟迟不肯回京，主要有三个考虑：其一，咸丰对这些跨越大洋而来的洋人从骨子里感到厌恶，设若回京，洋人驻京，如果提出要求觐见咸丰，将如何处置？在回复胜保的谕旨中，咸丰就指出："尔等能保夷人不再至者，朕不吝还。"再说，弟弟奕䜣这么能干，会将一切料理得妥妥当当，有他在京师，自己大可躲起来安享太平。

其二，咸丰到了热河之后，将与洋人议和及外交事宜交给自己的六弟奕䜣，对付太平天国的事宜交给了曾国藩，剿灭捻军的事宜交给了僧格林沁，自己在热河行宫中可以安逸过快活日子。自咸丰亲政以来，被内外事务困得焦头烂额，未尝有过什么清闲。此次出奔热河后，突然之间卸下了肩上的万斤重担，顿觉轻松，自然不肯再回京做那苦命天子。在热河，咸丰自称"且乐道人"，逍遥自得，偷得浮生多日闲。

其三，咸丰患有痨病，时常咯血，而这种病在当时根本无法医治，只能静养。咸丰的身体情况，也使他有了不回京的正当理由。

既然此年皇帝回宫无望，只有等来年了。咸丰十一年，在热河过完新年后，咸丰于正月初二下诏，定在二月二十三日返京。

不想到了二月二十二日，咸丰下谕旨称身体有恙，需要精心调养，至于回京之事，则待入秋后再行商量。咸丰长期不回京，让京内大臣猜测不已，都以为是肃顺集团在从中作梗，不让皇帝回京。

就肃顺集团而言，确实不希望咸丰立刻回京。当初让奕䜣留在京师，本以为他会被洋人收拾掉，不想奕䜣确实能干，与洋人议和成功，又形成了自己的势力。如果让咸丰立刻回京，以奕䜣之功劳，必将凌驾于肃顺之上。肃顺集团的对策，一是拖延，让咸丰暂时不要回京；二是攻击，编造各种关于奕䜣图谋不轨的非议。

可肃顺的问题是，他将咸丰留在热河有曹操"挟天子以令诸侯"之势，但曹操挟持天子是在京师，肃顺所处的却是偏远的热河。肃顺施展的空间不过是热河，而京师内更广阔的天地则被奕䜣所控制。

恭亲王奕䜣于三月上奏，请求前往热河探视，但被咸丰回绝。咸丰称现在外交事宜已经处理完毕，没必要来热河。此时京师风传咸丰患了重病，一时间流言四起。被肃顺长期打压的大臣乘机依附于奕䜣，形成了奕䜣集团，他们希望扳倒肃顺，获得翻身机会。在军机处内部，曾担任过首席军机大臣的奕䜣也得到了众多军机章京的支持。

就肃顺集团而言，其骨干一是王公，二是军机大臣。军机大臣多数是肃顺的人马，但肃顺集团未能对军机章京，特别是汉军机章京形成影响。军机章京之所以倾向于奕䜣，原因有多重。

其一，肃顺张扬跋扈，对军机处事务指手画脚，经常越权让军机章京帮他起草文稿，军机章京许庚身就拒绝过肃顺的要求，并得罪肃顺。留在京师跟着奕䜣议和的军机章京事后都得到了提拔，如朱学勤由候补主事成为主事，奕䜣还提议将朱学勤与张德容遇缺即提拔重用。跟着恭亲王后面混能有好前途，直接影响到其他军机章京的选择。

其二，肃顺在政治上的敌手极多，当时政坛的资深老臣如彭蕴章、翁心存、周祖培等人，均被肃顺斗倒。这些人都是科举正途出身，此后又多次主持科举，在朝中经营多年，门生遍布天下。而肃顺既不是科举正途出身，且在政治斗争中下手狠辣，大臣如柏葰、耆英等均被他送上刑场，翁心存侥幸才留了条老命，老臣们对肃顺恨之入骨。汉军机章京之中，多数来自南方，通过科举等各种关系，与彭蕴章、翁心存、周祖培有着密切联系，在此次政治斗争中，自然要反对肃顺。

其三，肃顺被视为"挟天子以令诸侯"的反面人物。在英法联军逼迫下，咸丰出奔热河，情有可原，但事后一直不回京师，京内的王公大臣、留守官员无不惊愕，唯一的解释就是肃顺不想让皇帝回来，好控制政局，"上在木兰，政出肃顺"。于是舆论一转而支持奕䜣，开始对他寄予厚望，希望以他抗衡肃顺，清君侧。怀抱着正统皇权理念的军机章京们，在此场舆论战中，自然受到影响，投入奕䜣集团。

奕䜣集团实力雄厚，但在军机处中，只有文祥一名军机大臣支持他，本来难以对抗肃顺集团。奕䜣却也聪明，他另起炉灶。咸丰十一年，奕䜣、桂良、文祥联合上奏，提请咸丰在京师设立专门处理外交的机构，定名为"总理各国事务衙门"。总理衙门设立之初，"一切均仿军机办理"，实际上取代了在热河的军机处，掌握了外交权。

留在京师的唯一一名军机大臣文祥，此时也立下大功。咸丰离开京师之前，命文祥担任步军统领，与恭亲王奕䜣一起留守京师，处理一切事宜。咸丰在谕旨中还特意让恭亲王奕䜣与文祥不必驻在京师，可在城外办理事务，以便随时出逃。但文祥认为京内人心惶惶，不可驻扎在京外。

送走咸丰后，文祥立刻到朝阳门巡视，发现守城官兵已几天没有领取钱粮了，且守城器械也不充足，于是他赶紧奏请开仓散发钱粮，并筹备守城工具。此时京内一片混乱，一些地方已经出现抢劫事件，文祥立刻组织人马进行抓捕，迅速处置。据文祥估计，京内的大小官员跑掉了八成，剩下的都窝在家中不敢外出，整个政府机构已经瘫痪。文祥家眷都在城内，看着京内人心惊恐，文祥将家眷送到易州暂避。

军机处的五名军机大臣有四人跟着咸丰去了热河，剩下文祥一人在京主持军机处。军机处中值班的军机章京也少了一批，人手紧张，事务繁多。每日里发往各省的奏折就已让文祥手忙脚乱，不得已之下，他辞去了步军统领一职，专心军机处事务。

圆明园被英法联军冲入之后，地方上民众、土匪也跟着涌到园中抢劫。圆明园内藏有军机处档案，文祥对此很是上心，担心档案被烧毁或抢走。在英法联军退出圆明园后，文祥立刻派人去圆明园整理军机档案。此时圆明园外到处都是土匪，英法联军也在路上拦截清廷官员。派去整理档案的史醇孙等人两次被拦回，不得不装成乞丐，白天躲在野处，晚上潜入园中整理档案，并将被抛弃在河边及各处的档案收拾整理，用蒲包捆绑后，以重金雇佣驴马驮回，运到天宁寺交给方略馆保存。档案运回后，文祥又让军机章京归档装箱，加以保管。幸赖文祥当年的及时抢救，后人才能运用军机处档案进行历史研究。

从七月底至九月中旬，文祥与英法联军频繁打交道，"出入敌营，备历艰险，与洋人非分之求，侃侃直言，折之以理使心服"。议和结束之后，文祥屡屡上奏，请咸丰回京，认为塞外天气寒冷，且为了大局考虑，你还是回来吧。不想咸丰在热河一住就不想挪窝了。文祥衣不解带，目不交睫，七十多天奔命操劳，一度咯血。到了年底，看着文祥在京内辛苦，咸丰特意从热河快递了福寿两个字给他作为安慰。

咸丰十一年二月，文祥想去热河见咸丰，劝他回京。不想咸丰知道他的心思，让他留在京师，暂时无须过来。此时文祥的侄儿要回老家沈阳办婚礼，老母也跟着要回去，皇帝不在京师，军机处就他一人，文祥左右为难，不敢请假。不得已之下，就让老婆带着女儿先行去沈阳。

皇帝赖在热河不回，表面上是风平浪静，可各派政治势力都在暗中布局，积极行动。热河的情况如何，奕䜣、文祥是一清二楚，一批在热河的军机章京通过密札随时向他们通报信息。

热河密札

咸丰十年，军机处共有汉军机章京二十人，满军机章京十六人。汉军机分三班在热河值班，每班七人，时间为两个月。七、八两月，在热河的汉章京有曹毓瑛、吴兆麟、曾协均、郑锡瀛、方鼎锐、许庚身、沈淮、蒋继洙、朱智等人。俞炳坤在《热河密札考析》一文中推断，其中依附于奕䜣的有曹毓瑛、许庚身、方鼎锐等人。

曹毓瑛初期与肃顺关系良好，肃顺推荐他做了领班章京，两人见面时，肃顺都亲热地称他为曹师爷，并称赞他"能为人画策定计，若孔明然"。咸丰十年十月，热河行宫军机事务繁忙，军机大臣们忙不过来，咸丰就让众人从军机章京推选一个人做军机大臣。众人一致推举曹毓瑛，不想曹毓瑛却坚决辞任，遂改选了资历较浅、外号"焦大麻子"的焦祐瀛。曹毓瑛辞掉军机大臣的原因在于他判断肃顺集团不能长久维持，故暗中投靠奕䜣，将热河的情形全部报告，而肃顺却全然不知。

在热河行宫的军机章京通过密札向在北京的奕䜣传递情报。热河的密札通过军机处内部传递，由热河传给在北京的军机章京朱学勤，再由朱学勤转递给奕䜣、文祥。朱学勤实际上成了沟通热河和北京两地的秘密联络人，所谓热河密札由此而生。

由于军机章京的密札，在京内的奕䜣得以随时掌握热河的情况。热河密札存世的有十二封，主要集中在八月份咸丰病死后热河内部的争斗情况，但实际上密札通报的内容应该更多。密札到了军机处之后，即交给奕䜣、文祥阅看。奕䜣、文祥对于在热河的军机章京也多有指示。

自咸丰十一年万寿节之后，咸丰卧床达半月之久。此后咸丰虽可起来行走，但气色衰竭，神情颓废，已有油灯枯竭之态。拖到七月上旬，咸丰突见好转，明眼人都知道，这不过是回光返照而已，咸丰自己却没有感觉。

七月十四日，咸丰身体感觉稍好，就去如意洲看戏。看完戏后，次日咸丰突然病情转危，但这个戏迷皇帝仍拖着病躯去如意洲看戏。

七月十六日早上，咸丰点了羊肉片白菜、脍牛肚、羊肉炒豆芽、烧豆腐。太医一看他这么能吃，估计这是回光返照。到了中午，咸丰果然昏倒，直到深夜才醒过来，随后召大臣入内。肃顺带领众大臣进殿后，跪下等咸丰发话。等了半晌，肃顺看咸丰虽然醒着，却不说话，就奏道："皇上有什么圣谕，请颁发下来。"咸丰躺在床上嗫嚅了良久，方才说："皇长子载淳，着立为皇太子。"过了一会，咸丰又道："皇长子载淳现立为皇太子，载垣、端华、景寿、肃顺、穆荫、匡源、杜翰、焦祐瀛尽心辅弼，赞襄一切政务。"说完之后，咸丰闭上双眼，不再言语。肃顺又跪奏道："请皇上朱笔亲写谕旨。"咸丰躺在床上，勉强坐起，让太监将朱笔拿过来，不想笔拿到手里，竟虚弱得握不住，朱笔掉落，墨汁洒在床上。见咸丰这个模样，皇后钮祜禄氏哭道："还是让顾命王大臣写来述旨吧。"

肃顺等人见咸丰实在是虚脱无力，也就作罢。咸丰看着众大臣，在床上点了点头，勉强说了一句："皇长子就有劳诸位照看了。"肃顺等大臣赶紧磕头齐呼定不负皇恩。

皇后钮祜禄氏与懿贵妃那拉氏，一直带着皇子载淳在床前流泪。咸丰嘱咐完大臣，又对二人道："我这里有两个印，皇后拿'御赏'印，懿贵妃拿'同道堂'印。今后凡述旨，皇后盖'御赏'印，懿贵妃盖'同道堂'印。"言罢闭目不语。同道堂者，乃是咸福宫的后殿。

七月十七日凌晨，寝宫内太监赶去御膳房，说皇上要喝银耳汤，不想银耳汤刚做好，寝宫内传出消息，皇上于寅时驾崩。

咸丰之一生，处于大清帝国国力下降曲线的最低端，他二十岁登基，也想有所作为，有所振起。可祖先留给他的债务实在太多，他瘦弱的身体无从扛起这内外如山的重压。做皇帝十一年，内有各省此起彼伏、连绵不绝的起义，外有英法联军的进逼，他不得不仓促逃奔热河，只有在最后的岁月里才能得享些安逸太平。咸丰临终时的安排貌似周密，却埋下了祸端。他本想以两宫皇太后制约顾命大臣，这已经开了后宫干政的口子，野心勃勃的那拉氏更是有恃无恐，借此干涉国政。

咸丰一死，消息次日就传到京师，京内官场一片震动，八名顾命大臣中竟没有恭亲王奕䜣。恭亲王在京内已形成自己的势力，实际负责清廷中枢运作。依附于奕䜣的京内大臣有桂良、文祥、宝鋆、全庆、胜保、周祖培等，在热河则有曹毓瑛等军机章京做内应。文祥被赏了个肥差，负责崇文门税务，可他哪里有心思去管理。

皇太子登基之时年幼，由八名顾命大臣代拟圣旨。而八名顾命大臣之中有四名宗室成员、四名军机大臣，这就打破了以往由军机处拟旨的惯例，开始由顾命大臣拟旨。

此时军机处所发廷寄开首语也发生变化，由原先的"军机大臣字寄"变为"军机处、赞襄政务王大臣字寄"。八大臣原本想以"赞襄王大臣字寄"代替"军机大臣字寄"，但思来想去，又觉得不合适，遂改为"军机处、赞襄政务王大臣字寄"。

四名军机大臣都是肃顺的死党，军机处实际上已被肃顺控制。名义上是八名顾命大臣拟旨，但当时人都看得出"诏旨皆出三奸之意，口授军机处行之"。其实，肃顺集团也受到牵制，顾命大臣所拟圣旨需要皇后"御赏"印盖于首，懿贵妃"同道堂"印盖于尾，方才有效。这样，就形成了肃顺、恭亲王奕䜣、两宫太后三方政治势力。

八名顾命大臣之中，景寿最为特殊。景寿是咸丰的姐夫，为人忠厚木讷，操守极佳，所以咸丰也将他列为顾命大臣。翁同龢曾与景寿一起共事十余年，对他有着生动的记载："公有异相，终日兀坐，而食饮皆无声息。有仆事之十五年，仅与语一句耳。四五次崇文门税差，贫不能自活。"

咸丰帝驾崩当天，皇后钮祜禄氏即循例被尊为母后皇太后，懿贵妃那拉氏则无晋封。到了次日，那拉氏才被尊为圣母皇太后。那拉氏脸上虽然没有发怒，可她胸中的怒火在燃烧。此时那拉氏决定与恭亲王结盟，但派谁回京传递信息困住了她。顾命大臣不许近支王公入谒梓宫，以分开太后与恭亲王。军机章京可以向奕䜣密报热河的信息，却无法揣摩那拉氏的心意，并帮她直接联系。就在那拉氏为难之际时，咸丰的弟弟奕譞突然出现。奕譞此年才二十一岁，娶了那拉氏的妹妹为妻。因为年轻，一直在上书房读书。去年咸丰出奔热河时，奕譞随行，此后为了照看生母乌雅氏，往来于热河与京师之间。奕譞生母乌雅氏去世后，为了她的封号，奕譞与肃顺等人爆发争吵，故他对肃顺一群人恨之入骨。

咸丰驾崩后，热河行宫内一片忙乱。钮祜禄氏、那拉氏带着载淳守在咸丰梓宫前。顾命八大臣轮流值班，当日值班的是郑亲王端华。端华正打盹时，突被惊醒，只见一个人哭哭啼啼地要闯进去祭拜咸丰。

端华一看，是咸丰的七弟奕譞。端华伸手将奕譞拦住，责问他这是要干什么。被拦住之后，奕譞却诘问道："你说不许近支王公入谒梓宫，你算不算近支王公？"端华忸怩不答。看端华说不出来，奕譞气冲冲地闯入，许久之后，方才出来。次日一早，奕譞即离开热河，云回京处理生母乌雅氏后事。肃顺等人无可奈何，也不能拦阻他。回京之后，奕譞找到奕䜣，将热河情形述来，并请奕䜣前往热河与那拉氏密商如何对付顾命大臣。

七月二十三日，恭亲王奕䜣奏请前往热河叩谒梓宫。肃顺等人找不到理由拦阻，只好让他前来。七月二十四日，小皇帝行使了人事权。当日确定简放各省学政及崇文门正副监督人选。军机处将糊名签七八十支进奉到御前，两太后坐两旁，小皇帝居中随意掣签挑选，不啻儿戏，可当日的挑选方法就是如此。

此间，定新皇帝明年年号为"祺祥"。之所以定年号为此，因为此年八月五星聚奎，为大吉兆，象征天下太平、文明盛治。祺祥年号确定不到十天，顾命大臣就下令户部、工部铸造祺祥通宝，这又违背了往昔的成例。

虽然顾命大臣们后来没有好结局，不过同治一朝平定战乱、厘理财政、创办洋务，史称"同治中兴"，也对得上这吉兆了。

八月初一清晨，奕䜣抵达热河，随即到咸丰梓宫前祭奠。奕䜣伏地恸哭，声彻殿宇，两旁之人无不落泪。自咸丰死后，热河行宫中的诸人皆各自盘算，还没有谁哭得如此伤心。

叩拜完毕，奕䜣与顾命大臣等人寒暄少许。这时出来个太监，命奕䜣入内，两宫皇太后召见。奕䜣听了，擦了擦眼泪，询问肃顺等人是什么意见。

清廷对于王公亲贵谒见后妃有一定的规制，等闲不得见面。只有在皇太后或皇帝万寿节，或者新春元旦，诸王率福晋入宫贺喜时才能见一面。但此时两宫皇太后召见恭亲王是为了咨商国事，又应另当别论，顾命大臣也没有理由拦阻。

既然从公上无法拦阻，那就从私上着手。军机大臣杜翰大叫："皇太后居丧，叔嫂当避嫌，不宜召见。"这杜翰，是咸丰帝老师杜受田的儿子。端华也跟着附和道："是当避嫌。"就在奕䜣装作犹豫不决时，宫内又有太监出来，命奕䜣进宫，并称皇太后请奕䜣无论如何都要去。奕䜣无奈，只好请肃顺、端华陪他一起入宫。不想肃顺却抚掌笑道："老六，这是你们叔嫂的事，何必要我们陪。你自己去吧。"奕䜣进宫之后，过了两个时辰才红着眼睛出来。肃顺、端华等人对此次见面也不以为然，以为大局都在掌控之中，这叔嫂能搞出什么名堂？顶多就是背后发牢骚，骂骂自己而已。

此次奕䜣与两宫皇太后见面，打消了二人的最大疑虑，即回京不安全。奕䜣向两宫皇太后保证，回京绝对安全，洋人的事务已办理妥当，并结成"叔嫂联盟"，共同对付肃顺集团。

在当日王室的十个亲王之中，恭亲王奕䜣最为尊贵，他由道光帝朱笔亲封为亲王，再由咸丰帝封为恭亲王，尊贵无匹的奕䜣来到热河之后，却随时小心，尽量低调，对顾命大臣摆出谦逊态度，可顾命大臣们还是觉察到有军机章京在通风报信。八月初三，军机大臣杜翰下令曹毓瑛调查，军机章京内有谁泄露信息。曹毓瑛调查后认为是满洲军机章京裕彰泄露了信息，却没有汇报给杜翰，而是报告给了相对好说话的，刚由军机章京提拔上去的"焦大麻子"焦祐瀛。

不想此时肃顺、杜翰等人已经得悉裕彰泄露了消息。穆荫、杜翰将曹毓瑛召来，想惩戒裕彰。此时八名顾命大臣内部也分为两个派系，载垣、端华、肃顺、景寿四人为御前大臣系，穆荫、匡源、杜翰、焦祐瀛则为军机大臣系。军机大臣想追究责任，曹毓瑛就帮忙说情，四名御前大臣也打圆场，弄到天明还没有想出处理办法。

　　曹毓瑛也知道风声紧，为了避嫌，奕䜣来了一直未去见他。奕䜣在热河待了七天，与顾命大臣商量了梓宫回京诸事后，八月初七，奕䜣回京。看着奕䜣上马远去，肃顺等人弹冠相庆，以为从此无事。不想有名幕僚走到肃顺身后，提起肃顺的辫子，指着奕䜣等人的背影大吼道："肃老六，人家回去要杀你啦。"肃顺却不恼怒，反把头低下来，对幕僚笑道："请杀！请杀！"

　　恭亲王回京后不久，京内御史董元醇上奏，请求皇后垂帘听政，又请挑选贤明亲王辅政。此奏背后大有文章，却说曹毓瑛在热河给大学士周祖培寄书信，描述了肃顺等人"挟制两宫状"。周祖培与肃顺结怨已久，得了信后大喜，知道报仇机会到了，就授意门生董元醇上奏，请"太后垂帘""亲贤夹辅"。

　　奏折到热河后，先递交到两宫皇太后手中。此前为了奏折的事情，两宫与八大臣爆发激烈争执。八大臣坚持由肃顺等人共看奏折，拟定谕旨，再请两宫皇太后钤印。不想两宫皇太后坚持要先看奏折，然后发下，至于所拟谕旨，也要经过她们许可之后方可钤印。最终肃顺等八大臣让步，同意两宫可以看奏折，不想这却埋下了后患。

　　董元醇奏折到了热河后，两宫利用看奏折的机会，将奏折留中不发，一连三日。八月十一日，八大臣在肃顺的带领下，气冲冲地到宫中索要奏折。照例是钮祜禄氏抱着载淳，而那拉氏则与八大臣唇枪舌剑。八大臣进来后，朝小皇帝磕头行礼，礼罢站起。肃顺长得高大肥胖，立在八人之中，如头狼一般。端华先是小心翼翼地道："请太后将奏折发下，奴才们看了好拟谕旨。"那拉氏冷冷地道："不必发下了，所奏甚好，可以发下执行。"肃顺上前一步，大声质问："太后是什么意思？"那拉氏毫不示弱，大声回应："垂帘听政！"肃顺声若洪钟，在大殿中激荡："臣等是赞襄幼主，不是听命于皇太后。就是让皇太后看折子也是多事。"肃顺刚说完，突然就听到"哇"的一声大哭。原来小皇帝被肃顺的狰狞面目和大嗓门给吓哭了，一头钻进钮祜禄氏怀里，边哭边尿裤子，将钮祜禄氏身上尿湿。军机大臣杜翰则跟着大声道："皇太后若听小人之言，臣断不能奉命。"听了杜翰这话，那拉氏气得双手颤抖，话也说不出来。肃顺看把皇帝吓哭了，又把那拉氏气得不轻，冷哼一声，拂袖而去，其他大臣也跟着出来。

八大臣退出后，拟了道谕旨指责董元醇是何居心，"所奏尤不可行"，递给两宫，请求钤印。两宫看了后，加以拒绝。见两宫强硬，次日，八大臣继续入宫大吵，决定"不开视""搁车"，也就是消极罢工，不看奏折，不拟谕旨。到了中午，两宫见政务瘫痪下来，只好让步，将八大臣训斥董元醇的谕旨钤了印。用印毕，两宫抱头大哭，肃顺等八大臣则开始正常办事，言笑如初。

代号为"守黑道人"的许庚身在密札中对此事曾加以详细汇报。八大臣轮流去找那拉氏，不想那拉氏也很是强硬，就是留中不发。八月十二日，八大臣决定罢工后，此时两宫皇太后意见也开始出现分歧，"闻西边执不肯下，是要临朝。后来东边转弯。虽未卜其意云何，大约是姑且将就"。从密札中可以看出，西太后那拉氏坚持不肯妥协，东太后钮祜禄氏则想妥协，并最终说服西太后让步。密札也提醒奕訢，进京后要早做安排。

之所以密札中称"西边""东边"，因为自咸丰巡幸木兰，逃到热河行宫，皇后钮祜禄氏居住在烟波致爽殿东间，宫廷上下就私下称她为"东边"，懿贵妃那拉氏住西间，称为"西边"。咸丰一死，两宫晋封皇太后，就改称"东太后"和"西太后"。这样的称呼本是内务府官员和执事人员对两宫皇太后的简称，后渐渐流传开来。两宫皇太后回京之后，慈安住承乾宫，慈禧住储秀宫，并无东西之分，但宫廷内外及民间已经习惯称之为东、西太后。

就此次冲突，在热河的领班军机章京曹毓瑛发了一封密札给留在北京的军机处同僚，详细记述了当日的事件，并认为："此事不久大变，八人断难免祸。"

此次冲突之后，对于肃顺等人所拟谕旨，两宫不再抗拒，一概予以钤印。肃顺等人以为两宫已在控制之中。

然而肃顺还没得意太久，八月十四日，胜保突然奔到热河来了。

京师之战后，胜保收拾残兵，在山东、直隶交界处围剿马贼。得悉咸丰死讯，他立刻上奏要求来热河祭奠，并称"现任兵部侍郎，原隶京职，例得随班哭奠"。

看到胜保要来，肃顺倒头疼起来，原来二人早年有隙，一直不和。虽然肃顺现在是顾命大臣，但胜保手中有兵就有了发言权。且胜保此人莽撞如野牛，肃顺虽然权势过人，也不敢招惹他，只能让他来了再说。

胜保在晚上赶到热河。白天两宫皇太后与八大臣议定了一件重要的事，即决定于九月二十三日梓宫回京。让肃顺大为安心的是，胜保晚上到热河后，只是叩谒梓宫，两宫也未召见，胜保也未求见。

胜保到达热河的当夜，与许庚身秘密见面，详细谈了一夜，达成一致意见，暂时不发动兵变，待八大臣回京之后再行动。许庚身出身名门，与奕䜣关系密切，在军机处一直不买肃顺的账，肃顺一直也在找他的麻烦，两人势同水火，对扳倒肃顺，许庚身是分外卖力。

素以粗莽著称的胜保，这次竟然如此谨慎小心，全然不似以前莽撞风格。看胜保如此，许庚身就放了心，至少他的到来不会刺激肃顺，影响到回京师的大计，并称赞胜保"其人近来颇有阅历"。不过许庚身还是再三告诫胜保，不要惊动肃顺等人，以免被夺去兵权，"须俟进城，自有道理"。

许庚身在密札中描述了热河的情况，八名顾命大臣表现不一，端华有点郁郁寡欢，匡源、焦大麻子"甚是得意"，杜翰则甘于被操控，"尤可笑也"。本来军机章京每两个月要轮换，热河的回北京，北京的来热河。军机大臣们嫌麻烦，让后面就不要换了。军机章京们在此间开始混日子，"以酒浇愁，以牌遣兴"。

八月十七日，密札中透露了热河的情况："近日班务甚为清闲，每日午正后即可散直。"

忙碌了一个多月，最终到了梓宫回京的日子。在此期间，在京师内大臣的请求下，两宫皇太后各加徽号为"慈安皇太后""慈禧皇太后"。八位顾命大臣对于梓宫回京一事倒是没什么疑虑，却有一个人大力反对，这个人就是陈孚恩。

咸丰去世次日，肃顺就将陈孚恩从京师调到热河帮忙。陈孚恩没有肃顺等人那样自大，他倒是看清楚了形势，认为设若回京，一旦有变，则束手无策，故而屡次劝告肃顺要谋定而后动。

肃顺被他说动，遂请与自己相好的太监杜双奎回京探听消息。杜双奎回京后，与太监总管袁添喜联系。袁添喜也被京内的假象给迷惑，就让杜双奎回来禀报京内平静无事，奕䜣并无小动作，八大臣遂放心回京。

　　　　　　　　　　　　　军机处二百年

九月二十三日，小皇帝载淳跪送梓宫离开热河，再与慈安、慈禧日夜兼程赶回京师。八大臣中，七大臣随同两宫先行回京，肃顺、陈孚恩、醇郡王奕谯则在后护送梓宫。

入京之后，一切水到渠成。

两宫太后先是召见奕䜣、桂良、周祖培、文祥等在京大臣。慈禧哭诉了肃顺等人的欺藐之状。

政坛耆宿、文坛元老周祖培曾被肃顺当面讽刺为："若辈愦愦者流，但能多食长安米耳。"周祖培对肃顺衔恨在心，此次雪耻的机会来了，怎能放过？于是周祖培立刻响应，奏请重治其罪。

慈禧随即拿出在热河时就已拟好的谕旨，以小皇帝的名义指责肃顺等人阻止咸丰回銮，致咸丰病死热河，罪无可赦。载垣、端华二人正在隆宗门外等候时，奕䜣从宫内捧了谕旨出来，令侍卫将二人擒拿。二人怒斥："我辈未入，旨从何来？"

御前侍卫也目瞪口呆，一时间不知如何是好。奕䜣脑子转得快，拿着谕旨吼道："有皇命在此。"侍卫遂一拥而上，将二人拿下。

此时肃顺护送梓宫才走到密云，随身有两营士兵护送，要是得悉京师变动，必然不肯束手就擒。将载垣、端华擒住后，奕䜣封锁消息，令侍卫立刻轻骑出京，当夜赶赴密云行宫。肃顺根本没有料到奕䜣下手如此之快，还在床上时就被擒住，至此肃顺集团一败涂地。

九月三十日，由内阁发抄后公布天下的谕旨中称："载垣、端华、肃顺着即解任，景寿、穆荫、匡源、杜翰、焦祐瀛着退出军机处。"由此谕旨可以看出，景寿也入了军机处。在上谕中却找不出景寿入军机处的记载，后世据此认为景寿未曾入军机处，如钱实甫先生所编《军机大臣年表》中就无景寿。

那么，景寿是否曾入军机处呢？实际情况是，咸丰到了热河后，事务繁多，而军机大臣人少，遂让景寿至军机处帮忙。因为景寿已是御前大臣，而定例是御前大臣不得担任军机大臣，故而没有以上谕的形式加以宣布。可以肯定，景寿曾入军机处，但时间较短，且作用较小。

辛酉政变后的权力格局如何安排，是胜利方急需考虑的问题。

咸丰十一年九月三十日，周祖培、沈兆霖、贾桢等大臣联合上奏，请两宫太后垂帘听政。十月初一，授恭亲王奕䜣议政王、军机大臣、宗人府宗令三大要职，次日又补授内务府总管大臣之职。奕䜣集大权于一身，权倾天下。接着发布上谕，任命大学士桂良、户部尚书沈兆霖、户部右侍郎宝鋆、户部左侍郎文祥在军机大臣上行走。

军机章京曹毓瑛此次立下大功，也被授在军机大臣上学习行走。另一名在热河以密札通报信息的军机章京许庚身，奕䜣赐给他一笔黄金，在同治元年他又考中进士，最后也做到了军机大臣。十一月初二，恭亲王出面，保举当差出力的满汉章京，其中汉章京四人，分别为方鼎锐、朱学勤、许庚身、蒋继洙。至于其他未被保举的军机章京，此后也被大用。

值得注意的是，一些史家推断热河密札中语焉不详的"伯克"，乃是军机章京郑锡瀛。密札中记载"伯克"巴结上了"冰山"（肃顺），"时时要上堂献媚"，想搞倒曹毓瑛成为领班军机章京。但郑锡瀛在后来以军机章京而被提拔为二品顶戴，可谓是军机处历史上的唯一。如果他迎合于肃顺，怎么会被如此提拔呢？再说，当日在军机处行走的章京们，虽然不满于肃顺，看到他时，谁敢不强颜欢笑呢？密札中的记载，不过是章京们彼此之间不和的流露而已。

辛酉政变之后，奕䜣创办神机营，命文祥统领负责，总理衙门的事

军机处二百年

务文祥也要兼管。各种要事纷至沓来，文祥在军机处时常值班到半夜才回家，披星戴月已习以为常。看着文祥操劳奔波，奕䜣出面帮忙，破例给了文祥一个恩赏，让他的侄儿得了个二品荫生。荫生是皇帝给予高官后代的特殊照顾，可以入中央官学国子监读书，只要通过考试，就可以得到官职，是仕途上的一条捷径。惯例是荫生只能给儿子，这次赏给文祥的侄儿，乃是知道文祥厚爱侄儿，才特意破例。

十月六日，载垣、端华被赐自缢，肃顺被押赴刑场，穆荫被革职充军，杜翰、匡源、焦祐瀛仅被革职，免予充军，也算是宽大处理。因为与肃顺的紧密联系，陈孚恩被革职永不录用，全家被发配新疆。又因为陈孚恩当年在讨论道光葬礼时的"乖谬"言论，故被追回道光御赐的"清正廉臣"匾额。后来新疆发生动乱，陈孚恩全家三代人死难，只有一个孙子逃归内地，在济南谋生。

顾命八大臣之中，唯一的例外则是景寿，在其他七名顾命大臣被杀、被贬之后，他却被赦免，并且在四个月后重新出山。甚至有人认为，景寿乃是恭亲王安插在肃顺身边的卧底。此段历史疑案，真相如何，已无从考证。

第四部

垂帘听政

同治元年的人事动荡

咸丰十一年十一月初一，慈安、慈禧两宫皇太后"御养心殿垂帘听政"。慈安对政治不感兴趣，谨守后宫之德。慈禧则野心勃勃，善于玩弄权术，可此时的她既缺乏执政经验，在朝中又无根基，且还要应对内外危机，这些都不是她所能担当的。垂帘听政之初，慈禧将大政都托付给了小叔子奕䜣。此时的慈禧"极小心谨慎，不便明揽大权，但事事留心，以得政治学术之经验"。

奕䜣控制了内府、外廷、宗室，其权力之大，为清代前所未有。奕䜣身上承载了诸多的期望，很多大臣将他比作周公，希望他能有所作为，使大清国摆脱内外困境，一举振起。辛酉政变之后，奕䜣在人事上做了诸多调整。十一月十八日，以曾国藩统辖江苏、安徽、江西、浙江四省，巡抚以下各官都受曾国藩节制。十一月二十一日，祁寯藻、翁心存、李棠阶等被闲置的大臣也被起用，肃顺的党羽陈孚恩则被革职发配新疆。

同治元年（1862）之后，两宫皇太后名义上是垂帘听政，实际上把一切都交给了奕䜣。奕䜣以议政王的身份主持军机处，操控一切政务，"所承之旨，即军机之旨。所出之谕，即军机之谕"。恭亲王奕䜣以议政王身份在军机处行走，军机处的廷寄格式也发生了改变。军机处所发廷寄，开首语书写"议政王、军机大臣字寄"字样，突出了奕訢的政治地位。

奏折呈递，惯例是先交到皇帝手中，再发军机处。此时改由两宫皇太后阅览后，再发交议政王、军机大臣讨论。军机处讨论妥当，于当日召见时将处理意见汇报给皇太后，然后再由军机处拟旨，最终决定权仍然掌握在两宫皇太后手中。此时军机处所拟定的谕旨，慈禧只是"偶有更动"，绝大多数情况都是顺利通过。

军机处虽有议事之权，大体上是恭亲王一人说了算。奕訢大权独揽，在军机处内部具有决定权，各部对他也是极力奉承，揣摩他的心意行事。奕訢权力的扩大，让慈禧有所警惕，她特意命令各部："一切应办事件，各有专司，只宜勘酌例案，不准多所揣摩。"又颁发谕旨，令言官对议政王、军机大臣加以监督。

同治元年的军机处，开局不是很顺利，经历了一些人事变动。

此年六月，军机大臣桂良去世。年迈的桂良入军机处不过是给女婿奕訢站场而已。他对于一切都很满足，世上该有的富贵与荣华他都得到了。虽然当时政坛对他是恶评如潮，可他自岿然不动。桂良一向被科甲正途出身的读书人瞧不起，因为他是通过"捐纳"这条路步入仕途。但捐纳出身并不影响他的飞黄腾达，道光朝，桂良历任湖广、闽浙、云贵总督和兵部尚书等要职。道光二十八年（1848），桂良的十女儿嫁给了皇六子奕訢，更为他增添了政治影响。

咸丰年间，桂良出任被称为"天下总督第一"的直隶总督，主持围剿太平天国北伐军。北伐军用兵机动灵活，避开保定，绕道攻往天津，导致京师大乱。桂良迁怒于直隶布政使张集馨，上奏弹劾，请将他发配到新疆。张集馨看着形势不妙，转投胜保门下，在前方卖力作战，虽然丢了官，却躲过了发配新疆戍边的惩戒。

在直隶总督任上，桂良挖空心思捞钱。保定知府文廉刚上任时，桂良对他是"极其嫌恶"。但不久两人关系改善，相处融洽，其中奥秘，在于文廉给他送了钱。文廉曾无奈地道："此老非钱不可。"咸丰六年，桂良要巡视河北永定河工程，临行前让孙子先行放出风声。地方官与治河官员一起凑了三万两送礼，让桂良心满意足而归。

时人对桂良都是深恶痛绝，京内御史也知道他的斑斑劣迹，"而绝无一人敢于劾参者"，因为他有个亲王女婿做靠山。辛酉政变之后，桂良被授军机大臣，入军机处后不过八个月就去世，死后被破例授谥号"文端"。

同治元年七月，军机大臣沈兆霖改任陕甘总督，次年却被山洪给淹死。

沈兆霖是杭州人，三十六岁时考中进士。道光二十年，他外放为陕甘学政，在任三年，兢兢业业，在士林之中口碑较好。做了些年外官后，沈兆霖回京师被道光重用。道光病死之后，丧礼上的祭祀文字多出自沈兆霖手笔。咸丰年间，沈兆霖外放为江西学政，此时恰逢太平军经略江西，他遂在地方上组织乡兵，对抗太平军。

咸丰五年，沈兆霖返回京师，入值上书房，正逢奕䜣被贬在上书房读书，两人彼此之间诗词唱和，结下了一段交情。奕䜣在《乐道堂诗钞》中，以"书斋诸友"称呼在上书房行走的师傅们。咸丰十年，皇帝出走热河，肃顺一党散布恭亲王的谣言，沈兆霖主动帮助澄清，还两次上疏请咸丰回京。

看着洋人出现在京师之外，大臣们怒发冲冠，却又无可奈何，只能咬牙切齿地咒骂。当时群情激昂，主张杀巴夏礼以退敌，沈兆霖力陈不可，认为应加以囚禁，留待议和退兵时用作筹码。沈兆霖对英法联军的观察，眼界在其他大臣之上。咸丰十一年十一月，沈兆霖在奏折中谈道："夫以万余众入城，而仍换约而去，全城无恙，则该夷之专于牟利，并无他图，已可深信。"

辛酉政变之后，军机大臣的入选标准有二，一是政变前与肃顺集团的关系，二是政变后对待西方各国的态度。辛酉政变前，沈兆霖担任户部汉人尚书，满人尚书则是肃顺。沈兆霖事事受到肃顺掣肘，无从施展拳脚，心中很是不快。英法联军攻入北京后，沈兆霖留在京师，与奕䜣彼此呼应，反对肃顺集团。沈兆霖在外交上的看法也与奕䜣、文祥大体吻合，他自然被列入军机大臣人选。

当然，沈兆霖入军机处也有政治平衡的考虑。辛酉政变之后，一批老臣如祁寯藻、贾桢、周祖培、翁心存等人重新出山。但这些老臣的问题是，他们资历太深、官衔太高、门生太多、影响太大，若是让他们入了军机处，奕䜣未必能驾驭得住。

六部之中，吏部尚书陈孚恩已被革职，吏部之外最为重要的就是户部。户部汉人尚书此时是沈兆霖，从资历、人脉、影响来看，沈兆霖自然不能和祁寯藻、周祖培、贾桢这些老臣相比，但又在其他人之上，且政治观点大体与奕䜣相符合。以他入军机处，既可以操控，又可以平衡各方力量。

辛酉政变之后不久，沈兆霖改任兵部尚书，并在军机大臣上行走。奕䜣的本意是让沈兆霖在军机处中做个象征，但沈兆霖平日为人处世"素负气不为人下"。刚入军机处，沈兆霖对奕䜣大权独揽极为不满，"因与之相左"。

一看沈兆霖不是可以随便控制的傀儡，奕䜣就施了计策，将他排挤出军机处。沈兆霖入军机处不过十五天，就奉旨与刑部尚书麟魁前往甘肃查办案件。到了同治元年五月，在甘肃查办完案件后，奕䜣又设计将他的军机大臣职位解除，外放为陕甘总督，以此"不令其回京"。

对这个任命，沈兆霖只能接受，陕甘总督怎么也是封疆大吏，主政一方，呼风唤雨。同治元年七月初七，沈兆霖由西宁返回兰州，行至平番县境内时竟然被山洪淹死。当天下午，沈兆霖一行三十七人行至永登县城外三公里处，天上黑云骤起，狂风大作，眼看着山洪就要暴发。沈兆霖误判地理位置，以为已接近县城，让轿夫加速前进，不想此时山洪突然涌起。

看着山洪狂暴，坐在轿子内的沈兆霖没有畏惧，他以为自己是陕甘总督，可以用自己的官威镇住山神，逼退山洪。沈兆霖先将自己的靴子脱了扔到水里，想止住山洪，不想却没有效果。这总督的靴子不能起到铁牛、铁剑、铁镜诸般镇水神器的作用。

此时山洪越来越大，轿夫与护卫的兵丁都惊恐不已，纷纷逃跑。沈兆霖使出撒手锏，拿出总督大印扔到水中，想镇住洪水，结果仍然没用。山洪将沈兆霖一行冲散。除了两名仆人逃到山上得以幸免之外，其余三十五人都被山洪冲走淹死。沈兆霖号雨亭，名字中都是雨水，最终也被水所淹没。

水退下去之后，当地官员寻到了沈兆霖的尸体，肢体已是残缺不全。地方官一看这么大的官死了，心中害怕，就编造了一个神话，称"水退，得兆霖尸，犹端坐舆中，面色如生，冠履完整"。可沈兆霖之前已脱靴子镇水，不知道这"冠履完整"是从何而来？

为了推卸责任，当地的县官还出了个昏招，带衙役将城内外所有的城隍庙、土地庙、山神庙内供奉的城隍、山神、土地塑像，用绳索捆绑起来，再用皮鞭抽打，以为报复。过了一些天，总督大印被一名牧童偶尔拾到，交回官府。地方官又是一番荒唐处理，牧童先被打了四十大板，然后再赏给五十两银子，让人摸不着头脑。由于很多闲人绘声绘色地称看到沈兆霖已单骑飞往山中。事后当地官员在发现沈兆霖尸体处，修建了一个"沈公祠"作为纪念。

桂良去世，沈兆霖离职，军机大臣人数不足，清廷遂在同治元年以理学名臣李棠阶入军机处行走。李棠阶远离庙堂已多年，刚入军机处，一切事物都不熟悉，此时军机处的顶梁柱乃是文祥。

文祥之叹

同治元年，文祥四十五岁，在文武大员之中可谓是年富力强。此年他任工部尚书兼兵部尚书、内务府大臣、总理衙门大臣，此外还要负责神机营练兵，事务烦琐。

神机营的创办，源于英法联军的刺激。咸丰十年，亲身目睹了洋人枪炮的威力后，奕䜣提议在八旗内挑选子弟练习抬枪，打造出一支精兵。至于练兵的军费，则从海关关税内提取。

辛酉政变之后，神机营正式创办，在煤渣胡同内设置营署，从京师禁军、内务府挑选精锐一万人，又从两翼前锋营、八旗护军营中抽调精锐枪兵、马队，开始练兵。创办神机营的一个条件是，此前俄国人曾赠送清廷一万杆洋枪，正好可以用来练兵。历经周折之后，这批枪械总算在同治元年运送至京，其中绝大部分被装备到了神机营。俄国的洋枪也不算犀利，清廷又从国外订购洋枪，加强军备。武器是有了，可此时财政权下移，地方督抚们忙着扩充自己的军事实力，哪里肯从口里吐出银子？筹集练兵军费的任务就落到了文祥身上。

同治二年（1863），清廷在南方的军事刚占据上风，不料西北出了大事，回民爆发起义，捻军则崛起于江淮之间，国内仍然是纷乱不一，自然又是一番忙碌。曾国荃包围金陵日久，却久攻不克，朝中议论纷纷，怀疑曾老九是否有能力攻克金陵。文祥力排众议，认为早晚必能攻下，予曾国藩、曾国荃鼎力支持。

同治三年（1864），八百里红旗捷报到京，克复金陵。十余年征战方才平息战事，一时间文祥竟既喜且悲。

考虑到军机大臣日夜操劳，依照惯例，这样的战功，军机大臣们自然要加官晋爵，以示厚恩。文祥被赏加太子太保衔，侄儿也被提拔入军机处做章京。

看着平息了太平天国运动，操劳多年之后，文祥萌生退意，恳请致仕返乡奉养老母。但两宫皇太后与奕䜣如何肯放他走，虽平息了太平天国运动，捻军依然在江淮平原上纵横，西北也是狼烟四起。文祥知道朝廷还需要用人，就收回请求，继续在军机处耕耘。

对于两宫皇太后及军机大臣们，曾国藩曾评论道："两宫皇太后才地平常，见面无一要语。皇上年少，还没法评判。时局主要靠军机处维持。恭亲王、文祥、宝鋆主持军机处，权过人主。恭亲王虽极聪明，可还是有皇子的浮躁气息，而不能脚踏实地。文祥为人正派，可规模狭隘，事必躬亲，也不知道找几个人帮忙。"

文祥其实也不想这么累，辛酉政变之后，他的兼职太多，且都是要职肥差，他几次三番请求辞职，可朝廷一直不许。只要他在任一日，以文祥的性格，他就要负责到底。哪怕是他不熟悉的、最不喜欢的崇文门税务，他也要极努力去经营好。文祥受到重用，自然有很多人不满，各种流言蜚语议论纷纷。文祥在年谱中自述："清夜扪心，如履冰渊，不胜畏惧。"

文祥想起早年相命时，八字先生曾对他道："你一生多虑，就是进入顺境也不称心，反而更多劳碌。"此时回忆起这句话，更觉得言之凿凿。此年冬，文祥被任命为神机营阅兵大臣后，他更加惶恐，坚决请辞而不得。

多年操劳之后，文祥身体已经累垮。赫德去总理衙门时，看到文祥腹泻严重却拖着衰弱的病体坚持办公。对于自己的忙碌操劳，文祥曾对同文馆总教习美国人丁韪良道："你看过小驴拉大车吗？累得喘不过气来，那就是我的写照。"文祥的工作太多，恭亲王一度让总理衙门大臣薛焕、恒祺两人将文祥的全部税务工作接过去，好减轻他的负担。

被誉为恭亲王左膀右臂的人，一是文祥，一是宝鋆。与苦苦耕耘的文祥相比，宝鋆显得更加活泼，更有生机，更加轻松。宝鋆是吉林人，虽然隶属八旗，却出身贫寒，所以知晓民间疾苦。道光十八年，三十一岁的宝鋆考中进士，此后宦海风云，有升有降。咸丰八年，在浙江主持乡试时，宝鋆擅自做主，额外扩充名额，多录取了一名生员，为此被咸

成林、文祥、宝鋆

丰斥责。对此咸丰感到不解，认为宝鋆平日里敢作敢为，以清廉自诩，想不到也和其他人一样营私舞弊。

咸丰十年，皇帝逃亡避暑山庄，宝鋆留守北京。此时宝鋆担任总管内务府大臣，咸丰命他从银库中提出二十万两白银送到热河修葺行宫，却被宝鋆拒绝。宝鋆认为此时正值国难，要节俭过日子。不久英法联军火烧圆明园，宝鋆在城头上看着漫天火光，却无计可施。

圆明园被英法联军抢劫后，宝鋆到园中查探大清历代皇帝画像情况，到园时只见满地灰烬，一片狼藉。宝鋆碰到独自看守宫舍的苑丞崇礼，两人相对而泣。此时画像已被抢走，两人骑行了十余里寻觅，见画像散佚在地，残破不堪，二人均惊慌失措。崇礼认为画像被毁坏至此，即使拿回去也不能保全，不如火化较为得体。二人就寻了稻草，举火跪地，泣而焚之。崇礼此日的表现让宝鋆大为欣赏，此后特意提拔重用。后来崇礼做到了礼部尚书，有人弹劾他习气太重、识字不多，不配做礼部尚书。宝鋆回护道："识字无多，苑丞何能与太史公相比？但事理明白即可。"此日之表现，即事理明白。

因为宝鋆所管辖的三山被抢劫，内务府的大印丢失，宝鋆自知官帽要丢，自我调侃："冠下之物且不顾，遑计冠上区区者哉。"不久果然被降为五品顶戴。此时适逢乱世，还是需要用人，一个月后宝鋆就官复原职。

文祥与宝鋆年轻时都贫困不堪，都由科举出仕，都是奕䜣的得力助手，但宝鋆与文祥是两个极端。宝鋆好酒、好马、好出游，酒后诗兴大发，泼墨挥毫，洋洋洒洒。文祥滴酒不沾，沉默寡言，不与人多交往，更从不谈军机处中事务。文祥的诗写得极好，可甚少有成集的作品；宝鋆去浙江，一路上在轿子里就吟出了一卷诗。军机处中，只要奕䜣与宝鋆凑在一起，就彼此挖苦，互相调侃。可只要看到文祥，这两人都表现得规规矩矩、端端正正，虽然文祥不是理学中的刻板夫子。与文祥相比，宝鋆是个快活的人，他在塞外纵马，得意时吟诗云："天下快事哪有此，一转瞬间百余里。"在草原上喝着奶茶，他高呼："穹庐雅相称，门外野风凉。"1869年，丁韪良被聘为同文馆总教习。在就职典礼上，学生们身穿长袍，头戴配有流苏的礼帽，向丁韪良行额手礼致敬。丁韪良当场用汉语发表了一番演讲，结果在一旁的宝鋆听了后诗兴大发，随即赋诗一首，抄写在一对精美的卷轴上送给丁韪良留念。

操劳之中，看着女儿结婚了，侄儿也有所成了，文祥心中也有稍许安慰。同治四年，文祥的女婿来京参加会试。为了避嫌，文祥生平第一次对他所忠诚的朝廷说了谎，称病躲在家里。

考完之后，文祥看了女婿默写出来的文章，觉得考中毫无问题，不想放榜之后，竟榜上无名。对于女婿科举上的挫败，文祥很是淡然。想当年他也是多次会试之后方才考中，一次挫折算不上什么。爱婿心切，文祥就将女婿留在京师用心读书。

在同治朝，文祥最大的功绩是他办理外交及扶持同文馆。《清代名人传略》认为文祥的年谱"谦逊而可信"，但文祥于年谱中谈得最少的就是办理外交。在当日的国人看来，文祥办理外交一味主和，软弱无力，完全可以划入一线汉奸行列。文祥也不知后世将如何评价他，故对这段历史避而不谈。

在满人官员之中，文祥算是具有开明思维的。面对着三千年未有之巨变，他也知道，必须对外开放、对外交流了。辛酉政变之后，文祥协助恭亲王办理洋务，主要有几个创举：一是参与创设总理衙门，二是开办并扶持同文馆。

总理衙门创立后，奕䜣、文祥、桂良成为第一任总理衙门大臣。奕䜣事务繁多，桂良年迈，实际上由文祥主持总理衙门，"凡事文（祥）皆为政，恭画诺而已"。

在总理衙门，文祥与西方人有着较多的交往，他也喜欢与洋人交流。1861年，赫德代理海关总税务司，此后来京造访。在京师期间，他所接触的第一个清廷高官就是文祥。赫德曾说："文祥四十三岁，精明而善于进取，是总理衙门的推动力量。"

赫德能够说一口流利的中文，虽然他最初学习的是宁波土话，但通过阅读《红楼梦》提高了汉语能力。两人见面时相谈甚欢，有时甚至一谈一整天。担任户部侍郎的文祥急于了解有关商业、财政方面的信息。在谈话时，赫德准备了充分的海关资料讲给文祥听。文祥对海关事务充满了兴趣，边听边做了详细的笔记。

文祥与赫德的交流也吸引了奕䜣的兴趣。有一次，赫德一早便赶到总理衙门，此时奕䜣已先到，两人闲聊一通，所谈论的话题广泛，从野人到洋马，无所不包。奕䜣对赫德所穿的西装很感兴趣，认为西装口袋很是方便。文祥赶到后，加入聊天行列。文祥、奕䜣称赞赫德"肯讲真话"，并认为清国的大臣几乎无一人可信，将赫德视为"我们的赫德"。

不过文祥有时也发表一些奇谈怪论，一天他兴致勃勃地对赫德道："等我手头钱足够多了，要送一名佛教大师去法国传教。"这大概是文祥对法国在不平等条约中逼迫中国允许西方传教士在华传教感到愤懑的表现。遗憾的是，文祥一生都很清贫，未能有派佛教大师去法国传教的壮举。

将国际公法传入中国的第一人丁韪良，在被聘为同文馆总教习之后，与文祥有着密切交往。他认为文祥"智勇双全"，文祥瘦弱的身体与硕大的脑袋，让他联想到在欧洲叱咤风云的法国外长塔列朗。

文祥与丁韪良交往时曾表示，对西方文明将择其善者而从之，其不善者而改之，这已是"师夷长技以制夷"的意思了。与思想开放的文祥相比，宝鋆的头脑里装了太多的诗词格律，并在古老的信念中不能自拔。一日，丁韪良听到宝鋆在同文馆中大声嘲笑地球自转的学说，边说边仰天狂笑，学生们则对宝鋆的无知以微笑待之。

当然，不是所有西方人都对文祥持有好感。对于文祥办理外交的手段，英国公使威妥玛有着生动描述："我在中国当了七年驻京大臣，受尽文祥磨折，怄气已多。今文中堂去世，又有沈中堂，办事也是一样路数，无非薄待洋人、欺瞒哄骗。"外交舞台本就是诈计百出，这也说明了文祥的外交手段。

清人笔记中则记载，文祥在总理衙门"遇事持以定力，虽敌情万变，而不为所挠"，可为佐证。同治一朝，虽然边境屡屡起衅，终究未酿成影响国运的大战，这也是文祥主持总理衙门之功。文祥的弟子沈桂芬也延续了文祥的风格，在他主政期间，外交上尚属平静。待沈桂芬一死，则是一片喊杀声、四海兵戈起了。

对于同文馆，文祥给予了大力扶持。同治元年六月十五日，同文馆创办。同文馆与总理衙门在建筑上连在一起，这间接表明了它的作用，即为总理衙门提供可用的洋务人才。同文馆所在地的房产原属于军机大臣赛尚阿，在围剿太平军失利后，赛尚阿被革职回京，投入监狱，房产也被没收。赛尚阿的儿子崇绮自愿陪老父入狱，成为当时一段传奇。后来崇绮被取为状元，也可以视为是朝廷对赛尚阿的补偿。

同文馆创设的初期以英文教育为主，后来陆续扩充了俄、法等国语言的教学，并开设了更多的科学技术课程。同文馆创设之后，文祥时常到同文馆中体验感受，并对同文馆中的学生生活予以关照。

同文馆的学生蔡锡勇曾回忆，他少时在广东学习英文，后来被选送到京师同文馆学习。刚入同文馆时，一名老翁带领新生参观同文馆，将宿舍、教室、食堂等处一一加以介绍。新生们只是觉得这名老翁相貌和蔼，却不知道他是什么人。参观完毕后，老翁温和地询问大家有没有吃午饭。当听说还没吃饭时，老翁喊了一声，立刻出来一名红顶花翎的官员在一旁恭敬侍候，并听老翁的命令安排午饭。此时学生们才知道，老翁乃是军机大臣文祥。

同文馆总教习丁韪良建议文祥，在同文馆设立一个印刷所，文祥让他拟定所需经费。经费造表送上之后，文祥批示给了他三倍的钱。印刷所的设备买回来之后，被扔在一个破棚子里，丁韪良向文祥进行了交涉。文祥没有直接给他答复，过了一两天，一队工匠出现，开始建造印刷所。

让丁韪良纠结的是，文祥对于创办同文馆印刷厂给予了大力支持，却不允许铲平同文馆内的一个小丘，认为这样会破坏风水。丁韪良认为总理衙门是"守旧与进步的奇异组合"，文祥也是现代与传统交织的人物，与同时代人相比，他的视野与思维更为开阔。

丁韪良请了四名翰林来参观发电报的实验，不想其中一名翰林看了实验后轻蔑地道："中国虽然四千年没有电报，却仍是泱泱大国。"翰林们对于玩具的兴趣，远远比科学技术来得多。丁韪良对他们的评价极其中肯："在文学上他们是成人，在科学上他们还是孩提啊。"文祥却认为电报很重要，时常来同文馆观看电报实验。

同文馆对近代中国的意义是文祥没有预料到的。五十年后，丁韪良对此给予了描述："有希望革新这古老帝国的是新教育，新教育的肇端同文馆……是五十年前在北京设立的一个研究外国语文的小学校。"辜鸿铭也评价过文祥："文祥……设立了同文馆，一个旨在使中国青年接受充分的欧式教育的学院。"

宝鋆年轻时贫困，以富贵而终。但文祥毕生贫困，并以此而自豪。美国国务卿西华德（1861—1869年在任）来华时，曾希望到文祥的府中拜见他，被文祥拒绝，称"寒舍不宜接待海外贵宾"。文祥在京师的房子是租来的，相当简陋，所以文祥反过来登门去拜访西华德。不过在华的西方人也认为，文祥的这种安于贫困，并非有益于国家。

一国的发展与希望终究应寄托在制度上，而不是个人。人总是善变的，哪怕是圣人也会有缺点，而良好的制度则可以最大限度地限制人性的不足。如此，在这种制度中，也不需要有苦行僧一般的圣徒去践行着崇高的理念。为社会、为国家做出了贡献，就当享受更好的生活，这是应当得到的报酬。然而，在中国历史上，一直被膜拜的仍然是海瑞这般穷得没法生活的清官们，文祥自然可以列于此类清官队列之中。

总理衙门：影子军机处

咸丰出走热河之后，留在京师的恭亲王、文祥在与英、法、俄等国打交道的过程中，对西方也有了较多的认识，并认定太平军、捻军是心腹之患，英国人则是肢体之患，英国来华志在通商，"并非争城夺地而来"。咸丰十年十月，当《北京条约》签署之后，英、法、俄三国也调整了对华政策，认为应当将奕䜣等人培植成为了解西方，并可为西方所信任的政治家。同时应使奕䜣"既了解我们的温和，又明白我们的力量"。

而要与西方各国打交道，就需要设立专门的外交机构。咸丰十年冬，清廷一度设置"抚夷局"，处理外交事务。可洋人也刁钻了，知道"夷"不是好字眼，提出抗议，自然得换个其他名字。

咸丰十年十二月初一，恭亲王奕䜣、文祥上《筹洋务全局酌拟章程六条》，列出大事六端，并提请创设总理衙门。

咸丰十年《北京条约》签署之后，各国驻华公使开始直接与清廷打交道，并将军机处视为处理外务的机构。军机处主要工作是拟定谕旨、为皇帝提供重大政策咨询、参与审案等，现在多了外交事务，更是繁忙无比。"各国事务头绪纷繁，驻京之后，若不悉心经理，专一其事，必至办理延缓，未能悉协机宜。"作为中枢机构，军机处直接与洋人打交道，不肯承认西方各国与大清国平起平坐，从此角度考虑，也有必要设立一专门机构，专门处理外交事务。

总理衙门的创设，也是出于权力斗争的需要。肃顺将军机处带去了热河，在京的奕䜣与仅有的一名军机大臣文祥，通过设置总理衙门抵制了肃顺控制的军机处，将外交权置于自己手中。

咸丰十年，在《北京条约》签订之后，奕䜣、文祥等奏请设立"总理各国事务衙门"。"总理"二字，也反映了总理衙门的地位。清代凡是负责某一方面专门事务的王大臣，照例有"总理"某某事务的称号，如"总理练兵事务"等。

咸丰批准了总理衙门的设立，但他硬要在其中加上"通商"二字，就成了"总理各国通商事务衙门"。奕䜣对此表示反对，他认为天津、上海已有专门处理通商事务的机构，如果在总理衙门中加入"通商"二字，则西方各国会怀疑此衙门专门处理商业事宜，而不肯与之办理外交，会滋生麻烦。

咸丰不是和弟弟为难，在他以及部分大臣的眼中，外交就是通商，洋人来打仗，不就是为了通商贸易吗？军机大臣焦祐瀛就曾提请设立"办理通商处"处理外交。看到奕䜣的奏折之后，咸丰随即同意去掉通商二字。笃守"华尊夷卑"的咸丰，勉强同意了总理衙门的创设，但认为总理衙门是天朝的耻辱，只能作为临时机构，"日恨其（总理衙门）不早裁撤，以为一日衙门尚存，即一日国光不复"。

咸丰十一年，总理衙门在北京东堂子胡同原铁钱局公所创办。从《北京条约》签订至总理衙门创设，三个月中，奕䜣、文祥、宝鋆每日里都忙得不可开交。文祥曾说，他每天都是衣不解带、目不交睫、愁劳备至。

总理衙门创设时，奕䜣就提出"一切均仿照军机处办理"，总理衙门大臣均是兼职，由六部尚书、侍郎兼任，总理衙门章京也从各部挑选。辛酉政变之后，奕䜣执掌军机处，自然不便再将总署分割为一个独立衙门，遂以军机大臣兼总理衙门大臣。总理衙门设置之后，前后任总理衙门大臣者六十人，其中身兼军机大臣者有十九人。身兼军机大臣与总理衙门大臣者，在总理衙门中地位较高，作用更大。

总理衙门负责外交事务，貌似分了军机处之权，形成外界所云的军机处主内、总理衙门主外的局面，但由于军机大臣兼任总理衙门大臣，实际上还是由军机处统辖。军机处与总理衙门之间，不是平行关系，而是从属关系，总理衙门所奉的谕旨由军机处下发，重要事务仍要上报军机处。总理衙门实际上等于是六部之外新设置的一个外交部。

军机大臣兼任总理衙门大臣的好处是，洋人一开始只认军机大臣，以为这是最权威的人。军机大臣坐镇总理衙门，就可以直接与洋人打交道，不必再经由军机处。文祥说道："现臣文祥办理抚局……设各国使臣有照会军机处文件，亦可由臣文祥于总理处接收，并与会晤，不至再行饶舌。"各国得知军机大臣文祥主管总理衙门后，都"尚以为重"，直奔总理衙门来了。

至于各省、各口岸送来的涉及外交的文件，依照程序，先送给皇帝，再发到军机处，然后交给总理衙门，绕了一个大圈子，效率极低。军机大臣直接兼任总理衙门大臣，则绕过了这个圈子，可以直接翻阅文件。

总理衙门的重要文件也要送交军机处保存。最初奕䜣的设想是，在紫禁城内找个地方，专门存放机要文件。但咸丰对洋人是畏惧过头了，认为一旦在紫禁城内设置存放之地，"但恐各国驻京人闻知"，以为总理衙门在紫禁城内"别有公所"，可能会提出进紫禁城的要求，遂否决了此提议。最后折中处理，将机密文件送到军机处保管，一般文件放在总理衙门。

文件分存两地，检索起来麻烦，且军机处与总理衙门诸多事务需要人员沟通。最终决定，总理衙门的三十二名章京中，由军机处派满汉章京八人兼任，凡机要文件，只有此八名军机章京才可以翻阅。这八名军机章京在两个衙门之间行走，持续四十年不变。总理衙门成立之后，朱学勤和张德容成为第一批到总理各国事务衙门值班的军机章京。

总理衙门也有它的独特之处，由于它以办理洋务为主要内容，而大清国皇帝又恶于与洋人发生直接接触，所以在某种程度上，总理衙门具有独立性，它不必事事都以奏折向皇帝请示报告，而可以直接与各国进行外交谈判，并加以处理。

在主持总理衙门期间，思想开放的文祥引入国际公法，派出外交使团，开启了中国外交与国际接轨的重要探索。

近代中国在与西方打交道的过程中，由于不熟悉国际公法，吃了很大的亏。经过美国驻华公使蒲安臣介绍，丁韪良与文祥结识，并开始进行《万国公法》的翻译工作。文祥派出四名学者，协助丁韪良进行翻译。翻译完毕之后，由总理衙门出资，印刷了三百部，分给各省备用。

因国际法的翻译，奕䜣、文祥有了外交使团的概念。文祥看了《万国公法》之后曾表示："我们向欧洲派遣使者时，将以此为准则。"

同治五年（1866），赫德将返回英国结婚，想从同文馆带一两名学生到英国游历观光。奕䜣、文祥觉得这是个好机会，既可以避开棘手的外交礼仪问题，又可以刺探"夷人"的真实情况。

清廷遂以总理衙门的名义，派人随同赫德前往欧洲考察。这次虽然不是正规使团，但备受国内外注意，到底这是中国第一次向西方派出考察团。考察团以斌椿为领队，同行的还有斌椿的儿子广英，及同文馆学生凤仪、德明、彦慧。

斌椿是满人，当过的最高官职就是山西襄陵县知县。退休在家之后，他不甘寂寞，就帮助赫德打下手，做起了文案。此次赫德要带人出国，也是公款旅游了，就照顾自己人，优先考虑斌椿。斌椿此年已经六十三岁，当时的人将此次出国视为苏武之赴匈奴，以为凶险万分，亲友们纷纷劝阻他不要去。在壮士一去不复返的悲壮气氛中，斌椿起行。临行前斌椿被授予三品衔，派为总理衙门副总办，其他四人也都赏给六品或七品顶戴，以壮胆气。

同治五年二月十五日，斌椿抵达欧洲，前后四个多月，游历了欧洲十一国，主要考察了伦敦、哥本哈根、斯德哥尔摩、圣彼得堡、柏林、布鲁塞尔、巴黎等城市。斌椿去欧洲好比刘姥姥进大观园，对于一切都很感兴趣。但斌椿对于欧洲宫廷及外交礼仪一窍不通，并且极为讨厌正式的会晤。

考察团在伦敦参观大英博物馆时，发生了一段插曲。博物馆中陈列着一件英军从圆明园抢走的龙袍，斌椿看到后脸色大变，丢了魂儿一般，立刻跪下来磕头，然后起身一言不发就走。随后参观矿厂时，换上的一身矿工服让老先生大为不满，立刻唠叨着要回国。在伦敦，老先生照了生平第一张相片，拍摄时惊魂不定，生怕自己的魂魄被摄走。当得知自己的照片登上了欧洲各大报纸之后，老先生又得意扬扬、踌躇满志。

在法国，老先生碰到了法国汉学家德理文，两人谈起中国诗词有相见恨晚之感。德理文安排斌椿去观看法国戏剧，不想斌椿一看就上了瘾，每日里无戏不欢。斌椿老先生春心荡漾，兴致勃勃地记载道："女优登台，多者五六十人，美丽居其半，率裸半身跳舞。"

欧洲之行，让六十三岁的斌椿大开眼界。电梯、电话、煤气灯、高楼、机器、火车，无不让他震惊。虽是走马观花，但终有诸多收获，回国之后，斌椿将他的游历日记《乘槎笔记》递交给总理衙门。总理衙门的人阅读后深有感触，萌生了派出外交使团的想法，遂有了外交史上最为奇特的蒲安臣使团之行。

同治六年（1867），美国驻华公使蒲安臣任满归国。文祥突然产生了个离奇想法，邀请他作为中国政府的代表访问各国。在赫德的斡旋之下，蒲安臣同意作为中国代表出访西方。

蒲安臣是美国哈佛大学的高才生，三次担任国会议员。他是个充满理想主义与冒险精神的人物，秉持着美国独立战争时先贤们自由、民主、平等的理想，在国内反对黑奴制度，在国外反对国家之间以强凌弱。他曾与主张奴隶制度的议员决斗，也全力支持林肯参选总统，他热情洋溢地支持欧洲各国追求民主，为一切被压迫的人而呼喊。由于支持反抗奥匈帝国的撒丁尼亚，他被奥地利拒绝接纳为公使，不得已之下才改任驻华公使。

由于南北战争，美国很少顾及中国事务，驻华的外交人员有较多的自主权。蒲安臣在华期间的诸多行为也体现了他的理想主义情结。他在来华之前，对中国没有什么了解，到了中国后，才有了更多的认识。他对中国抱持同情态度，主张采取"合作政策"，消除彼此间的误会，相互尊重合作。

至于清廷之所以出此奇招，以外国人为大清国的钦差大臣，原因诸多。奕䜣、文祥等人对蒲安臣印象极好，十分信任。受自己的理想所支持，蒲安臣在担任驻华公使期间多次出面，帮助清政府在外交事务中争取到有利地位，维护了中国权益。同时他的私人品德也让中国官员赞叹。在中美电缆工程招标时，蒲安臣岳丈的公司希望他能帮忙，却被蒲安臣拒绝。得悉蒲安臣即将离任之后，奕䜣等人恋恋不舍、款款相留。蒲安臣也大受感动，表示今后中国如有外交上不平之事，"必十分出力"。

此时中国面临棘手的外交事务，却又缺乏外交人才。早在1858年，中国与英、法、俄、美各国所订的《天津条约》规定十年之后修约。对于修约的内容与要求，清廷一无所知、一片茫然，只怕各国带了军舰来威胁。故而希望能由外交使团打开局面，劝告各国不要借修约来生事。此外，清政府对蒲安臣的外交权力也加以限制。清政府派出志刚、孙家谷二人随行，地位与蒲安臣平等，以为掣肘。蒲安臣出使期间的一切行动，要经过总理衙门批准，他只有谈判职权，而无决定权。

蒲安臣摇身一变成为大清国的钦差，头衔也极其响亮，"钦派办理中外交涉事务大臣"。为表正式，临行前清政府还特别颁发给蒲安臣一枚木质关防，"以资取信各国"。蒲安臣也不是个安分的主儿，为了使大清国的大使看起来符合国际规则，他竟然为中国设计了一面国旗，黄底镶蓝边，中绘一龙。

同治七年（1868）二月二日，使团一行三十余人从上海出发，开始了长达两年八个月的旅程。第一站是日本，随后穿越太平洋，于三月九日抵达旧金山。美国官方给使团举办了盛大的欢迎仪式，加州州长的致辞极富文采："我们的客人，一个最年轻国家的儿子，代表了一个最古老的国家。"闰四月二日，使团抵达纽约。闰四月十六日，抵达华盛顿。在华盛顿，使团拜会了美国总统，并递交了国书。

蒲安臣使团

六月九日，未经总理衙门许可，蒲安臣与美方签署了《中美天津条约续增条约八条》（《蒲安臣条约》）。蒲安臣对这个条约极为满意，认为条约保证了中国的独立与领土完整。此条约备受后世诟病，很多学者由此指责清政府将外交当儿戏。但平心而论，这是中国近代外交史上唯一真正的平等条约。

条约中规定，中美彼此尊重对方的国家主权与领土完整。美国声明不干涉中国内政。中国的一切事务，如修铁路、开电报、搞改革等，均由中国自行决定。两国侨民可以自由往来，并尊重彼此的宗教信仰。中国学生赴美留学时，美国将给以最惠国待遇。条约也促使清政府放弃了禁止移民海外的政策，导致了大批华工出国，参与了美国

军机处二百年

的西部大开发。

此后蒲安臣又陆续访问英、法等国。但在这些国家，蒲安臣没有得到在美国所享受的隆重待遇。英国对使团反应冷淡，不想接触。法国对蒲安臣递交的国书不予回复，谈判时对实质内容不置可否。

俄国对使团很感兴趣，沙皇亚历山大二世亲自接见。不想就在沙皇接见的次日，因为俄国寒冷，蒲安臣感染了肺炎，不治身亡。随后使团由志刚带领，先后游历比利时、意大利、西班牙三国。1870年10月，使团从法国乘轮船归国。蒲安臣死后，奕䜣、文祥等人极为悲痛，追赏他一品官衔、白银一万两，感谢他为中国效力。

从斌椿到蒲安臣，大清国在外交上迈出了艰难的第一步。而洋务运动的推行，外交与国际上的接轨，却仍然需要漫长的时日，蒲安臣之后二十年，真正意义上的外交使团方才成行，此中也可见当日办理洋务的艰难。

总理衙门创办之后，不但主持各种外交活动，更直接推动了洋务运动。经由总理衙门操作，从西方各国采办战舰，建立海军，创设电报、邮政，开办船政、铁路、矿务局，建设各种现代工厂，开启了中国的近代化。而由于总理衙门所处理的事务既烦琐，又重要，也使得它在西方人眼中成为"帝国政府的内阁"。

当大清国被打开国门之后，面对西来的各国列强，唯一的选择只能是兴办洋务，求富求强。但在当日，洋务却被保守的士大夫们视为不可接受，而频繁施加阻力。已存在近百年的军机处如直接出面推行洋务，必遭到更大的阻力。作为军机处的影子，由为处理洋务而设立的总理衙门出面办理，则压力相对较小。军机处操控于后，总理衙门出没于前，此即当时办理洋务的格局。比如电报这样的洋玩意儿，如果在军机处中设置，自然会引发保守派的抗议。可若是在总理衙门中设置电报处，则没有任何争议，总理衙门就是为处理外交事务而生的。

在奕䜣、文祥等人主持之下，洋务运动挽救了大清王朝正在急速下坠的颓废之势，也使得同治一朝被称为"同治中兴"。有史学家在论及"同治中兴"时说："不但一个王朝，而且一个文明看来已经崩溃了。但由于十九世纪六十年代的一些杰出人物的非凡努力，它们终于死里求生，再延续了六十年。这就是同治中兴。"

叔嫂决裂

同治三年（1864）七月初一，醇亲王奕𫍽到隆福寺行宫向咸丰灵位祷告：已克复金陵，请九泉之下安心。同日奕䜣与军机大臣们商量如何论功行赏，朝堂之中弥漫着喜气。

辛酉政变之后，奕䜣执掌军机处，虽无军机大臣至前线冲锋陷阵，但居中调度功不可没。自天京事变石达开出走之后，清军与太平军在安徽进行了激烈的争夺。胜保在前线无能，奕䜣果断以僧格林沁驰援，擒斩捻军首领张乐行，随后攻克庐州。又抽调李鸿章的淮军至上海，组建洋枪队，开辟苏南战场。同时以左宗棠为浙江巡抚，经营浙江，夹攻太平天国；以骆秉章主持四川，围堵石达开部，剿其于大渡河。同治朝在整体战略上的部署明显胜过咸丰朝。

面对着日益转好的局面，有一人却忧心忡忡，这就是吴廷栋。他担忧胜利之后，君臣之间会由胜而骄，生出祸端。在克复金陵的第四天，他就上奏提醒君臣之间要"益加敬惧"。慈禧，对奕䜣要敬；奕䜣，对慈禧要惧，可这二人能做到吗？

同治四年，看着战事平息，局势平稳，慈禧开始打击奕䜣。

慈禧是个女人，对细节极其注意，对权力又相当敏感。奕䜣主持朝政日久，又在对太平天国的战事中取胜，一时之间被恭维为周公般的

"贤相"，不可避免地开始膨胀，他也开始疏于礼节，忘记了吴廷栋的提醒，对慈禧要"惧"。

王公大臣入内廷，需经过总管太监宣旨后方可，奕䜣往往不等太监传旨，就径直入内。在养心殿内，两宫太后垂帘听政，照例是慈禧先问，奕䜣再答。时间一久，奕䜣不耐烦了，有时慈禧问话，他就装没听到不回答，有时则故意大声回答。性格敏感、个性强硬的慈禧，开始产生对奕䜣的不满。

对奕䜣的打击由小角色蔡寿祺诱发。蔡寿祺是江西德化人，道光二十年考中进士，入翰林院任编修，曾一度在胜保军中帮办事务。返回京师后蔡寿祺担任起居注官，利用在宫中任职的机会，得以窥探宫内恩怨风云，并揣摩慈禧心意。

同治四年二月二十四日，蔡寿祺弹劾曾国藩、曾国荃，奏折递上后，留中未发。蔡寿祺这是投石问路，曾国藩办理洋务与奕䜣来往密切，被视为是奕䜣党羽。慈禧对于奕䜣与地方实力督抚的关系也是相当不安，"湘乡一门鼎盛，被忌尤甚"。湘乡一门者，曾国藩也。

蔡寿祺精确地捕捉到了慈禧的心思，先以弹劾曾国藩投石问路。奏折递上后，慈禧留中不发，间接表明了对蔡寿祺的支持。

到了三月初四，蔡寿祺再上折弹劾奕䜣，称他"贪墨、骄盈、徇私、揽权"，建议奕䜣归政朝廷，回家养老，另外寻找合适的亲王辅政。蔡寿祺的政治嗅觉相当敏感，他的胆量又足够大，出击的时机又拿捏得如此之好。奏折递上之后，又是留中不发。

三月初五，奕䜣悠闲地入宫。此日慈禧已经做好准备，准备收拾小叔子，她突然对奕䜣道："有人弹劾你。"并拿出奏折晃了一晃。不想奕䜣一点也不慌张，追问："何人？"慈禧道："蔡寿祺。"奕䜣听了后失声道："蔡寿祺非好人。"叔嫂二人闹僵之后，奕䜣气冲冲地离开。

慈禧看着小叔子这么牛气，立刻把大学士周祖培等人召了进来，哭哭啼啼诉说恭亲王弄权，已经没法控制了，要将他治罪。周祖培等人夹在中间，左右为难，也不好明确表态，只好劝慰慈禧。慈禧一看这些老臣都不表态，又哭道："你们应当念先帝的恩情，不要畏惧恭亲王，恭亲王罪不可逭，宜速议。"周祖培只好拼命磕头道："此事只能两宫决定，臣等不敢多语。"慈禧失望道："这样要你们有什么用？等皇帝长大亲政了，你们不会觉得过意不去吗？"周祖培也是老奸巨猾，就将球踢给了其他人，建议慈禧去找倭仁商量。倭仁是蒙古正红旗人，出身平凡，据他自称是"蒙古世仆"。倭仁二十五岁考中进士，此后长期在翰林院供职。他常年研习程朱理学，并奉行终身，视为"身心性命之学"。同样信奉理学的曾国藩与倭仁关系极好，并效法倭仁，对自己的一念之差、一事之失每天都要写下来反省。曾国藩在理学修行上做足了功夫，如对于自己贪睡的习惯，他大骂自己"一无所为，可耻"。看到同僚纳了美妾，心中暗羡，之后反思，又大骂自己"真禽兽"。

咸丰朝，面对与太平军作战所带来的财政吃紧问题，倭仁上奏提出应对之策。在奏折中，倭仁认为皇帝应该做足道德功夫，更要坚守尧舜之志，"斯庶绩可次第而理"。咸丰看了倭仁的奏折，不由怒从中来，这道德功夫做得再足，能捞到银子充做军饷吗？能练就百万雄兵吗？能纵横沙场吗？由此咸丰对理学门徒产生恶感，曾问吴廷栋："何以学程朱者多迂拘？"咸丰又询问吴廷栋，如何看曾国藩与倭仁二人。吴廷栋评道，曾国藩"激"，倭仁"迂"，此二字刻画入木三分。

咸丰不喜倭仁，就将他打发去了偏僻的叶尔羌。一路跋涉了六个月，倭仁方才到任。途中路过易水时，他遥思荆轲刺秦王于此地告别时的壮烈，不由感慨万千，悲从中来，竟然想去出家。在叶尔羌，倭仁继续苦行着自己的理学理念，等待着重新出山的机会。此间有人以身家性命保举倭仁，请予以重用，咸丰也不加理睬。

不料在与太平天国的战争之中，一群被咸丰所瞧不上的理学书生却交出了优异的成绩。曾国藩、胡林翼、罗泽南等程朱信徒所立下的赫赫战功，让时人咂舌，于是轻蔑理学的观念为之一变。

同治初年，程朱理学被视为正学，理学大家出入朝堂，倭仁也被大用，被选为同治的师父，执掌翰林院，又升迁为文渊阁大学士。倭仁前三十年未被大用，在同治朝却平步青云，既是理学复兴的表征，也是政局变化与政治运作的结果。

咸丰从京师出逃热河之后，倭仁正担任盛京户部侍郎，接连上疏指责肃顺。当礼亲王世铎奏请两宫皇太后垂帘听政时，倭仁也积极表态支持。待两宫皇太后垂帘听政后，这自然成了政治资本。此外，倭仁与慈禧的心腹周祖培都是河南商城人，两人关系密切，"有通家之谊"。有周祖培在背后助力，倭仁自然被列入帝师人选。倭仁被选为帝师后，立即将自己所编写的历代帝王事迹献上，两宫太后赐书名为《启心金鉴》。书被放在同治读书的弘德殿内，由倭仁负责讲解。

作为理学大家，倭仁有着强烈的道德洁癖。一执掌翰林院，他就制定了《翰林院条规》，要求翰林们每天都要写日记，记载每天的一言一行及读书心得，并由自己来考核。倭仁虽官至一品，身居高位，却操守严格，生活简朴。倭仁曾组织过"吃糠会"，以示居安思危，忆苦思甜。

周祖培这次将球踢给了倭仁，自有他的道理。一方面，倭仁对专注于洋务的恭亲王久有成见，而且敢于出头；另一方面，慈禧对倭仁一直是青睐有加，视为心腹，现在正是倭仁表现的机会。

三月初六，倭仁、周祖培在内阁询问蔡寿祺，所奏有无实据。蔡寿祺虽然胆大包天，却不够谨慎。被询问时，他无奈地称，所弹劾的恭亲王四大罪状都是风闻，并无实据。虽无实据，但也不是毫无办法，历史上还有"莫须有"三字的先例呢。

三月七日，倭仁奏称，蔡寿祺的弹劾虽无实据，未必尽出无因，请削减恭亲王的权力。慈禧当即拿出早已准备好的谕旨出示，谕旨中指责恭亲王奕訢妄自尊大、目无君上，革去一切职务。慈禧所出示的谕旨错字连天，语病百出。短短数百字的谕旨中，竟有十二个错字，遂由倭仁、周祖培加以润色修改，不交军机处，而由内阁下发。

慈禧此举是借力打力，抬高内阁地位，压制军机处。自军机处设立之后，内阁有尊荣而无实权，形同傀儡；有大名而无实惠，诚若伴食。慈禧此次直接通过内阁颁布谕旨，既是拉拢内阁学士，也是警告军机处中奕訢的党羽。

奕訢被赶出军机处后，廷寄格式也发生了变化，原先"议政王、军机大臣字寄"的开首语，被改为"军机大臣字寄"。廷寄发到南方后，曾国藩看到廷寄格式发生变化，立刻判断中枢发生巨变，并预测奕訢"若非生死大变，则必斥逐，不与闻枢密大政矣"。

此时军机处人少，李棠阶上奏请调曾国藩入军机处，慈禧却没有同意，这不是帮奕訢拉来外援吗？

恭亲王被赶出了军机处，众大臣也不敢发言，到底这是小叔子和嫂子的矛盾。外人不好插嘴，自家人却可以发话。初八日，奕訢的哥哥惇亲王奕誴站出来帮弟弟说话，认为弹劾奕訢的各款都没有实际依据，应该请王公大臣一起开会之后再确定。

奕誴是道光的第五子，生性滑稽，无什么大志。不问世事的老五奕諒也出来帮老六站场，慈禧一看不好，唯恐激起皇族内部的众怒，就请来了军机大臣文祥、李棠阶、曹毓瑛，使出妇人的功夫，将奕䜣顶撞自己的事一一列举。

文祥等人与恭亲王打了多年交道，知道他的脾气。恭亲王在军机处时，一个人傲然独坐在炕上，有属下过来行礼，他也不回礼，相当倨傲。宝鋆认为他："人甚聪明，但长于深宫之中，不知民间疾苦。事遇疑难时，还得我们几人代为主持。"

这次叔嫂两人为了点小事闹翻，影响到了国家大政，军机大臣们只能当和事佬，先是附和慈禧，一起骂奕䜣，然后又一起打圆场，认为奕䜣习气太深，不知检点，话虽然冲，却不是有心。经过开导，慈禧答应由王公大臣们一起来讨论奕䜣的错误，再做处罚决定。当日李棠阶回家之后，抹了抹头上的汗，在日记中记了一笔："似有转机。"

老七醇亲王奕䜣本在东陵监督施工，十三日赶回京师，一看皇宫大院里闹得沸沸扬扬。虽然奕䜣对于六哥奕䜣张扬权势也有所不满，此时为了大局考虑，也跑去找慈禧说情，认为只要让恭亲王深刻反省，认识到错误就可以了，"令其改过自新，以观后效"。

到了十四日，王公大臣济济一堂，开会讨论，支持恭亲王的竟有七十多人。看着舆论偏向恭亲王，老夫子倭仁见风使舵，嚷嚷着要给恭亲王一次机会。第二天，慈禧单独召见军机大臣商议。文祥帮恭亲王说话，言辞恳切。李鸿章在给曾国藩的信中写道："恭邸似可渐复，惟与艮相（倭仁）嫌衅日深。"

十六日，两宫皇太后命恭亲王仍管总理衙门，但尚未恢复军机处的职位。李棠阶认为转机不久将到，恭亲王将继续执掌军机处。对于此次调和叔嫂关系的文祥，李棠阶佩服得五体投地，他在日记中大赞文祥能顾大局，狂呼他是"社稷之臣，吾师乎，吾师乎！"

不想此时突然又生出变数，在慈禧耳边帮恭亲王说好话的人太多了，慈禧又开始不开心。一直拖到四月十三日，慈禧召见军机大臣宝鋆，询问他的意见。宝鋆人聪明，语言幽默，又会说话，把慈禧哄得开开心心，当日下令，明天就让奕䜣入军机处。宝鋆的这套功夫，让李棠阶同样佩服得五体投地，在日记中又是大大地膜拜了一番。

四月十四日，谕旨出来，恭亲王着仍在军机大臣上行走，但没有了议政王的名目，以示裁抑。此场持续了三十九日的政治风波，至此方告结束。上谕中也称："本日恭亲王因谢恩召见，伏地痛哭，无以自容。"恭亲王伏地痛哭，是委屈，是伤心，还是不平？此时他应该想起了吴廷栋的提醒，对慈禧，要"惧"。

经过此次打击，恭亲王的锋芒被挫，权势大减，此后日益谨慎。至于此次风波的挑起者蔡寿祺，因为弹劾之事查无实据，被降二级调用。蔡寿祺一下子暴得大名，惹得毒舌李慈铭"羡慕嫉妒恨"，大骂他"素无士行，小人之尤"。蔡寿祺此番攻击，首攻曾国藩，再击恭亲王，而慈禧在宣布奕䜣罪状时，有"植党"一词，虽未直接点名，但明显是指曾国藩，此后曾国藩益加畏惧。

由此次风波，慈禧展示了她出色的政治手段，先是将奕䜣革职以示威，再恢复职务以示恩，所有王公大臣对她敬惧有加。此后慈禧几十年能呼风唤雨、号令群臣，实由此次风波肇始。

此次叔嫂争端之中，军机大臣全站到了奕䜣一面，连李棠阶也帮奕䜣说话，这也让慈禧觉得有必要在军机处中安插自己的人马。恰好到了十一月，军机大臣李棠阶病死，军机大臣出现空缺，慈禧选定李鸿藻入军机处。

同文馆卫道之争

同治五年，军机处的人事经历了诸多变动。先是曹毓瑛在三月去世，七月李鸿藻丁忧，遂以胡家玉、汪元方二人补入。十二月，胡家玉被免职，汪元方入军机处不过一年也去世了。同治六年十月，山西巡抚沈桂芬被调入军机处。

军机处历史上，军机大臣历来由六部尚书、侍郎和内阁大学士兼任。在六部与内阁之间，又以六部侍郎优先，这样的人选既熟悉中枢事务，又具备行政技术背景，甚少有从督抚任上直接提拔为军机大臣者。乾隆三十年（1765），曾有尹继善从两江总督调任军机大臣，但此前尹继善已有在军机处任职的经验。

沈桂芬之所以破例入军机处，在于文祥的大力支持。沈桂芬是文祥的得意门生，二人"交最契"。此外，据小道消息，受到慈禧青睐也是沈桂芬破例入军机处的重要原因。吴圭庵作诗《小姑篇》，诗云："事事承母命，处处蒙人怜。深潭不见底，柔荑故为妍。""小姑"自然是沈桂芬了，"母命"则是慈禧，讽刺沈桂芬唯慈禧之命是从。

沈桂芬入军机处之后，碰到了死敌李鸿藻，此人处处与他为难。李鸿藻地域观念极重，"素持南北之见"，除非在不得已的情况下，一般不用南方人。沈桂芬虽然籍贯是江苏吴江，却出生在顺天府宛平县，从小在京师长大，也算是北人了。当然，沈、李二人的分歧还是在政见上，即洋务与保守之争。

刚入军机处，沈桂芬就碰上了洋务派与保守派的纷争，起因则是同文馆开设天文算学馆。

同文馆的创设，源于咸丰十年。此年恭亲王请被诱擒的巴夏礼修书，与联军统帅议和。巴夏礼用中文写了封信，又在旁边写了几行英文。这几行英文将京师内的清国官员给难倒，京师之内，竟然找不出一个懂英文的人。当时中国人将欧美各国横写的字母文字，称为"蟹行文"。蟹行，横行也，以示轻蔑。这几行"蟹行文"中，到底传递的是什么信息？在此兵临城下战和之际，不能不慎重对待。好不容易打听到天津有一个广东人懂外文，遂紧急请来辨认，才认清英文不过是巴夏礼的姓名与年月日而已。此时奕䜣等官员才意识到了外文的重要性。

同治元年六月，同文馆在东堂子胡同总理衙门内正式开办，请了英国传教士包尔滕来教授英语，同时限定他只准教语言，不得传教。当年第一批学生十人，都是十三四岁的八旗子弟。随着驻京各国使馆的增多，又陆续增加了法文馆、俄文馆、德文馆。

同文馆开设之后，招收学生并不顺利，谁家有子弟入了同文馆学习，一家人都会遭遇社会上的白眼。为了吸引学生，同文馆给每个学生每月三两银子作为补贴，并提供丰厚伙食。此后又逐渐提高补贴，学洋文有成绩者，过一二年增至六两，最多可到每月十二两。西方教员看着同文馆的优厚待遇，不禁感叹："世界上的学校，没有比同文馆待学生再优的了。"

同文馆最初只教授外语，同治五年，恭亲王上奏，请在同文馆内增设天文算学馆，招收科甲正途士人及五品以下京外各官，学习天文、算学。

奕䜣此奏一出，顿时激起波澜无数。在士大夫心目之中，读圣贤书才是至高无上的事业，士人的使命则是出将入相、治理天下，现在让士人们去学习天文、算学这类技术活儿，无异于将他们降到一般工匠艺人的地位。更让人无法接受的是，这些士人们将要跟在洋鬼子后面学习，这不啻承认西学与中国学问并驾齐驱。

鸦片战争之后，面对着船坚炮利的西方，大部分中国知识分子仍然恪守中国文化无比优越的观念，将西方的技术嗤之为雕虫小技，认为西方各国根本没有什么文化。这种根深蒂固的认知，使得士人眼中西方之强大、之领先于中国的，只是它的科技；而中国的文化却仍是并将一直优于西方，且是西方所不能比拟的。在当时士人眼中，西洋列国只是依靠科技之力得到勃兴，在文化上却是远远落后于中国的蛮夷番邦。

同治六年正月，就在恭亲王的提议被"准办"之时，御史张盛藻上奏反对。他的理由很简单，科举正途出身的士人，只能读圣贤书，做朝廷官，而不能"习为机巧"。天文、算学在张盛藻看来是有必要学的，但天文可以让钦天监去学习，制造可以让工部的工匠去学习，如果让堂堂儒生去学习这些奇技淫巧，不啻是"师法夷裔"。

张盛藻人微言轻，上的奏折也没有什么分量。但奏折在士人之中流传，一时之间，议论纷纷，竟至无一人肯去同文馆报名。同时舆论也开始指责军机处，"军机无远略，诱佳子弟拜异类为师"。

让士人入同文馆，此举与士习人心大有关系，作为理学的领袖人物，倭仁如何能避居幕后？倭仁对士人进同文馆学习天文、算学极其忧虑，将它上升到立国之道的高度，认为此举断不可行。倭仁以"圣道卫士"的姿态上阵对抗恭亲王，他的措辞极其冠冕堂皇："立国之道，尚礼义不尚权谋；根本之图，在人心不在技艺。"

倭仁的出击，让保守派士人大喜，纷纷配合，京内舆论更加激烈，对同文馆的攻击日甚一日，"孔门弟子，鬼谷先生"，"胡闹胡闹，教人都从了天主教"。

恭亲王自然不甘示弱，随即反击倭仁。恭亲王先是反击倭仁这批人每天放空炮，对外主战，结果真一打仗，不是袖手旁观，就是纷纷逃避。在对外事务上，这些人毫无了解，只知道举着道义的牌子空谈。要想国家富强，就要制造火器、轮船，这些必须学习天文、算学。倭仁认为此举断不可行，导致很多学者裹足不前，那么，谁来办实事？谁来实现国家富强？至于倭仁所主张的忠信仁义足以制敌之命，恭亲王表示："臣等未敢信。"

三月三日，军机处将恭亲王此折交给倭仁阅看。三月八日，倭仁再上一折，反击恭亲王。倭仁道："翻阅总理衙门的奏折，认为忠信礼义是空话，没有制敌自强的实效。窃谓不然，要制胜，必须有忠信之人；要自强，必须有礼义之士。如果士人不读诗书，奉夷为师，如何能指望他们存心正大，尽力报国？"同时倭仁认为，以中国之大，不患无才，可以遍求精通天文、算学的人才，根本不必去请洋人来做教习。

恭亲王再次反击道："请洋人来同文馆，不过是学习他们的技术，而不是要修弟子之礼。"同时又将了倭仁一军，请他推荐精通天文、算学的人才，"倭仁公忠体国，自必实心保举"。

恭亲王这下子击中了要害，倭仁赶紧上奏，称此前所言，只是担忧洋人来教课，有妨政体，所以言无不尽，而不是意气之争。现在同文馆既已开设，自然不能终止，此外"奴才并无精于天文、算学之人，不敢妄保"。

恭亲王等洋务派为防止倭仁继续捣乱，使出了个釜底抽薪的绝招，让倭仁在总理衙门行走，同时另外再设一个同文馆，交给倭仁掌管，与同文馆互相砥砺。慈禧此时也开始厌烦倭仁的迂腐，开始倾向于恭亲王，对他的建议立刻听从。

三月十九日，慈禧下令停止争执，同文馆招考天文、算学，又令倭仁到总理衙门行走，并另设一馆，由倭仁执掌。

这好比将你最痛恨的事物交给你每天来仔细看护，而以帝王之师、内阁大学士的身份在总理衙门行走，对于倭仁来说，无疑是奇耻大辱。三月二十五日，倭仁请求面见慈禧，召见时恭亲王也在一旁，不时出语挖苦倭仁。倭仁无话可说，出来后去给同治授课时，竟然涕泪交集。同治当时没有察觉，翁同龢则惊愕不已。

此时正在丁忧的李鸿藻也主动邀请倭仁来商量，帮他出谋划策。问题的关键在于，如何推掉总理衙门大臣一职。

三月二十九日，倭仁骑马入朝时，突然眩晕坠马，此后称病不起，躲在家里与门生商量如何对付"鬼子六"奕䜣。倭仁此次"坠马"事件，是深思熟虑的结果。依照礼制，官至二品、六十岁以上的官员可以坐轿入紫禁城，年已六十四岁、官至一品的倭仁此时骑马，明显是故意而为之。至于倭仁的病，却不是装出来的，而是实实在在被气出来的。

同治六年五月，北方久旱不雨，朝廷下诏让群臣"直言极谏"，以感动老天。直隶州候补知州杨廷熙上奏，认为天久不下雨，是因为设了同文馆，"师敌忘仇"，导致天怒。杨廷熙请撤销同文馆，以弥天变。倭仁反对的不过是同文馆增设天文、算学，现在杨廷熙要一锅端，将同文馆撤销。

五月二十九日，上谕发出，指责杨廷熙："呶呶数千言，甚属荒谬。""杨廷熙此折如系倭仁授意，殊失大臣之体。"上谕同时严令倭仁假满之后，立即到总理衙门上班。倭仁也豁了出去，找了个借口，称自己从马上跌落时将脚摔伤，请求辞去一切职务。两宫皇太后同意他开去翰林院掌院学士等实职，此后倭仁只保留了帝师的身份。

由于倭仁的阻止，同文馆开设天文算学馆的计划遭到重挫。第一次招生时，科甲正途出身的考生寥寥无几，最后勉强从各种人员中录取了三十人，却又是良莠不齐。

学生素质良莠不齐，同文馆的天文、算学教师之中也是奇人充斥。被聘来的天文学教授德国人方根拔，被人评价为"他也许是文学家，可绝非天文学家"。自视甚高的他一心想要推翻牛顿万有引力定律，并构思了一套奇怪的宇宙理论，甚至认为地球的形状是椭圆形。到了次年，天文算学馆就淘汰掉了二十名学生，剩下的十人与学习外语的其他班级合并。

倭仁虽排斥洋务，但与洋务的主将曾国藩却关系密切。倭仁是湖南籍理学家唐鉴的弟子，曾国藩则是唐鉴的同乡，由这一层关系二人结识。曾国藩的理学功夫也师从倭仁，倭仁不过年长曾国藩七岁，但曾国藩对倭仁一直以"前辈"相称。早年曾国藩每日里做功课，将自己的一言一行写下，然后交给倭仁批阅，看了倭仁的批阅之后，曾国藩不由"悚然汗下"。

同治七年，天津教案之后，倭仁虽然不满于曾国藩的处理方式。当曾国藩被群起指责时，倭仁又开始帮曾国藩说话，认为他处两难之境，也没有两全其美的办法，如此处理，也是无奈。同治八年（1869），曾国藩到京后，专门去拜访倭仁，多年不见，两人相谈甚欢。朝廷赐宴群臣时，"东边四席西向，倭仁首座"，"西边四席东向，曾国藩列首座"，两人已有领袖群臣的风采。

倭仁的品质为人自然是鹤立鸡群，毋庸置疑，但他的顽固不化，颇让曾国藩无奈。私下曾国藩评论倭仁："朝中有特立之操者，尚推倭艮峰，然才薄识短。"

在经历了乾隆盛世之后，清国开始进入了国力下降的通道，然而，官员贪腐、官场奢华的风气却一直延续未有变革。在此时代，面对着西方列强的突进，在思想层面上也开始走向回归。曾在学术圈中唱主角的乾嘉学派，开始让位于理学。同治年间的理学复兴，要而论之，不外修身功夫、道德文章，进而以此作为国家的执政理念。

在贪腐无度的官场之中，突然杀出了一批卫道士，他们每日里谨慎对待自己的一言一行，洁身自好，并对当时的弊政大力予以攻击，这不啻政坛上的一股清风，顿时让着迷于往昔圣王、先贤事迹的士人们纷纷膜拜效法，并沉迷于其中。咸丰虽不喜欢倭仁，并将他打发去了新疆，可这些另类读书人，在当时又有实在的效果。过惯了奢华生活的大清国，此时只能在这些有道德洁癖的书生们的辅助之下，蹒跚向前。而在太平天国所兴起的巨变之中，又是这一群书生摇旗呐喊，成为中流砥柱，挡住了太平军不可一世的洪流。

同治年间程朱理学的复兴是在一片喧嚣、一片混乱的局面之中横空出世的，它既没有前期的理论酝酿，也未经过长期思想的激辩。它的复兴，只是为了应对当下的时弊，是为了及时给大清这辆破败马车提供治国之道。其中不可避免的既有保守、迂腐、不通时务者，也有明见、通达、顺势而为者。

理学中的通达、明见者，前有曾国藩，后有张之洞，他们不期修古，不法常可，先是高举理学旗帜，后又成为洋务派巨擘，由理学之中走出了经世致用的洋务之途。其中也有坚持不变、固执旧念者，前有倭仁，后有徐桐，他们以迂腐之心誓死捍卫道学。

倭仁虽迂腐，但言行如一，毕生坚守自己的理念，也是极其难得的。京师冬日，萧萧北风，彻骨严寒，群臣之中只有他穿了件毛绒已磨秃的狐皮大袄，里面穿着普通布衣，身上只配了串朝珠。他从不为门生故吏谋求官职，也不收纳各种陋规收入，生活简朴。他为人谦恭，讲话时总是细声慢语，碰到腿脚不好的大臣，总是恭敬地走在后面。倭仁的持身论道，在一定程度上纠正了往昔颓废迷离的官场风气，对同治中兴不无裨益。

天津教案引发的分歧

　　随着1860年《中法北京条约》的签署，天主教取得了在中国各省传教的权利。而根据利益均沾原则，其他各国可以分享此项权利，这样信奉新教的英、美等国传教士也可以公开进入中国传教了。

　　新教在华走上层路线，主要活动在沿海口岸与城市，面向知识分子传教。在资金上，新教传教士依赖于所在国团体与个人捐助，而天主教传教士则要在华自谋生路。新教传教士很少干预中国地方事务，主要在华进行教育、医疗及各种慈善事业，并由此发展教徒。

　　对西方传教士与教民的不满与怨恨，导致了各类传言的蔓延。当时中国社会有溺婴的恶行，西方传教士来华后创办育婴堂，救济了大批弃婴。这本系善举，但谣言偏偏围绕育婴堂展开。各种谣言认为，传教士创办育婴堂的目的是挖食人眼、人心，以此来修炼法术。

　　在天津，由于民间流传的关于传教士的各种恐怖故事最终掀起了一场巨大的波澜。

　　同治九年（1870）夏，在直隶各地发生了"迷拐人口"案件，案件被破获之后，主犯王三纪、刘金玉等人在招供时为了减轻责任，将天主教堂当作了自己的挡箭牌。

　　天津地方上拐卖儿童的主犯武兰珍，被捕后供认是天主教堂所主使，将儿童拐卖到法国慈善堂之后，每个人发给大洋五元。此时法国仁慈堂中，收养的弃婴又有三四十人死去。法国仁慈堂将死婴掩埋后，墓地被野狗刨开，尸体被吃掉，以致"胸腹皆烂，肠肚外露"。

对于此案中的育婴堂诱拐婴儿事件，美国人芮玛丽的观察相对比较公允："修女们过于无知与鲁莽。她们出于拯救更多当地中国人遗弃的婴儿的热情，竟然为每一个送来的婴儿支付一小笔钱。这些酬金鼓励了诱拐婴儿的活动。"

天津地方上开始风传育婴堂贩卖儿童，挖眼剖心，以炼制邪药。由此掀起了一场针对法国教堂的风波，天津市民停市，学生罢课，要求官府查办教堂。

五月二十三日，天津知府张光藻、知县刘杰前去天主教堂调查，结果发现教堂内的情况与诱拐婴儿的罪犯武兰珍所供述情况不符，就将武兰珍带走，准备处死之后结案。

当日大批天津民众聚集在天主教堂外等候查案结果，看到教堂内有教民出入，就发声嘲讽。有名教民从教堂内冲出，抓住一名围观民众发辫扭打。此后民众拿了砖块，向教堂抛去发泄。传教士谢福音生怕事态激化，立刻去报告三口通商大臣崇厚（1861年，为了办理通商和外交事务，清廷在天津新设三口通商事务大臣，管理北方所有洋务、海防各事宜，三口指天津、牛庄、登州。三口通商大臣为专职，由崇厚担任。）请求支援。崇厚就派了两名巡捕去处理。巡捕到达时，双方已经停手。此时法国驻天津领事丰大业已在教堂内，就责问巡捕："为何不将闲人拿去？"巡捕回道："彼不闹事，何以拿他？"丰大业大怒，出来追打巡捕。巡捕逃回通商衙门告状，崇厚又派了一名弁兵到教堂交涉，不想丰大业与秘书西蒙揪住弁兵发辫，各自带了手枪、佩剑前去通商衙门找崇厚。

到了通商衙门，丰大业与崇厚发生争执。丰大业当场掏枪击发，但没有打中崇厚。看崇厚逃入内室，丰大业狂性大发，拔出佩剑，将室内装饰品砸毁。此后经衙门内巡捕劝阻方才停下，崇厚从内室出来见丰大业，准备继续商谈。不想丰大业又开了一枪，叫嚣："尔百姓在天主堂门外滋闹，因何不亲往弹压？我定与尔不依！"

此时"洋人打官滋事"的消息已从通商衙门中传出。听到朝廷命官被打了，天津城内民情激愤，鸣锣聚众，一万多人涌到通商衙门外助威。丰大业与西蒙拿着枪向外冲，边冲边嚷嚷"挡吾者死"。

聚集的民众大多持有兵器，但未动手，给丰大业让出了一条路。丰大业行至浮桥时，碰到天津知县刘杰。刘杰就来做工作，劝丰大业回去再谈。不想丰大业对着刘杰大骂，又开枪射击，将刘杰的仆人打伤。围观群众被丰大业的暴行给激怒，一拥而上，将两人打死分尸。

天津民情此时已汹涌，民众随即放火焚烧法国领事馆与天主教堂，法国传教士谢福音被当场击毙。天津东郊的仁慈堂收养了大批中国弃婴，自然是此次浪潮冲击的重要目标。为了避免事态扩大，崇厚下令将连接东郊的浮桥收起，不让民众过河。

此时正在天津的骁将陈国瑞素来仇视洋人，唯恐天下不乱，哪能错过此次机会？他下令将浮桥搭上，民众过桥后一起涌向仁慈堂，将仁慈堂烧毁，打死外国传教士、修女合计二十一人，其中法国人十四名，比利时人二名，俄国人三名，英国、意大利各一人。

教案发生后，法国公使联合在华七国公使向清政府提出抗议，并提出了惩办凶犯、赔修教堂、赔偿抚恤金的条件，又要求将天津知府张光藻、知县刘杰，以及多事的陈国瑞三人"正法"。法国发出威胁，如果不能及时处理，将要发动战争。

军机处中，恭亲王奕䜣正在休病假，文祥因为母亲去世回沈阳守孝，军机处实际上由宝鋆主持。负责对外事务的总理衙门则由董恂主持。宝鋆、董恂是奕䜣的嫡系，奕䜣虽然不在岗，但实际上仍由奕䜣操盘。

教案发生之后，军机处紧急给在保定的直隶总督曾国藩发去廷寄，让他至天津处理教案。军机处指示曾国藩，在处理此案时，既要保持地方的稳定，又要不影响与西方各国的外交关系。

在军机处内部，对于此案如何处理存在分歧。宝鋆、沈桂芬力主满足洋人条件，将涉案官员加以处理。李鸿藻则坚持不可将天津民众定性为无事生非，而应该珍惜民意。五月三十日，军机处在拟稿时有"天津民情，实属可恶"等语，李鸿藻坚决不同意，力争后删去此句。

曾国藩得悉让自己去处理此案后，内心无比焦灼，这无异于将一个炸弹传到他手里。此案关系重大，既要满足洋人的条件，又要应对国内汹涌的仇洋情绪，一着不慎，可能会有灭顶之灾。

五月二十九日，曾国藩上奏，称自己得了"眩晕之症"，现在"十愈其八"，但身体还是不适，请修养一阵子，等身体完全康复后再前往天津查案。

不久曾国藩又得知三口通商大臣崇厚被派往法国道歉，他知道已无法回避此案。六月初三，曾国藩竟然给两个儿子写下遗嘱，交代一旦他死掉，要将他的灵柩从水路运回湖南，至于他带到北方来的书籍，一定要带回老家。

六月初五，军机处廷寄发到，认为既然曾国藩"眩晕之症"已经康复了八成，问题已不大，令他立刻前往天津。曾国藩当时应该痛恨自己多嘴，说什么"十愈其八"，留下把柄。

六月十日，曾国藩到达天津，与英法公使交涉，并拟定了大致的处理意见。

六月十九日，在两宫皇太后召见时，就如何处理教案，李鸿藻与宝鋆、沈桂芬发生激烈争执。御史贾瑚上奏称，天津因为迷拐幼孩酿成巨案，近日京师中也有迷拐幼儿的传闻，请步军统领衙门严查。贾瑚此奏，实际上是对军机处以安抚为主的外交政策不满。李鸿藻对贾瑚的意见表示赞同，认为应该下诏督办。宝鋆、沈桂芬则持反对意见。宝鋆认为天津地方上民众无端杀死法国人，是无事生非、乘机抢劫。李鸿藻对此加以反对，认为民心不可失，应当与西方强硬交涉。

对天津教案，地方大员大多持妥协观点。曾国藩认为洋人绝不会有迷拐儿童的事情，天津地方上各种传言都不存在实际证据。李鸿章则认为不可以用兵，而应以软磨为主。丁日昌也支持曾国藩，认为应当如此办理。丁宝桢则认为，如果英法真的不讲理，只能开仗。

六月二十五日，当日天气酷热难当，曾国藩的处理意见送到军机处。曾国藩的意见很简单，一是洋人无迷拐儿童事，请下旨昭雪；二是将天津知府张光藻、知县刘杰交刑部治罪。

午后，王公大臣、军机大臣、御前大臣共十九人在乾清宫西暖阁被召见。当日天气闷热，两宫皇太后没有垂帘。王公大臣各持己见，侃侃而谈。惇亲王奕誴首先发言，认为曾国藩处理外交事务，虽然有不得已之处，但民心不可失。醇亲王奕譞则认为天津知府、知县无罪，陈国瑞忠勇可用，又认为总理衙门照会内的"天津举事者及大清仇人"一句失体。宝鋆、董恂则与醇亲王激辩，双方言语激烈。两宫皇太后赶紧打圆场道："洋人是我世仇，你们如果能想出个法子，一举消灭掉洋人，我二人虽死也甘心。可是皇帝现在还小，你们也没什么好办法，一切要从长计议。"倭仁接话道："张光藻、刘杰都是好官，不宜加罪！"大学士瑞麟、朱凤标也跟着附和倭仁，翁同龢则说此事天下注目，还得慎重，希望再问问曾国藩，不必这么早下结论。总理衙门大臣董恂则插嘴道："现在天津不知道是什么局面，哪里有时间来回问答。"惇亲王认为，如果两件事都听了曾国藩的意见处理，那么必须从重处理被抓捕的两名迷拐幼儿的中国人。醇亲王则认为，平日里对洋人没有什么准备，遇到事情就用"无可如何"来搪塞。过去屡遭败绩，被洋人羞耻，这次如果有措辞失体的地方，一定要加以纠正。

此时双方争执良久，两宫皇太后也已疲惫不堪，就让散会。大臣们跪了良久，腿已麻木，散会时有人的腿竟然僵硬得站不起来。

最终的处理结果是，曾国藩将天津知府张光藻、知县刘杰革职交给刑部处理，陈国瑞被交给总理衙门查办，赔偿抚恤金四十六万两，重修教堂和仁慈堂。至于法国所要求的惩办凶手，共有十六人被处死，而拐卖幼婴的几名罪犯却得以生还。

这十六人又有一番故事。为了应付各国的压力，曾国藩必须杀一些人方能了事。天津四门千总张某，家中有钱，为人狡诈，知道曾国藩的苦恼，就主动帮他解决问题。张某花钱买了十六个贫民投案顶罪，并许诺不会掉脑袋。至审讯结案后，十六人竟被处死，"罔民之罪虽在张，而公（曾国藩）实操纵之"。

曾国藩知道此番处理教案，必然会落下骂名，事前已给儿子留下遗书，又向崇厚表示"有祸同当，有谤同分"。事后果然如此，得悉此案的处理结果后，曾国藩所题的"湖南会馆"匾额被国子监学生砸碎。湖南地方上讨伐"汉奸"曾国藩的书信，每日有百余封飞来。

李鸿藻虽在军机处中势单力薄，遭到排挤，但他也有诸多外援。除了以倭仁为首的清流派之外，他更是利用自己的帝师身份，直接影响着同治。八月二十五日，他在给同治上课时，师徒二人说起天津教案。同治竟然豪气逼人地道："若得僧格林沁三数人把截海口，不难尽灭此辈（英法）。"又道："愈将就愈出叉。"此时倭仁也不甘寂寞，致函老友曾国藩抗议，宝鋆认为这是在故意阻挠办案。在两宫皇太后召见军机大臣时，恭亲王一派人马激烈诋毁倭仁。

醇亲王奕譞与恭亲王奕䜣政见相左，屡次相争，却未能占上风，不无郁闷。醇亲王其实是慈禧制衡奕䜣的一枚棋子。奕譞的老婆是慈禧的妹妹，两人为亲戚，而奕譞为人谨慎，看上去还有些懦弱，不是那么野心勃勃，也让慈禧放心。更重要的是，奕譞在政治观点上与奕䜣相左。

就在奕䜣大权独揽的同时，奕譞也被悄悄地培养。他的职位不多，但都很重要，一是主管神机营练兵事务，二是在弘德殿照看小皇帝读书。与能力过人的哥哥奕䜣相比，奕譞低调了许多，但这种低调是他的政治资本。他在家中高挂"不爱财"匾额，自制煤球取暖，这两点就让他名声在外，号称"操行为诸王之冠"，这自然得到了一批清高士人的拥护。

同治九年十一月，醇亲王以身体不适为由，几次请假养病。军机大臣文祥此时已经回京，就去醇亲王府中探望。醇亲王本以为文祥是来安慰自己，不料文祥却劝他不要负气装病。醇亲王听了后不无愤怒，他自认为自己是为了国家大事而考虑，为了天津被杀的义民而不平，却被文祥视为"负气"。此后，醇亲王接连上奏，指责恭亲王奕䜣。

醇亲王更是耻于与主和派大臣为伍，十二月，他上奏请求辞去一切职务，被慈禧挽留。此后醇亲王与恭亲王的裂痕更深，虽是兄弟，形同陌路。同治十年（1871）正月，醇亲王上奏，就当前政局发表了自己的看法。他虽未点名，但其中"办夷之臣即秉政之臣"一句，直指恭亲王。

醇亲王在奏折中认为，现在皇帝尚未主政，一些大臣擅自作主，在处理外交时自作主张，造成既成事实，然后要挟朝廷。去年的崇厚出使及惩处天津地方官员，就是明证。而在办理"夷务"的过程中，这些大臣收受贿赂，并大量购买礼物送给洋人，"是以德报怨，不一思及国家仇耻"。在涉及洋人事务时，这些官员不是"趁势推之于民以遏夷"，而是"但杀民以谢夷"。

醇亲王上奏时，请慈禧将密折存之宫中，"不可使外人知者"。此奏虽然没有公布，但醇亲王高举反对洋务的旗帜，在当时鼓舞了清流派，并在政坛与恭亲王为首的洋务派展开争斗。

天津教案虽然暂时平息，但此起彼伏的教案将贯穿整个晚清的历史。同治十三年（1874）《万国公报》发表的《耶稣会士致中国书》一文中，西洋人不得不对中国人做广告，宣称："余西国人，亦人也，非鬼非蜮，有身体，有骨肉。"然而，这种彼此之间的误解，文明之间的冲突，却不是短期之内能够消除的。

爱折腾的同治帝

同治一朝在后世的标签是"中兴"，但这中兴，并不是说大清国已经彻底摆脱了危机，进入了蒸蒸日上的时代。"中兴"的标志，一是镇压了太平天国与各地的起义，二是由洋务运动而开启了求富求强之路。至于同治帝，他在整个同治中兴中无足轻重，他正式御宇的时间也不过两年，此间不但无所作为，反而搞得鸡飞狗跳，让军机大臣们头痛不已。

同治十二年（1873）正月二十六，十八岁的皇帝正式亲政，这在大清国的历史上已算是晚的了，顺治、康熙都是十四岁开始亲政。同治虽亲政了，可他那野心勃勃、权力欲旺盛的母后慈禧此年不过三十九岁，怎肯退居幕后？慈禧指示，同治要不时去弘德殿读书，帝师们也照常入值，在重大场合必须有母后坐镇。

同治正式亲政后，英、美、法、俄、荷、德六国公使表示，要向大清皇帝递交国书。咸丰朝为了公使入京递交国书，曾引爆英法联军入京之战，最后总算同意洋人公使驻京。此后各国公使多次提出觐见皇帝，递交国书，都被清廷以皇帝年幼为由推却。现在皇帝正式亲政了，也就没有借口了，唯一的分歧就是礼仪。

就觐见时的礼节问题，各方进行了多轮磋商。争论激烈之时，文祥甚至有掷碎茶杯之事。最终确定见面时行五鞠躬礼。不料日本公使临时变卦，要求单独觐见，并且行三鞠躬礼。文祥此时正在病中，三夜不曾睡觉，却还得与日本公使争辩。他心神不宁，一反常态，曾出恶语。就在文祥准备让步时，参与谈判的宝鋆却坚决不同意，听到日本公使有佩服文祥的话，立刻出语大加讥讽。最后商定，日本公使第一个觐见，行三鞠躬礼。

六月初五，同治在中南海紫光阁接见五国公使，德国公使因病未来。五国公使入觐时携带多人，文祥命每门截留数人，至紫光阁，仅余翻译而已。

对各国公使觐见时的表现，《京报》以夸张的笔调加以描写，英国公使"五体战栗"，对皇帝的垂问竟然"不能答"。其他公使无不被皇帝的天威震撼，竟有"国书失手落地"。觐见完毕后，公使们无不"汗流浃背""双足不能动"。清廷加恩赐宴时，公使们仍然没有喘息过来，"皆不能赴"。

然而，《申报》报道了真实情况：各国公使"仍各服其国之朝衣，仍各行其国之大礼……一无陨越之愆"。清廷在接见藩属国的紫光阁接见各国公使，以降低规格。不想事后洋人们发现了此点，指出在紫光阁觐见是不尊重各国公使的表现，又提出抗议。

接见"洋鬼子"，喜欢玩闹的同治自然是乐意，可惜这样的机会极少。每日里接见军机大臣们，却是躲不掉的例行公事，对此同治自有应付之道。召见军机大臣时，他只召见一二人。大臣嘀咕一通后，他立刻三言两语，将军机大臣打发走。至于奏章，他直接批复"知道了"，然后发到军机处，如何处理，你们看着办吧。

正式当皇帝没多久，同治雄心勃勃地准备做件大事，既让老娘慈禧开心，也让自己的精力有地方去发泄。

紫禁城内房屋结构严谨，山色水路不能与圆明园相比，久住让人生厌，素有"红墙绿瓦黑阴沟"的恶评。慈禧在召见军机大臣时，曾一度表示"养心殿地太迫窄"。她对圆明园有着诸多美好的回忆，心里希望能重修圆明园。慈禧没有直接表达出来，可儿子还是明白老娘的心思。来年将是慈禧的四十岁生日，为了让老娘安心退休，找个地方快活养老，不要过度干涉儿子的事情，同治决定重修圆明园。重修圆明园的名目，同治说得冠冕堂皇，即为了让两宫皇太后养老。

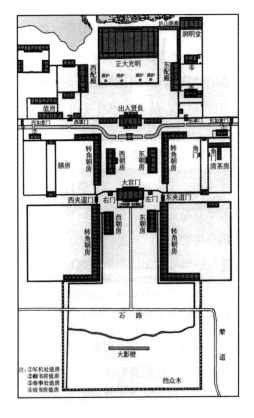

圆明园"正大光明"景区示意图

其实，同治重修圆明园的计划，也与内务府官员的鼓噪有关。

内务府负责管理皇家财产及经费，每年由户部拨出经费，作为皇室开支。内务府专门负责供应皇室消费及工程，凡大的项目，内务官员侵吞虚报，捞得囊中满满。咸丰一朝，军费上的开销将大清国库存银吸空，内务府也跟着过起穷日子，每年支出仅四十余万两。

到了同治朝，随着战事平息，内务府经费也开始宽松，每年能有九十万至一百万两不等的经费。对内务府官员而言，最快捷的捞钱方式就是上马大工程，内务府郎中贵宝、文锡及侍读王庆祺等人一起鼓动同治重修圆明园，好发一笔横财。

自清初就将内务府开销与户部分开，内务府负责皇室财政开支，户部执掌国家财政开支。同治此时不可能将内务府每年一百万两银子的经费全部挪去重修圆明园，遂决定"择要兴修"，同时另谋修园经费。为了筹修园的钱，同治下令京内外官员捐钱。

修园的钱还没有筹到多少，十月初一，御史沈淮上奏，请暂缓重修圆明园。同治看了大怒，将沈淮召过来骂了一顿，并告诉他，朕修园是为了尽孝，你想阻止吗？

十月初八，内务府雇了工人开始着手清理圆明园中的残垣断壁与渣土废料。

十月初九，恭亲王捐了两万两银子，同治一看大喜，到底还是叔叔够意思。不想此时又有多嘴的御史游百川上奏，请停修圆明园。

游百川的反对理由极其苍白，自公使驻京之后，一些洋人时常到圆明园遗址游玩，如果重修之后，吸引洋人在附近修建房屋，"听之不可，阻之不能"。

同治一看又是勃然大怒，大骂游百川，你阻止朕尽孝之心，天良何在？立刻将游百川革职，同时警告群臣不准再上奏劝阻。

就一个刚登基的皇帝而言，年轻气盛，精力无穷，实希望能有天下瞩目之举。搞大工程、大活动，自然吸引民众瞩目，此点古今中外一律。同治将重修圆明园视为登基之后的"第一得意杰作"，雄心壮志沸腾，已是迫不及待，哪里能容忍别人阻挠？

慈禧对于圆明园充满了留念，看到皇帝送上的旧居"天地一家春""万春园"装修图样，慈禧竟然亲自操笔加以修改。母子一心，其利断金，臣子们也没法阻挡了。同治十三年一月十九日，重修圆明园工程正式开工。

自咸丰十年圆明园被火焚烧后，尚存多处保持完好的建筑。此后内务府也派出太监看守，不准外人出入。不过各种盗窃事件屡屡发生，防不胜防，不但外人来偷，负责看守的太监也监守自盗，甚至有老外想摸进园内。重修之前，同治让负责皇家工程的"样式雷"雷氏家族做了调查，圆明园尚存有建筑十三处。

处理政务极其懒惰的同治对重修圆明园倒是无比积极，行事更是雷厉风行，想赶在十月初十慈禧的生日之前完工。"样式雷"家族所保存的同治发来的旨意中，有大量"赶紧办""速进园"的字样，可见同治的心急火燎。

开工之后，却发现问题百出，不单缺钱，更缺少原料。早年修建圆明园时，所使用的都是巨木，这些巨木的采购运输耗时甚久。内务府行文两广、两湖、川、闽、浙等省，要求每省采办巨木三千根，在三月之前送到京师。突然之间让各省献上巨木，这本是无法完成的任务。可此事是皇帝所要办的，各省督抚只能硬着头皮组织民众进山伐树，民众被骚扰得怨声载道、苦不堪言。

至于修建园子的经费，内务府几年来入不敷出，屡屡向户部要钱，美其名曰"借"。此年正月，同治曾特意颁发了谕旨，今后内务府钱不够时，不得再向户部借钱。既然不能向户部要钱，那就只有另辟财源。

为了解决经费问题，二月二十四日，朝廷开始搞捐输。捐输是政府不到万不得已的时候，绝不会使用的办法。咸丰朝为了解决军饷问题才开捐输，为此咸丰还特意解释，搞捐输实有不得已之苦衷。现在太平时期，为了修园开捐输，一些以清正闻名的大臣自然激烈反对。二月二十六日，文祥上奏坚决反对搞捐输，认为捐输所得，对于工程来说不过是杯水车薪而已，请停止工程。

同治是铁了心要修园，哪里会理会文祥的劝阻？他迷上了重修圆明园的工程，多次亲临工地查看。三月十一日，同治出宫，在圆明园盘桓终日，流连忘返。下旬，又准备驻跸圆明园。御前大臣赶紧上奏，以安全为由，劝阻皇帝不要去。可皇帝哪里听得进？四月初九，同治到圆明园工地巡视。五月十一日，又去工地巡视。

圆明园工程让同治将一切抛在了脑后，在帝师们中间，军机大臣李鸿藻与同治是关系最为融洽的，对同治也最为袒护。这次李鸿藻也忍耐不住，出来劝阻同治不要再去查看圆明园工程了。可老师的话成了耳边风，六月初三，同治照样兴致勃勃地巡视了圆明园。

就在同治踌躇满志重修圆明园时，突然发生了李光昭诈骗案，让他的计划遭受重挫。

早在同治十二年，就在同治为了圆明园工程而摩拳擦掌时，有广东商人李光昭向内务府大臣贵宝表示，自己经商十余年，在各地购置了很多巨木，现在愿意"砍伐运京，报效上用"。贵宝听了大喜，立刻向同治汇报。同治不假思索，立刻下令："迅速派员解运来京，由两湖、四川等六省起运，免税放行。"

此后李光昭以"奉旨采办"的名义，在各地招摇撞骗。同治十三年，李光昭以五万两的价格向法国商人订了三船木材，并以三十万的价格上报清廷。六月，法国商人将木材运到天津后，向李光昭讨要木材的款项。李光昭是做无本生意的，手里哪里有现钱，四处借钱也没有借到，就找了个借口，说法国商人木材的尺寸不符，要求中止合同。法国商人不肯罢休，去直隶总督李鸿章处告状。李鸿章一查，发现这个李光昭纯是个骗子，以圆明园工程监督的名义在各地诈骗官员与洋商。

七月六日，同治命令李鸿章迅速处理，从重查办。李光昭随即被处斩监候，秋后行刑，内务府大臣贵宝也被御史们弹劾去职。

李光昭一案之外，京师内又在风传皇帝借查看圆明园工程之名，私服外出逛妓院。风传的流言和皇帝近来的折腾让恭亲王、醇亲王及帝师们一致认为，同治帝闹得太不像话了，必须立刻加以制止。

七月十六日，惇亲王、恭亲王、醇亲王、文祥、宝鋆、沈桂芬、李鸿藻等十名重臣联合上奏。奏折中首先请停止圆明园工程，同时批评同治恣意妄为，与太监嬉戏，频繁去工地视察，警告他"人言不可不畏"，并提出六条意见，要求他"畏天命，遵祖制，慎言动，纳谏章，勤学问，重库款"。

奏折递上后，同治懒得一看，扔在一旁。奕䜣对这个侄子的脾气是了如指掌，强烈要求同治接见，当面进谏。

七月十八日，在同治召见恭亲王、醇亲王等十大臣时，恭亲王先是列出当下需要紧急处理的大事，第一项就是"停园工"。

看恭亲王和众大臣气势汹汹有教训自己的意思，同治很不耐烦，对众臣道："朕停工如何？你们还有什么话要说？"奕䜣道："臣奏折中的事很多，不单单是停工一事。"随后将奏折中的事逐条细细道来。同治越听越恼火，突然发作对奕䜣道："此位让尔如何？"

此话一出，不啻晴天霹雳，众人无不目瞪口呆。同治的这句话已不符皇帝的身份，而是无赖负气后的表现。众王公大臣除了失望，已无他语，文祥反应最为激烈，听了此话竟然伏在地上号啕大哭，几乎喘不过气，被人搀扶着先出去。

随后七叔醇亲王奕譞也大哭着劝告侄儿，并一一列举他的不良言行。当听到奕譞说起自己微服出巡，逛妓院取乐时，同治耳朵立即竖了起来，追问他有什么证据。

醇亲王就将时间、地点都说了出来，同治顿时脸红脖子粗，下不了台，只好打圆场，说园工不能立刻停止，等请示太后之后再定夺，然后赶紧打发叔叔、老师们出去。

这次大吵之后，朝野内外都以为皇帝肯定会让步了，工程也会停止。"样式雷"家中的记载也在揣测："有无旨意下，园停工不停？"不想同治和大臣们吵完后，二十一日又跑去圆明园巡视工地了。在同治看来，国事家事，关我屁事，圆明园才是朕的头等大事。

七月二十七日，同治召见醇亲王，不想此日醇亲王恰好去南苑验炮。同治就召见恭亲王，想打探自己外出鬼混的消息是从哪里泄露的。不料同治刚一发问，奕䜣立刻告诉他："这是臣子载澂所言。"

载澂是恭亲王的长子，以风流放浪而闻名。载澂从小陪皇帝在弘德殿读书，他虽比同治小，可鬼点子多，常能玩出新花样，兄弟两人有相见恨晚之感。一次载澂陪同治演出褒剧，让恭亲王恼羞成怒，带回家关在家里不让出门。几年之后，同治登基，自然不能忘记这个好兄弟，召唤他入宫相伴，所以载澂对皇帝的私事了解甚多。

同治听说是载澂泄漏消息之后，不由怒火攻心，圆明园工程一事被他置于脑后，他所想的只是报复载澂及叔叔奕䜣。

七月二十九日早朝时同治突然发怒，下谕旨革除恭亲王所担任的军机大臣及一切职务，降为不入八分镇国公，交给宗人府严议。

王公大臣们都请求同治不要仓促决定，稍后再说，同治也不理众人，径自退朝。

中午，同治召见王公大臣及帝师翁同龢时，责问翁同龢，为何不早点反对圆明园工程。翁同龢叫苦道："我刚从南方出差回来。"听了翁同龢的话，同治稍微解气，又开始指责恭亲王、醇亲王，称他们"离间母子，把持政事"。恭亲王、醇亲王听了，一起大力申辩。就在叔侄口水大战时，翁同龢过来转移话题道："圆明园工程到底要不要进行下去，请皇上表个态。"同治顺水推舟道："过十年二十年，等四海升平了再说吧。"于是众人一起欢呼："如天福，彼时必当兴修。"于是决定停止圆明园工程，改修三海（北海、中海、南海，合称三海）工程。退朝后翁同龢等人赶去军机处拟定谕旨，不料递上后却留中不发。

到了午后，宫中有谕旨发下，交给文祥等军机大臣。谕旨称奕䜣"目无君上，欺朕之幼，诸多跋扈并种种奸弊，不可尽言"，下令革去恭亲王世袭罔替，降为郡王，恭亲王儿子载澂的贝勒爵位也被革去。文祥等人看到谕旨大惊，称皇帝盛怒之下，措辞过重，请求同治暂缓发出处分恭亲王的谕旨。同治批示："文祥等所奏着不准行。"

文祥再递奏片，"云今日俱散值，明日再定"。获同治帝批准。文祥此举是军机处历史上前所未有之举，盖皇帝谕旨，军机处只有遵循的份儿，从来没有人敢抗拒。

七月三十日，同治又再次发出谕旨，称亲政以来，恭亲王对他一直不尊重，"语言之间诸多失仪"，将他降为郡王，革去世袭罔替，同时革去载澂贝勒衔。虽然此次对奕䜣予以处分，但明显改变了语气，如对奕䜣的指责改为"语言之间诸多失仪"，相比昨日的火药味十足，已有所缓和。

看着儿子闹得不可开交，慈禧知道必须加以制止了。两宫皇太后当即在弘德殿召见了恭亲王，加以安慰，又发出懿旨，恢复了奕䜣及载澂爵位，同时正式确认停止重修圆明园工程。

两宫皇太后出手，暂时制止了同治这匹脱缰的野马。同治这个精力充沛的皇帝，注意力随即从圆明园转到了三海，此后马不停蹄地视察三海工程。至于被革职的贵宝，很快被恢复了职务，并让他负责办理三海工程。

就在朝臣们为了同治接下来将折腾出什么新花样而头痛时，皇帝突然染病。

十二月初五，同治因病去世。亲生儿子同治之死使慈禧伤心欲绝，而摆在她面前的紧要问题是同治无后。

皇帝无后，死后由谁来继承皇位，清室此前并无定例。依照当时大臣的看法，应该给同治立嗣，且在晚同治一辈的"溥"字辈中也有成年者可供选择。但一旦给同治皇帝立嗣，同治的皇后将成为太后，慈禧必定要退居幕后。慈禧自然不甘如此。

慈禧看中了醇亲王奕譞的儿子，年幼的载湉。在御前会议上，她公布了同治的死讯，并确定立载湉为皇位继承人，作为文宗皇帝咸丰的嗣子，由他继位也就成为"兄终弟及"，符合礼法规定。

同治死后不到百日，皇后也绝食而死，被视作节烈的代表，朝廷大肆褒奖了一番。

得悉自己的儿子被立为皇帝时，醇亲王奕譞在朝廷上痛哭昏厥。对于奕譞来说，儿子当上皇帝是一把双刃剑。一方面他可以得享无上荣华富贵，另一方面又须如履薄冰、战战兢兢、夹住尾巴做人，以免有身家性命之虞。载湉入宫时，其母伤心欲绝，此一去不但难以相见，更重要的是，等待他儿子的不仅是皇家富贵，更是宫廷险恶。

第五部

帝后党争

幼帝时代军机处格局

在确立奕譞的儿子载湉作为接班人之后，朝廷内暂时保持了几年的平静。

儿子做了皇帝，醇亲王奕譞却是小心谨慎，对慈禧百般顺从。他的书斋叫"退省斋"，卧房叫"槐荫斋"，正堂叫"思谦堂"。他向慈禧提出，请解除他的一切职务，以免让人生出天子之父凌驾慈禧之上的感觉。慈禧同意了他的请求，并给了他一个"世袭罔替"，成为铁帽子王。

对此封赏奕譞还不敢接受，一再推辞，在慈禧的坚持下方才接受。慈禧对这个小心翼翼、没有野心的小叔子还是满意的，让他去监督小皇帝的学习。奕譞对此尽心尽力，每天到毓庆宫内监督载湉学习，并严格要求，不敢流露出丝毫父爱。

恭亲王奕䜣虽然还屹立于政坛，可他的权势已受到削弱。光绪二年（1876）文祥的去世，使他失去了得力助手与支持者。

光绪元年三月初三，文祥修完病假，申请开缺。慈禧将他的镶白旗满洲都统、工部尚书、神机营大臣等职务开去，以示体恤，仍保留大学士之任，在军机大臣、总理各国事务衙门上行走。至六月，文祥销假，继续入值。此时文祥德高望重，被补授为文华殿大学士。文祥一如既往的谦恭，称自己功业不若合肥李鸿章，将文华殿大学士让出。有清一代，汉人得文华殿大学士者仅三人。李鸿章后来每提及文祥，必要称赞他为"旗人中之鸾凤"。

到了十月，文祥身体又不佳，再次请开去军机大臣一职。朝廷知道文祥身体不好，就给他假期休养，毋庸开去军机大臣职务。小驴拉大车多年之后，文祥已耗尽了精血，光绪二年五月初四，文祥五十九岁即去世。

文祥在同光两朝起着重要作用，"正色立朝，为中外所严惮，政局赖以维持，不致骤变"。文祥一死，有前瞻者都预测今后朝廷将要多事了。

文祥身体一直不好，朝廷也早就做了准备，选择好接任人选。光绪二年三月，以景廉入军机处学习行走。景廉是正黄旗人，咸丰二年的进士，在新疆任职多年。景廉突然进入军机处，让当时舆论惊讶，因为他长年在西北做官，并无中枢任职的经验。其实，景廉之所以能入军机处，据当时人观察，背后推手，一是李鸿藻，一是荣禄。

景廉与李鸿藻同是咸丰二年进士，又一起在翰林院多年，结拜为兄弟，可谓是情谊深厚。引景廉入军机处对李鸿藻有很多好处。景廉在外做官多年，再回京内做官，需要后援，这后援自然是他李鸿藻，如此可加以操控。景廉入军机处后，与李鸿藻结为政治同盟，则可以与宝鋆、沈桂芬对抗，摆脱李鸿藻多年来在军机处孤立无援的局面。

入了中枢之后，看到各种批评政府的言论，景廉倒是坦然，他大度地道："政府就像靶子，批评者就像射箭的人，希望射中。如果他们的言论对政府有益，有什么关系呢？批评政府不获罪，对大臣们来说则是福分。"

文祥去世，景廉补入，军机处又形成了恭亲王领导之下两满两汉的格局。到了光绪三年（1877），李鸿藻生母去世，照例要丁忧三年。鉴于同治五年李鸿藻丁忧引发的风波，两宫这次迅速加以允许，并照例加恩。李鸿藻离职，使军机处必然要补入一名汉人大臣。

就军机大臣的人选，各方挑选了良久，延至光绪四年（1878）二月五日，才正式确立，以王文韶入军机处行走。

在后世，王文韶以诨号"油浸枇杷核"而出名。枇杷核子很滑，再用油一浸，更是滑溜无比，此外号形容王文韶的油滑无匹。但如后人指出："清代官场，无论京官、外官、大官、小官，皆含有枇杷子性质。"王文韶在《清史稿》中被评价为识大体，但"更事久，亦往往被口语"。

王文韶祖籍杭州，出生在嘉定，从小在嘉定成长。王文韶的父亲出身贫寒，在嘉定城外一家酱园做司账。王文韶自小就在酱园中做学徒，陪店主的儿子一起读书。看着王文韶聪颖过人，父亲决定送他去读书，图个出人头地。

不想王文韶不好好读书，还沾染上了赌博的恶习，十五岁时竟然负债累累。父亲将家中所有的物品典当掉，也不够还债，写了欠条方才了事。看着父亲的辛苦，王文韶无比后悔，此后立志苦读，又在嘉定拜学者钱绎为师。钱绎慧眼识人，看着王文韶聪明勤勉，就将女儿许配给了他。

道光二十八年，王文韶参加县试，因为他的籍贯是杭州仁和，在嘉定考试需要有人作保。王文韶家境贫寒，拿不出钱请人帮忙，经亲戚帮忙，回到仁和参加考试，此后籍贯一直是仁和。现代上海嘉定与浙江仁和为了王文韶的归属而打口水战。杭州方面并无直接证据证明王文韶出生成长在杭州，倒是嘉定言之凿凿，王文韶出生成长在嘉定。

王文韶的曾叔祖是康熙年间著名诗人，著有《红蝠山房诗钞》，其中描绘了杭州清吟巷老屋中有五只红蝙蝠绕梁而飞的美迹。王文韶看了此书之后，知道祖上曾在杭州清吟巷居住。待发迹之后，王文韶回到杭

242

州清吟巷买了大片土地，兴修房屋，并特意建了红蝙山房。

咸丰元年，王文韶考中举人，当年的主考为沈桂芬，对他评价很高，认为他"笔力紧炼"。咸丰二年是恩科，二十三岁的王文韶考中进士。考中进士后，王文韶在户部当差前后近十年，至同治年才放为外官。

王文韶外放高升，得到了左宗棠的帮忙。剿平太平天国之后，清廷下令督抚们将军费报销。左宗棠被此事所困，转而请王文韶帮忙。王文韶也想与地方大员们结交，出了大力，很快将军费报销完毕。

同治三年，王文韶调任汉黄德道，监督江汉关。正忙于西征的左宗棠将饷银存在汉黄德道，以备提用。王文韶全力帮助筹集军饷，采购物资，随时接济，从无延误。同治六年正月十二，左宗棠请王文韶吃饭时，夸奖他："才长心细，器识闳伟。"

在左宗棠的帮助下，王文韶提升为湖北按察使。同治十年又升任湖南巡抚。在湖南任上，王文韶的功绩一是镇压苗民起义，二是妥善处理上林寺事件。

咸丰五年，贵州苗民起义，声势浩大，蔓延至湖南等省，持续多年。迨太平天国失败后，清廷开始对贵州增兵。王文韶担任湖南巡抚之后，筹集军饷，督促各军全力进攻，很快平息了战乱。

光绪二年，郭嵩焘出使英国，这是中国第一次正式派出外交使团，不想在湖南却激起了轩然大波。郭嵩焘是湖南湘阴人，地方上的保守士人视他为湖南之耻。此年秋闱期间，数千名在长沙赶考的士人聚集起来请愿，要求阻止郭嵩焘出使。王文韶好言劝告，让学生们不要多事，以免误了功名。可这些读书人哪里听得进去，一门心思要泄愤。

最初考生们聚集起来，准备砸毁湖南机器局，可这机器局是朝廷建的。士人们犹豫再三，还是没敢动手。九月十八日，士人们涌到上林寺，一把火烧了庙，又将寺里的和尚一顿痛打。士人们烧毁上林寺的原因极其荒唐，因为郭嵩焘曾捐资维修寺庙。上林寺事件比苗民起义更引人注目，恭亲王奕䜣亲自过问此事。此事发生之后，王文韶淡化处理，以求息事宁人。

王文韶任湖南巡抚六年，其间平定民变，稳定地方局面，立下功劳，以此升任兵部侍郎。王文韶入京之后，快速升迁，先是升任礼部左侍郎，再兼总理衙门大臣。王文韶能快速提拔，也有他自身的优势。他是咸丰二年进士，与李鸿藻、景廉是同年，他又是浙江人，沈桂芬在浙江担任乡试副主考时，将他录取，所以与沈桂芬有师生之谊，二人私下关系深厚，来往密切。此时王文韶进入中枢，能为各方接受。

由王文韶的日记之中可以看出他与沈桂芬的交情更深。入京之后，二人频繁往来。沈桂芬身体不好，吃药时将药方送给王文韶过目，王文韶则帮助寻医问药，并忧虑用错了药会加重病情。老师沈桂芬一贯节省，吃穿不讲究，招待王文韶时，有时就是一碗腊八粥。王文韶端起来吃得干干净净，一粒米不剩，让老师引为同道。

此次入京之后，王文韶仕途极为顺畅，其中自然少不了沈桂芬的提携。七月二十三日，王文韶被命在总理各国事务衙门行走。光绪五年（1879）正月三十，王文韶儿子结婚，媳妇是仁和同乡朱子涵的女儿。碰到这种喜事，军机大臣可以三日不必值班，过了三日则要正式请假。

军机大臣每天一大早就要入值，极为辛苦。好不容易有了空闲，王文韶"达旦酣睡，久不尝此风味矣"。军机处同仁送来的贺礼王文韶都收下了，其他的贺礼，除了熟人的之外均退回，酒席也只摆了两桌，与当时的阔绰风气不能比拟。

可军机处绝不是风平浪静之地，王文韶将面临汹涌的政坛恶斗。

沈桂芬恶斗荣禄

光绪四年（1878），贵州巡抚空缺，惯例是军机处将候选人名单递上，供两宫皇太后挑选。十月二十六日，就贵州巡抚人选，两宫皇太后在召见军机大臣时突然指示："着沈桂芬去。"

当日沈桂芬生病，未曾入宫，其他军机大臣听了后无不骇异，因为此事违背军机大臣人事任用的惯例。军机大臣中时常有外放担任督抚者，但都是平调或升调。如军机大臣本来官衔是二品、三品，外放做了督抚，则是升调。咸丰元年，军机大臣季芝昌本职是左都御史（一品），外放为闽浙总督，这是平调；舒兴阿本职是户部左侍郎，外放为陕甘总督，这是升调。巡抚是从二品，沈桂芬此时担任兵部尚书，是从一品，又兼军机大臣，从资历、官衔上来看，外放为贵州巡抚，无异于被贬。

宝鋆与沈桂芬关系最好，当即表示此任命不妥。其他军机大臣对此任命也感到突兀，表示暂时不敢奉旨。两宫也觉得此任命过于草率，就命沈桂芬照常在军机处当差，贵州巡抚另外委派人担任。

当天沈桂芬在家中得到消息后不胜惊疑，嘀咕道："穴本无风，风何由入？"并转而怀疑荣禄从中捣鬼。那么荣禄与沈桂芬有何恩怨，致使沈桂芬单单怀疑荣禄呢？

荣禄出身满洲名门瓜尔佳氏，祖上为国捐躯者甚多。道光十年，荣禄的祖父塔斯哈在新疆平定叛乱时，因为孤军出击，被叛军包围后战死沙场。咸丰二年，荣禄的父亲长寿、伯父长瑞在广西围剿太平军时同日战死。长寿战死时，荣禄与家人尚在福建，由福建将领饶廷选抚养。咸丰十年，太平军围攻杭州时，荣禄养父饶廷选战死。

荣禄一门为大清国卖命，大清国对他当然要提拔重用。咸丰二年起，荣禄一路青云直上，二十五岁时就官至户部员外郎。不想在户部时荣禄得罪了肃顺，又被户部文稿失火案牵连入狱，丢了官职。辛酉政变后，荣禄由文职转入武职，在神机营当差，得到醇亲王奕譞提拔，一路升至管理神机营事务大臣。

在神机营，荣禄追随文祥，参与了关外围剿马贼的战役，得到文祥欣赏。同治七年，荣禄参与了围剿东捻军的战事，事后被文祥推荐，认为他"忠节之后，爱惜声名，若畀以文职，亦可胜任"。同治十年，在文祥推荐下，荣禄担任工部右侍郎。

至光绪四年，四十二岁的荣禄在官场上光芒四射，身兼工部尚书、步军统领、内务府大臣三要职。

沈桂芬与荣禄结怨，始于同治去世时。当年荣禄任工部侍郎，兼任步军统领、总管内务府大臣等职。同治死后，慈禧未与军机大臣们商量，当即确定立光绪为嗣。慈禧知道，如果让军机大臣们商量继承人问题，则未必能如她的愿望。荣禄此时担任内务府大臣，有机会在内廷行走。在两宫皇太后决定过程中，荣禄给了一定程度的建议，而他的选择自然是倾向于恩人醇亲王奕譞。

沈桂芬的心胸比较窄，曾纪泽曾评论沈桂芬道："沈相虽规模稍隘，然勤俭忠纯，始终如一，亦救时良相也。"此事其他军机大臣都未计较，唯独沈桂芬对荣禄此举极为厌恶，认为荣禄干涉了军机处权柄。

荣禄与沈桂芬的政敌李鸿藻则结为异姓兄弟，二人性格相像，立场相近，在官场上彼此支援。而荣禄生活豪奢，貂裘编成号码，每日一换，更让主张节俭的沈桂芬大为不满，此后寻机会给荣禄穿小鞋。荣禄知道沈桂芬对自己不爽，时刻加以防范，二人遂成水火。由荣禄与沈桂芬之敌对，却卷进了帝师翁同龢。

十月二十六日夜，翁同龢拜访沈桂芬，二人相谈良久，主题自然是外放为贵州巡抚一事。

翁同龢与荣禄初期关系较好，二人曾结拜为弟兄。同治十一年（1872）正月，翁同龢母亲下葬那天，天寒地冻，官员们大多礼节性地送上一程，唯独荣禄步行送出二里多地，翁同龢"极可感"。

光绪四年，翁同龢正与沈桂芬打得火热，与荣禄也是频繁往来。沈桂芬遂委托翁同龢打探荣禄消息，荣禄也托翁同龢刺探沈桂芬虚实。翁同龢夹在中间，只能虚与委蛇。

一日，翁同龢突然气冲冲地来找荣禄，大骂沈桂芬不是人，"不特对不起朋友，其家庭中亦有不可道者，我已与彼绝交"。翁同龢又提醒荣禄，沈桂芬估计是你设计让他出任贵州巡抚，现在寻思要报复，不可不防。

荣禄一看翁同龢语气慷慨，大骂沈桂芬，自然是信之不疑。之后不久，翁同龢与荣禄一起奉令出差十日，两人每日里都在大骂沈桂芬，琢磨着要将他搞掉。荣禄说起当日设计让沈桂芬出任贵州巡抚一事，"谓一击不中，当徐图之"。

然而，让荣禄意想不到的是，翁同龢将这些私下的话都告诉了沈桂芬。翁同龢是什么样的人物，他的同乡潘祖荫最了解，他认为翁同龢

"专以巧妙用事，未可全信之也。……总角之交，对我犹用巧妙，他可知矣"。

军机处之中，向来是李鸿藻、沈桂芬不和，而翁同龢一直依附于李鸿藻。李鸿藻一去，翁同龢没有后援，遂与同乡沈桂芬亲近。对于翁同龢转投他人门下，李鸿藻也是恼羞成怒。此年十二月，他唆使张佩纶攻击翁同龢，认为他的侄儿翁曾桂不该破格保举。

荣禄一心提防沈桂芬时，却不小心开罪了自己的大恩人奕譞。从光绪二年到光绪五年，中国北方大旱。受灾地区以山西、河南、陕西、直隶、山东五省为主，其他地区，北至辽宁、西至四川、南达苏皖，也受波及。此次旱灾以1877年（丁丑年）和1878年（戊寅年）为灾情最高峰，故称"丁戊奇荒"。

此年京师中也是干旱异常，谣言四起，风传有邪教要起事，已与山东、河南等地的教徒联系，准备杀入京师，并在九门张贴揭帖云云。两宫皇太后为此召醇亲王至宫中询问意见，奕譞建议将北洋淮军调到京师，以安抚局面。奕譞此时闭关在家多日，静久思动，"疾其兄（奕䜣）之专权，久有眈眈之意"，遂想利用此次机会，将局面搅动开来。

此时荣禄正好生病，对于醇亲王的建议与心思一概不知。病愈之后，两宫皇太后召见荣禄，询问他调北洋淮军入京之事。荣禄力陈不可，并给出依据，自己已在京师附近布出密探，如果真有邪教的动静，早就知道了，可见邪教兴兵不过是谣言罢了。荣禄认为，因为谣言就调兵显得太过仓皇，必须镇定处理。两宫皇太后听从了荣禄的建议，否决了调兵进京之事。

出宫之后，荣禄得悉调兵入京是醇亲王的建议，不由大惊。醇亲王可是他仕途上的大恩人，他便赶紧到醇亲王府去谢罪。不料醇亲王却以闭门羹待之，交情至此也告终结。

沈桂芬得悉荣禄开罪醇亲王后不由大喜，知道机会来了。与宝鋆一番商量之后，他开始寻找机会修理荣禄。

十二月二十六日机会出现，御史宝廷上奏，称现在朝内大臣兼职过多，无暇兼顾以致贻误公事。奏折中点了两个人的名，即宝鋆与荣禄。

宝廷是宗室后裔，镶蓝旗人，其诗歌在晚清八旗诗人中被推为第一。宝廷虽是宗室，但其家族早已没落，年少时穷得请不起老师。咸丰十年，宝廷娶老婆时家徒四壁，典当了衣服沽酒请客。同治三年，宝廷第四次乡试方才考中，此时家中桌椅都卖光了，"连日不得食，乃取庭中野菜食之"。

同治七年，宝廷中进士，授翰林院庶吉士。但翰林院是清贫之所，他的家境未得以改善。次年宝廷父亲去世，连寿衣、棺材都买不起，宝廷抚尸痛哭，声动四邻。几个邻人看不下去，凑钱帮其买了棺材得以下葬。苦熬到同治十年，他的仕途才开始有了转机，同治十二年宝廷到浙江主持乡试。主持乡试是个肥差，宝廷得以改善生活，也能有点闲钱在富春江上买妓自娱。

宝廷是清流中人，与张之洞、张佩纶等私交甚笃。他在清流中最喜搏击，上疏数量可称第一，曾自吹："男儿各有一腔血，不洒边庭洒京阙。赤手无能报国恩，一枝柔毫三寸舌。"此次上疏他本意是纠正朝内大臣兼职过多之弊，不想却被沈桂芬、宝鋆加以利用。

宝廷上奏之后一日，慈禧生病，慈安一人垂帘听政，召见军机大臣。沈桂芬故意谈及大臣兼职过多一事，称宝鋆与荣禄现在兼职过多，请开去宝鋆国史馆总裁、阅兵大臣差使，开去荣禄工部尚书、总管内务府大臣差使。慈安不明其中底细，没细想就批准了。沈桂芬、宝鋆心里狂喜，用宝鋆两个虚职换荣禄两个实职，何其划算。

荣禄的三个要职丢了两个，只剩一个步军统领。沈桂芬意犹未尽，趁热打铁，继续进攻。光绪五年六月，他搜罗了荣禄"承办庙工，装金草率，与崇文门旗军刁难举子"等一堆过错，让御史弹劾。

荣禄所担任的步兵统领为提督衔，在人事上属于兵部。而此时的兵部尚书正是沈桂芬。依照处罚条例，荣禄被弹劾的罪责只是失察，正常处分是罚俸，即使是加重处罚，也不过是降级留任，且如果是公罪的话可以抵消处分。兵部人事部门依据处罚条例，拟好处理意见递上，沈桂芬看了后立即否决，与兵部满尚书广寿操盘，将荣禄定为降二级调用，从提督降到副将。这广寿也是翁同龢的换帖兄弟，京师里是干兄弟满地飞，搞不好什么时候就互黑一刀。

荣禄降为副将后，知道了沈桂芬等人的厉害，暂时退出官场，待机再起。荣禄之所以被打得毫无还手之力，主要原因在于他的党援李鸿藻此时正丁忧在家。看着沈桂芬咄咄逼人地出击，李鸿藻如何甘心，他虽不在朝，却自有他影响朝政的力量，这就是清流。

"清流党"出击

文祥去世、李鸿藻丁忧之后，沈桂芬引王文韶入军机处为援，自己在军机处主笔，势力大振。

丁忧期间，李鸿藻看着自己越发是势单力薄，连同帝师翁同龢也开始与沈桂芬眉来眼去，就笼络了一批翰林御史议论朝政，抨击权贵。

清流的主力是翰林，他们经过多轮拼搏，在每三年一次的会试中脱颖而出，在官场享有美誉，却无实惠，名义上好听，实际上却穷困潦倒。同光年间，官场格局发生变化，大批湘系、淮系人马以军功占据高位，而中级官位又被大量通过捐纳出身的官员抢占，进士只能拥挤在翰林院中，偶尔才能得到外放学政主持乡试的机会。而这样的机会，又被军机大臣所主宰，他们常任用自己的门生。

没法出头的穷翰林们牢骚不已，就利用奏事的特权议论时政、褒贬官员，同时寻求外援。在军机处一直被孤立此时又丁忧在家的李鸿藻，立刻与这批翰林擦出火花，双方一拍即合，彼此援助。

李鸿藻旗下两名大将张之洞、张佩纶都是直隶人，二张视李鸿藻为领袖，以后辈自居，他们来往甚密。李慈铭曾骂道："二张一李内外唱和，张则挟李以为重，李则饵张以为用，窥探朝旨，广结党援。"

除了二张之外，清流主将尚有黄体芳、宝廷、邓承修、陈宝琛、吴大澂等人。京中称李鸿藻为青牛（清流谐音）头，张之洞、张佩纶为青牛角，陈宝琛为青牛尾，宝廷为青牛鞭，王懿荣为青牛肚，其他则是牛皮牛毛。

清流之中，出击最有力的乃是张佩纶。张佩纶是同治十年的进士，岳丈是军机处资深章京朱学勤。张佩纶仪容俊伟，喜欢辩论，视言论为搏击场，乐此而不疲，做翰林时就频繁出击。光绪十年前，被他弹劾的三品以上官员有三十一人之多。

同治、光绪年间，为了应对内忧外患，朝廷广开言路，征求治国良策，也为清流的发展提供了大环境。慈禧也想借助清流打压中央与地方上坐大的政治势力，对清流特意加以放纵、扶持。张佩纶等清流洞悉慈禧心意，每上奏，"恒以诸臣恣纵、蔑视两宫为言，适如孝钦意，所言无不行"。

光绪四年，张佩纶剑指宝鋆、翁同龢。

张佩纶弹劾宝鋆之弟宝森庸碌无能却被提拔任用，翁同龢侄子翁曾贵京察一等违背惯例，请将宝森去职，翁曾贵一等注销。翁同龢一直是李鸿藻的人马，此时倒向沈桂芬，并与沈桂芬联合打压荣禄。而李鸿藻又与荣禄关系最睦，故而抓住墙头草翁同龢猛打。此事被两宫皇太后压下，"着毋庸议"。

黄体芳则弹劾户部尚书、总理衙门大臣董恂，称他"言语猥琐，举止卑谄"，"贪鄙欺罔，有心病国"。董恂哪里受得了这种人身攻击，不久就告老还乡。

光绪五年二月，张佩纶弹劾工部尚书贺寿慈与京师巨富李钟铭有亲戚关系，李钟铭在外横行无忌，穿五品官服出入景运门。贺寿慈赶紧上奏，辩称自己与李钟铭并无亲戚关系，也无任何往来。

随后清流继续出击，李瑶攻击李钟铭在琉璃厂开设的书店是侵占官地、霸占贫民义院造房。黄体芳则指责李钟铭与贺寿慈往来密切，李钟铭两妻曾拜贺为干爹，往来一如亲戚。贺寿慈之轿，常停在李家门口，人人皆见。贺寿慈辩白，称去李家是去琉璃厂书店选购书籍，照常交易，两家并无亲戚关系，更无利益牵连。最后的处理结果是，贺寿慈被降三级调用。

到了六月，左副都御史空缺，军机处中沈桂芬等人保举贺寿慈担任，并得到批准。清流如何能错过这等好机会？随即出动，宝廷攻击道："奴才窃以为贺寿慈之复用，非皇太后之意，实枢臣之意也。"指责军机处帮助贺寿慈开脱。

宝廷此奏递上去后，两宫皇太后将贺寿慈去职，但在谕旨中指出，军机大臣并非为贺寿慈开脱处分，可能是职务繁忙，一时疏忽，进而要求军机大臣"嗣后务当益加勤慎，毋得稍有疏忽"。

对于清流们的张扬，曾朴在《孽海花》中做了描述："京里叫做清流党的六君子，朝一个封奏，晚一个密折，闹得鸡犬不宁，烟云缭绕，总算得言路大开，直臣遍地，好一派圣明景象。"自然，沈桂芬也成为清流们炮轰的主要对象。军机大臣对于李鸿藻操控清流炮轰同僚的举动大为不满，李鸿藻则狡辩："台谏所以辅宰相之不足，可疾视耶？"

清流在当时频频出击，就连两宫皇太后也拿他们没辙。光绪六年（1880）八月，慈禧派太监李三顺到醇亲王府送礼。依照律例，太监只能由旁门出入，不得经过午门。不想李三顺却自恃宠幸，想从午门出去，被护军玉林拦阻。双方发生口角，一顿互殴。李三顺出宫不得，就去找慈禧告状，慈禧听了大怒，让内务府、刑部联合审案，要将护军治以重罪。

此时主持刑部的是潘祖荫。潘祖荫出生于姑苏吴县望族潘家，祖父为乾隆癸丑年（1793）状元潘世恩，叔祖是乾隆乙卯年（1795）探花潘世璜，父亲潘曾绶则官至内阁侍读。十七岁时，潘祖荫在顺天府参加乡试。为了照顾在京做官大员的子弟，清廷特意规定，达到一定品级的在京官员子孙（称官生），可以在顺天府参加乡试，考中之后在京参加会试。此后六年，因为潘世恩、潘曾绶分别主持会试，潘世荫只能回避。

咸丰二年，二十三岁的潘祖荫总算能参加考试，殿试得了一甲第三名。殿试之后，皇帝赐宴于礼部，称"恩荣宴"。对于潘氏家族来说，又增加了一个新的荣耀。此年潘世恩八十四岁高龄，依照清代科举惯例，考中举人或进士之后六十年，可以再次参加"恩荣宴"。此时潘世恩正好是考中进士六十年，遂再赴"恩荣宴"。与孙子一起参加"恩荣宴"，此事空前绝后，所以清代称潘世恩为"三百年来第一福气之人"。

此次审案，潘祖荫根据律例，判处护军以杖刑、罚俸的惩罚。慈禧却不肯罢休，逼着潘祖荫将护军处死，并在召见军机大臣时，"泼辣哭叫，捶床村骂"，云潘祖荫没有良心。

此时恭亲王出来与慈禧交涉，认为护军顶多处以革职就可以了，慈禧却认为要廷杖处罚。奕䜣不满道："廷杖乃前明虐政，不可效法。"慈禧大怒："汝事事抗我，汝为谁耶？"奕䜣道："臣是宣宗第六子。"慈禧道："我革了你。"奕䜣回复道："革了臣的王爵，革不了臣的皇子。"二人激烈冲突，慈禧没法拿奕䜣治罪，奕䜣也无法让慈禧挽回心意。

重视理法的李鸿藻也大力维护护军，据理力争，但慈禧仍命刑部从重处罚。李鸿藻无奈，就布置清流出击。张之洞、陈宝琛先后上奏，历数宦官之祸，并提醒慈禧，如果处罚了护军，则"有护军与无护军同，有门禁与无门禁同"。经清流这盆冷水一泼，慈禧降下了火气，最后从轻处理了护军。

清流势力之振起也与当时媒体的鼓噪有关。同治、光绪年间，中国已经出现了现代意义上的报纸，如《万国公报》《申报》等，报纸追求的就是刺激性的新闻，而天性喜招惹是非的清流们，自然博取了报人们的青睐，他们以大量的篇幅刊载其事迹，并将其封为"清流党"。但清流中人，如李鸿藻、张佩纶、张之洞、宝廷等人从不使用"清流"乃至"清议"这样的称谓，因为这样会让人联想到敏感的"朋党"，他们最常使用的字眼则是"谏"，即进言者。

一尊难以供养的大神

　　光绪六年除夕，沈桂芬去世，不久军机处中迎来了一个新人。此人与众不同，也让所有人不知所措，他就是左宗棠。

　　此前左宗棠在新疆取得大捷，举国敬重。清流派大将宝廷建议引左宗棠入军机处。正月二十六日，左宗棠到京，京师官场开始沸腾，众多粉丝翘首以盼。盖左宗棠做外官多年，威名显赫，却甚少涉足京师，而关于他的诸多传说，也让他蒙上了一层神秘的光芒。

　　人人都说他天资豪爽，圭角毕张，睥睨一切。年轻时，他与同乡胡林翼同游于京师，都是目中无人的狂傲之徒，二人"纵谈阔步，气豪万夫"，以致京师小儿以为二人是"迁怪"。他眼界极高，曾夸口道："当今善章奏者三人(左宗棠、曾国藩、胡林翼)，我第一。"

　　他行事古怪，给妻子写信云"舟中遇盗，谈笑却之"，实际却是在梦里遇到盗贼。他好酒，常酒后豪兴大发。他在骆秉章处做幕僚时，一日太平军杀来，四处寻觅他不得，派出仆役四处寻找，在酒肆找到已酩酊大醉的左宗棠，抬回来至半夜方醒酒。问及军事，则云早已布置完毕。他不但豪饮，食量也大，更喜吃肉。在西北时，万里沙漠，欲吃猪肉而不能，直至凯旋之后才能吃个痛快。

　　他脾气极大、目中无人、举止张扬，在骆秉章处做幕僚时，二品总兵樊燮没向他请安，被左宗棠一通大骂。樊燮也急了，怒道："武官虽轻，我亦朝廷二三品官也。"不想左宗棠飞起一脚踢来，边踢边骂："忘八蛋，滚出去。"樊燮受辱之后，辞职返乡，在家中弄了个牌位，上面刻有"忘八蛋滚出去"六个字，并告诫儿子，左宗棠视武人为犬马，你一定要考中举人、进士，雪我耻辱。儿子樊增祥发奋图强，果然考中进士，入了翰林，才将牌位撤去。

曾国藩一度被左宗棠"狂笑骂为猪"，曾发誓"欲效王小二过年，永不说话"。成为封疆大吏之后，当朝大臣如曾国藩、李鸿章都尝到过他的淋漓骂功。他总是咄咄逼人、不肯让人，官场上关于他的各种非议不断，而他却不知收敛。

湖广总督官文实在是看不惯左宗棠威福自擅，上奏弹劾他，眼看着将是一场杀身之祸，不想潘祖荫在咸丰面前力保左宗棠，称"国家不可一日无湖南，湖南不可一日无左宗棠"。

潘祖荫与左宗棠并无交情，连面都没有见过。他之所以如此出力，因为他在南书房时有名同事郭嵩焘自小与左宗棠一起长大，对他了解极深。潘祖荫听郭嵩焘说过左宗棠的事迹，一直神往，他又性喜见义勇为、不计祸福，故而大力维护。

对潘祖荫的这段恩情，左宗棠一直铭记在心，后来对他是大力回报，此间又引出了一段持续百年的传奇故事。道光二十九年，在陕西岐山挖掘出了西周大盂鼎，被当地一名叫宋金鉴的人买下。宋金鉴收藏了没多久，又被当地县令周庚盛夺去。过了些年后，周庚盛再次出手，将大盂鼎运到北京琉璃厂出售，不想此时宋金鉴中进士后在京为官，看到自己钟爱之物，就高价购回。宋金鉴去世之后，大盂鼎被儿子以七百两的低价转手给了袁宝恒。袁宝恒此时在陕甘总督左宗棠身边做幕僚，就将此鼎又转送给左宗棠。左宗棠得了无价之宝大盂鼎，知道潘祖荫最爱金石，就将大盂鼎送给他报恩，这让同样喜欢金石的翁同龢羡慕不已。

光绪七年二月初四，翁同龢第一次见到左宗棠，赞美他："其豪迈之气，俯视一世。"次日，左宗棠有查禁俄国军火、粮食的提议，恭亲王唯恐影响到和局，加以反对。左宗棠议论滔滔、豪语连连，在翁同龢看来"皆空话也"。左宗棠兼任总理衙门大臣一职，可他没有外交的概念，看到洋人就嬉笑怒骂。总理衙门担心他招惹出外交是非，身边亲友也劝告他宜养威重。

同光年间，中兴重臣如曾国藩、李鸿章等人显赫一时，可唯一入军机处的就是左宗棠。左之入枢，原因众多。在伊犁边疆危机上，朝野上下都感受到了俄国人的压力，而清流更是愤懑不平，欲对外强硬。以收复新疆、战功显赫的左宗棠入枢，既可安抚清流，又可对外表示决心，同时以老于军事之左宗棠充当军机处顾问，可弥补军机处众人的不足。

左宗棠入京，备受荣耀，慈安召见时，谈及他数年操劳，竟然声泪俱下。张佩纶等清流对他入京充满了期待，"但愿群工协力，破沈相（桂芬）十年因循瞻徇之习"。

向来主战的醇亲王奕譞更是将左宗棠当作偶像崇拜，认为"左胜于李"。入朝时，奕譞在东华门外碰到左宗棠，大喜过望，"小立握谈，观者如堵"，如同粉丝追星一般。随后奕譞邀请左宗棠到王府中做客，一起照相留念。对醇亲王的厚爱，左宗棠也回馈以小礼，送了他咸萝卜缨、酱腌韭菜、菽饼等物。向来重视名节的醇亲王，则回馈给左宗棠自己家中种的蔬菜，彼此又营造出一段所谓的佳话。

入军机处之后，照例是要一起会商公务，军机大臣们对左宗棠这位

左宗棠画像

功臣格外尊敬，所有军机处的公文都请左宗棠先看，然后再行会商。

有一件治河的条陈，左宗棠拿到手里看了没有几行，忽然想到他在西北的"伟业"，就掀髯抵掌、老气横秋地大谈自己如何经营西北军事，吹嘘自己妙计若神。他吹牛时不许别人插嘴，得意时则拍桌狂笑，声震旁室。一天下来，一页纸也没看完，一桩事也没有议论，军机大臣们被他吹嘘得头昏眼花。次日，左宗棠又是如此，照例狂笑吹嘘。

转天早晨，恭亲王一到军机处就对李鸿藻说："此老实在叫人受不了，把这件鸟事搁在一边吧，不要叫他看了。"当日左宗棠来了也没有再问，事隔多日忽然想起来，问大家："那件条陈呢，怎么不见了？"李鸿藻答："王爷让搁起来了。"左宗棠听后不快，追问为什么让搁起来。李鸿藻就搪塞："王爷是领班军机，这里的事，我们一向跟着王爷走。"左宗棠听后也不语，这日奕䜣在军机处如厕，左宗棠也跟着去如厕。奕䜣出来后满头大汗，偷偷问李鸿藻道："此老有病吧？我上厕所他也上厕所，却不见他解衣小便，只站在我身后，等我回来他紧跟着回来。这是怎么回事？"李鸿藻也不解，就去询问左宗棠是不是身体不舒服。左宗棠拊掌狂笑道："你不是说我们要跟着王爷走吗？老夫这就跟着王爷走。"军机大臣们何尝看到过这种行为，顿时目瞪口呆，无言以对。

最初军机大臣们还让着左宗棠，时间一长，都被他搞得厌烦不已，开始编排各种打油诗讥讽左宗棠。左宗棠则洋洋自得，对一切都无所谓。

左宗棠在军机处时向众人吹嘘："吾之妾善于腌制小菜，虽乡味颇可口，改日给诸位分送点。"结果送是送了，却只送了一点点，于是又成为打油诗的天然材料。

回家后左宗棠不忘和老妾吹嘘："王爷及诸中堂大人，都称你做的豆腐干独步京师啊。"李鸿藻得知后，又将此事作为笑料到处宣讲。

入京之后，连日起早上朝，左宗棠疲惫不堪，只能勉强支持。每天在军机处中，他如坐针毡，不时怂恿同僚："坐久了可以散罢。"与督抚大吏们的工作相比，军机处的工作节奏快、效率高，"急于星火"。今日奏折发下，明日就要拟好处理意见送上，快节奏的生活让左宗棠根本无法适应，想有所作为也跟不上这个步伐。

慈禧接见左宗棠时，特意问他："汝在外久，今在京须早起，想不便。"左宗棠操着一口浓厚的乡音回复:"臣在军中,五更时便须弄起来。""弄"者,湖南俚语,习惯意,其他人听了无不失笑。慈禧还是体贴左宗棠,让他晚点上朝,也算是特别关照。

此时左宗棠发现,在京师生活的各种难处,不时叹息"长安不易居"。刚入京时,他向军机大臣李鸿藻、王文韶打听之后,惊叹在京生活费用之巨,每年用度最少要六千两银子,而他此次入京只带了一万二千两,如果要长期生活,得未雨绸缪。

此年三月,慈安去世,左宗棠连哭数日,盖慈安对他一直是优礼有加。慈安的去世预示着权力尽落入慈禧之手。慈安在世之日,能对慈禧形成制约,并予恭亲王以援助。她一死,再无人能制约慈禧,与恭亲王的矛盾早晚将要引爆。

三月十九日,左宗棠与神机营主管大臣商量操练神机营事宜,晚上没去祭拜慈安皇太后。当夜宝鋆忍耐不住,发泄对这个湖南人的不满,他当着众军机大臣的面骂左宗棠是"一团草茅"。宝鋆与左宗棠积怨已久,宝鋆之弟宝森曾在陕西时持乃兄名帖拜见左宗棠,却被厉声叱责,由是积怨。

不过在表面上,宝鋆与左宗棠还是和睦的,二人诗词来往唱和,彼此恭维吹捧。在军机处中,二人不时会碰撞出些许火花。左宗棠对宝鋆吹嘘:"吾在外荡平发捻,凡七十三岁之老贼,为我所杀者,不知凡几。"宝鋆却道:"公焉知其为七十三岁?或仅只七十岁耶?"此年宝鋆七十三岁,左宗棠七十岁,可谓两个老贼。

左宗棠身体肥胖,每茶余饭后,自捧着大肚子狂笑:"将军不负腹,腹亦不负将军。"入了军机处后,将军肚成了负担,不但走路时气喘吁吁,跪下后都不能站起。每次军机大臣召见后,都要宝鋆、李鸿藻二人帮忙搀扶，才能站起。王文韶对此很是不满，认为左宗棠是在摆架子，习惯使然。

左宗棠在军机处浑身不自在，就转而寻找其他事情打发时间。刚入军机处时，他提出以自己统领的老湘军对八旗士兵进行军事训练。因为老湘军久经战事，用他们来训练八旗，此举有利于提高战斗力，遂抽调八旗兵五千人让左宗棠训练。到了四月，左宗棠一算训练旗兵每年要二十万两银子，根本无法筹到这笔钱，就请求暂缓练兵，此事不了了之。

翁同龢拜见左宗棠时，二人纵论天下大事，认为"河道必当修，洋药必当断，洋务必当振作"。修理黄河、禁止鸦片、办理洋务已是当日朝野上下共识。

五月初五，左宗棠上奏，请求提高鸦片的进口税收，每箱加征一百五十两。英国公使威妥玛认为开价太高，初时只同意每箱加五两，最后同意加至每箱十五两。

鸦片事一了，左宗棠又借口兴修直隶水利溜出京去。至天津，他与李鸿章相见。此次他没有对这个仇家破口大骂，而是给足李鸿章面子，二人相见甚欢。李鸿章给张佩纶的信中说他："不似从前之夸张矣。"

左宗棠也对李鸿章叙述了他在军机处的困局，他的系列政见，如练兵、借洋债、办水利、加税等，与恭亲王等人不合，双方龃龉不断，郁郁不得志，称将于明春告老还乡。光绪初年，左宗棠在新疆用兵时，军饷不足，遂借洋债应付，此为清廷借外债之始。故而对于借洋债，左宗棠丝毫不排斥。

左宗棠甩手出京，也不给军机处汇报情况，在外是乐不思归。恭亲王对此大为不满，认为这是对他不尊重。巡视了两个月之后，左宗棠给出治河报告，又是一番夸张吹嘘，以为"数十年积弊一扫而空"。清流此时对他也很是失望，认为他浮躁夸张，在直隶搞的治河计划还不如李鸿章的治河主张周详可行。

七月，左宗棠回到京师后，称病请假十日，随后继续请假二十日。到了八月，又请假两个月。此时，左宗棠与恭亲王、宝鋆等人的不和开始公开。老友刘坤一埋怨左宗棠，不该听了几个书生的话，以为入京就可以耸动天下，重振朝政。认为他在兰州坐镇一方，足以威慑中外，何等快活，进军机处弄得浑身不自在，真是自找苦受。

面对外界的议论，军机处也觉得继续让左宗棠留在军机处会生出更多麻烦，遂定计让他外调做封疆大吏。此时恰好刘坤一从两江总督去职，九月初三日，朝廷以左宗棠任两江总督。

左宗棠在军机处好比一尊难以供养的大神，看他离开，军机处同仁无不愉悦，也忘记了与他的不快。轮流宴请，来回做东，觥筹交错，好不热闹，离开之前，是左宗棠最快乐的时光，酒兴豪起，不时酣醉。醇亲王对左宗棠是一如既往地充满感情，宴请之后，又是合影留念，又是送礼。十月十七日，左宗棠出京，李鸿藻、王文韶为他送行，"话别依依，情谊甚挚"。

左宗棠南下，苦了江苏的官员。江苏绅士潘季玉，因为地方上的公事去拜见左宗棠，领教了他的厉害。"吾初见左相（左宗棠），甫寒暄数言，左相即自述西陲功绩，刺刺不休，令人无可插口。旋骂曾文正（曾国藩），语尚未畅。"此时天已将黑，左右提醒左宗棠送客，这才罢休。第二天，左宗棠请潘季玉吃饭，刚一入席就开始大骂曾国藩，一刻不曾停息。过了几天，潘季玉前去告辞，左宗棠又开始骂曾国藩，骂了一阵之后，又自吹在西北的功绩，最后以大骂合肥李相（李鸿章）及沈文肃公（沈葆桢）收场。

左宗棠的女婿是前任两江总督陶澍的儿子，到任之后，女婿请他吃饭。酒席上左宗棠得意地道："两江名总督，湖南得三人，一为汝父陶文毅，一为曾文正，一为左宗棠。"随后又侃侃而谈，自吹其他二人皆不及我，女婿听了只能唯唯诺诺。左宗棠吹了半天，最后突然道："我还是有一事不及二人的。"女婿一听，心想你还有什么不及其他人的，就竖耳细听，却听左宗棠长叹道："我胡子没有这二人长。"此语一出，举座喷饭。

甲申巨变

光绪八年（1882），直隶总督李鸿章请假，回湖北探望在哥哥李瀚章处的老母，不久老母去世，李鸿章丁忧在家。

李鸿章丁忧之后，直隶总督空缺，遂调两广总督张树声接任。张树声的儿子张华奎看着清流势力旺盛，羡慕不已，也跟着投到清流门下，成为清流大将黄体芳的门生。张华奎全力投入清流，在清流中不过是个边缘人物，外号"清流腿"，也就是帮清流跑跑腿。

为了提高自己在清流中的地位，张华奎建议父亲张树声调张佩纶来帮忙办理北洋事务，并征得张佩纶同意。张华奎本是好意，不想张佩纶突然变卦，坚决不肯去。

清流领袖李鸿藻以为张树声想挖墙脚，拉拢清流，就将张华奎找来询问："听说令尊想调张佩纶帮忙，不知是什么意思？"张华奎大窘，不知如何回答。

此事让张树声很是不满，大骂儿子多事，招惹是非。张华奎被老爹骂了后，对张佩纶心生怨恨，想要报复，但苦于没有机会。

清流一直帮助慈禧冲锋陷阵，但在奕訢加以笼络之后，也开始投怀送抱。张佩纶担任总理衙门大臣后，奕訢对他示好，表示"恨相知晚"，将总署中的事务全数交给他办理。

自慈安太后去世之后，恭亲王奕䜣与慈禧之间再无任何缓冲。奕䜣在兴建颐和园一事上持保留态度，让慈禧不满。而醇亲王奕譞与恭亲王奕䜣长期不和，蛰居多年后蠢蠢欲动，想取而代之，与慈禧一拍即合。

此时的中法战争及文人之间的私怨，给了慈禧、奕譞一次整肃奕䜣的机会。

太平天国战争之后，刘永福带了三百人逃入越南，自称"黑旗军"。越南此时正面临法国人的威胁，就利用刘永福抗衡法国人。1882年4月，法国攻陷河内。1883年逼迫越南签署《顺化条约》，取得了对越南的"保护权"。

越南被法国入侵之后，恭亲王奕䜣、宝鋆、李鸿章等人主和，令驻法公使曾纪泽与法国交涉。李鸿章主和最力，认为一旦开战会牵动大局，而中国如果调重兵至西南，则内地空虚。且出兵之后，"深入鏖战，恐无把握"，法国海军之精更非中国水师所能匹敌。奕䜣也认为不可开战，准备将清军撤回，以避免爆发冲突。

清流派一心求战，接连上奏，认为宗主国不能容忍法国欺凌藩属国，越南与中国休戚与共、辅车相依、唇亡齿寒。张佩纶多次上奏，请求整军备战，并推荐徐延旭、唐炯分领广西、云南两军，联合黑旗军对法作战。李鸿藻、翁同龢也大力主战，成为清流后援。翁同龢反对将黑旗军视为"匪"，主张重用黑旗军。

不想唐炯、徐延旭二人消极避战，法国在越南攻城略地，很快进至广西边境。徐延旭、唐炯在前方的败绩，让朝野上下不满。"清流腿"张华奎自从被张佩纶放了鸽子后，一直想要报复，此次看到了机会。

张华奎找御史王仁东商量，想弹劾张佩纶保举庸臣、贻误国事。王仁东拟好稿子之后，琢磨着由谁首先出击。此时张华奎灵光一闪，脑中出现一人，此人名叫盛昱。

盛昱进士出身，入翰林院，与张佩纶等人齐名。看了拟好的文稿之后，盛昱认为单纯攻击张佩纶一个人起不到效果，应当将军机大臣一起攻击，一方面逼迫军机大臣改变态度，对外主战，另一方面则逼迫李鸿藻将张佩纶作为弃子牺牲，帮张华奎报仇。于是盛昱另行拟稿，弹劾所有军机大臣。

盛昱没有想到的是，醇亲王奕譞与慈禧正联手对付恭亲王，并将"火药""导火索"都准备好了，就等着人来点火，此时盛昱拿着"火把"出现。

光绪十年三月八日，盛昱上奏，左右开弓，既弹劾清流张佩纶，又攻击军机大臣奕䜣等人。盛昱将军机大臣一网打尽，一、攻击张佩纶、李鸿藻推荐唐炯、徐延旭，影响战局，责任重大；二、攻击恭亲王、宝鋆无知人之明，坐观成败；三、攻击景廉、翁同龢"才识凡下"。

盛昱攻击的重点是张佩纶，在奏折中用了较多火力，对恭亲王、宝鋆、翁同龢等人则是蜻蜓点水，留足了面子。

三月初八，奏折递上之后留中不发，当日在接见军机大臣时，慈禧针砭时局，认为现在边防不靖，疆臣守旧，国库空虚，海防粉饰，该如何面对祖宗。军机大臣听了之后只能惭愧得无地自容。

三月初九，慈禧突然行奇招，她竟然跑去寿庄公主府。寿庄公主是道光帝的第九个女儿，醇亲王的同母妹妹。在寿庄公主府上，慈禧让醇亲王一起陪着吃饭，进行密商。此时恰逢慈安太后三周年忌日，慈禧又命恭亲王出京至东陵代祭，让他暂时离开中枢。三月十日，慈禧单独召见奕譞，密商良久。

此时的政坛，被一层迷雾笼罩，官场大佬们看不明白未来政局走向。囿于其中的翁同龢着急不已，想从在外出差的慈禧亲信孙毓汶处打听消息。不巧此时电报联系却又断掉，翁同龢连呼"闷煞闷煞"。

三月十一日，孙毓汶紧急回到京师。次日，慈禧召见奕譞、孙毓汶会商良久，军机大臣只是被匆匆召见。当日在密商时，慈禧明确军机大臣将全数退出军机处。

三月十三日，慈禧突然打破陈例，既不召见恭亲王奕訢，也不召见军机大臣，只召领班军机章京一人入见，并命其拟旨。

随后谕旨颁布，其主要内容如下：指责恭亲王奕訢"近年爵禄日崇因循日甚，每于朝廷振作求治之意，谬执成见不肯实力奉行"。念在奕訢、宝鋆二人入值最久，一系多病，一系年老，从宽处理。奕訢开去一切差使，仍留世袭罔替亲王，赏食亲王全俸，撤加恩双俸，家居养疾。宝鋆着原品致休。谕旨指责李鸿藻在军机处当差有年，但才识有限，"遂致办事竭蹶"。景廉在军机处中，"经济非其所长"，二人均开去一切差使，降二级调用。翁同龢在内廷多年，虽然没有过错，"亦有应得之咎"，着革职留任，退出军机处，不过仍保留了他帝师的资格。

将所有军机大臣赶走后，慈禧又命礼亲王世铎、户部尚书额勒和布、阎敬铭、刑部尚书张之万在军机大臣上行走。工部左侍郎孙毓汶着在军机大臣上学习行走。次日，再发谕旨："军机处遇有紧要事件，着会同醇亲王奕譞商办，俟皇帝亲政后再降谕旨。"

甲申巨变朝野震惊，一些御史接连上奏，帮恭亲王奕訢求情，希望留他继续在军机处。此次事件的肇始者盛昱事后也后悔不已。依照辈分，盛昱与皇室"载"字辈平辈，称奕訢为六叔，常到恭亲王府行走，"素为恭邸所重，饮食教诲如家人谊"。

盛昱此次上奏，本意是想鼓励恭亲王奕訢主战，不想却导致他去职，内心无比懊恼，又上《请收回成命奏》，反对醇亲王奕譞执掌军机处。慈禧看了奏折后勃然大怒，将奏折撕碎扔在地上，大骂盛昱："利口覆邦，欲使官家不任一人。"

对于自己的鲁莽上疏导致甲申巨变，盛昱一直都很懊悔。他自光绪十四年之后就辞职在家，把时间都花在了写诗、收藏之中。对甲申年的事情他不想再提，在生平著作中没有收录一篇奏折。他后半生过得很是快乐，曾在诗中写道"短衣匹马西山下，好逐春风一放颠"，一片生趣盎然之景。庚子年八国联军入京后四处抢劫，闯入盛昱家中时，见图书满地狼藉，只有一名老妪看护着重病的盛昱。洋人士兵道："此读书人家也。"掩门叹息而去。光绪二十五年（1899）十二月，盛昱病逝，享年五十岁。后来张之洞来京，在《过盛昱故宅》中写道："密国文章冠北燕，西亭博雅万珠船。不知有意还无意，遗稿曾无奏一篇。"诗中可见张之洞对于盛昱当年捅下的大窟窿还是心存芥蒂。

此次事件的肇始者张华奎后来在官场上名声却不错，不似当年的鲁莽。张华奎到四川当官时，积劳成疾，咯血而死。他的父亲张树声甲申年死在两广总督任上。临死之前，他在遗折中写道："夫西人立国自有本末。……育才于学堂，论政于议院，君民一体，上下一心，务实而戒虚，谋定而后动，此其体也。轮船、大炮、洋枪、水雷、铁路、电线，此其用也。中国遗其体而求其用，无论竭蹶步趋常不相及，就令铁舰成行，铁路四达，果足恃欤？"张树声认为"采西人之体以行其用"，如此才能奠定国家长久之业。张树声遗折字字中的，直指清廷之弊，即必须全面学习西方，方能走向富强。光绪读到此折时，想必被深深震撼。

甲申易枢之后，左宗棠在五月二十六日再次被调入军机处。慈禧知道此老非同常人，让他不要去军机处入值，有重要事传问即可，不想左宗棠却坚持每日都要入值。五月二十九日，翁同龢拜会左宗棠，二人长谈，左宗棠老毛病发作，又开始大骂曾国藩。

再入军机处不过三个月，左宗棠却三次被弹劾，连吃处分。第一个处分是闰五月十九日，左宗棠用内阁印行文，照会旧部黄少春，命他调军赴广西。自军机处创设之后，调军事宜历来与内阁无关，为此左宗棠被申斥。十二天之后，他又上奏保举了曾纪泽等人，并特别称赞曾纪泽"于泰西各国情形了如指掌"。不想被御史弹劾，认为不该保举一二品大员。六月二十六日是光绪皇帝的万寿节生日，大员们都要到乾清宫外祝贺。左宗棠年迈，行走不便，也就未去。七月二日，礼部尚书延煦首先上奏弹劾左宗棠。军机处汉人大臣基本上是进士出身，延煦认为左宗棠出身举人，是"蔑礼不臣"。礼部建议对左宗棠处以"罚俸一年"的处分，并得到批准。

七月六日，醇亲王奕譞出来帮偶像左宗棠打抱不平。延煦在弹劾时没有指责左宗棠的失礼行径，却认为左宗棠的举人出身是"蔑礼不臣"，而军机处并没有规定必须进士才能做军机大臣。结果，延煦反被罚俸一年。

此时左宗棠觉得军机处真乃是非之地，又萌生退意，遂请缨前往福建。七月十五日，他找到醇亲王奕譞，主动请求统兵出征。奕譞对此次会面记录道："左相……其志甚坚，其行甚急。"

七月十八日，清廷调左宗棠为钦差大臣，赴福建督师。外人认为他"老态龙钟，而豪迈之气依然"，左宗棠自己却觉得已老了。路过天津时，左宗棠哀叹道："老矣，到天津不能与李鸿章抬杠，到江南不得与曾国荃抬杠。"

此时曾国荃担任两江总督，两人见面时，执手唏嘘，都已是满头白发了。左宗棠又是豪兴大发，对曾国荃道："老九之兄死矣，我便是老九之兄。"又问曾国荃一生最得意之事是什么。曾国荃也是快意中人，道："挥金如土，杀人如麻。"左宗棠听后大喜："吾固谓老九才气胜乃兄也。"

十月二十七日，左宗棠抵达福州，入城时声势浩大。旁观者记载道："一人乘肥马，执长鞭，头戴双眼花翎，身穿黄绫马褂，堂堂相貌……主将左宫保是也。……一见宫保，无异天神降临。"左宗棠的些许威风并不能弥补甲申易枢所带来的负面影响。

自奕䜣去职之后，军机处虽以世铎为首席军机大臣，但他不是个有担当的人。慈禧虽命军机处有大事找醇亲王奕譞，可醇亲王又对慈禧怕得要死，对她百依百顺。军机处在大政国策中的地位被大大削弱，军机大臣们唯慈禧心意是从，慈禧获得了无可挑战的地位。此种局面，在光绪成年执政之后又将造成无数纷扰。可以说，晚清乱局、慈禧擅权实肇始于甲申。

孙毓汶的发迹史

光绪十年甲申易枢后，恭亲王派系退出政坛，醇亲王获得压倒性胜利。新入军机处的大臣除了阎敬铭之外，无人敢逆慈禧心意。

甲申易枢后，宝鋆曾在家中摆了酒席，召了戏班子来唱戏，请奕䜣、奕譞两兄弟会饮，想调和二人关系，但效果如何，外人不得而知。

光绪十一年（1885）五月，慈禧下令修三海工程，随后又开始兴建颐和园。奕譞虽然不同意慈禧大兴工程，但他汲取了乃兄奕䜣的教训，只能默不作声、小心谨慎。光绪十年三月至光绪十六年（1890）十一月，奕譞主持大政期间，他往昔的保守思想有所改变，对于洋务也有了较多认识，海军、铁路及新政开始推行。

光绪十二年（1886）六月十日，在召见奕譞时，慈禧突然宣布，皇帝典学有成，明年正月即行亲政。

奕譞的反应是立刻跪求慈禧不要着急，缓缓再说，又示意儿子光绪跪下求慈禧收回成命。慈禧却表示，这是要真心放权。

奕譞出来后，立即与军机大臣、帝师翁同龢等人商量。翁同龢的意见是此事重大，应当立刻带领诸军机大臣请求再次召见。奕譞则云慈禧现在已经拿定主意，不能更改，改日待军机大臣被召见时再商量。

至军机大臣被召见时，均请求暂缓降旨，继续听政。但慈禧貌似心意已定，要让光绪早点接班，军机大臣苦苦劝告也不能挽回。然而，军机大臣中，只有孙毓汶懂慈禧的心思。

眼看着光绪一日日长大，亲政是早晚的事情。慈禧是老实放权，安静过日子，还是另谋他途，继续执掌权柄？尝到了权力甜头之后，慈禧如何肯轻易放权。但要继续掌权，必须名正言顺，此次她先做出试探，看群臣如何反应。

孙毓汶揣摩到慈禧心意后，建议奕譞"请训政"，即皇帝登基之后，慈禧仍然可以干预朝政。

作为帝师，翁同龢的想法又不一样。皇帝早一日亲政对他来说影响就不一样。翁同龢所盼望的格局是，皇帝亲政之后，慈禧不要再干涉政治。与其让慈禧继续"训政"，不如再延缓些时日，让皇帝正式亲政。

所以翁同龢建议奕譞再次请求召见，想说服慈禧在皇帝亲政后放权。奕譞此时心思烦乱，不想去面对慈禧，就推脱殿门已关，待明日再说吧。

翁同龢对此大不甘心，当夜跑去拜访孙毓汶，想请他帮忙改变慈禧的心意，即慈禧你老可以再掌几年权，但一旦光绪正式亲政后，你就不要再多管了。孙毓汶对翁同龢的反应是"唯唯否否"。

就奕譞而言，他知道自己玩不过慈禧，他被慈禧这尊佛牢牢地捏在掌中，他所期盼的是儿子能早日正式走上政治舞台。看到儿子像模像样地坐在龙椅之上处理国政，便已满足父亲"望子成龙"的心思。至于慈禧继续"训政"，在他看来并无不可，因为儿子还是需要人辅佐，能力过人的慈禧自然能予光绪扶持。

到了六月十一日，奕譞反而劝翁同龢支持慈禧训政。此时孙毓汶亲自拟定奏折，并游说王公大臣联名请慈禧训政。奏折递上去后，慈禧大为满意，发布懿旨，阐释自己继续训政的理由："抚育训诲深衷，十余年如一日。即（皇帝）亲政后，亦必随时调护，遇事提撕。此责不容卸，此念亦不容释，即着照所请行。"

风波过后，一切如旧，只是军机处中有人事变动而已。光绪十二年，阎敬铭离开军机处。自光绪八年阎敬铭执掌户部之后，清查库银，整顿弊端，严控收支，被他查出隐瞒的杂款多达七百余万两。甲申易枢后，阎敬铭成为军机大臣之中唯一一名靠能力与清廉而入值者。

入军机处之后，阎敬铭做了件让所有军机大臣不满的事，即撤掉"点心"。乾嘉年间，由于军务繁忙，为了犒劳军机大臣们，就在军机处值班房内提供茶水点心。茶水点心本费不了多少钱，但军机处一切开销均通过内务府操办，如此一来，外面几个钱的点心到了军机处中，价格要翻上十几倍。阎敬铭素以俭朴著称，觉得此举浪费过度，就奏请裁撤点心钱。此后在军机处内，常有同仁抱着肚子喊饿，阎敬铭则从袖中摸出烧饼充饥，旁若无人。

阎敬铭在户部期间，推动了户部北档房改革。依照往日惯例，天下财赋总汇皆由户部北档房执掌。财赋乃是清廷最核心的机密，自然不能让汉人插手。所以清代两百余年，北档房只用满人。但在北档房的满人，不熟悉财政业务，导致弊端连连。阎敬铭在户部供职多年，深知其中弊端，1882年升为户部尚书后，上奏"欲为根本清厘之计，非参用汉员不可"。慈禧竟然批准了阎敬铭的改革请求，让汉人办理天下财政，时人以为"此亦满汉权力消长之一大事也"。

慈禧之所以重用耿直的阎敬铭，在于他能理财，而理财的目的则是为她修建园林提供款项。慈禧修建园林的经费，一来自北洋海军经费，二来自户部。阎敬铭在户部辛辛苦苦弄了几年，竟然有余款上千万两，这是咸丰、同治两朝前所未有的。慈禧看着户部有钱，频频伸手去要。阎敬铭理财是为了国家富强，哪里肯填补一个妇人的无底私欲？慈禧向他要钱，阎敬铭就请节省开支。于是乎，一度被慈禧亲昵地称为"丹翁"（阎敬铭字丹初）的阎敬铭，成了太后眼中的绊脚石。光绪十一年，阎敬铭户部尚书一职被倾向于慈禧的翁同龢所取代。翁同龢主持户部之后，对慈禧兴建三海工程所要的钱尽力予以满足。阎敬铭对于慈禧心意之转变心知肚明，遂在光绪十二年九月主动请求辞去军机大臣职务。

阎敬铭辞职前，翁同龢曾于晚间拜访他，在日记中记载了当夜的情况："明年上亲政，而老成人先去位，非国之福，相对流涕。"阎敬铭致仕之后，隐居山西老家，六年之后去世。慈禧最初不想授予他谥号，经大臣力争，才得了个"文介"的谥号。

光绪十七年（1891），奕譞去世。此后以礼亲王世铎主持军机处，庆亲王奕劻主持总理衙门。礼亲王庸碌无能，只爱财货；庆亲王奕劻同样爱好财货，但以精明能干著称。二人都仰慈禧鼻息，揣摩太后心意行事。

照例军机大臣有病，一二日不入值是正常，五日以上要请假。光绪十九年（1893），军机大臣礼亲王脖子上生了疖子，额勒和布则眼睛有毛病，孙毓汶脚不好，许庚身鼻子受伤，四人同时请假，只剩张之万一人独对，张此时也是八十岁老翁了。

首席军机大臣礼亲王庸庸碌碌，不想管事，孙毓汶成为实际上的首席军机大臣。外省官员进京，给孙毓汶送六百两银子，礼亲王三百两，其他军机大臣二百两。馈赠银子的数目显示了军机大臣们的实际地位。

甲申易枢后的十年之中，军机大臣张之万、额勒和布、许庚身都唯唯诺诺，没有什么主见。光绪十年张之万入军机处时已七十三岁，对于政务懒得管，官场上讥讽他除了书画之外别无他长。额勒和布的特点是"木讷寡言"，因为在官场以廉洁自守而出名。许庚身在军机处做了多年的军机章京，但一直没有被提拔重用。甲申易枢之后，他被提拔为军机大臣，也就一边倒向了慈禧，"以应对敏练，太后亦信仗之"。许庚身早在同治年间就进入军机处，在辛酉政变中立下大功。他先后在军机处担任军机章京三十年，业务熟练。许庚身在前期依附于奕䜣，后期倾向于奕譞，并得到奕譞的信任。值得一提的是，台湾历史作家高阳，本名许晏骈，出自浙江仁和许家，与许庚身是同一个家族。

光绪十九年，许庚身在军机大臣任上去世，以徐用仪替补。徐用仪是浙江海盐人，自幼聪慧，有大志，外柔内刚，小事不置可否，大事必曲折以伸。咸丰九年，他参加顺天府乡试考中举人，同治元年入军机处任军机章京。此后多年，他帮办洋务，对西方有较多了解，以他入军机处也是为了应对日益频繁的外交事务。

甲申易枢后，军机处整体沉闷，所用者多是老臣，在军机处中尸位素餐，无所作为。军机处的这种格局却使能窥探慈禧心意，深为慈禧信任的孙毓汶实际上主持起军机处的日常工作。孙毓汶的发迹史，别有一番故事。

孙毓汶的前半生，既可以说他得志，又可以说他不得志。他出生在山东济宁的一个官宦世家，康熙年间，曾祖父孙扩图考中进士，乾隆年间祖父孙玉庭考中进士，官至两江总督、内阁大学士。再其后叔父孙善宝官至两江总督，父亲孙瑞珍历任礼部、工部、户部尚书。在这样的官宦世家，孙毓汶好比是含着金钥匙出生，但他的憋屈在于，他是小妾所生。

在孙家这样的官宦世家，侧出的子弟再才华横溢也不受待见。童年时族人的歧视让孙毓汶留下了深刻的阴影。所幸父亲很是喜爱他，为了不让他在济宁受排挤，就将他带去京师，并聘请名师教授他学业。

孙毓汶天资聪颖，又得到名师指点，咸丰二年考中举人。咸丰六年，孙毓汶参加会试，父亲孙瑞珍对儿子寄予了很大的期望。此科考试之前，当时舆论普遍看好的状元人选一是孙毓汶，一是翁同龢。翁同龢也出自名门，祖上与孙家是世交。孙瑞珍看着翁同龢是儿子夺魁的最大对手，就想设计确保儿子夺魁。

殿试前一日，孙瑞珍将翁同龢请到家中吃饭，美酒佳肴，一通猛灌，果然将翁同龢灌得烂醉如泥。翁同龢酒醉之后，老爹翁心存早有准备，已经弄好了解酒药和人参汤，翁同龢吃了之后，第二天殿试时如有神助，精力特别充沛，得了一甲第一名，孙毓汶得了第二名。此事在京师官场传得沸沸扬扬，由此翁同龢得了个雅号"人参状元"。

照理说，孙毓汶考中第二名榜眼，在家族中也可以扬眉吐气了。但他被一个人压着，这个人就是他的堂哥孙毓溎。孙毓溎早在道光甲辰（1844）科就高中状元，此后历任高官，在孙氏家族中说一不二。

咸丰八年，孙毓汶父亲去世，他返回济宁老家丁忧，此时他的嫡母已去世，他就动起脑筋想将自己的生母给扶正。依照礼法，在正房去世之后，如果经过全族同意，可以将偏房扶正，此后也就摆脱了小妾的身份，可以扬眉吐气。孙毓汶以为可以凭自己在科举上的成就让族人欣然同意。不想此时堂哥孙毓溎的老婆在家主持内政，对此表示反对，此事不了了之。受此刺激，孙毓汶对整个孙氏族人都有意见。

丁忧期间正逢捻军在山东、河南、安徽各地蔓延，作为在乡官员，孙毓汶受命在济宁办理团练。在山东的僧格林沁令孙毓汶带兵去守卫运河河堤。孙毓汶少年得志，又未曾上过战场，哪里能带兵打仗，就加以推脱，为此与僧格林沁发生争执。此后又逢咸丰大搞捐输，让官员捐钱，孙毓汶消极对待，被僧格林沁抓住尾巴。

此时恰逢奕䜣复出，把持朝政，他认为孙毓汶"世受国恩，首抗捐饷，深恶之"，下令将他革职发配新疆戍边。

在新疆吃了五年苦头，让孙毓汶得到了磨炼，也知道人世的甘苦，懂得了变通。同治元年，孙毓汶主动捐输，以助军饷，被官复原职，回到翰林院。

再回京时，他已不是昔日血气方刚的毛头小子，而变得老练沉稳。在京供职至同治五年，在京内朝考时，他被考为一等一名，升为侍读学士。侍读学士是个重要的官职，主要给皇子讲学，有着更多的发达机会。

此后在官场上，孙毓汶是飞黄腾达、步步高升，然而他的心结却始终未能解开。自从咸丰八年帮母亲扶正的努力失败之后，孙毓汶就一直对济宁孙氏比较冷淡。他的门生外任为济宁知府，特意去拜访他，询问对济宁孙氏家族有没有需要照顾的。不想孙毓汶反应冷淡，反而交代对孙氏族人要严加管教，违法者必须严加惩戒。

孙毓汶一直将母亲带在身边，以便尽孝。光绪元年，他的母亲重病不起，他食不甘味、寝不解衣，辛勤服侍母亲。生母病故之后，他不得不面对孙氏族人，当他将母亲的棺椁运回济宁之后，孙氏族人却提出棺椁不得入祖坟，不得与孙毓汶的父亲合葬。

孙毓汶此时也出离了愤怒，他穿着孝服，跪在母亲灵柩前写下奏章，请两宫皇太后帮自己做主。慈禧看了孙毓汶的奏折后大为同情，就将孙毓汶生母封为一品夫人。

得到慈禧的撑腰之后，孙毓汶扬眉吐气，将父亲的棺椁从祖坟中起出，迁往新坟与母亲合葬。发丧当日，孙毓汶办了一场隆重的丧事，让所有孙氏族人目瞪口呆，此后孙毓汶与济宁孙氏族人断绝来往。出于对慈禧的感激，在官场上孙毓汶唯慈禧是从，无比忠心。

丁忧结束后，光绪三年孙毓汶回京继续做官。光绪五年五月，孙毓汶出任安徽学政，上任前他与李鸿章书信来往频繁。出行时，孙毓汶乘坐李鸿章安排的轮船南下至上海，又由李鸿章门生刘芝田用轮船送到安徽。孙毓汶到了安徽之后，对李氏族人加以照顾，李鸿章的侄子李经羲被"甄取优贡"。

至甲申易枢时，孙毓汶与醇亲王结成朋党，在其中扮演了重要角色。

却说光绪朝，奕𫍽的儿子做了皇帝，他不得不暂时韬光养晦、低调做人，但"久静思动"，也开始组织人马壮大势力。孙毓汶早就与奕𫍽结识，而他与恭亲王还有一段过节，当年他被发配新疆就是奕䜣处理的，此番投到奕𫍽门下，参与密谋。

三月初二日，孙毓汶从西陵回京请安，六日，被派往湖北查办案件。出京之后，三月十二日，又被慈禧召回。三月十三日，慈禧颁布朱谕，指责奕䜣"委靡因循，罢军机大臣，停双俸，家居养疾"，其余军机大臣全部撤掉，以礼亲王世铎、额勒和布、孙毓汶等人入军机处，有大事则与醇亲王商量。

礼亲王世铎为人懦弱，不大管事，醇亲王是皇帝的生父，不便直接入军机处，以免给人权势过盛之感。孙毓汶在军机处中，每日将军机大臣奏折送到太平湖醇亲王府邸，谕旨也由孙毓汶传达。他在军机处虽居末位，而权力则冠同僚。

孙毓汶极得慈禧宠幸，"内则太监李莲英，外则军机大臣孙毓汶，均太后最得意信任之人"。慈禧在内廷赏戏时，赐有菜肴美酒，对于美酒，规矩是稍微品一下，不可多喝。孙毓汶则不管，酒一赏来，立刻畅饮干净，有时酒醉之后，立刻就入梦乡，鼾声如雷。孙毓汶极怕热，每年四月开始，从军机处回家后就坐在天棚下面，放开豪饮，酒醉脱光了酣然入梦，"醒即趋朝，历数十年如一日也"。

在军机处、总理衙门行走的孙毓汶，接触到各种机密信息，也利用此作为政治筹码，"暗藏机关，互相串通"。各省督抚能得到孙毓汶的只言片语或私人信件，往往视作"小圣旨"。当时士人对孙毓汶恨之入骨，认为他"阴险深阻，深不可测"，以故他得了个外号"白面秦桧"。

后世对他指责也多。张謇认为，光绪十年甲申易枢之后，"醇王执政，孙毓汶擅权，贿赂公行，风气日坏，朝政益不可问"。他甚至认为，由甲申而有甲午朝局之变，由甲午而有戊戌政局之变，由戊戌而有庚子之变，由庚子而有辛亥革命之变，因果相乘，昭然明白。高阳则认为孙毓汶是清王朝覆灭的罪魁祸首之一，同光中兴的大好局面也毁于他之手。

甲午战争的和与战

光绪十五年（1889）四月二十七日，翁同龢六十岁大寿。此年二月初三，光绪正式亲政。

看着光绪坐上龙椅，翁同龢的眼眶中几滴泪光闪过，多年心血栽培，皇帝总算成人。而他的声望与权势也将随之达到巅峰。

慈禧此时的心思都花在了建造颐和园上，表面上也表达了切实放权的意思。

就在光绪亲政之后，御史屠仁守上奏，请求仍将外省密折、廷臣封奏由慈禧批阅之后再施行，即请慈禧继续干政。对此慈禧坚决否决，将屠仁守革职永不叙用。慈禧相当自信，她不需要这些表面文章，虽然她将权力托付给了光绪，但只要她一声断喝，战战兢兢的皇帝立刻会将所有权柄交出。

光绪亲政后，每日与翁同龢在书房商议要事，翁同龢一举凌驾于军机处之上。翁同龢声势之隆，连李鸿章也不得不折服，而李鸿藻则只能在角落里吃醋。

甲申易枢之后，李鸿章通过向慈禧献纳修建颐和园的经费获得慈禧信任，得以在北洋大力经营。光绪亲政之后，翁同龢对光绪具有的强大影响力使得官场大佬们纷纷向他献媚。得意之时当衣锦还乡，翁同龢也跳不过这道坎。此年他返乡探亲，一路上各地官员迎送，李鸿章更是刻意逢迎。

光绪亲政使翁同龢的政治地位得以提高，也让政坛格局发生变化。翁同龢借着自己帝师的身份和主持科举考试的机会大力扩充人马。对政治人物而言，声望与实力同样重要。有声势者，必须拉拢、培植自己的嫡系人马，作为支援。势单力薄者，哪怕声望再隆，无人援助也只能孤单落败。

政治上一个好的助手，也即曾国藩所云的"替手"，起着无与伦比的作用。曾国藩曾道："办大事者以多选替手为第一义。"他选择的"替手"如李鸿章、左宗棠在太平天国战争中均打开了局面，有力地支持了曾国藩。李鸿藻在光绪朝前期之所以能呼风唤雨，不在于他有多大的声望，而在于他成功地凝聚了一批清流"替手"，在政坛上横冲直撞、所向披靡。

翁同龢在政坛打滚多年，对于"替手"这一套是洞悉于心，他利用各种机会罗织有名气的人才于旗下，其中翘楚当为文廷式、张謇等人。

光绪十六年（1890），醇亲王去世。醇亲王死后，孙毓汶更加铁心依附于慈禧，荣禄也被起用为西安将军。孙毓汶与翁同龢是同榜及第，久有私交，此时却势若水火。孙毓汶对清流是深恶痛绝，大力予以打击。二人的分歧在甲午中日战争之中更加激烈。

光绪二十年（1894）春，中日两国在朝鲜对峙，战争一触即发，清廷内部就战和与否存在着巨大的分歧。

正月初三，李鸿章被赏三眼花翎，这是清代官员的最高荣誉，也是汉人大员中第一个得到的。当年施琅收复台湾，希望能赏给三眼花翎，最终未能如愿。

四月六日，李鸿章从大沽口乘船前往旅顺阅兵，入船门时，帽上大珠被碰落。船刚开行，大风突起，将帅旗吹落海中，同行者均以此为不祥之兆。

此时中日两国在朝鲜对峙良久，日方则一心求战。四月二十七日，日本参谋本部向日本天皇和内阁汇报："中国士兵仅五分之三有步枪，一团中装备有十三种步枪。中国完全无准备，作战时机已到。"

对于清军斤两几何，李鸿章洞然于心，他始终主和，反对开战。军机处与总理衙门众大臣初期与李鸿章观点一致，均认为不可轻易用兵。至五月中旬日军不断增兵朝鲜之后，朝中主战的呼声越来越高，此时光绪的态度已经明朗，即主战。

真正能决定战和走向的慈禧却未明确表态，她尚在犹豫。此年是慈禧六十大寿，为了这场盛宴她已筹划良久。她的内心极其矛盾，她自然不希望打仗，好快快乐乐、太太平平地庆祝自己的生日。在她的人生之中，四十大寿时碰上了日本入侵琉球，五十大寿碰上了中法战争，喜庆的气氛都被战争给搅黄了，她不希望六十大寿又被战事给影响。

可如果不打，国内的舆论没法交代，这岂不是坐实了太后挪用海军经费修颐和园吗？这让她如何母仪天下，面对国人？再者，如果能在战场上取胜，于大寿无疑是锦上添花，故而慈禧在战和之间摇摆不定。但她也划下了一道底线，即不论战和都不能伤害大清国的面子。如果能给大清国赚够面子，那么打一打也无妨。至于议和嘛，也不是不可以，只是"不准有示弱语"，即必须保证清国的面子。

六月十三日，备受慈禧宠幸的奕劻上奏，认为朝鲜之事事关重大，必须集思广益，请派翁同龢、李鸿藻与军机大臣、总理衙门大臣会商。此奏当即被光绪批准，由此翁、李二人得以参与军机处决策。翁、李二人此前已在军机处多年，入军机处会商军务也是轻车熟路。甲午战争之中，翁同龢与李鸿藻结成联盟，共同主战。翁、李二人在诸多政治事件上观点一致，至于野史中所言二人政见相左、老死不相往来之类，纯属小说家想象。

六月十四日上午，李鸿藻、翁同龢一起到隆宗门内军机处值班房参与会商。自光绪十年甲申易枢后，二人已有十四年未曾再入此中。

甲午战前，中国乐观情绪洋溢，认为可以轻松击败日本，甚至连总税务司的赫德也认为日本不是中国对手。与军机大臣商议时，李鸿藻、翁同龢都力主增兵至朝鲜。光绪在召见军机大臣时大力主战，并称太后也主战。

此后几日，翁同龢、李鸿藻继续参与军机处议事。军机处中，孙毓汶、徐用仪二人大力主和。徐用仪虽入军机处不久，但与孙毓汶亦步亦趋，彼此援助。孙毓汶之所以主和，主要是迎合慈禧心意。徐用仪主持总理衙门多年，对日本有深刻了解。徐用仪认为："东瀛方强，我师骄惰，未可轻敌。"主张通过外交谈判来解决中日分歧。

就在清廷内部分歧，两派尚在为战和进行口水大战之时，日本已在前方快速行动。六月二十一日，日军包围朝鲜王宫，并扶持傀儡主政。此时坐镇北洋的李鸿章仍将希望寄托在俄国的外交调停上。对李鸿章消极备战，光绪极为愤怒，当日指责李鸿章，"命不得倚仗俄人"。

六月二十三日，日本海军击沉运送中国士兵的英国轮船高升号，当日清军在陆地上也与日军交火。开火之后，清军前方将领虚报战绩，称杀敌两千，让在后方的翁同龢等主战派闻讯大喜。

六月二十七日，军机处经过商议之后拟定稿件，命李鸿章着手备战，但这不是宣战书。

七月初一，光绪正式下诏对日宣战。

七月十三日，御史安维峻弹劾全体军机大臣，认为孙毓汶、徐用仪尚能办点事，"余则般乐忘返"。

安维峻是甘肃人，左宗棠曾称赞他："年少能文，器宇沉静，将来可望成一伟人。"作为清流之一，此次他以雷霆之势发起攻击。安维峻上奏之前曾拜访过翁同龢，可以视为是在翁同龢授意下行事。翁同龢对军机处的格局相当不满，以此举逼迫其他军机大臣就战和表态。

七月十六日，珍妃的哥哥志锐上奏弹劾孙毓汶、徐用仪，奏折措辞严苛，杀气腾腾，且择录其中几段："及皇上明诏下颁，赫然致讨，天下皆闻风思奋，孙毓汶独怏怏不乐，退有后言，若以皇上为少年喜事者。查该大臣……专愎性成，任意指挥，不顾后患。""秉政十年，专权自恣，在廷卿贰，无不受其牢笼，各省督抚得其一书，至有相传为'小圣旨'之说者。"徐用仪也连带着被弹劾："徐用仪起自章京，性情柔猾，事事仰承其（孙毓汶）意。"

这道奏折极其凶猛，将孙毓汶的专权自擅，对光绪的背后腹诽等事一一列出，并请将孙毓汶立刻赶出军机处，如此"朝政必有起色，军事必有转机"。

奏折递上后，光绪请示慈禧的意思。慈禧与奕劻会商后，对孙毓汶是大力维护，遂得无事。志锐、文廷式、安维峻都属翁同龢一党，以清流之弹劾功夫而为翁同龢助阵。

七月十七日，翁同龢、李鸿藻到军机处看奏折，其中有曾广钧请用海军军舰做自杀性攻击的奏折。翁同龢看了后大为赞叹，认为"曾折甚壮，欲用之"。曾广钧是曾国藩次子曾纪鸿的长子，此时在翰林院担任编修，也是嘴上功夫过人。

孙毓汶、徐用仪认为海军军舰不是儿戏，岂能轻易乱用，对此折嗤之以鼻。当日军机处拟写谕旨时，孙毓汶、徐用仪看翁、李过来干涉，就消极怠工，不肯动笔。翁同龢毫不客气，召军机章京顾渔溪来写。

　　李鸿章这时被主战派所痛恨，清流遂抓住他生病的机会展开攻击。七月二十三日，志锐又请派大员到天津查看李鸿章病状，以早做准备选出接任者，被军机大臣们给否决。当日翰林们出了个奇招，请刘永福带兵直捣琉球，逼迫日军回师救援，行围魏救赵之计。至于其他各种所谓的妙计也是层出不穷，甚至有人请以西藏金矿做抵押，从英国贷款买军舰攻击日本。

　　七月二十五日，主战派加大火力，围攻丁汝昌。当日翁同龢、李鸿藻在军机处与军机大臣大吵了一番。

　　主战派明白要直接除去李鸿章阻力太大，转而攻击其羽翼丁汝昌。翁、李二人主张将丁汝昌革职，军机大臣虽不同意，但拗不过二人。军机大臣额勒和布建议等李鸿章保举丁汝昌的接任者后再降旨，翁同龢又不同意，并恶语相向。孙毓汶反对明发上谕，主张电报告知即可，翁同龢又不同意。一直吵到中午，翁同龢还侃侃而谈，也不在乎军机大臣们对他怒目相向。

　　至于丁汝昌去职之后由谁接替，主战派已有了合适人选。两天前，翁同龢在家中请山东巡抚李秉衡吃饭，赞美他为"伟人"，李秉衡被主战派视作接替丁汝昌的不二人选。

　　七月二十六日，丁汝昌革职的奏折递上。慈禧对此却另有看法，让李鸿章先保举接替人选之后再议。李鸿章帮丁汝昌辩护，认为海军将才尚无出其右者。慈禧对李鸿章相当信赖，听从了他的建议，八月一日，令丁汝昌暂免处分。

八月初九，御史张仲炘弹劾李鸿章儿子李经方，称李经方在上海售米三千石给日本，又在日本订购煤三万石。进而指责李经方出使日本时，曾认明治天皇女儿为义女，并定为儿女亲家。更狠的是，奏折指责李鸿章在天津有"万寿前必议和之说"，直接逼迫慈禧表态。

八月十一日，御史们屡弹劾李鸿章不能成功，就转而攻击李鸿章的女婿张佩纶。御史端良弹劾张佩纶在李鸿章处干预公事。光绪将对李鸿章的不满发泄到了张佩纶身上，令李鸿章将其驱回原籍。李鸿章的亲信如盛宣怀、卫汝贵、张士珩等都被御史一一加以弹劾。

后方御史们以笔作刀，发动了系列凌厉的攻势，对前线的战局却无任何挽救。八月十六日，日军攻陷平壤，总兵左宝贵战死，叶志超、卫汝贵逃跑。八月十八日，北洋水师在大东沟与日本海军交战，致远、经远、扬威、超武四船被击沉。

八月十八日，当日军机处举行会商，李鸿藻认为李鸿章有心贻误战事，导致战局不利，应加以严办。张之万与李鸿章是同年，又是亲家，与李鸿藻激烈争执，大力回护李鸿章。翁同龢也赞成李鸿藻的意见，认为李鸿章事事落后，自然是贻误战事。

军机大臣们争论不过二人，遂拟定处理意见："一严议，一拔三眼花翎褫黄马褂。"

在外人看来，此等处罚不足以动李鸿章分毫，实质却是对李鸿章的最大羞辱。三眼花翎是此年特别奖给李鸿章以表彰其三十年功劳，荣典空前绝后。黄马褂之赏来于战功，太平天国战事结束后李鸿章才得此赏。此惩罚等于将李鸿章一生功绩全部抹杀，可谓极其严厉。

八月二十七日，因前方战事失利，军机大臣集体辞职，被挽留。

战事的失败又引出了翁同龢最不希望的局面，即慈禧重新出山。此前慈禧虽对中枢决策有影响力，但她一直在淡化自己的存在，不走上前台。至前线大败之后，慈禧走上前台训政。

八月二十八日，光绪、慈禧共同召见军机大臣并翁同龢、李鸿藻，此前慈禧已有五年未曾如此。

当天慈禧突然命翁同龢前往天津面见李鸿章，让李鸿章设法请俄国同保朝鲜。此时电报在清廷中枢已是频繁使用，慈禧却说"不能书廷寄，不能发电旨"，让主战派领袖翁同龢亲自前去天津，当面交代，摆明了是支持李鸿章议和。

翁同龢听了慈禧的指示后，反应极其强烈，当场抗拒，认为"此事有不可者五"，"叩头辞者再"。慈禧却不理他，坚持让他前去。翁同龢无奈，只能摆明态度："臣为天子近臣，不敢以和局为举世唾骂也。"即自己可以去，但不代表自己支持议和。

受前往天津一事的冲击，起用恭亲王这一当日的重头戏反而冷场。翁同龢与李鸿藻请求起用恭亲王时，慈禧反应冷淡，"虽不甚怒，而词气决绝"。慈禧心中对奕訢的疙瘩始终还是没能消除，她也知道御史们希望恭亲王复出以增强主战派的力量。

此时起用恭亲王的呼声日高，二十九日，五十七名翰林联合上书请求起用恭亲王。战争的背后牵涉着敏感的人事斗争。光绪亲政以来，事事都被慈禧牵制，清流派倾向于光绪，此次遂借机鼓噪，请恭亲王复出，一则能牵制慈禧，二则能打压孙毓汶。

九月初二，翁同龢到天津。翁同龢、李鸿章二人在日记中对此日的会面表述不一。

翁同龢记载，自己到天津后严厉指责李鸿章。李鸿章则惶恐地答道："缓不济急，寡不敌众。"随后翁同龢接连开炮，李鸿章则唯唯而已。翁同龢追问李鸿章如何应对蔓延至东北的战事，李鸿章回答："奉天兵实不足恃，又鞭长莫及，此事真无把握。"

李鸿章的日记中则这样记载："同龢见鸿章，即询问北洋兵舰，鸿章怒目相视，半晌无一语，徐掉头曰：'师傅总理度支（户部），平时请款辄驳诘，临事而问兵舰，兵舰果可恃乎？'同龢曰：'计臣以撙节为尽职，事诚急，何不复请？'鸿章曰：'政府疑我跋扈，台谏参我贪婪。我再哓哓不已，今日尚有李鸿章乎？'同龢语塞，归乃不敢言战。"

就在两人口水大战时，突然一封廷寄发到了天津，称俄使即将到天津，李鸿章会面后应将详细情形告诉翁同龢，由他回京复奏。

慈禧此举何其高明，她命翁同龢去天津见李鸿章，等于给主战派注水，稀释其浓度。翁同龢心中愤愤不平，到了天津之后难免要自作主张，故慈禧又加发了个廷寄，以限制翁同龢的手脚。至于让俄使到天津会晤，所谈的自然是议和，再由他回京复奏，也摆明了要压压翁同龢的求战之心。

翁同龢离开京师后，九月初一，恭亲王复出。慈禧突然改变心意，起用恭亲王，原因在于当日翁同龢与她公开对抗。慈禧当时虽没有发作，但对翁已有成见，稍后改变心意，准许起用恭亲王以制约翁同龢。

九月初二下午，孙毓汶、徐用仪一起拜访赫德。三人从下午四点谈到六点，孙、徐二人几乎痛哭流涕，讲述了自己的苦衷："以前没人敢提倡议和，就是现在，如果议和的消息传出，北京那帮不明实情又没有责任职守，只喜欢高谈阔论的人，仍会攻击主和派。"孙、徐二人认为现在继续作战毫无把握，和解才是最好的办法，并请赫德帮助联系英国出面调停。

九月初五，正在云贵担任总督的王文韶被令迅速进京。让王文韶进京也是慈禧在做人事布局。王文韶自从云南报销案离职之后，虽再被起用，但一直在外省任职，与京内牵扯较少。王文韶对慈禧一直比较忠心，当此危难之际，可以让他到京畿来效力。

　　眼看着慈禧生日将至，前线烽火四起血流成河，后方的大臣们却在为了太后生日而操碎了心。九月二十五日是大臣们进献贡物的日子，虽然翁同龢在军机处表态，他绝不会进贡，并得到了众人一致认可。可每个人私下都准备好了礼物，送进了宫。翁同龢自己也置办了礼物，如期进贡。谁敢让她老佛爷不高兴？

　　九月下旬，日军渡过鸭绿江，进入中国境内，同时在辽东半岛登陆。清廷龙兴之地被日军侵入，慈禧、光绪大为紧张，连日召见王公大臣商量对策。此时是打，还是和？打，马上就是慈禧生日；不打，日军已进攻中国，龙兴之地将处于日军直接威胁之下。当日的局面，真是让所有人纠结，大臣们的共识就是"战难，和亦不易"。

　　慈禧的心思已经确定，必须尽快解决这场危机，好迎接自己的大寿，如此必须在人事上做出重大调整，以配合自己的步骤。

　　九月二十九日，步军统领福锟开缺，由西安将军荣禄继任。十月初五，以恭亲王督办军务，所有统兵大员均归节制。十月初六，翁同龢、李鸿藻、刚毅授军机大臣。军机处一下子补了三名大臣，只能在军机大臣值班房内额外再加上三张方凳。李鸿藻腿不好，在军机处中以久坐方凳为苦。张之洞得悉后，特意从江南请了名医陈莲舫来京帮他治疗，却未能痊愈。

　　十月初九，英国公使欧格讷向奕䜣提出两点条件，一是朝鲜为各国保护国，二是须向日本支付军费。次日，在军机处商量时，孙、徐力挺英国的建议，认为"不如此，不能保陪都、护山陵"。再入军机处的翁同龢、李鸿藻则全力反对，认为应该等等，与俄国人再商量。

当日慈禧召见军机大臣，认为第一条可以允许，第二条"可商"。翁、李则不同意，认为："欧使可恶，且所索究竟多少？"认为如果日本开的价码太高，终归还是要战，应该从速调兵备战。慈禧听了二人的话后就改口道："若（索赔）多仍不允。"孙、徐二人一听就急了，一起抗议，认为"不如是，则沈阳可危矣"。最后决定，同意向日本赔款。对日议和赔款的消息传出后，孙、徐二人立刻成为舆论声讨的对象，并被痛骂为"奸邪""内奸""汉奸"。

慈禧之所以同意赔款议和，因为第二天是她的生日。太后的寿辰极为隆重，有"前三后四"之说，一共七日，称"花衣期"。看着热闹非凡的庆典场面，主战派们是心如刀绞，此时前方不断传来的败绩也让慈禧扫兴不少。在慈禧许可之下，孙毓汶、徐用仪开始联系李鸿章，准备议和。

十月十九日，额勒和布、张之万退出军机处。此二老在军机处多年，只是伴食，且二人与李鸿章有着诸多联系，让二人退出军机处，可以安抚一下躁动不已的主战派。二人退出军机处的消息传出后，主战派果然欢声雷动。

受此鼓舞，十月二十二日，御史王鹏运弹劾孙、徐二人，认为二人"辜恩误国"，追问二人一味议和，是何居心。二十三日，吏部尚书徐桐弹劾孙、徐，请将二人严惩以振军威。二十四日，江南道御史钟德祥弹劾孙、徐，认为二人"通夷纵敌，私己害公"，应该先将他们除去，才能平定倭寇。由于慈禧回护，这些弹劾也不了了之。

主战派们眼中的头号大敌李鸿章也连带着被打压，以安抚他们。十月二十四日，李鸿章被免去直隶总督职务，摘去顶戴，暂时留任，待王文韶前来接任。

外廷围绕战和展开大战的同时，内廷也爆发了冲突，冲突的当事方是慈禧与珍妃、瑾妃。

十月二十九日，二妃被褫夺贵妃封号，降为贵人。此次珍妃被慈禧责备，有各种说法。其中一说认为，慈禧六十寿辰时，福州将军出缺，皇后隆裕想帮她舅舅谋得这个职位，托珍妃向光绪进言，珍妃没有理睬她。隆裕自恃受慈禧宠爱，以"大不敬"罪名在慈禧面前弹劾珍妃。慈禧遂召见珍妃，命太监掌责之。珍妃性格刚强，这点颇像慈禧，被羞辱之后，与慈禧大闹。慈禧发怒，将其封号褫去。几日之后，慈禧怒气渐消，赏赐给珍妃八盒食物作为安慰。

主战派对于慈禧阻挠战事，力挺李鸿章、孙毓汶等主和派，向来愤懑于心，只是不敢发作。此次二妃被贬，让主战的清流们大受刺激。

婆婆与媳妇闹矛盾，这本是皇室的家事，但当此战和之际，惩戒二妃，实若杀鸡儆猴，警告光绪及清流们。清流们不敢直指慈禧，遂以其亲信开刀。

在二妃获罪的次日（十一月初一），文廷式上奏弹劾慈禧亲信孙毓汶，对其人格大加攻击："孙毓汶纨绔庸才，自其少时，酗酒纵博，为乡人所不齿。"又称其生活腐败、欺蒙君上、与李鸿章勾结揽权谋和，请诛杀以振朝纲。

奏折递上去之后，慈禧大为不满，光绪看了也大怒。文廷式在敏感时期上此奏，不啻激化皇帝与太后的矛盾，离间之意过于明显，故而光绪温言安慰孙毓汶。

十一月初三，又有御史弹劾军机大臣在二妃落难时明哲保身，"唯阿取容，无所匡救"。孙毓汶乘机报复，称清流结党陷害，夙习已然。

文廷式等人弹劾孙毓汶不成，反而让慈禧心生警惕。宫中之事本属皇室家事，现在被扯进朝廷，其中所包含的权力之争业已明朗。慈禧遂令正在外招募团练的珍妃哥哥志锐立刻回京，好加以控制，又命自己的亲弟弟，皇后的父亲桂祥带领神机营四队回京。

十一月初六，慈禧突然转变，要与日本开战。慈禧转变态度，原因是中国全权大臣张荫桓、邵友濂赴日谈判，竟然被日本拒绝，这大大地伤了天朝的面子。当日慈禧愤懑不已，认为"势难迁就"，预备撤使回国，以免受辱。日本人不想与张荫桓谈判的真正原因是，他熟悉外交，谈判时必然会降低日本的要价。

对再次开战，恭亲王、孙毓汶、徐用仪都表示反对。因为此时中国请美国出面帮忙调停，突然又要开打，等于不给美国人面子，今后谁再帮你调停？故而三人认为"宜留此线路，不可决绝"，不然则美国"无体面"。慈禧却反驳道："若尔，中国体面安在？"

十一月初八，当日慈禧做了系列大动作，令恭亲王担任军机大臣，将满汉书房撤掉，打发志锐到新疆。撤掉满汉书房可以减少翁同龢与光绪独处的机会，降低其对光绪的影响力。将志锐弄去新疆，也是打压光绪。同时以刘坤一代替李鸿章，指挥关内外各军。

主战派对恭亲王寄予了厚望，希望他能控制军机处，进而积极备战。不想恭亲王此时年迈，体弱多病，再无当年的雄风，与军机大臣们又不熟悉，因循守旧，哪里还有心思整军备战，只想早日议和，安享太平。

十二月初二，安维峻上了个奏折，可谓是惊天动地。他在奏折中指出："又谓和议出自皇太后，太监李莲英实左右之。臣未敢深信，何者？皇太后既归政，若仍遇事牵制，将何以上对祖宗，下对天下臣民？"此奏毫不留情，指责慈禧一味主和、牵制光绪，并暗指慈禧宠信李莲英祸国。奏折递上后，慈禧气个半死，又不好出面回应。光绪看了奏折也是大怒，将安维峻发配军台了事。恭亲王病愈回军机处后，就此奏责备军机同僚："此等奏折，归档了事，何必理会，诸公是否欲成此人之名？"

安维峻果然由此奏声名大噪、名震中外，还未出京造访者就络绎不绝。至出京时送行者充塞于途，有送钱的、送物品的、送文章的，大侠王五则一路护送他到张家口。安维峻性情刚烈，每上奏时，都抱定拼死一击的决心，但血性之下，意气纵横，所奏所劾多有脱离时局和现实之感。后来安维峻至京师大学堂教书时，学生们发现他已没有了当年的血气。

十二月二十一日，刘坤一出京前往山海关，慈禧召见时，提及安维峻之事，仍然怒不可遏，认为安维峻是在挑拨母子感情，并数度落泪。刘坤一出发时相当乐观，称"金鼓一震，（日本）心胆皆寒"，结果却连遭败绩，狼狈奔逃。当时士人嘲讽他道："中东一役，狼狈颠簸之状，闻者喷饭。"

十二月二十五日，日军在山东登陆，被翁同龢赞誉为"伟人"的李秉衡在前方也是连遭败绩。翁同龢此时只能无奈地仰天长叹。

十二月二十六日，王文韶到京，担任北洋大臣，主战派希望能以王文韶取代李鸿章。然而中枢的人事调整对于前方战局并无帮助。号称能战的宋庆毅军在前方接连溃败。宋庆毅军由中枢直接调度指挥，不经李鸿章之手，此时一败，朝廷再无可依仗之军力。

被寄予厚望的将领们一个个都失魂落魄地败阵而逃，主战派们却不甘心，建议迁都再战。慈禧也没有了主见，"令顺天府备车二千辆，骡八百头"，准备出逃，只是"终未成行"。孙毓汶力主和议，翁同龢等则主张迁都再战，两派在朝会时激烈争辩。孙毓汶认为要议和则必须割地，并认为不割地则不能议和，不议和则不能保陪都、护山陵。主战派大臣听了后一片哗然，认为他是危言耸听，请求将"乞和奸邪"孙毓汶立即罢免。孙毓汶丝毫不惧，面对主战的光绪帝他毫不客气，口水直喷地指责光绪是"少年喜事者"，又劝告道：那个战字不要提了！将光绪气得半死，可前方的败绩让他又无法驳斥孙毓汶。

光绪二十一年正月十八日，刘公岛失陷。正月三十日，宋庆毅军大败于太平山。二月初八日，吴大澂军大败于牛庄。当清军在战场上连遭败绩之后，翁同龢、李鸿藻等主战派仍不肯认输，上朝时对光绪痛哭流涕，请与日本血战到底。

至清军彻底战败之后，清廷不得不与日本进行谈判。依照职务，本该由翁同龢出马议和，但翁同龢颇耻于此。清廷遂赏还李鸿章三眼花翎及黄马甲，授为全权大臣，前往日本议和。

光绪二十一年二月十九日，李鸿章前往日本议和。二十三日抵达日本马关，二十四日开始谈判。二十五日，日本提出了苛刻的停战条件，要求军事占领大沽口、山海关、天津三地，并限三天答复。伊藤博文甚至说：此约唯有可否二字。面对日本的蛮横，李鸿章坚决拒绝，这激怒了日本国内的极右分子。

狂热的日本浪人小山丰太郎见中国战败之后前来求和，却又不肯接受日本的条件，遂决定刺杀李鸿章。二十八日，李鸿章乘轿前往谈判地点春帆楼，李鸿章着天鹅绒上衣，戴金丝眼镜。谈判进行了一个半小时之后，李鸿章原路返回，途中挤满了围观的日本民众。行到一处杂货铺时，小山丰太郎冲出，从正面对着李鸿章轿子开枪，李鸿章左颊被击中，随后被日本警察护送回寓所。

小山丰太郎不久被日本警察捕获，判了无期徒刑。在法庭上，小山称日本如果放弃占领北京，这将是日本的耻辱。小山丰太郎被判刑时不过二十七岁，在狱中几十年，至六十余岁时被特赦。时李鸿章后裔李国超寄居日本，小山求见。相见时回顾前尘，唏嘘不已，这是后话了。

李鸿章被刺后侥幸未死，却由此摆脱了外交上的被动局面。他被刺后，国际舆论转而同情中国。不得已之下，日本只好放弃了占领天津等地的要求，转而要求赔款两亿两，割让台湾、澎湖列岛及辽东半岛。

此时中枢态度也发生变化，倾向于议和的恭亲王卧床不起。翁同龢虽极力主战，却无法影响慈禧与恭亲王。

三月二十八日，中枢指示李鸿章签约，并称："倘事至无可再商，应由该大臣一面电闻，一面即可与订约。该大臣接奉此旨，更可放心争论，无虞决裂矣。"三月二十三日，双方在草约上签字，并议定四月十四日在烟台换约。

《马关条约》签署后，清廷在内阁大堂上宣读上谕，王公大臣、六部九卿齐集。听到条约中赔款二万万两时，李鸿藻放声大哭，李的得意门生汪鸣銮也跟着大哭，如丧考妣。

议和成功之后，李鸿章返回天津，将事情奏报完毕后，请假二十日养伤。就在李鸿章归国的当天，徐用仪在街上遇刺，一人用火枪向他乘坐的轿子射击，子弹击穿了轿子玻璃，碎玻璃将徐用仪的脸划破，但他没有被子弹击中。

此时京师内又起了变化，主战派再据上风。

却说三月十九日，和约条款在京师内传开之后，一时间反对声大起，各地纷纷发电，坚决反对签署和约。此年恰逢会试，聚集在京的各省举人也联名发出公车上书，反对和约。一时间废约开战之声遍布朝野，实乃前所未有。

受此鼓励，翁同龢更在军机处与孙毓汶等大臣激辩，"入对时，不免激愤"。此时国际形势也发生变化，英、法、德三国不满日本扩张，开始与日本交涉，逼迫其归还辽东半岛。在等待三国干涉消息的同时，朝野上下主战者益多，力陈整军再战。

在召见军机大臣时，光绪也想废约再战。孙毓汶又跳出来告诫皇帝："战万无把握，而和则确有把握。"又言"和约已双方议定，毁约有丧国体"。

此时距离四月十四日换约之期将近，光绪没有头绪，就在四月初一致电前线统帅刘坤一、王文韶，询问有无取胜把握。四月初三日，刘、王二人紧急至唐山会晤。此时由于暴风雨，北京至天津的电报线路被阻断（当日电报为有线）。延至四月初六日，刘、王二人复电至。刘坤一在复电中先是慷慨激昂地谈了一番，认为可以与日军一战，之后却笔锋一转，称"'持久'二字实为现在制倭要着"。至于能否取胜，他没有回答，最后义愤填膺地表了决心，"必欲决一死战"。刘坤一这个回电，表面上看是在主战，但实际上是主和，因为他并没有给光绪保证，开战后必定能取胜。且他突出"持久"二字，潜台词是，一旦开战将旷日持久。

王文韶的复电送到军机处时，翁同龢、李鸿藻、孙毓汶在座。看了电报之后，孙毓汶大笑道："我说如何？"翁、李二人则相对失色，再无一言。原因在于王文韶表示不可再战。

王文韶是文字高手，在电报中先表示，前方将领声称可以一战，各地也有可用之将，不过"究竟是否可靠，臣实不敢臆断"。随后他又将皮球踢给中枢，"事关全局安危，请饬军机处、督办军机处、总理衙门通盘筹议，请旨定夺"。此外，在另一封电报中，王文韶报告了天津遭遇海啸的情况。

四月初七，王文韶再发电报，详细报告了灾情。天津突然爆发海啸，受灾严重，天津驻军也被水淹，军械营房都狼藉一片，根本不能指望军队再去打仗。王文韶认为："事已至此，不宜再等待了，如再延误，和议不成，恐兵连祸结，疲兵再战，后果难以设想。"

此时距离四月十四日虽还有几日，从北京到烟台至少需要四五天，故而必须在四月初八前做出决定。

被寄托了较大希望的俄、法、德三国干涉，却一直没有准确消息。清廷一度想再延缓十数日，待各国干涉之后再行换约。孙毓汶催促光绪早日批准和约，与翁同龢、李鸿藻每日在军机处吵架，"声彻户外"，双方都咬牙切齿，攘袂扼腕，几乎欲动手肉搏。

四月初八日，孙毓汶以天津海啸为由，捧着和约催促光绪立刻批准，徐用仪则在一旁附和。光绪犹豫良久，"绕殿急步约时许，乃顿足流泪"，最终大哭着签署了和约。

换约专使伍廷芳等人离开北京后，三国干涉还辽方有消息出来。三国要求日本归还辽东半岛，不得保留旅大港口。翁同龢认为这是机会，可以借此照会日本，暂缓换约。孙毓汶、徐用仪等人坚决不赞成，双方又是一番冲突。

十三日，最终确定暂缓换约，并请李鸿章电告在烟台的专使，也请美国公使转告日本。

至十四日，徐用仪得到德国公使意见，督促如期换约。俄国外交部表示："已经明告，则中国换约大臣自能办理。"无奈之下，清廷遂在四月十四日十时，最终换约。

孙毓汶力主签署和议，被清流所不满。孙毓汶的门生文廷式等人聚集到孙毓汶府外，吵着要拿回门生帖，断绝师生关系。《马关条约》签署之后，五月初四，孙毓汶申请了一个月的假期养病。孙毓汶倒不是装病，翁同龢记载了他的病情是"乳核兼脱肛"。假期满之后，孙毓汶又申请开缺，光绪假惺惺地表态挽留，并再给了他一个月假期。至六月初五，孙毓汶假满后，再次申请开缺，此次光绪再未挽留，遂退出军机处。

孙毓汶不在军机处，徐用仪成为众矢之的，舆论纷纷指责他卖国，"今日政府之所谓害马与污秽者，孙毓汶外，则为侍郎徐用仪"。御史们接连上奏弹劾徐用仪，称他贪赃枉法，唯洋人之命是从，品格低下。但徐用仪为官清廉，实无贪污之举。

康有为在年谱中认为孙毓汶离开军机处之后，徐用仪仍继续与翁同龢作梗，但实际情况并非如此。孙毓汶走后，徐用仪在军机处与翁同龢大吵了两次，徐用仪为此请假十二天养病，翁同龢反思之后，知道是自己的过错，遂拜访孙毓汶，请他帮忙修补双方关系。

光绪对徐用仪是深恶痛绝。六月十一日，就御史弹劾徐用仪的奏折，光绪召见恭亲王、翁同龢、李鸿藻商量。光绪对徐用仪极为不满，必欲将之赶出军机处，恭亲王与李鸿藻一起帮徐用仪辩护，称他"实无劣迹"，翁同龢也帮着徐用仪说话，认为他虽有过错，却不是故意。

光绪仍然大怒不止，让徐用仪暂时不要入值，待请示慈禧后再做决定。在征得慈禧同意之后，六月十六日，徐用仪被赶出军机处，此时距离孙毓汶离开军机处不过十日。徐用仪被赶出军机处后，并不为自己的主和态度后悔，反而认为："出兵浪战，卒至一蹶不振。各国从此藐视我中国。"

孙毓汶、徐用仪退出军机处后，清廷以刚毅、钱应溥补入。其间颇有意思的一项任命是，翁同龢、李鸿藻二人奉命进入总理衙门。这两个清流领袖一直对与洋人打交道心存芥蒂，故而恭亲王推荐他们入总理衙门，让他们也尝尝办理外交的苦。翁同龢对此任命虽极其不爽，也无法推却。

甲午中日战争的失败，清流有着不可推卸的责任。在晚清，面对着前所未有的巨变，顺应时代潮流，及时变法图强，方是救国图强之上策。但在当日，有一批出身翰林的清流本着对传统的眷恋和对天朝大国的痴迷，横空出世，议论时事。同治、光绪年间，清流势力强大，控制朝野舆论，一时尊王攘夷之论弥漫全国。懂外交、熟悉国际事务、对外持理性态度的人常被清流攻击为汉奸。清流势力既盛，挟持其虚妄骄横之气，煽动无识之徒为后盾，竟至于能左右清廷之大政方针。"朝廷于和战之计，往往为之劫持，实数十年来外交失败之原因。"

光绪二十一年（1895）秋，翰林院学士六十八人联名弹劾李鸿章，称其昏庸误国。光绪对李鸿章也恨得咬牙切齿，发誓将永不予他以实权。随后李鸿章被剥去专折奏事的特权，此时他只剩下一个协办大学士的虚名。被开去直隶总督等实职后，李鸿章枯住京师贤良祠。

甲午战后，军机处发生变化。新补入的军机大臣钱应溥曾在曾国藩幕府中效力，又在军机处中担任军机章京，与翁同龢交好。刚毅则是翁同龢一手提拔上来的，虽然异日他狠狠地给了翁同龢一刀，但此时军机处中翁同龢占据了主导地位。

此次战事中，光绪第一次违背慈禧意愿，请削减颐和园工程费用以充军费。慈禧虽然不悦，还是答应了光绪的请求。黄海海战失败后，光绪仍然一意主战，认为寒冬三月日军畏寒，正是进兵之时，如果停战，实在误事。但最后的结果让光绪失望，大清在海洋和陆地相继遭遇挫败。

战败之后，翁同龢记道："无所补救……不觉涕泗横集也。"光绪则"宵旰彷徨，临朝痛哭"。一向被中国视为"虾夷"的小邦日本，却在陆地击败了大清国久经战阵的陆军，在海洋击败了倾举国之力而打造的北洋水师。

"不欲为亡国之主"的光绪也认识到"非变法不足以救中国"。变法的风潮已经兴起，而未来的政局走向却是谁也无法预测的。

戊戌年的惊天风暴

　　光绪外表文静，据宫女们回忆，他文静的背后却隐藏着另外一面。他时而大发雷霆、喜怒无常，手下的太监都不敢亲近他。他时常夜间不睡，半夜三更起来批阅奏折，遇到不顺心的事情就拍桌子大骂混账。他既胆小，又任性。

　　甲午战后，康有为上万言书，力言变法不可缓。光绪也认为变法迫在眉睫，时翁同龢辅政，也赞成变法。御史杨深秀、侍读徐致靖等也相继上书，请求明定国是。光绪二十一年，康有为联合十八省举人发动公车上书，请求变法，得到翁同龢支持和光绪赞同，此后一些变革开始出现。

　　光绪二十二年（1896）正月二十九，光绪下令设置官书局，翻译各国书籍、报刊。二月初八，准民间募集股份采矿。二月十五，设置官邮政局，由英国人赫德直接管理，又拟加入在瑞士的万国邮政工会。二月十七日，光绪命各省鼓励开矿。

　　这些行动遭到慈禧的阻击。二月二十五，在慈禧逼迫下，光绪亲信、翰林院侍读学士文廷式被革职永不叙用。至四月，慈禧亲信荣禄被任命为协办大学士，怀塔布为礼部尚书，刚毅为工部尚书。怀塔布是慈禧内侄，少年时与刚毅同学，二人为莫逆之交。

奕䜣、李鸿藻、翁同龢再入军机之后，李鸿藻与奕䜣走得近，不时说："没有恭邸，就没有今日的局面。"年迈之后，恭亲王、李鸿藻已忘却了早年的政争，相顾白头，彼此唏嘘，交情反见深厚。

李鸿藻的盟兄弟荣禄从西安将军任上被起用，担任步军统领，不久授内阁大学士，参预机要。荣禄早年被翁同龢捅了一刀，赋闲在家多年，此次被起用之后，一直想报当年的仇。李鸿藻年纪一大，再无当年的火气，开始做起和事佬，屡屡帮二人周旋，也请恭亲王帮做工作。恭亲王不喜翁同龢，看在李鸿藻的面子上，就劝告荣禄："国家多故，对外对内，均须驾轻就熟，方好应付。用人惟旧，不宜更张。"有奕䜣、李鸿藻在，荣禄还不好公开对翁同龢下手。

光绪二十三年（1897），李鸿藻患重病，精神颓废，行走困难，遂在家中养病，至六月二十五日病故。李鸿藻逝世后，恭亲王已是重病缠身，不能亲自前去祭奠，在家大哭着说："又少了一个为国家办事的人。"

李鸿藻病故之后，慈禧想再次起用孙毓汶。八月，慈禧曾让太监去打探孙毓汶的身体状况，孙毓汶此时年迈，不想出山，就将袜子脱了，展示自己腿脚不便，又称自己腹泻。翁同龢等人对于孙毓汶是否再次出山也是极为关注，"此公一出，天下事未可知也"。

孙毓汶最终没有出山，不久在京病逝，死前留下遗折称：光绪十年，蒙皇太后特达之知，奉旨在军机大臣上行走。"特达之知"，一般都是向皇帝表达感激。遗折只提皇太后，不提皇上，可见孙毓汶对光绪的不屑，对慈禧的无限感恩。

李鸿藻灵柩回原籍时，翁同龢一直送到彰仪门外，沿途挥泪不止。二人在京几十年，彼此意气相投，虽有分歧争执，在大事上多能达成共识，同进同退。

此间康有为连续上书，请求变法。至光绪二十四年（1898）正月，光绪想召见康有为，但被恭亲王奕䜣所阻，遂命五大臣召康有为到总署，询问天下大计。

正月初三，翁同龢、李鸿章、荣禄等五人参与了问话。康有为根据光绪的意见，写了《上清帝第六书》，提出三条建议："诏定国是""设上书所于午门""设制度局于内廷"。制度局之设，在军机处中的守旧者看来"是废我军机也"。此上书在奕䜣手中被压了四十天才送到光绪手中。

至四月，恭亲王奕䜣去世。奕䜣虽不支持变法，但在帝党与后党、南党与北党之间，扮演了缓冲的角色。在很多时候，他常偏向于光绪，所以帝党认为他"虽无识，不知改革，尚知大义"。光绪听到奕䜣死讯后，当场"嗷然而哭"，翁同龢等人"亦不觉失声"。

恭亲王一死，双方失去了缓冲，斗争也激烈起来。奕䜣死后，刚毅成为首席军机大臣，"后党气焰日炽"，而此时光绪变法的决心也已不可逆转。

四月二十三日，光绪下《明定国是诏》，开始维新变法。

四月二十七日，翁同龢开缺回原籍。

据梁启超在《戊戌政变记》中记载，翁同龢之去职乃是慈禧所逼迫，"翁同龢一去，皇上之股肱顿失矣"。康有为则认为，驱逐翁同龢，命荣禄为直隶总督统领三军，已是慈禧发动政变的前奏。苏继祖则云，慈禧下令罢免翁同龢后，"皇上惊魂万里，涕泪千行，竟日不食"。这些记述都是赞成变法一方的说法。

翁同龢举荐康有为，本意是引为外援，增强自己的势力，同时适度进行变革。但没想到康有为要大刀阔斧地进行改革，而这些改革措施在翁同龢看来过于激烈而难以接受。翁同龢在日记中记载，此年年初，"康有为到署高谈时局，以变法为主，立制度局、新政局、练民兵、开铁路，广借洋债数大端"。谈话结束后，翁同龢在日记中对康有为评道："狂甚。"

康有为一方面主张大借洋债，撤销原有官制，学西方；另一方面，在《孔子改制考》中，康有为认为六经系孔子所撰，将孔子描绘为托古改制的伟大改革者。《孔子改制考》对当时社会的冲击如火山喷发一般。而翁同龢则主张中体西用："西法不可不讲，圣贤义理之学尤不可忘。"

四月初七日，光绪向翁同龢索取康有为所进书。翁同龢回复称，与康有为已不来往。光绪大为惊讶，问为何如此，翁同龢答："此人居心叵测。"光绪问此前为何不早说，翁同龢答，最近才看到他的《孔子改制考》。

次日，光绪又向翁同龢索要康有为所进书，翁同龢照原样回答，光绪大怒。翁同龢遂建议由总署递呈，光绪则坚持由张荫桓呈交。此后，因为会见德国亲王时的礼制问题，光绪与翁同龢爆发激烈争执，以至于光绪在朝会上严厉斥责翁同龢。翁同龢遂消极抗议，四月廿五日以看折子为由，不参加朝会。

在变法开始后，翁同龢突然转向，开始消极对待变法。而年轻气盛的光绪此时已决意全力进行变法，不想被束缚手脚，于是将伴随自己多年的师傅翁同龢开缺。光绪之一生，与他最亲近的就是翁同龢，翁同龢自光绪六岁时做他师傅，一直到光绪二十四年，前后二十二年。不想到了戊戌变法时，二人竟生出龃龉。吊诡的是，此年新科状元的名字竟然是夏同龢。

翁同龢开缺发生得过于突然，就连号为"光绪亲信第一"的户部左侍郎、总署大臣张荫桓也颇感意外。这一天张荫桓也在颐和园，直至午初，军机章京凌福彭、军机大臣廖寿恒来访后，方得知翁同龢开缺的消息。这让他惊骇不已，急忙"往晤常熟（翁同龢），并询庆邸（奕劻）"。

翁同龢去职之后，独坐观雨，回首往事，一生沉浮，无限感慨。

翁同龢开缺，慈禧的态度也值得注意。慈禧与翁同龢几十年交往，关系一直比较融洽，但在甲午战后，两人有摩擦。光绪二十三年慈禧万寿节，慈禧命户部准备拨款百万搭排云殿彩棚。翁同龢此时担任户部尚书，以国库紧张为由拒绝拨款，导致慈禧怒甚。戊戌年，奕劻、刚毅等人也在慈禧面前不断挑拨，使慈禧益加厌恶翁同龢。此次光绪将翁同龢开缺，正合了慈禧心意。

李鸿藻、奕䜣相继去世，翁同龢离职，军机处此年补了五名军机大臣。二月廖寿恒入值，五月王文韶、裕禄入值，八月荣禄入值，十一月启秀入值。此年军机大臣中经历了人事变动，军机章京中也发生了巨变，乃至导致了一场政变。

变法的最高潮在七月来临。七月十九日，光绪未征询慈禧意见，解除礼部六堂官职务。此事引发许多人不安，"举朝震撼"。光绪要变法，军机大臣王文韶坚决不同意，一直围着光绪啰唆。光绪听得烦躁了，恰好有砚台在手边，拿起来就砸向王文韶，所幸没有击中。王文韶溜出宫后，立刻跑去颐和园找慈禧告状。

七月二十日，光绪未征询慈禧意见，直接任命杨锐、谭嗣同、刘光第、林旭等四名力主变法者为军机章京，参与新政。四人之中，杨锐四十四岁，刘光第三十九岁，谭嗣同三十四岁，林旭二十四岁。谭嗣同，湖南人，江苏候补知府。林旭，福建人，内阁中书。杨锐，四川人，内阁侍读。刘光第，四川人，刑部主事。此四名章京的任命书中，明言其职责是"参预新政事宜"，四人并未在原有的军机章京中排班，而是单独轮流值班。杨、林为一班，刘、谭为一班。

谭嗣同等四名军机章京专门处理"司员士民"及各种上书，这导致了军机处历史上一个前所未有的改变。以往的文书处理流程是，先将奏折送给皇帝朱批，再发给军机处拟旨。此时四章京处理"司员士民"的上书，则事先签拟，提出意见，然后奏报皇帝，即他们具有自己的独立性，这是军机大臣所没有的权力。

此后光绪所批阅的奏章条陈，就是四章京事先阅看过的东西。新政的谕旨也由四名章京拟定。军机大臣除了每日例行公事之外，就新政不能置一词，于是均愤愤不平，不满于四名军机章京。

四章京之间也存在分歧，杨锐与林旭、谭嗣同关系紧张。杨锐在给弟弟的信中指出谭嗣同与康有为关系最铁，到了军机处之后尚能安静。林旭则事事取巧，文书工作中常有不妥当之处，被杨锐逼着更改。有时林旭甚至被杨锐晚上拉到家中教训，时间一长，彼此不相融。

杨锐一度表达了退意："今甫数日，即已如此，久更何能相处？拟得便即抽身而退。"

林旭则年少气盛，被任命为军机章京之后，拉了朋友到台基厂饮酒庆贺，酒酣之后，自我吹嘘道："相士曾说我活不过三十，如果活到三十当为军机大臣。我一直以为是胡说八道，本朝还没有黑头发即为宰相者。今日看来，如果活到三十岁，其言当验。"林旭还跑到郑孝胥处，辩解礼部六堂官的罢免与自己无关。林旭走后，郑孝胥嗤之以鼻道："阴若辩解，意实招摇。"

四人之中，刘光第性格内向，从不饮酒，也不看戏，很少参与应酬活动。刘光第对军机章京的职位也不是特别热心，他不喜欢政争，对所谓新党、旧党，帝党、后党之分感到寒心。在军机处，他一度试图调和双方矛盾，"意欲潜移默化，实稳健者流"。

　　光绪将新政的奏折都发给四章京处理，刘光第对此表示忧虑，担心激化矛盾，遇到要事他仍然和军机大臣商量，并建议光绪不要剥夺军机大臣之权。光绪准备越级提拔刘光第及杨锐，也被刘光第推辞，其用意自然是怕激起军机处同仁嫉妒。

　　入军机处之后，贫寒的刘光第发现自己的日子越发难过，用度日紧。首先是房子问题，刘光第囊中羞涩，连城外的房子也租不起。每隔数日要到颐和园上班，骑骡子不行，又要买马。冬日里还要添置皮衣，军机章京要面子，皮衣一定要买狐皮的。刘光第不收陋规，碰到军机大臣们过生日、升职及太监索要钱财他也不给，反正没钱。

　　谭嗣同个性强硬、血气十足，是四章京中最富冲劲与斗志的。在军机处，他与杨锐不和，认为杨锐为人跋扈，"媚旧党而排南海"。至于刘光第，"虽不奋发，而心无他"。

　　新提拔的四名军机章京不和，与军机处中的其他军机章京又有矛盾。新入的章京照惯例要到军机大臣宅中拜谒，然后才可当差。四名"新政"章京自以为是皇帝特旨任命，也不去拜谒军机大臣就直接上班。军机章京办公处即所谓的南屋，五间值班房，两间为汉军机章京，两间为满军机章京，中间则为仆役纸匠。房内狭窄，桌子很少，到处都堆满了文件。四人先是想到汉军机章京屋内办公，不想汉军机章京们嘲讽道："我辈系办旧政者。"于是又去满军机章京处，又被满军机章京赶出来："我辈满股，君何为搀杂？"谭嗣同、林锐当场发火，经过军机大臣调解，才在中间的屋子里设置了办公桌办公。

"四卿中（谭嗣）同、（林）旭均康有为弟子，意气尤甚。"一日，林旭拟就一篇谕旨让满领班军机章京继昌找人缮写。不想继昌却一口回绝，称："章京拟旨，例均自缮，无人代书也。"林旭到底年轻，火气十足，当场厉声道："今日非令汝代书不可。"继昌也回击道："无论如何，我决无为汝代书之理，汝未免欺人太甚矣。"

两人闹得不可开交，就一起去找军机大臣裁示。继昌本以为自己有理，军机大臣必然会站在自己一边。不想军机大臣都不敢做主，彼此相顾良久，裕禄以调解人面目对继昌道："老哥是本处老手，公事既熟，书法又好。暾谷到处未久，所以要仰仗老哥。此件是紧要谕旨，理当郑重，还是请老哥偏劳，替他写一次罢。"继昌无奈，遂含恨缮写。

军机章京之中也有倾向于新政的，其中代表人物如郭之全、陈炽。郭之全是河南信阳人，光绪十二年考取军机章京，光绪二十年升四品衔后，担任汉领班军机章京。甲午战败之后，郭之全参与了签名反对批准《马关条约》。郭之全与谭嗣同关系最睦，在军机处中对新来的四章京有所照顾。

七月二十三日，光绪下旨，要裁撤中央、地方冗员及重叠的行政机构。此上谕极其严厉，要求一个月内将冗员全部撤掉，一时之间，官场上人人自危。京师官场之中，被裁撤的闲散衙门就有十余处，连带的失业者有上万人，朝野震撼。许多满人因此将丢掉饭碗，出于不满，遂主动罢工，一哄而散。翰林们也岌岌可危，恽毓鼎就担心翰林院被撤，每日里和同僚一起发牢骚，并表示如果真被撤掉，就要抱圣贤遗书浪迹天涯。

七月二十七日，有湖南举人曾廉上书弹劾康有为、梁启超，认为二人以民权、平等之说蛊惑人心，请斩二人。光绪看了上书后，唯恐让慈禧看到，导致麻烦，就交给军机大臣裕禄处理，并让谭嗣同逐条驳斥。谭嗣同列好了批驳文章之后，又以毁谤新政罪请杀曾廉，却被光绪否决，认为自己正在广开言路之际，怎么能因言治罪。

此日，谭嗣同受命草拟开设懋勤殿的谕旨。康有为等人的打算是，如果能开设懋勤殿，将在军机处之外出现一个只对光绪负责的行政机构，维新党人将能掌握大权。

变法进行得如火如荼之际，有消息传出称，慈禧与光绪将于九月到天津阅兵。康有为担忧慈禧借阅兵发动政变，开始积极应对，但他的应对措施让人失望。为了对付慈禧，康有为抬出了袁世凯。他在年谱中自述，七月二十六日，他代礼部右侍郎徐致靖起草奏折，奏折中推荐了袁世凯。认为袁世凯常驻高丽，通晓外事，讲求变法。请光绪召袁世凯进京优奖之，以备不测。

七月二十九日，光绪前往颐和园向慈禧请安，提出开懋勤殿，设议政官，重用维新党人的系列主张，但被慈禧驳回。此前光绪未经慈禧同意就废除礼部六堂官、任命军机四章京，现在又想开懋勤殿，在慈禧看来，这是赤裸裸地逼宫。是故当日慈禧与光绪可能爆发了争执，光绪遭到慈禧严厉警告。

七月三十日，光绪知道事情不妙，让杨锐带出密诏。密诏中称，继续变法，光绪权力实有不足，如果硬要推行，"则朕位且不保"。诏书请杨锐、林旭、刘光第、谭嗣同等人在不致有拂圣意（慈禧）的情况下，想出一个解决方法继续变法。

之所以召见杨锐，是光绪以为他在四章京中最为沉稳，能够托付大事。杨锐得知光绪的困境之后，当即建议光绪对慈禧做出适当让步，同时变法要有缓急，不可再快速升降官员。

八月初一，光绪召见袁世凯，任命他为侍郎，负责练兵事务。袁世凯还获得了直接给光绪上奏的权力。清代总督、巡抚才有密折奏事的权力，可以直接向皇帝汇报。光绪让他直接上奏，是给袁世凯的特殊恩宠，此举常被后世视为光绪想招揽袁世凯发动政变。但当日，光绪并无兵变之心，召见袁世凯是在慈禧的许可之下进行的。光绪所期待的只是能在自己的手中增加一个有力的筹码而已，他从未想过动兵戈。

康有为等人则不这么想，他们想一劳永逸地解决问题，而最大的政敌就是慈禧老太。当夜，康有为等密谋兵变，预备包围颐和园，控制慈禧。据参与密谋的毕永年在《诡谋直纪》中记录，康有为、谭嗣同邀他密谋，准备以袁世凯新军包围颐和园，并由毕永年带领死士百人冲入园内，劫持慈禧。毕永年当场推脱，称自己一人不可为，请等唐才常（谭嗣同同乡）来京之后共谋。康有为、谭嗣同遂发电急招唐才常入京。

八月初二，为缓和与慈禧的矛盾，光绪命康有为前往上海督办官报局。

就在双方紧锣密鼓布置之际，出现了戊戌年政治斗争中的最大插曲，这就是已经卸任的日本首相伊藤博文来华。戊戌年，光绪一度有联日抗俄的想法，曾命黄遵宪为出使日本大臣。在总署拟定的国书上，光绪亲笔加上"同洲同种同文最亲爱"等字，命王文韶、张荫桓带至日本使馆，交给日本公使矢野文雄，以瞒住李鸿章。盖李鸿章主张联俄，且仇日极甚也。

伊藤博文来华访问，以今天的眼光来看，本是一次寻常的外事交流。但伊藤博文来华，对清廷内政产生了巨大冲击。依照清廷仪制，光绪只接见正式的国家代表，伊藤博文此次来华，属于"自行游历"，并不具备官方身份。伊藤博文七月二十九日到达北京，并未期待能得到光绪接见。但此时维新派准备聘请伊藤出任清政府顾问，主持变法的风声开始在京师风传。维新派将引伊藤为外援的传闻，使"守旧者皆惶悚不安"。

八月初三，御史杨崇伊密奏："风闻东洋故相依藤博文即日到京，将专政柄。臣虽得自传闻，然近来传闻之言，其应如响。依藤果用，则祖宗所传天下，不啻拱手让人。"杨崇伊请慈禧重新训政，密拿康有为等人。

杨崇伊此人背景不简单，出击的时机更不简单。杨崇伊是李经方的儿女亲家，李经方则是李鸿章过继的长子。早在七月二十二日，李鸿章退出总理衙门，除了内阁大学士这一虚职外，已无任何实权，他也想搅和一番，从乱局中杀出。杨崇伊与荣禄关系密切，往来频繁，李鸿章、荣禄联合授意，遂有杨崇伊之出击。

就在此日，光绪决定召见伊藤博文，这在守旧派看来，仿佛是请伊藤博文主持变法的前兆。聘用伊藤博文主持大清国变法，在慈禧看来无异于是胡闹。此前光绪未经她许可就罢免官员，任命四章京，加上康有为四处煽风点火，更让慈禧生出警惕之心。杨崇伊的奏折则让慈禧最终决定取消光绪权力，重新训政。

同日，慈禧取消光绪独立处理政务的权力，规定一切奏章需经她阅后方可定夺。此日下午，康有为拜见在京的伊藤博文，请伊藤劝说慈禧太后回心转意，将实权归还给光绪。

当日夜，谭嗣同造访住在法华寺的袁世凯，劝他杀掉荣禄，包围颐和园，囚禁慈禧。谭嗣同称："我雇有好汉数十人，并电湖南招集多人，不日可到。去此老朽（慈禧），在我而已，无须用公。但要公以二事：诛荣某，围颐和园耳。"袁世凯以枪支弹药储存在天津荣禄处，且小站兵营与北京距离二百里为由推脱，并请等待阅兵时再杀荣禄。据康有为记载，当夜谭嗣同见袁世凯时，相与痛哭流涕，袁世凯的幕僚徐世昌也在场，跟着陪哭。

对康有为联合袁世凯围园锢后之险招，林旭反对。杨锐则告诉军机章京高树，康有为预备要用兵包围颐和园，不让慈禧干预国政。高树听了后大惊，建议他立刻发传单，撇清与康有为的关系。杨锐也同意发传单，但被林旭等阻止。刘光第也知道康有为此举，但态度不明朗。

看着跳动的维新党人，慈禧稳坐颐和园，照常看戏玩乐。此时表面平静，惊天大风暴即将袭来。

八月初四，此日最为关键。当日慈禧从颐和园回宫，光绪依照惯例移居瀛台，一切政务照常。此日慈禧尚未接到袁世凯密报，依照慈禧性格，如果得悉康、谭等人密谋劫持自己，她会当即以雷霆手段对付他们。

八月初五中午，光绪会见伊藤博文，接见过程仅十五分钟。是日夜，袁世凯坐火车到天津向荣禄告密，略述内情后有客来，先行告退。次日，袁世凯再到荣禄府上告密，详细陈述了康有为、谭嗣同等策划政变的密谋。是夜谭嗣同与毕永年相见，毕永年劝谭嗣同速行，但谭嗣同已下定决心赴死。

八月初六，慈禧正式训政，下令捉拿康有为、康广仁。在八月初六日之前，光绪并未被剥夺权力，慈禧回宫只是为了防止光绪在召见伊藤时胡来。但到了八月初六，慈禧得到报告，康有为准备有所行动，便命令光绪捉拿康有为。光绪抗命，慈禧便出示杨崇伊的奏折，光绪见奏折中有请慈禧训政的内容，只能跪请太后训政。

经英国传教士李提摩太帮助，康有为得以出逃。在英国军舰护送下，康有为从上海逃至香港，辗转至日本。

八月初七，袁世凯告密内容到京。此后光绪处境更加恶化，慈禧下令抓捕谭嗣同等人。梁启超在日本人掩护下，乘日本军舰抵达日本。此后乾坤扭转，时局大变，光绪沦为笼中鸟矣。

"戊戌之变，外人或误会为慈禧反对变法。其实慈禧但知权利，绝无政见。"慈禧不是一个保守的人，她没有什么政见之分。她的底线是，只要变法不触动她的权势，她就不干涉。戊戌变法中，维新派如果奉慈禧为中心，缓慢过渡，也许历史将会是另一个结局。

血气方刚的光绪，碰上了个巧舌如簧、大言漫天的康有为，以为借助几个年轻臣子的助力就能力挽狂澜，成就变法之举。变法开始后，康有为四处跳动，奔走游说，想快刀除慈禧。慈禧岿然不动，心中冷笑："你们啊，太年轻，太天真了。"实如胡绳所言："维新运动的实力不过是一群'不安本分'的士大夫和一个小皇帝。"

八月初八，杨锐、刘光第、谭嗣同三人被捕。杨锐是夜半被捕的，从卧室内牵出，不许穿衣，裸体下狱。到了狱中之后，杨锐与张荫桓关在一起。张荫桓看着杨锐可怜，贿赂狱卒，买了一件衣服让他穿上。杨锐以为自己最多就是被赶出军机处，不会有其他大罪。同时他也认为，如果光绪有难，应当留下共患难。杨锐在狱中自辩，认为自己在军机章京上当差之后，未上一折，遭祸实系冤枉。刘光第被捕时也错误判断了形势，认为自己顶多会被流放，已经做好前往边关的准备。在狱中刘光第诵读《周易》等书，"陶然自喜"。谭嗣同不想出逃，一则想以流血牺牲唤起国人变法之志，二则避免牵连到父亲。谭嗣同被捕之后，领班军机章京郭之全立刻将详情电告给谭嗣同之父湖北巡抚谭继洵。军机章京历来不准与外官交往，更不得传递信息，郭之全在紧要关头传递信息，如被查出则风险很大。林旭当夜跑到郑孝胥处，两人聊了很久，林旭认为自己不是康有为党人，不会有多大的事情。八月初九日，林旭被捕。林旭曾做过荣禄的幕僚，与荣禄关系密切，变法中，荣禄一度曾提醒他不要牵涉过深。林旭岳父沈瑜庆请荣禄出面搭救，荣禄却未伸出援手。对此梁启超大为愤恨，后来在《林旭传》中大骂荣禄。

八月十二日，慈禧下令御前大臣会同刑部审讯六人，"限三日具奏"。八月十三日，为避免各国营救，慈禧不经审判，直接在菜市口诛杀谭嗣同、康广仁、林旭、杨深秀、杨锐、刘光第六人。谕旨中还特意声明："即行正法，此事为非常之变。"慈禧诛杀六人，实为痛恨康有为等围园劫后的密谋。当日军机大臣被召见时，慈禧突然下令军机处缮写处死六人的谕旨。军机大臣廖寿恒大为惊骇，王文韶也是错愕不已。廖寿恒与礼亲王世铎、刚毅、裕禄等人商量，想搭救杨锐、林旭、刘光第，却未能成功。廖寿恒气得目瞪口呆，大骂："刑之滥，罚之不公，至此极矣。"

当日刑部准备审讯六人，庆亲王奕劻与铁良、陈夔龙等人商量，认为杨锐、刘光第都是有学问的人，品行也好，被捕入狱，殊非公道，准备加以回护。刑部正要审讯时，突然就接到命令，将六人从监狱提出，押上刑场。京师官员听闻六人被杀消息后，都是无比惊恐，恽毓鼎在日记中记载道："惊痛刺心，呕吐大作。"

林旭在刑场上很是冷静，仰天冷笑。谭嗣同极为豪迈："有心杀贼，无力回天，死得其所，快哉！快哉！"他怒发冲冠，临刑前拒绝谢恩。杨锐沉默无语，刘光第本是木讷之人，此时却大声抗辩，质问监斩官刚毅："未讯而诛，何哉？"愤而不肯跪下听旨。

戊戌政变之后，军机大臣廖寿恒因为倾向于变法被弹劾。廖寿恒没有明哲保身，继续维护张荫桓。借着各国公使出面干涉的机会，廖寿恒帮张荫桓开脱，将他保全了下来。戊戌政变之后，廖寿恒利用自己军机大臣的身份对变法人士如黄遵宪等也加以维护，并据理力争，保全了京师大学堂等新式机构。但面对着戊戌政变后的冷淡局面，廖寿恒"谈时势，甚愤闷"，在次年十一月十一日，以"足疾"为由，申请退休，返回嘉定养老。光绪二十九年（1903）五月，廖寿恒从嘉定坐船前往常熟探望翁同龢，到了常熟后，住在曾担任过军机章京的俞佑莱家。五月初二中午，二人见面长谈，相顾白发，回首政坛风云，无限慨叹。八月，廖寿恒去世。

　　慈禧轻轻挥了挥手，维新派就被打得体无完肤，逃的逃，死的死，留下一个光绪被困瀛台。戊戌变法后，慈禧日益厌恶光绪。但她又说，光绪是个谨慎人，自己断不敢如此胡闹，必是身边人唆使才闯出这个祸来，是故益恨维新党人。庚子年（1900）十二月初十日的谕旨中她甚至称："康梁之祸，有甚于发捻。"慈禧七十大寿时，一度大赦天下。但对于康梁党人绝不宽恕。

　　至戊戌变法失败后，康梁逃命，慈禧严令追捕。荣禄乘机上奏，称李鸿章旧勋宿望，不能久闲，广东为康梁原籍，可让李鸿章前往查办，遂命李鸿章为两广总督。此前李鸿章坐镇直隶二十四年，何曾看得上两广总督一职，现在竟也欣然接受，可谓此一时彼一时了。

第六部

清末乱局

向列强宣战始末

"戊戌变法"失败之后，维新派失势，光绪也被软禁。光绪二十四年（1898）九月初一，慈禧下诏，令各省选进名医，帮光绪看病。海内外流言纷纷，称光绪已被谋害。

光绪得病消息传出后，外界风传光绪已死，英国公使窦纳乐多次向清廷打探。九月初二，庆亲王奕劻向他传达消息，光绪还活着。窦纳乐则表示，要消除外交界的疑虑，最为有效的办法是请一个外国医生帮光绪看病。

九月初四，清廷请法国使馆医生帮光绪看病，并出具证明，光绪"病势无大碍，惟患血虚之症"。而在前一天，清宫廷医生也为光绪做了详细检查，并将结果提供给了各国。日本外务省档案中有详细记录："肝肾久亏，脾胃均弱。……有时头晕眼涩，耳鸣而塞，口渴咽干……腰痛，腿膝无力麻木空痛。神倦喜卧，小便频数，色白而少，气怯懒言。……面色晃白……夜梦闻金声则遗精或滑精。不能久坐久立，不耐劳苦。"中西医诊断大致相符，光绪身体并无大恙。

面对着外界沸沸扬扬的议论与猜测，光绪体虚及无后成为清室最头疼的问题。刚毅、徐桐、启秀等大臣乘机谋划废黜光绪，另立新君。

徐桐是文化上的保守主义者，曾做过同治皇帝的师傅，不把光绪放在眼里，暗地里称其为"汉奸"。光绪也对徐桐大为不爽，从光绪十三年到光绪二十四年间，只召见过徐桐一次。徐桐政治上的同盟者是刚毅。刚毅是满人，极其痛恨汉人，却与汉人徐桐亲近。光绪则不喜满人，认为满人不中用。

启秀是同治进士，以孝闻名，端谨有风操，备受徐桐赏识。慈禧欲引徐桐入军机处，徐桐转而推荐启秀。徐桐、刚毅、启秀之外，隐居多年的崇绮也参与了此次密谋。崇绮是赛尚阿之子，同治皇后之父。自从女儿自杀之后，崇绮一直很低调，长期称病在家。据恽毓鼎记载，崇绮在野多年，蠢蠢欲动，徐桐想进一步成为政坛核心，启秀则追随徐桐，三人联为一体。

徐桐、崇绮等人联名请慈禧废光绪，慈禧让他们先去找荣禄商议。戊戌政变之后，荣禄入军机处，管理兵部事务，并兼练兵大臣，节制京津直隶地区所有军队，其权势之重为清廷所未有，有"前有和珅，后有荣禄"一说。荣禄掌握军权，又为慈禧所宠信，如果他表态支持废光绪，则此事必成。荣禄是个大滑头，时人曾评道："刚毅狠而愎，荣禄险而狡。"

十一月二十八日，启秀先来拜访，荣禄得知他的来意后大惊，急忙将启秀打发走，又让家人不要接客。荣禄虽是慈禧一党，但他有自己的政治判断力。他对慈禧忠心不二，却又不盲目附和，常根据现实进言，因此才更得慈禧信任。荣禄知道，光绪得到西方各国支持，且他已和汉人实力督抚如李鸿章、刘坤一等探过底，知道督抚们反对废光绪。如果硬来，内外阻力太大。

荣禄年轻时一度落魄，到了神机营之后，经醇亲王奕譞提拔，才能在官场上崛起。荣禄不是不讲情义的人，他在官场上的行动必然以自己的利益为考虑，但其中也有情义。荣禄与换帖兄弟翁同龢闹翻，彼此成见极深。当翁同龢去职返乡路过天津时，荣禄特意派依附于自己的袁世凯前去赠送银两。对于恩人奕譞，荣禄一直心存感激，对奕譞的儿子光绪自然也要有所回护，故而坚决反对废黜光绪。

二十九日，在军机大臣受召见时，荣禄将内外反对废掉光绪的情况告诉慈禧，并称如果强行废光绪风险太大。荣禄建议不如改立皇储，减少压力。荣禄之外，王文韶也力主不可废立。最终慈禧接受荣禄建议，不再图谋废黜光绪，而另立储君。所立皇储，乃端王载漪的二子溥儁。

十二月二十四日，慈禧召集王公大臣于仪鸾殿会商。此时官场内风传将要废光绪，内廷太监也传出消息："今日换皇上矣。"不想诏书颁布之后，却是立溥儁为大阿哥。慈禧以光绪名义命溥儁入宫为穆宗同治帝嗣，在弘德殿读书，以大学士徐桐为师。载漪是惇亲王奕誴的次子，咸丰帝的侄子，道光帝的孙子。载漪与同治帝同岁，比光绪帝大十五岁，二人为堂兄帝。

光绪被逼立皇储，且这皇储不是过继给自己，而是为同治做皇储。且还得说自己生不出儿子，对不起同治，不得已再三恳求慈禧帮忙选一个人过继给同治。最后还得说"钦承懿旨，感幸莫名"，各种卑屈、无奈、心酸、痛楚，可谓千古皇帝之未有。

己亥建储，溥儁立为大阿哥之后，政治上出现了一个对峙的局面。"帝党"虽失势，但仍有一定实力。东南的汉人实力督抚、地方上的士绅阶层、新式知识分子、海外奔走的保皇党、财力雄厚的华侨均是光绪支持者，西方各国也表示支持光绪。"大阿哥党"则结合了清廷内部的保守派势力，并得到慈禧支持，与"帝党"对峙。

庚子年的义和团运动则打破了这个政治上的均衡。"大阿哥党"发四人之中，刘光第性格内向，从不饮酒，也不看戏，很少参与应酬活动。刘光第对军机章京的职位也不是特别热心，他不喜欢政争，对所谓新党、旧党，帝党、后党之分感到寒心。在军机处，他一度试图调和双方矛盾，"意欲潜移默化，实稳健者流"。

光绪将新政的奏折都发给四章京处理，刘光第对此表示忧虑，担心激化矛盾，遇到要事他仍然和军机大臣商量，并建议光绪不要剥夺军机大臣之权。光绪准备越级提拔刘光第及杨锐，也被刘光第推辞，其用意自然是怕激起军机处同仁嫉妒。

入军机处之后，贫寒的刘光第发现自己的日子越发难过，用度日紧。首先是房子问题，刘光第囊中羞涩，连城外的房子也租不起。每隔数日要到颐和园上班，骑骡子不行，又要买马。冬日里还要添置皮衣，军机章京要面子，皮衣一定要买狐皮的。刘光第不收陋规，碰到军机大臣们过生日、升职及太监索要钱财他也不给，反正没钱。

谭嗣同个性强硬、血气十足，是四章京中最富冲劲与斗志的。在军机处，他与杨锐不和，认为杨锐为人跋扈，"媚旧党而排南海"。至于刘光第，"虽不奋发，而心无他"。

新提拔的四名军机章京不和，与军机处中的其他军机章京又有矛盾。新入的章京照惯例要到军机大臣宅中拜谒，然后才可当差。四名"新政"章京自以为是皇帝特旨任命，也不去拜谒军机大臣就直接上班。军机章京办公处即所谓的南屋，五间值班房，两间为汉军机章京，两间为满军机章京，中间则为仆役纸匠。房内狭窄，桌子很少，到处都堆满了文件。四人先是想到汉军机章京屋内办公，不想汉军机章京们嘲讽道："我辈系办旧政者。"于是又去满军机章京处，又被满军机章京赶出来："我辈满股，君何为搀杂？"谭嗣同、林锐当场发火，经过军同，湖南人，江苏候补知府。林旭，福建人，内阁中书。杨锐，四川人，内阁侍读。刘光第，四川人，刑部主事。此四名章京的任命书中，明言其职责是"参预新政事宜"，四人并未在原有的军机章京中排班，而是单独轮流值班。杨、林为一班，刘、谭为一班。

谭嗣同等四名军机章京专门处理"司员士民"及各种上书，这导致了军机处历史上一个前所未有的改变。以往的文书处理流程是，先将奏折送给皇帝朱批，再发给军机处拟旨。此时四章京处理"司员士民"的上书，则事先签拟，提出意见，然后奏报皇帝，即他们具有自己的独立性，这是军机大臣所没有的权力。

此后光绪所批阅的奏章条陈，就是四章京事先阅看过的东西。新政的谕旨也由四名章京拟定。军机大臣除了每日例行公事之外，就新政不能置一词，于是均愤愤不平，不满于四名军机章京。

四章京之间也存在分歧，杨锐与林旭、谭嗣同关系紧张。杨锐在给弟弟的信中指出谭嗣同与康有为关系最铁，到了军机处之后尚能安静。林旭则事事取巧，文书工作中常有不妥当之处，被杨锐逼着更改。有时林旭甚至被杨锐晚上拉到家中教训，时间一长，彼此不相融。

杨锐一度表达了退意："今甫数日，即已如此，久更何能相处？拟得便即抽身而退。"

林旭则年少气盛，被任命为军机章京之后，拉了朋友到台基厂饮酒庆贺，酒酣之后，自我吹嘘道："相士曾说我活不过三十，如果活到三十当为军机大臣。我一直以为是胡说八道，本朝还没有黑头发即为宰相者。今日看来，如果活到三十岁，其言当验。"林旭还跑到郑孝胥处，辩解礼部六堂官的罢免与自己无关。林旭走后，郑孝胥嗤之以鼻道："阴若辩解，意实招摇。"

现自己与义和团有着诸多共同点。借助义和团，"大阿哥党"既可以壮大自己的势力，又可以打击光绪和洋人，实现溥儁早日登基的目标。义和团则迎合载漪、刚毅、徐桐等人的心理，适时地打出口号云："必斩一龙二虎十三羊。"龙为光绪，二虎是荣禄与李鸿章，十三羊则是朝廷中持温和态度的大臣。

"大阿哥党"与义和团的联合在此年四月得到表现。此月下旬，义和团在涞水击杀清军副将杨福同，随后焚烧芦保铁路，占据涿州。依照清廷惯例，这是严重的叛乱行为，是要严厉镇压的。但此次事件后，六月初，慈禧却给控制军队的荣禄下令，不得孟浪从事，草率镇压。

慈禧的心态相当微妙，她与"大阿哥党"有着千丝万缕的联系，双方的共同点是，都痛恨洋人，想废掉光绪。双方也存在分歧，"大阿哥党"的目标是使溥儁早日登基，慈禧的目标则是让溥儁成为她操控下的傀儡。

慈禧无疑是玩弄政治权术的高手，她玩政治平衡术，扶持"大阿哥党"与"帝党"斗争，她则站在中间充当仲裁者，任何一派都必须臣服于她。但"大阿哥党"与义和团结合后，势力日振。随着众多保守大臣与王公的卷入，慈禧发现，义和团运动乃至"大阿哥党"已经超出了自己的控制范围。这场民间运动，已成燎原之势，整个北方到处是燃烧着的火焰。慈禧玩出了"致命的平衡"，她自己也须谨慎从事，一不小心就会引火烧身。

慈禧后来描述了当时的情形："人人都说拳匪是义民，怎样的忠勇，怎样的有纪律、有法术。……京外人心怎样的一伙儿向着他们，又说满汉各军都已与他们打通一气了，因此更不敢轻说剿办。宫内宫外纷纷扰扰，满眼看去都是一起儿头上包着红布，进的进，出的出……太监们连着护卫的兵士却真正同他们混在一起了。"

慈禧默许了义和团的活动，同时也想借义和团的力量打击洋人的嚣张气焰，出出往日的气，让洋人吃点苦头、吸取教训，今后不要插手清廷内务。

当义和团在各地迅速发展，并进入京津之后，作为中枢人物，荣禄突然生病，请假养病两个多月。据军机章京继昌记载，荣禄在病中七次上奏，请剿义和团，但都被否决。五月初十，随着局势日渐紧张，荣禄不得不销假，开始办公。

此间义和团运动在京津间疯狂蔓延，竟至不可收拾之势。面对着愈演愈烈的义和团运动，在京各国公使感到恐惧，遂电告在大沽口外海上的各国海军，请求援助。西摩尔在得到求助电报后，星夜率领军队从大沽口赶往天津。

五月十四日，西摩尔联军乘火车准备入京，由此拉开了八国联军侵华战争的序幕。在西摩尔联军发起进京军事行动之后，清廷连续朝议四次，最终决定对西方列强开战。

五月二十日，举行第一次御前会议。会议在仪鸾殿举行，大学士、六部、九卿数百人参与，殿内殿外挤满大臣。会议一开始，光绪严厉指责诸臣不能镇压乱民。翰林院学士刘永享奏请派董福祥镇压义和团。载漪伸出大拇指厉声呼："好！此即失人心第一法！"

大理少卿张亨嘉力主剿灭义和团，但他是福建人，一口土话，又气又急，哼了半天不知所云。侍读学士朱祖谋急了，问慈禧："太后要打洋人，靠谁？"慈禧说："靠董福祥。"朱祖谋直接回应："董福祥老奸巨猾，断不可恃！"慈禧大怒，问："汝何姓名？"朱祖谋也很硬气，对道："臣翰林院侍读学士朱祖谋。"慈禧道："你说董福祥不可靠，那你举荐几个可靠的人来！" 其他人赶紧接口，说山东巡抚袁世凯、两江总督刘坤一均可重用。一直没有吭声的荣禄却道："刘坤一太远，袁世凯将往调矣。"争论了大半天，毫无头绪，遂退朝。朱祖谋下殿时，慈禧仍然怒气冲冲地盯住他。庚子事变之后，朱祖谋高升，上朝时慈禧还记得他，笑道："你就是当年那个瞪眼高声和我争辩的家伙。"

此日，清廷责成董福祥、刚毅将义和团中的精壮编为义勇，同日义和团在北京纵火焚烧闹市大栅栏。

面对着联军的步步紧逼，慈禧不得不考虑备战问题，但此时她还未下定决心开战。对西方各国驻京人员，慈禧也接受荣禄劝告，命令护送东交民巷内的各国在京使侨出京，不得妄加攻杀。荣禄则预先调集旗兵两千，准备将驻京使团与侨民送去直隶总督裕禄处，免生他变。

但此日联军对直隶总督裕禄发出最后通牒，限于次日凌晨两点交出大沽口炮台，不然则以武力解决。裕禄收到最后通牒之后，因此时京津间电报通讯已中断，遂以八百里快骑递送奏报。

五月二十一日，举行第二次御前会议。慈禧首先说："皇帝意在和，不欲用兵。今日朝议可以放开尽论。"光绪说："西方不是不能打，但中国积弱，兵力不足，用义和团能抵抗住吗？最终只怕会祸害国家。"载漪反驳道："义和团起自乡间田野，不远万里，赴汤蹈火，愿一死以赴国难。今若以乱民诛之，人心一解，国将难保。"户部尚书立山认为："义和团妖言惑众，所谓的法术根本不靠谱。"载漪指着立山鼻子说："你什么用心？你既然说义和团不靠谱，你就去劝退洋人军队。"慈禧想将这个烂摊子推给光绪，就道："国家之事，应当问皇帝。"

自从戊戌政变之后，光绪上朝是不发一语，这次却慷慨激昂侃侃而谈起来，他认为不可围攻使馆，更不可与各国同时开战。王文韶附和光绪，认为皇帝能想到这点，实在是国家的福气。载漪当即大骂王文韶，认为他在关键时候说混账话误国。立山建议派人去公使馆沟通，慈禧当机立断道："派你去。"立山道："受了国家的厚恩，不敢推辞，但是臣不通洋务，请徐用仪陪我一起去。"会后，慈禧让兵部尚书徐用仪、内阁学士联元、户部尚书立山到美国公使馆拜访。晚九点，徐用仪等人与美国公使康格会面，请康格阻止西摩尔联军进京，无果。

五月二十二日，召开第三次御前会议。此日慈禧收到裕禄奏报，各国发出通牒强索大沽口。大沽口具体情况如何，是否已被攻下，清廷中枢尚未得到信息。看着列强的最后通牒，新仇旧恨顿时涌上慈禧心头。她恨之入骨的康有为、梁启超由于西方各国庇护，在海外呼风唤雨，并通过报纸对她进行攻击。现在各国派遣西摩尔联军入京，又强横地发出通牒强索大沽口，慈禧胸中怒气一发不可收。御前会议上，载漪请派军攻打各国公使馆，慈禧表态同意。内阁学士联元坚称不可，言如果各国使馆不保，"洋兵入城，鸡犬皆尽矣"。大学士王文韶认为中国自甲午战争之后，财力枯竭，已无力再战，请慈禧三思。慈禧大怒，道："你们所说的，我都知道。你们要是有本事，就让洋兵不要入城，不然就不要再啰唆！"端王载漪、贝勒载濂、庄王载勋、大学士刚毅、刑部尚书赵舒翘、大学士徐桐等遂一起附和慈禧，极力主战。

五月二十三日，举行第四次御前会议。上午会议时，刚毅建议招募义和团，攻打使馆。徐桐建议，知照各国公使，请其出京，如果不从则以武力手段解决。此建议得到慈禧许可，遂起草"限二十四小时内出京"的照会。此照会，是对西方各国强索大沽口炮台最后通牒之反击。

　　　　　　　　　　　　　军机处二百年

当日气氛紧张，特加调护卫守卫宫墙，中午所有大臣留在御膳房吃饭。下午会议，决定由许景澄将照会送交十一国公使馆。许景澄出发前，光绪下座紧握住他的手，哭着叮咛道："要好好商量。"许景澄也放声大哭。慈禧怒斥道："皇帝放手，不要误事。"内阁学士联元头上汗水直冒，哭着建议不要和十一国开战。又建议，法国是在华天主教的保护国，可以单独向法国宣战，但无效。下午四点，十二份照会被分别送交十一国公使及总税务司赫德。

五月二十四日上午，德国公使克林德在前往总理衙门交涉的路上被杀。下午三时四十分，在最后限期前二十分钟，清军与义和团攻打东交民巷使馆。

五月二十五日，清廷正式发布了与西方一决雌雄的宣战诏书，并嘉奖义和团。

五月二十九日，慈禧先召集满族大臣至仪鸾殿会商，此时光绪不在殿内。荣禄力主不可围攻使馆，慈禧则称已不能控制义和团，命荣禄退下，并由启秀将宣战诏书呈阅。随后在勤政殿内再次开会，光绪与汉大臣参与。光绪主张采纳荣禄建议，不要进攻使馆。袁昶列举了开战的诸多弊端，力争不可轻率言战。载漪怒骂袁昶为汉奸，并对慈禧说："汉奸之言不可信。"最终主战派占据了上风，发布了宣战诏书。宣战诏书出自湖南人萧荣爵之手，但外人以为是军机章京连文冲所拟。因义和团有以"乾"字为名，浙江人帮连文冲取了个外号"乾三先生"。

依照中国历来的观点，不论文臣武将，凡对外坚决主战者会被视为民族英雄，主和者则被视作汉奸。但主战的前提是能战，发动一场不能战的战役，所满足的只是那些充斥着理想主义与英雄情结者的虚荣心理，这种虚荣的代价却是巨大的。当开战决议通过后，光绪痛哭道：

"如此则数千万生灵必遭涂炭，三百年宗社必致不守。"开战之后，千万生灵果被涂炭，大清宗社十一年后也终于不守。

对西方各国宣战后，六月十八日天津陷落，裕禄败退北仓，京师震动。清政府急电东南各省督抚，令派兵进京勤王。巡阅长江水师大臣李秉衡积极响应，从扬州率军北上。途经直隶景州时，李秉衡部下还参与了义和团围攻教堂的战事。据盛宣怀告诉日本驻上海总领事小田切："法国传教士一人，清国人信教者千人被杀。"

七月初一，被翁同龢赞为"良吏也，伟人也"的李秉衡抵达京师。自天津之败后，慈禧正彷徨间，闻李秉衡来京，大喜过望，三次召见，大力嘉奖。遂命李秉衡统率江西、山西、山东、江苏四省援军出战。李秉衡请义和团数千名助战，义和团持引魂幡、混天旗、雷火扇、阴阳瓶、九连环、如意钩、火牌、飞剑等宝物跃然出京，准备歼灭八国联军。

出战前，在主战派支持下，李秉衡上奏，认为以袁昶、许景澄为首的京官与地方督抚李鸿章、刘坤一等遥相呼应，影响与洋人作战，请朝廷将之铲除。大学士徐桐对此奏极为满意，认为杀了这些汉奸，今后再无敢妄言者。徐桐夸赞道，杀汉奸"秉衡有力焉"。

七月初二，许景澄、袁昶被捕。七月初三，以光绪名义起草的上谕发出，令不必审讯，将二人处死。杀许、袁二人的上谕出自启秀之手，启秀对此颇是得意，"自负大手笔"。旨意下来后，刑部尚书赵舒翘高坐堂上，命将二人从狱中提出。至刑部大堂后，许景澄闭目无一语，袁昶则怒骂赵舒翘。赵舒翘面红耳赤，命左右迅速将二人绑赴刑场。行刑时，由徐桐的儿子、刑部侍郎徐承煜监斩。杀许、袁当日，荣禄再三恳求慈禧收回成命。慈禧让他退出去，"荣相退而复进，长跪乞恩。皇太后怒曰：'汝亦不遵旨乎？'"荣禄无奈，只能退出。

杀袁、徐二人，载漪的目的是警告东南督抚及京师内主和派。袁、徐被杀后，从广东出发北上，已到上海的李鸿章大为惊愕，遂向清廷请假二十天在沪养病。京师内部的主和派如庆亲王奕劻等人，也不敢再言和。

慈禧同意杀袁、许二人，实因二人犯了慈禧大忌。在御前会议上，光绪与许、袁等人极力主和，光绪甚至拉着许景澄的手哭成一团，这让慈禧又惊又怒。戊戌政变后，慈禧最忧虑的就是光绪在"帝党"支持下重新执政。袁、许二人不是光绪党羽，尚与光绪连成一气，如果不严加打击，"帝党"势力岂不更加猖獗？袁、许二人，实乃"大阿哥党"与慈禧联手所杀。

许景澄是浙江嘉兴人，袁昶是浙江桐庐人，二人于1867年同科中举。此年浙江乡试副考官是张之洞，是故二人都将张之洞视为座师，彼此关系良好。许景澄深谙时事，曾担任驻外多国公使，并接收过"定远""镇远"等军舰。在海外多年的许景澄，细心考察各国军事，为中国海军建设提出了诸多切实可行的建议。他曾根据中国海军实际情况，从英国订购海军军舰，壮大北洋水师。归国之后，在与俄国的领土谈判中，许景澄有力捍卫了中国利益。

袁昶虽从未到过国外，但他思想开明，主张根据中国国情学习西方。戊戌变法期间，他上万言书，提出系列变法主张。其中一些主张如官制改革、财政改革、练兵等，切中时弊，被光绪采纳。许、袁二人均为当世良臣、国家栋梁，惜被保守派所杀。

军机大臣王文韶因为反对开战，也被主战派列入了铲除的名单。军机章京高树、裕小鹏在军机处中，见王文韶却是喜笑颜开，出语诙谐，毫无忧虑之态。二人很是狐疑，裕小鹏道："此公现有不测之祸，何以风采焕然，毫无惧色，岂此公不知耶？"

后来二人才知道，王文韶上了个奏折，先是大谈不宜围攻使馆，末了笔锋一转，又称："如以臣为荒谬，臣亦不敢胶执己见。"端王载漪初看奏折时大怒，认为当杀王文韶，看到最后一句时，也就不和他计较了。由此高树、裕小鹏对王文韶是佩服得五体投地，认为他不愧"水晶灯笼""油浸枇杷"之名。

七月十四日，李秉衡在通州城外迎战八国联军，所部数万。出京师之后所看到的一幕幕景象，却让李秉衡目瞪口呆。他沿途所见到的都是从天津、北仓败退下来的清军，"军队数万，充塞道涂"。这些装备着新式步枪的士兵，"见敌辄溃，实未一战"。李秉衡从少年时就历经战阵，老于战事。但此次清军之溃败，让他不由哀叹："实所未见！"而李秉衡所依赖的义和团和勤王军，在洋人的枪炮下能发挥神力吗？

当日，李秉衡军与八国联军交锋，清军一触即溃，退守马头镇。七月十六日，马头镇失守，再退张家湾，此时败局已定。极力主战的他难以接受惨败的结局，次日，七十岁的李秉衡吞金自杀。

七月十七日，李秉衡自杀当日，清廷又杀户部尚书立山、兵部尚书徐用仪、内阁学士联元三人。谕旨称："兵部尚书徐用仪屡次被人参奏，声名甚劣。办理洋务，贻患甚深。内阁学士联元召见时任意妄奏，语涉离间，与许景澄等厥罪惟均。已革户部尚书立山平日语多暧昧，动辄离间。该大臣受恩深重，尤为丧尽天良，如不严行惩办，如何整饬朝纲。徐用仪、联元、立山均着即行正法。"

戊戌变法失败后，光绪被囚瀛台，冬令时节无以御寒。时立山任内务府大臣，为光绪置一屏风挡寒气。慈禧知道后大怒，召立山问罪，并令太监掌立山耳光。立山道："还是我自己打吧。"遂自掌耳光，至双颊红肿，慈禧方才罢休。

联元被杀也与光绪有关。光绪被囚瀛台后，处境艰难，外界又风传光绪病危，联元对此颇为不平。一次联元被慈禧召见，召见毕，慈禧起身欲行。联元突然站起来拦在慈禧面前道："皇上当保全。"慈禧一听就破口大骂："皇上当保全，汝不当保全耶？"联元口吃，被慈禧一骂竟无语以对。

徐用仪时年七十九，他为官四十年，历来小心谨慎，时人评说他有冯道之风。不想此次徐用仪锐志明向，铁骨峥嵘，坚决反战。袁昶、许景澄被杀后，徐用仪做好了赴死准备，在家书中写道："以老年而处此危地，生死在所不计，只可听之于天。"后世史书之中，谁能说他是冯道？

此次战和之议，立山、联元、徐用仪等与光绪极力主和，招致慈禧疑忌、"大阿哥党"痛恨，此为被杀之因。半月内连杀重臣五人，为有清一代前所未有，一时震动朝野。庚子年被杀五大臣中，袁昶是浙江桐庐人，许景澄是浙江嘉兴人，徐用仪是浙江海盐人，被赞誉为"浙江三忠"。

载漪、刚毅等还不肯罢休，又上奏弹劾洋务派重臣李鸿章等十五人，奏请"即行正法"，此奏因八国联军攻入北京而作罢。杀徐用仪等人之前，荣禄曾请徐桐找慈禧说情，徐桐道："我曾弹劾徐用仪，怎能为他说情？且诛杀此等内奸，可以肃清朝廷，岂不正好！"

七月十八日。刚毅接替李秉衡帮办武卫军事务。载漪、载澜主张收拾残兵，背城决一死战。刚毅则主张逃西安。载澜跳起来大骂刚毅："我等误听汝言，此后身家难保，我此时有刀，定与汝拼命矣。"载澜骂着还不过瘾，冲过去准备抽刚毅耳光，刚毅"飞奔逃去"。

杀五大臣前，联军已攻破天津。杀五大臣后，联军在通州城外击败了李秉衡。载漪、刚毅等人仓皇失措，开始紧急布置北京的防御。

军机处在西安

七月二十日，联军于夜间攻城，董福祥与载漪联合阻敌，争取时间让两宫出走。城外密集的枪声响了一夜，枪弹飞过的声音像是夜间猫儿嘶叫一般，吵得深宫中的慈禧一夜无眠。当夜载澜值夜班，得悉联军攻城后，便急忙入宫禀报。

七月二十一日，天未明，慈禧早早起床。梳妆时，突然看到帘子外一个人跪着，一看，原来是过来报信的载澜。载澜颤抖着奏报："洋兵已入城，老佛爷快走。"慈禧急问："皇帝在哪？"载澜道："在殿上行礼呢，已着人通报了！"一身礼服的光绪正持香准备行祭祀礼时，突然听到有人大叫："皇帝。"一看，却是慈禧。慈禧道："洋兵入城了，我们快走！"光绪一听着了慌，撒腿就要跟慈禧逃。慈禧对于逃跑倒是有经验，1860年就已经逃过一次了。她对光绪道："你这样服色哪里好走出去，快把朝珠、缨帽一起扔了。娘儿俩就此一同出走。"

出逃前，慈禧将宫中嫔妃集合，解释因事态紧急，众人暂时不必同行。珍妃跪请慈禧云："皇上不必西幸，应请圣驾在京裁度议和各事。"慈禧听了后，当场大发雷霆，令将珍妃推入井中处死。光绪求情，慈禧不肯，云："我事甚迫，谁肯多废闲话。尔等仍遵前命，将珍妃致死。"

盖珍妃之死，实触慈禧大忌。对慈禧而言，她最重视的乃是手中的权力。戊戌政变后，慈禧从光绪手中收回了权力，如果将光绪留在北京，西方各国必然鼎力支持他，东南各省督抚向来也倾向于光绪，必然要借此机会拥戴光绪重掌权力，那么慈禧只能黯然淡出政治舞台。而一旦光绪再掌权力，珍妃必定能改善处境。在狼狈不堪正准备出逃之际，突然听到珍妃此建议，慈禧勃然大怒。也正因为是在仓促、狼狈与勃然大怒之中，所以才不依清宫规制，草草将她投入井中处死。珍妃死时，年方二十五岁。如果依照珍妃建议，将光绪留在北京，既可以及时收拾局面，不致出现联军入京后的混乱不堪。且在与西方各国议和时，能被各国所接受的光绪，必可减少各国要价。慈禧出于一己之私，不准光绪留京。而当此风云变幻之机，珍妃挺身而出请将光绪留下，勇气可嘉。

　　载澜安排的骡车已在宫门等候，慈禧改梳汉头，着蓝布大褂如乡间农妇。光绪则穿青纱便衣，与平民同，拿了个赤金水烟袋，神色沮丧，仓促出宫。乘车出西直门时，天下着细雨，更让出逃者心意凄凉。

　　出逃的最初三日没有被褥，无替换衣服，也无热饭吃。途中口渴，慈禧命太监取水，却发现有井而没有汲水桶，或井内有人头。不得已之下，慈禧与光绪一起嚼秫秸秆解渴。一路上慈禧和光绪坐在车内的一个冷板凳上，冻得牙关发抖，为了逃命，只能忍受。

　　出逃时，一起同行的军机章京有鲍心增、来秀、文徵等人。此年直隶各地丰收，因为闹义和团，庄稼多数没有收割，遍地都是杂粮、瓜、菜，随行人员亲自下地讨生活，寻觅食物。

　　七月二十三日，大雨弥漫，天色越发灰暗，天气也日益寒冷，塞外的冷空气密密地压来，空气之中涌动着不安的气息，怀来知县吴永正为自己的命运而犯愁。

直隶地方上只有定兴知县罗正钧与怀来知县吴永力主惩办义和团。直隶布政使廷雍倾向于义和团，为此将罗正钧给撤职。吴永是曾纪泽的女婿，属于有背景的人，廷雍不敢直接将他拿下。

廷雍设计，将吴永与威县知县孙毓琇对调。孙毓琇是主战派大臣李秉衡的女婿，所在的威县比较偏僻，比不上怀来，是故乐意前来。此举一举两得，既可以讨好李秉衡，又可以打发走吴永，表面上无任何争议。廷雍暗藏的杀招则是，此时直隶地方的主要交通要道已被义和团控制，来往官吏都要接受测试，判断是不是"二毛子"。怀来地方上的义和团对吴永是恨之入骨，依赖于当地士绅的保护，吴永才未被杀。一旦出了怀来城，恐未至居庸关即遭毒手。吴永想起即将到来的厄运，心中苦闷无比，只觉得自己是釜底游鱼，煎糜在即，只能借酒浇愁，过一天是一天。

怀来的城门除了西门，其余均被义和团堵死。吴永被困在城内，来往的公文都由义和团查阅之后交给他。此日吴永突然收到义和团送来的紧急公文，心道此时来函必然不是好事。打开一看，却是延庆州发来的公文，一张粗纸上简略地写着，准备"皇太后、皇上满汉全席一桌，庆王、礼王、端王、肃王、那王各一品锅"，"随驾官员亲兵，不知多少，应多备食物、粮草"。

吴永看了一时惶然，怎么皇太后、皇上突然就到了怀来附近？与幕僚仔细查看后，吴永确定公文是延庆州知州的手笔。这纸突然到来的公文，对吴永来说不啻是绝地逢生，他记述了当时的心情："真可谓太阳一照，万煞全消，八面罗网同时并脱矣。"

吴永测算了下时间、路程，预计明日一行人将走到榆林堡。榆林堡是个集市，距怀来县城二十五里。榆林堡设有驿站，配有几名工作人员，吴永当即决定先派一人携带锅灶及蔬菜果味，连夜出城，到榆林堡做好准备。此后又派了名厨师，用两头驴子装了食物前去榆林堡。

到了夜间，吴永出城准备前往榆林堡。义和团头领将他拦住，询问他出城何事。吴永道："前往迎接太后、皇上。"首领厉声道："他们皆已逃走，不配称为太后、皇上。"吴永反驳："皇上巡狩，全国以内皆可行。如我为知县，私行出境，始可谓之逃走。若下本县各乡办公，亦可谓之逃走乎？"头领听了大怒："此乃二毛子口气，应当宰了。"吴永看着情势不妙，掉头就逃回衙门，义和团尾随追赶。到了衙门，吴永命令护卫做好准备，有敢闯入者立即开枪。义和团一看他玩狠的，暂时不敢杀进来，吴永也出不去。这样僵持着，吴永怕耽搁了接驾大事，他有个侄子与义和团大师兄相熟，就自告奋勇出去劝说，却被打了回来。吴永衙门内有马勇二十名，都装备有枪械，当即下令挑选八人，荷枪实弹，准备明日从西门杀出去，如果有敢阻拦者，格杀勿论。

吴永又安排城内绅商将东门挖开，填平道路，迎接圣驾。正忙得不可开交之时，此前派出去的厨师在路上被散兵给打伤右臂，狼狈逃回，两头驴子被抢走，菜肴都丢光。吴永又命厨师宰了三头猪，置办宴席，忙了一夜，方才粗粗搞定。

一早，吴永带了八名马勇出城，却发现义和团都已散尽。原来义和团在吴永衙门里安插了耳目，探听到皇太后、皇上真的要来后，义和团害怕被屠戮，当夜逃散一空，红布、红衣散了遍地。

出城之后，大雨如注。待雨稍停之后，吴永看到对面有一辆马车迎面而来，还有一骑作为前导。吴永闪在一边让路时，骑马者过来问道："来的是怀来县令吗？"吴永赶紧回复是。骑马者道："此即军机赵大人。"原来马车里是先行探路的军机大臣赵舒翘。吴永要下马行礼，赵舒翘掀开帘子让他不必行礼，又问前方有无馆舍。吴永赶紧回复，早已做了准备，只是怕不周到。赵舒翘叹道："有住的地方就好了，两宫饥寒已两日夜，情状极困苦。"

吴永将慈禧一行接到榆林堡后，却发现当地居民早已逃散尽，驿站中只剩下驿丁一人。原先准备的菜肴都被乱兵抢走，驿站中只剩下一大锅绿豆小米粥，这还是驿丁苦苦哀求，称是接驾用的，才侥幸保存了下来。吴永当即下令八名马勇荷枪实弹，保护好这锅粥。

慈禧安定下来后，把吴永找过去述了一番苦，随即询问有没有饮食。听吴永说有小米绿豆粥之后，慈禧大喜："有小米粥，甚好甚好，可速进。"吴永装了碗小米粥，却发现没有筷子，所幸吴永身上带有小刀牙筷，赶紧擦干净送了上去。其余人都没有筷子，慈禧就让折了秫秸秆代替。能吃上绿豆粥的都是亲王与贴身太监，跟着出逃的军机章京们只能挨饿。慈禧吃了粥后，还不满足，问吴永有无鸡蛋。吴永亲自去集市内挨家挨户寻找，总算找出五枚鸡蛋，自己取水点火煮熟了送进去。不久李莲英出来夸奖道："老佛爷很受用，所进五卵，竟食其三。余二枚赏与万岁爷。"

在寒风大雨中，坐冷板凳逃了三天的慈禧、光绪又冷又饿。一锅热乎乎的粥，再加上吴永亲自寻找到的鸡蛋，让慈禧顿时恢复了能量。到了怀来县城之后，吴永又翻出几件厚衣服进献给衣着单薄的两宫，此时两宫才稍有点体面。

慈禧的弟弟桂祥有鸦片瘾，扈从慈禧出京以来，一路疲于奔命，也没顾得上吸鸦片。到了怀来，随从偶尔提及，桂祥这才想起竟然三天没有抽鸦片，当即全身瘫痪昏迷，醒来后狠狠吸了一顿后方才振作。

七月二十四日，甘肃布政使岑春煊追了上来，随身携有军饷五万两。吴永与刚毅、赵舒翘两名军机大臣聊天时，发现二人对岑春煊都极为不满。赵舒翘挖苦讽刺了一通岑春煊后，突然对吴永道："我与你商量一事。今天要发廷寄，但军机大臣印信尚未携带，拟借你的县印一用如何？"吴永还没回复，刚毅道："这事不妥，向来借印要平行衙门才符合体制，县印太不称。"赵舒翘笑道："老头，此何等时势？有县印可借已是万幸，哪里还讲什么体制啊？你要知道在这道路中，任何部院关防印信，都比不上怀来县印有价值。要平行印信，庄亲王带了步军统领的，倒是可以借用。但恐怕驿站不会重视，反而耽搁。"言罢对吴永道："你不要信老头的话，尽管办去。"

吴永回衙门后，当即在白纸上盖了十个印，交给赵舒翘禀封。赵舒翘将发给陕西、山西两省巡抚的廷寄，命军机章京鲍心增填写好后，立即发送。

处理好借印的事，吴永回到衙门屁股还没坐热，突然有人来报，军机大臣王文韶到了。却说慈禧出逃后，王文韶去军机处取了大印，带了儿子追了三天，总算追上。王文韶与吴永是浙江同乡，彼此相熟，进了衙门也不客气，直接要吃要喝。吴永立刻让厨师做了鸡蛋数枚，装了一竹篮饭，弄了几盘泡菜。王文韶父子饿急了，狼吞虎咽，吃得无比甜美。吃完后准备倒头就睡，也不去找慈禧请安了。吴永走到门外时，躺在床上的王文韶想起一事，喊住他道："你帮我代转告下，军机处大印我带来了。"

王文韶休息好了之后，去见慈禧。慈禧看王文韶七十一岁高龄，却不顾危险，追随自己共患难，感动得涕泪纵横，当即解下一块佩玉赏给他。后来王文韶请人鉴定，才知道这块佩玉是玉中之王"脱胎"。玉先随尸体入葬数百年，出土后再佩戴在人身上，再入土，再出土，如是几百年才能形成。王文韶死后，这块玉也随他一起下葬，至"文革"期间，王文韶墓地被挖掘破坏，此块玉下落不明。

到七月二十五日，小小怀来已是人头攒动，到处是达官显贵、宫女太监、扈从士兵。为了这些人的吃、穿、住，吴永忙得焦头烂额，因为走路过于频繁，一双鞋子也磨破了。

当日傍晚，吴永收到军机处字条一张，命吴永办理前路粮台。吴永看了大为错愕，就去找王文韶，以地方上不安宁，要留下保护民众为由推辞。王文韶听了吴永的说辞后嗤之以鼻，认为吴永不过是找借口逃避，又道："似天下绝无真为百姓计较之官者。"王文韶这句话倒是真话。

吴永无奈之下，只能受命，跟着慈禧一行前往西安。可沿路筹备粮草，吴永手中无钱无人，叫苦不迭之时，突然想起岑春煊随身带了五万两银子。吴永遂通过庆亲王奕劻找到慈禧，请任命岑春煊为督办粮台。慈禧刚吸足水烟，沉思良久道："尔这主意很好，明晨即下旨意。"随后慈禧又夸奖了吴永一番，表示不日将有恩典，又道："尔之厨子周福，很会烹调，方才所食扯面条甚佳，炒肉丝亦甚得味。我意欲携之随行，不知汝愿意否？"皇太后看上自己的厨子，吴永高兴还来不及，立刻表示同意。到了傍晚，太监过来告诉吴永，周福赏六品顶戴。周福真是有福，在这兵荒马乱之际，靠着一手厨艺，竟然能平步青云。

二十六日，王文韶突然将吴永叫了过去，训斥他道："你保岑春煊当督办，应该和我们商量，怎么能自行上奏？岑春煊这人野性尚未退净，办不了大事，将来不知闹出多少笑话，让你受累。你引鬼入门，将来有事不要找我，我绝不过问。"

吴永顿时愕然，不想自己无意中开罪了军机大臣。虽然是在逃亡的路上，可推荐重要官职的人事权，仍属于军机大臣的职责范围。吴永径自去找慈禧推荐岑春煊，逾越权限，导致军机大臣不快。此时众人尚未安顿下来，军机大臣也没与吴永多计较。

两宫途经山西，在太原停留一个多月。吴永协同岑春煊负责沿途的粮草事宜，岑春煊骄横过人，吴永屡屡被他训斥。在太原行宫时，二人为了琐事发生口角，岑春煊一把揪住吴永衣襟准备揍他。吴永大叫："此宫门，尔敢无礼耶。"岑春煊这才放手，此后视吴永为眼中刺，非除去他不可。王文韶得知二人的矛盾后，将吴永找过去取笑道："我早知道岑春煊必与你捣乱，你是咎由自取，我早就声明过不管你们的事。"在太原休息一个月之后，两宫继续西行前往西安。

庚子年九月初四，慈禧一行到达西安。当日西安暴雨，无数民众在雨中跪着接驾。正在陕西中学堂读书的于右任与老师同学们一起在雨中跪了一个多小时，心中愤恨不已。

为了迎接慈禧、光绪的到来，陕西官方做了充分的准备，先是准备将陕西巡抚衙门用作行宫，并占用了旁边的陕西中学堂。至慈禧入陕西时，仍未竣工。此时陕甘总督已搬往兰州，总督衙门空着，就紧急装修，用作行宫。慈禧到达西安后，嫌总督衙门房屋太少，仍住在巡抚衙门。

修缮行宫，一个月就花去了二十九万两白银，看着慈禧给陕西带来了这么大的负担，正在读中学堂的于右任愤懑不已，写信给升任陕西巡抚的岑春煊，请杀掉慈禧，重新推行"新政"。所幸信被同学王炳灵发现，苦劝之下，此信方未发出，不然以后的民国政坛又少了一位重量级人物了。

到了西安，慈禧每日膳食费二百两银子，慈禧自云："向来在京膳费，何止数倍！今可谓省用。"光绪则素食，爱吃豆芽菜。在慈禧看来，西安的膳食已是相当节省，可该有的都有，规格也不输给在京师时。御膳房设荤局、素局、饭局、菜局、粥局、茶局、酪局、点心局等多种，每局厨师多者有十数人，各种菜点一应俱全。

此年陕西遭遇灾害，各地灾民无以下炊，遂在年底涌入西安，包围行宫请愿。到达西安的军机大臣荣禄出面向灾民发言，加以劝阻。灾民将荣禄层层包围，要求面见太后与皇帝，陈述民间疾苦。经粮管唐承烈好言相劝，民众方才散去。慈禧闻知此事后，连忙下令开设粥厂，赈济灾民，安抚人心。

此年闰八月，载漪退出军机处，以鹿传霖替补。庚子年，鹿传霖担任江苏巡抚，一方面，他认为义和团不可用，主张加以剿灭。另一方面，对列强又持主战态度。当两宫被迫"西巡"时期，鹿传霖亲自带兵北上勤王，进而力奏于西安建立新都，以补救时局。

据云鹿传霖老家的族人都被义和团杀光。鹿传霖在江苏听到消息后号啕大哭，带了军队借口进京勤王，准备顺道返乡报仇。到了河北定兴老家，却看到举族安然无恙，遂按兵不动，成为笑柄。鹿传霖自号"迂叟"，这种事情倒也不是干不出来。鹿传霖回乡报仇不成，看着慈禧到了西安，就转而带兵前去西安勤王。

对于鹿传霖的忠心，慈禧大为满意，将其调入军机处担任大臣。鹿传霖入军机处，让主和派却是吃惊，张謇惊呼："刚（毅）、赵（舒翘）交部议处，似有转机。然闻鹿传霖亦入军机处，是又一刚（毅）也，可危。"鹿传霖到了西安之后，果然不服，建议慈禧迁都再战。

老臣王文韶跟着慈禧跑到了西安，慈禧对他是感激不尽。患难见真情，为了表达谢意，慈禧甚至亲手制作玫瑰藕粉赏给王文韶品尝。王文韶除了叩头之外，想不出其他表达感激的办法。此时军机大臣被召见时，王文韶遇事不置可否，耳朵又不好，鹿传霖则附和荣禄，凡事都由荣禄说了算。

三名大臣上朝时，王文韶白发苍苍，面目清瘦，走路吃力。荣禄头发已白，面色萎黄，腿病严重，走路不稳。鹿传霖歪着脖子，面部浮肿，看上去如同干瘪葫芦，军机大臣都是奇形怪状。年迈之后，鹿传霖肝火极旺，与人一言不合，则拍桌子狂呼，声嘶力竭也不顾。有侍郎拜会鹿传霖后道："鹿军机人瘦得不成模样，咳两声嗽，倒是清华朗润，看起来可以再活个一年半载。"不想他入军机处之后，一干十年，活到了1910年。

再说荣禄，八国联军入京之后，他逃到保定后坐卧不安，到底他是围攻各国使馆的最高指挥官，而联军也在逐步准备攻打保定。闰八月十三，他突然接到慈禧通知，命他去西安当差。荣禄当机立断，将保定的防务移交给直隶布政使廷雍，自己立刻前往西安。九月二十日，荣禄抵达西安。此时在京议和的李鸿章、奕劻帮助荣禄辩护，使得各国放弃惩罚他的要求。经历了此场变乱，荣禄更恨刚毅等主战派，"恨此辈甚于恨鬼也"。

在西安行在，军机处也迎来了名新人瞿鸿禨。瞿鸿禨是湖南善化人，二十一岁中举，次年成进士后入翰林，可谓少年得志。光绪元年大考，又列为一等第二名，被提拔为翰林院侍讲学士。翰林院中的佼佼者，才能被提拔为学政，在学政任上，不但财物收获丰盈，且可以录取门生，经营人脉。二十余年间，瞿鸿禨先后历任江苏、浙江五省学政，门生遍布天下。

担任广东正考官时，瞿鸿禨取了第八名康祖诒，此人后来改名为康有为。戊戌政变时，瞿鸿禨正督学江苏，赶紧自行检举，不认康为门生，脱清了关系。

军机处搬到西安后，军机大臣刚毅、载漪、启秀、赵舒翘等人或已死掉，或被罢黜，只剩下荣禄与王文韶二人。军机处缺人，荣禄遂想引入新人，在推荐鹿传霖入军机处后，还需选一人入枢。荣禄思来想去，脑海中出现了瞿鸿禨。瞿鸿禨是把兄弟李鸿藻的门生，李鸿藻时常称赞瞿鸿禨的才华。荣禄就让瞿鸿禨速来陕西。

光绪二十七年（1901）正月十六，瞿鸿禨赶到西安，慈禧接见时对他道："李鸿藻向来说你好，他们也说你好，望着你早来。"光绪插了下嘴道："主要还是荣禄说你好。"

军机大臣之中，荣禄别号略园，王文韶别号退圃，瞿鸿禨别号止盦，光绪间皆烜赫一时。再加上张之洞别号香涛，时人谓"荣略而不略，王退而不退，瞿止而不止，合以张文襄公之洞之校阅经济特科卷，被人翻案，可谓香涛不香"。

瞿鸿禨上任后，在西安行在将所有外交案牍翻阅了一遍，认为在同列国议和后，应当与俄国谈判撤出东三省的问题。但此时的议和大臣李鸿章与刘坤一、张之洞等人意见分歧，正闹别扭，遂由瞿鸿禨拟写廷寄给李鸿章劝解。廷寄措辞委婉得体，慈禧看了非常满意，说："我现在才知道你的学问真好，无怪乎荣禄、王文韶两人都竭力保你，从前李鸿藻也说你好。"

刚到西安行在，瞿鸿禨得以近距离观察慈禧、光绪，发现二人欢颜愉色，并不似外界风传的关系紧张。慈禧也对他诉说过自己的苦衷："我往年时，文宗行幸热河，我骑马，后马惊，至今思之心悸。此次出京，与皇帝备尝艰险，更不堪回首。我命甚苦，一生都在忧患中，无一日安逸，徒以宗社之重，生民之苦，不敢不勉为其难耳。"

慈禧喜欢听外边的事情，到了西安之后，每次召见吴永时，都让他随意说话。于是吴永就将地方上利弊、民间疾苦一一说来，一讲几个小时。至军机大臣被召见时，慈禧大发雷霆，叱责军机大臣瞒报地方情况。军机大臣们都相顾失色，只有磕头而已，心中对吴永是痛恨不已。

一日在军机处，荣禄、王文韶、瞿鸿禨三人将吴永找了过去。王文韶教训他道："渔川（吴永字），我和你是同乡，所以关照你。今后太后召见时，在你本职范围内的事，你就简单扼要地说，不要东拉西扯、节外生枝。奏事有体，非同儿戏。"此时各省拖延解送西安的饷银，军机大臣就上奏，请派随同出行的大员到各地去催促，并保举吴永去了两湖，此后大家都乐得清静。

军机处在西安行在办公，前后总计一年零八个月。西安行在以巡抚衙门东偏厅为军机处办事之所，此时时局危急，只能因陋就简。虽然如此，每日里公事档案都处理得妥当。西安行在中需要处理的奏折、电报极多，四名军机大臣通宵达旦在此办公。

两宫出逃之后，年迈的李鸿章返回京师与各国谈判，以收拾残局。此时的北京已被八国联军控制，满汉大员均已逃光，古稀之年、多病之躯的李鸿章孤身一人在京与各国周旋。在频繁的谈判活动中，李鸿章病倒，只能带病与各国接洽。有法国记者去采访李鸿章，见守门者为俄国哥萨克骑兵，野蛮凶横。住处一片狼藉，似准备随时逃亡。李鸿章身着破旧皮衣，但精神尚佳。经过不断的讨价还价，最终在此年七月二十五日签署了《辛丑条约》。条约规定赔款四亿五千万两，分三十九年付清，以中国的关税和盐税偿付。和约签署后，慈禧以为大局已定，就给军机大臣加官晋爵。瞿鸿禨坚决不肯接受。瞿鸿禨之所以推辞，也是别有隐情。他二十一岁考中进士，此后主持五省学政，再入军机处。瞿鸿

《辛丑条约》签订现场

機升迁过快，以致有人认为他和同治长得较像，得到慈禧青睐，所以要韬光养晦。此时，慈禧也放心了，一改从北京出逃时的狼狈不堪，准备风光回京。

为了筹集回京的路费，慈禧命东南督抚捐银百万，又令各省漕米留在襄阳者就地出售。陕甘总督升允见慈禧时，只不过问了句能否如期返京，慈禧就大怒道："你只想我早点儿走，好装自己腰包。"慈禧如此挥霍，难怪当两宫西逃的消息传出后，西北一带富商纷纷举家逃往四川或东南地区，他们是担心家产不够勒索。

辛丑年（1901）八月二十四日，慈禧从西安出发返京。中途驻跸开封，以乾隆帝当年巡幸故地为行宫，军机大臣值班房设在宫门内，军机章京们则在宫门外搭起临时帐篷办公。军机章京们在帐篷内正襟危坐缮写谕旨、处理电报，也是有声有色。行宫之中大多狭窄，召见四名军机大臣时甚至难以容身。

过黄河时，诸臣分批渡河，四名军机大臣随同御舟先过。是日天气晴朗无风，风平浪静，水面如镜，渡河之后，就起大风，随行者都以

军机处二百年

1902年，在袁世凯的保护下，光绪和慈禧回到北京紫禁城

为是吉兆。到保定时，一行人转乘御用火车回京，四名军机大臣一个车厢，也有了军机处历史上第一次在火车上办公之先例。

太后、皇帝尚未到京，李鸿章就先去世。九月二十日，主持外务部的徐寿朋突然死亡，李鸿章闻听消息后大惊，咳血昏倒。九月二十七日，李鸿章病逝。

最后的裱糊匠李鸿章故去之后，大清这间破屋又在风雨之中飘摇了十年。

庆亲王的手腕

从西安返京途中，八月二十七日，荣禄唯一的儿子病死。王文韶无比同情，认为荣禄"以六十六岁老翁，只此一子，忽遭不测，情何以堪"。荣禄体虚多病，又经历了丧子之痛，一再请求退休，慈禧让他好好调理，退休就不必了。

荣禄担任首席军机大臣时，虽然也有点文墨功夫，但到底不能与翰林院出来的瞿鸿禨相比，就让瞿在军机处主笔。此时总理衙门大臣改为外务部，瞿鸿禨又兼任了外务部第一任尚书。

瞿鸿禨的祖父、祖母都精通书画。祖父瞿岱为人忠信，知识鸿博，尤擅长绘画，人称鲁青先生。瞿岱的绘画颇有功底，人物画惟妙惟肖，山水画意境深远，左宗棠见了他的画也连声赞叹，称五十年内绝无人可与之媲美。光绪二十六年（1900）十二月十九日，瞿鸿禨将祖父的两幅画进呈慈禧太后和光绪帝，一幅是《自济图》，一幅是《分镫课子图》，并恳请御笔题字。两宫即命呈上，《课子图》中瞿岱有教子读书的画像，慈禧看了他祖父相貌大乐，对荣禄道："他倒是有德之人。"两宫当日兴致颇佳，慈禧在画上题了四个字，光绪则题了一首诗。

在乾清宫西暖阁，每逢两宫召见，太后坐西，皇帝坐东。西苑则在勤政殿冬暖阁，颐和园则在仁寿殿北楹。召见之处，仁寿殿空间较大，同跪列远者不能听到两宫说话，奏对也不能传达，往往由靠得近的军机大臣代为传递。乾清宫召对最为合适。勤政殿则空间狭窄，军机大臣为六人时，跪垫都摆不下，进退时只能鱼贯而入。

西苑军机处值庐环境最好。地处西苑门北、南海东岸，临水五间，窗明几净。湖中芙蕖盛开时，还可乘舟游玩，到了冬季，湖面结厚冰之后，军机大臣坐在拖床上，用人推行，过湖到南朝房接受召见。其他时候则坐二人抬肩舆，沿着东岸绕行至朝房。

颐和园军机处值庐在东宫门外南面，初始只有五间，中间为过道，与章京值庐面对面。值庐靠着街道，人声鼎沸，影响办公。1901年从西安回京之后，另外拓建了五间，宽敞安静。军机章京办事之所也较以前更为整齐。

此时军机处管理也没那么严格，在颐和园赐大臣看戏时，张百熙不喜吵闹，时常逃出来跑到军机章京值庐中闲坐聊天，也不顾及大臣不得擅入军机处的规定。大年初一赏赐章京们荷包，荷包中总有一小锭银子，但军机章京高树拿荷包回军机处后，竟然被厨子给偷走。高树对厨子打趣道："遇赏赐时，汝来充章京，我来充厨夫，可乎？"军机章京欧阳旭庵胆大包天，竟然带了内弟混进西苑军机处值班房游玩，被瞿鸿禨发现后，下令捉拿。瞿鸿禨本准备弹劾欧阳旭庵，被众章京求情，方才罢休，遂让欧阳旭庵退出军机处，回原衙门。

雍正以前未设军机处时，常由南书房翰林拟旨。此后承旧制，召见时以南书房太监当差，军机大臣也称呼这些太监为"南书房"。每日一早，军机大臣将拟写的谕旨装入匣中，由南书房太监捧着前行，退下时也如此。

军机处的文件多数由军机章京缮写，但有二事必须军机大臣亲笔书写。一是考差单。考差单是派往各省主持乡试的人员名单，由军机大臣开列书写，密封好后交给两宫挑选。一是每年督抚所奏年终密保单。密保单涉及各省官员的提拔任用，必须由军机大臣处理。

军机大臣入对，太监放置软席，称"赏垫"。每日入见，军机大臣向太后、皇上各一叩首，然后奏事，有赏赐时，三叩首，谓之磕头。万寿节时，军机大臣花衣补褂，先行三跪九叩，照常上殿奏事，退后更朝服就班朝贺。据王文韶言，以往的规矩是一跪三叩首。此次回京后，一开始还是如此，不想荣禄改为九叩首，庆亲王也跟着九叩首，此后都改成九叩首。

军机大臣每日都有堂餐、茶烛等，由内务府支给，每五日赏给果饵。夏天则有冰瓜，冬天有薪炭。逢年过节都有礼物赏给。每年坤宁宫赏吃肉三次，军机大臣皆得参与。祭神之后，太后坐北、皇帝坐南，诸臣鱼贯而入各一叩首，然后就垫，内务府大臣捧肉献给两宫，然后再给大臣分肉及咸菜，皆一叩首。分奶茶，一叩首。瞿鸿禨一直素食，一日被光绪所知，此后每遇赏饭时，诸臣之中必为他独开一桌素席。

军机大臣每天早晨五六时就要入军机处办公，故而大多住在内城以节省时间。军机章京则要四点钟就赶到办公，一大早就要起床，也是个苦差事。皇帝召见军机大臣，一般到九十点就可以出来。

廷寄的形式在庚子年之后也发生了变化。原先军机大臣每日被召见后，根据皇帝的指示，就某事拟定处理意见，再由驿传发至各省。此时有了电报，廷寄改用电传，军机处自身并无电报房，交给总理衙门（外务部）电务房发报。

军机大臣彼此之间依关系亲热及官衔而定称呼，章京也依官衔称呼军机大臣。但军机大臣们对军机章京极为客气，一概称为某某老爷，凡军机章京拟好谕旨后送到,军机大臣一定要站起来接。

军机处工作流程常年不变,变化的只是人事。光绪二十九年(1903)三月,首席军机大臣荣禄去世,随后以奕劻入值,担任首席军机大臣,时人谓"死荣禄,生奕劻"。

奕劻为何备受慈禧信赖?这在晚清留下无数猜测。奕劻的祖父永璘是乾隆帝第十七子,封为庆亲王。永璘死后,连着三个承袭爵位的人不是早死就是犯了事,这一支自此一蹶不振。奕劻年少时家中清贫,靠着微薄的宗人府津贴生活。其家在北京方家园,毗邻慈禧娘家。奕劻擅长山水画,书法也佳,靠卖书画、代人书写信件糊口。他时常帮慈禧家人代书家信,并与慈禧弟弟桂祥结为儿女姻亲。

自方家园飞出了金凤凰之后,奕劻也跟着发达起来,同治十一年加郡王衔,担任御前大臣。光绪十年甲申易枢后,奕劻担任总理衙门大臣,此后不久又封为庆郡王。光绪二十年,被封为庆亲王。荣禄活着的时候,慈禧还用不着奕劻,让他一直在总理衙门。荣禄一死,环顾朝野,除了奕劻,她再也找不到可以信赖的人了。

在甲午战争之前,奕劻以御前大臣身兼总理衙门、海军衙门大臣,位高权重,地位显赫。文廷式认为,咸丰朝军机大臣的权势不如御前大臣,故而肃顺当国时,不必入军机处就能掌握全局。现在奕劻既为御前大臣,又为海军大臣,并被封为亲王,再任首席军机大臣,实属空前绝后。

奕劻能权势显赫,在于他会奉承慈禧。在海军衙门任上,奕劻将大笔款项挪给慈禧兴修颐和园。海关总税务司赫德在一封信中写道:"最近十年来,每年都给海军衙门拨去一笔巨款,现在还应当剩下三千六百万两。可是你瞧,他们说连一个制钱也没有了,都拿给慈禧太后任意支用去满足她的那些无谓的靡费了。"

奕劻与荣禄同岁，一直称荣禄为"二哥"。戊戌政变之后，荣禄执掌军机处，主内；奕劻执掌总理衙门，主外。在军权上，二人也彼此制约，荣禄掌握着武卫军，奕劻执掌神机营。以奕劻、荣禄二人控制政局，互相制衡，也是慈禧的权术。

从奕劻多年主持总理衙门的经历来看，他对外交事务有所了解，在处理各种教案时以妥协忍让为主。庚子年，当义和团发展到京畿后，奕劻上奏，认为义和团是"外来奸民"，在京散布谣言，想拆毁教堂，除灭洋人，应该迅速加以镇压，免生事端。奕劻控制的步军统领衙门颁发了《禁拳章程》，称拳民为奸民。在与英、俄两国公使见面时，奕劻表示清廷已经采取了最严格的措施，逮捕和惩罚首要分子，保证使馆安全。奕劻亲近洋人，敌视义和团，自然被视为汉奸。天津的一张义和团揭帖警告他："你若不改过，悔之晚也。"

在对待义和团上，荣禄、奕劻初期都力主镇压。当慈禧逐渐转变心意开始支持主战派后，荣禄消极抗拒，奕劻则随慈禧心意行动。

五月十四日，对外主战的端郡王载漪担任总理衙门首席大臣，位次在奕劻之上。主战派得势之后，奕劻明哲保身，在御前会议不发言，但神色沮丧。当主战派逼他表态时，他则支吾其间，嗫不敢言。虽然奕劻态度暧昧，可载漪对他这种墙头草还是不满，甚至将他列入铲除对象。但慈禧始终都留有一手牌，一方面，她利用刚毅、载漪等人操控义和团打击洋人；另一方面，则将与各国公使熟悉的奕劻留在身边，一旦打不过，则以奕劻出面谈判。自庚子年五月之后，奕劻基本上每日都要到慈禧身边出谋划策。

私下交谈时，奕劻不时挖苦义和团，并认为与八国对抗的下场必然是失败。但在公开场合，他极其谨慎，从不发表任何反对义和团的言论，所以有人评价奕劻"外虽端谨，内实精明"。在慈禧召见时，他必然也对慈禧分析过利害关系，也只有得到慈禧的默许，他才能在清军攻打各国使馆时，与各国公使眉来眼去，传递信息，送吃送喝。

慈禧出逃时，忠心耿耿的奕劻一路随行，走到怀来时因病停留，实际上也是留下来继续观望。各国公使多年与奕劻打交道，都认可他这个人，甚至派人到王府内寻他。留在京师负责谈判的崑冈就奏请让奕劻回京，与各国公使洽谈。总税务司赫德认为："必须庆王爷急速回京，李中堂来与不来均可。"为何必须奕劻回来，因为"各国素与庆亲王奕劻办事多年，最为信服"。李鸿章也提议让奕劻立刻回京，参与谈判。

八月初十，在联军护送下，奕劻到京谈判。谈判中最为棘手的问题是"惩凶"，各国公使开出了必须处死的十二人名单。奕劻认为处死皇室近亲会使皇室蒙羞，希望免除死罪。同时也根据实际情况指出，董福祥"素为陕甘两省汉回所倾服"，如果操之过急，恐怕后患无穷，最终回护了皇室成员，并夺去董福祥兵权。就战后赔款，奕劻再三请求减些数额，各国却一口咬定四亿五千万两，此数字经过"中国财源调查委员会"调查，认为是中国所能承受的价码。

《辛丑条约》签订后，慈禧一改逃离京师时的狼狈，风光回京。慈禧回到紫禁城时，总理衙门已改为外务部，奕劻议和有功，被赏食亲王双俸。荣禄一死，奕劻权势无人能匹，名声也更坏，但慈禧对他是一如既往的信任。

袁世凯升任直隶总督、北洋大臣后不久，得知奕劻要入军机处，派人给奕劻送去一张十万两的银票。此后，每逢奕劻府上活动，从儿女婚事到孙子满月，所有开支均由袁世凯负担，不费王府一文钱。盛宣怀一次就送给奕劻日本金币二万圆。奕劻收下钱后喜滋滋地回信说："杨柳风前，忽好音之惠我。荷蒙厚赐，崇实贱辰，百拜承嘉，五中增感。"

奕劻虽然贪财，但捞钱的方法很笨拙，不外是接受官员馈赠。官员到奕劻府上拜访时，用红信封装上银票，当面递交，美其名曰"请王爷备赏"。奕劻拿到手后看下银票，然后客气说"让你费心"，就塞到坐垫下，客人走后再送去银行储存。至于帮人谋取官缺，奕劻不出面，自有手下人去处理。奕劻帮人弄官职，每次捞的钱一般在千两左右。当时的官员也得十分注意，不能过分纵恣，买官花的钱太多的话，连老本都捞不回来。

奕劻入军机处后，对军机章京们倒是慷慨，以笼络人心。一次军机章京高树拟写谕旨时，奕劻看到高树身上的貂裘已破旧，就问军机大臣铁良："这是什么裘皮？"铁良道："这不见得就是貂裘。"奕劻叹道："贫可知矣。"遂下令每人发给一百二十两银子改善生活，军机章京们无不欢呼雀跃。

光绪二十九年（1903）九月，蒋式瑆弹劾奕劻，称其入军机处之后，收受外省票号汇集之款不下四十万两，在京师中受到的贿赂更不知多少，甚至俄国人也用外交经费五百金来运动该亲王，"诚不解其何以丧心病狂止于此"。这封奏折递上去后，慈禧留中不发，不了了之。

半年之后，光绪三十年（1904）年初，蒋式瑆再次弹劾奕劻，称去年十一月二十二日，日俄宣战之后，奕劻得悉华俄银行、日本正金银行缺乏款项，紧急将私产一百二十万取出送到东交民巷英国汇丰银行储存。汇丰银行知道奕劻着急，故意刁难，不肯收下，最后谈妥每月利息仅二厘，"鬼鬼祟祟情形，情殊可悯"。蒋式瑆指出，奕劻自担任军机大臣以来，门庭若市，其父子饮食起居都异常奢华，如此挥霍还能有巨款可存，万一皇上追究起来，"该亲王必浃背汗流，莫能质对"。蒋式理建议，不妨将这笔款项取出，存放在大清官办银行之中，月息也可以给他加到六厘。

此事由鹿传霖会同蒋式瑆一起前往汇丰银行查账。第一次去汇丰银行是周日，银行无人。隔日再去汇丰银行会晤该行管事洋人熙礼尔及买办杨绍渥。但英国银行不是大清票号，根本不理鹿传霖，称银行账目从不示人。鹿传霖询问庆亲王是否曾往来，银行则称从来没有见过。

当日的高官在汇丰银行存款都是用假名，大臣那桐在汇丰银行存了一年期的五千两银子，五厘利息，用的名字是"绍景沂"。鹿传霖见无从查账，就追问蒋式瑆从哪里得来的消息，蒋式瑆说是听来的。既是听来的消息，又查不到账目，蒋式瑆成了诬告，被革去御史职务。另有一说认为，蒋式瑆的消息来于吴懋鼎。吴懋鼎为天津四大买办之首，从光绪八年至光绪三十年担任汇丰银行买办长达二十五年。1904年，吴懋鼎从汇丰离职，可能是他泄露了奕劻的存款信息。

蒋式瑆弹劾奕劻失利后，对于仕途再无兴趣，决定改弦易辙，创办实业。1904年，蒋式瑆与几名同年一起创办了京师华商电灯股份有限公司，并在1906年对外供电，结束了北京没有电的历史。后来蒋式瑆又在滦州创办了火柴厂，在唐山兴办了中国第一家水泥厂。

蒋式瑆从事实业的成功导致了流言蜚语。一些人认为他与汇丰银行串通好整奕劻，奕劻得悉自己被弹劾后，对汇丰银行说银子不要了，蒋式瑆从中分得了一二十万两银子，以此做本钱创办实业，这些故事纯系小说家的想象。汇丰银行管理严格，不可能随意侵吞存款，且奕劻是首席军机大臣，汇丰银行哪里敢去吞他的钱。进入民国之后，奕劻一直将钱存放在汇丰银行，可见他对汇丰银行的信任。

慈禧也知道奕劻好财，但与奕劻相处几十年，知道他对自己绝对忠心，且也有一定的能力，就随他去了。再说，喜欢钱的奕劻更让慈禧放心，这样的人不会有太多的政治野心，也不会造成什么威胁。有大臣曾当面弹劾过奕劻，慈禧听了后"嘿然有愧色"，却不发表任何意见，对奕劻一直重用如故。

最后一次内讧

光绪三十一年（1905），一件影响中国前途的大事发生，即废除科举。

庚子变乱之后，西方各国在议和条件之中将废除科举作为条件之一。1901年，清廷作出了新政的姿态，在科举制度中增加策论、中外政治等内容，并废除八股，停止武科考试，又命新科进士到京师大学堂学习。此年，南方各省督抚联衔上奏，请求进行科举改革，中枢对此意见分歧。首席军机大臣荣禄对于科举改革并不积极，持疑虑态度。荣禄不是科举出身，如果支持废科举，难免给人掺杂了个人感情的感觉。王文韶则坚决反对废除科举，甚至扬言"老夫一日在朝，必以死争之"。军机大臣瞿鸿禨支持废除科举，但孤掌难鸣。鹿传霖模棱两可，不明确表态。此三年间，虽然废除科举的呼声极高，但最终均未能形成任何有效行动。

光绪二十九年三月十二日，袁世凯联合张之洞上奏，认为虽不能立即废除科举，但应该酌情变通，分科递减，即将科举录取的名额按年递减，让天下士子入学堂读书。袁世凯对废除科举表现得比张之洞还要急切，这其中包含了他的考虑。袁世凯非科举出身，对于科举素无好感，在北洋创办洋务的过程之中，他对于西方新式学堂已有较多了解。而科举废除之后，他手中大量的新式学堂出身的北洋人马正好可以占据各个要职。

两名实力总督联合上奏，慈禧就与中枢商量，但军机处之中仍然分歧严重。《大公报》报道："三军机皆愿议准，惟某公一人极力阻止是真。"赞同的军机大臣是荣禄、瞿鸿禨、鹿传霖，反对的则是王文韶。

王文韶此时年迈，耳朵又不好。每逢军机处有事纷争，相持不下时，慈禧问王文韶的意见，王文韶就莞尔而笑。慈禧道："你怕得罪人，真是琉璃球。"王文韶照样笑而不语。对于废除科举，王文韶大力阻止。一日他对新科翰林道："吾老矣，无能为矣，惟有三事可报效朝廷。一力保科举，一力阻经济特科，三力废大学堂，使你们可以无忧。"翰林闻听后，无不感激涕零。王文韶外号"琉璃球"，处事圆滑，唯独对于废科举一事却坚持到底，时人多以为异。

事情突然起了变化，三天之后，荣禄病死，奕劻补入，导致军机处人事发生变化。五月，张之洞入京，参与修订《奏定学堂章程》，试图减少科举录取名额。

入京受召见时，慈禧让张之洞免冠叩首。看到他已是满头白发，不由想起张之洞二十六岁时参加殿试由慈禧亲点为探花之事，那时他还是少年峥嵘，此时已是白发老翁。回首往事，慈禧竟抑制不住，泪流满面。张之洞看着太后哭了，也跟着老泪纵横，此次召见竟未发一言。

入京后，综合各方消息，张之洞分析奕劻虽不会公开表态支持废除科举，但也不会阻碍，最大的阻力则是王文韶。张之洞嘱咐瞿鸿禨，要在奕劻面前大力讲废除科举的好处，同时与王文韶"婉商"，争取其改变态度。

在内阁之中，张之洞已争取到了张百熙、孙家鼐的支持。鹿传霖此时已经年迈，两耳听力不好，遇事甚少发表言论。为了换取王文韶的支持，张之洞做了一定让步，在奏稿中加入了妥协的内容，如规定新式学堂推行六年后，若是不能根除科举流弊，也不能培养人才，则恢复科举原额，并反复声明，科举减额只是"暂行试办"。

到了九月，荣庆担任军机大臣。荣庆相貌堂堂，白面黑须，飘然有凌云之气。他衣着讲究，当时官场有"服饰之精美，荣禄之后，唯有荣庆"之说，"纱袍褂颜色花纹，无一天同者"。荣庆偏向于变法，以他入军机处，也增加了变革的力量。

光绪二十九年十一月二十六日，荣庆、张之洞、张百熙第三次联衔请递减科举。在《奏请递减科举注重学堂片》中，三人增加了诸多科举停废后的善后措施，并且采用了"暂行试办"的妥协字眼，最终得到了军机处的支持。此奏得到清廷批准，自丙午（1906）科起依照奏章办法递减科举录取名额。

此时京内也弥漫着反对之声，指责攻击之声不绝于耳。光绪三十一年（1905）五月，王文韶罢值。传瞿鸿禨设计将王文韶弄出军机处，而袁世凯也从中出了一把力。

军机大臣鹿传霖开始转变态度，他不主张立刻废除科举，但可以缓慢进行改革，是故先前一直没有加以阻止。此时变为彻底废除科举，鹿传霖大为不满，遂暗中捣鬼，加以阻止。民政部参议刘彭年、翰林侍读学士恽毓鼎、给事中李灼华三人同时具疏，请恢复科举，奏折递上后均留中不发。时人对此极为惊讶，"三人本巧宦，忽进此背时价俗之言，人皆讶之，后乃知为鹿传霖所授意也"。

恽毓鼎也是个趣人，他自己喜欢看林纾翻译的西洋小说，读来津津有味，却反对别人学西学。对于张之洞、袁世凯力主废除科举，恽毓鼎是深恶痛绝、愤懑万分。西学的盛行，在他看来是"邪说横行，大为学术人心之害"。但保守派发起反击，以图恢复科举的努力，在当时却不具现实可能性，朝野上下大多已认识到废除科举、推广新式学堂的迫切性了。

面对着反扑的声音，为了避免功亏一篑，袁世凯提出了更狠的主张，他主动出击，请直接废除科举，而不是逐渐递减科举录取名额。袁世凯对于推行新政是大刀阔斧，曾道："维新必放大胆量，振起手段，不可畏首畏尾。"

光绪三十一年，直隶总督袁世凯领衔，盛京将军赵尔巽、两湖总督张之洞、两江总督周馥、两广总督岑春煊、湖南巡抚端方六名大员联衔上《请立停科举推广学校折》，认为如果按照递减名额的做法，要二十多年后才有效果。要挽救时局、富国强兵，就必须推广新式学校，要推广新式学校，就必须雷厉风行，立即废除科举。八月初四，清廷决定自明年起废除科举。

光绪朝军机处内纷争不断，前有沈桂芬、李鸿藻之争，再有翁同龢、孙毓汶之争，到了末期又有奕劻、瞿鸿禨之争。此次军机处内部的纷争，也夹杂着直隶总督袁世凯与两广总督岑春煊的纷争。

瞿鸿禨素有清望，又得到慈禧宠信，袁世凯也想与他结交。袁世凯先是想拜瞿鸿禨为师，被拒绝；又想以换帖兄弟交往，再被拒绝；瞿鸿禨次子结婚，袁世凯送了八百金贺礼，又被谢绝。虽然在废除科举上，瞿鸿禨与袁世凯一度曾联手达成了废除科举的目标，但在涉及北洋集团的诸多利益方面，瞿鸿禨却时常加以打压，遂成为北洋一系的政敌。

瞿鸿禨不想与袁世凯交往，是因为他打心眼里厌恶这种人。瞿鸿禨是沈桂芬一类的人物，对于军机处的职权界限看得极重。袁世凯用银子将奕劻喂饱，得以干涉军机处事务，让他心存恶感。而袁世凯野心勃勃、权势逼人，瞿鸿禨已意识到袁世凯将是大清国的最大威胁。一次军机处在西苑召见袁世凯，袁世凯所携带的卫士狼行虎步、精锐无匹，王文韶、瞿鸿禨二人在军机处隔着玻璃看到后，"凭几而坐，默然不言者良久"。

光绪三十二年（1906）七月，清廷开始推行官制改革。在讨论立宪的御前会议上，奕劻力主立宪，认为有利无弊。八月二十七日，清廷宣布以九年为期，预备立宪，并颁布了《钦定宪法大纲》等系列文件。奕劻大力推进立宪，也是出于自己的考虑。立宪之后，作为首席军机大臣，内阁总理的位子必然落到他头上，而内阁总理此时将掌握实权。

袁世凯为首的北洋一系想以内阁取代军机处，由奕劻担任内阁总理，袁世凯任副总理。军机大臣瞿鸿禨等人"自知新内阁成，皆当罢去"，乃"暗中扼之"。亲贵铁良也"抵拒有力"，屡屡与袁世凯拍案对骂。此时岑春煊的亲信于式枚偷偷进京，将电报密码本交给瞿鸿禨，双方密切联系。

京内御史一直与奕劻、袁世凯作对，此时奋然出击，力阻责任内阁制。御史赵炳麟上奏质问袁世凯："立宪精神全在议院，今不筹召集议院。徒将君主大权移诸内阁，此何心哉？"御史陈田则直接揭露袁世凯的心思："世凯以组织内阁为名挟制朝廷，非将君主大权潜移于世凯手不止。"

九月十六日，奕劻将所拟定的官职改革方案进呈，要点是设置责任内阁，裁撤军机处。就是否裁撤军机处，慈禧曾征询瞿鸿禨的意见。瞿鸿禨认为军机处"立法精密，实为千古所无"，建议继续保留，同时认为中国官民开化程度不足，议会不能立刻设立，地方也不能当即自治。

瞿鸿禨曾收到一封奏折，大谈中国缺乏政党、自由、平等、宪法，是故不能强盛。瞿鸿禨翻阅后，"惊悸无人色"，将奏折偷偷拿了出来，次日展示给军机章京高树看，高树看后也惊叹道："中国从此多事矣。"由此也可看出瞿鸿禨对待政治改革的态度。

至九月二十日公布了官制改革方案，让北洋系大为失望。官制改革将原来的吏、户、礼、兵、刑、工六部改为外务部、农工商部、民政部、度支部、陆军部、理藩部、法部、学部、礼部、邮传部，再加上原来的吏部共十一大部。

此次官制改革，军机处继续保留，吏部尚书鹿传霖、陆军部尚书铁良、民政部尚书徐世昌、学部尚书荣庆退出军机处。此四人中，徐世昌是袁世凯的亲信，荣庆为官清廉，独善其身，但与袁世凯私交甚好。二人的退出，使袁世凯在军机处少了有力援手。因为《辛丑条约》中有"外部大臣须军机大臣兼任"的明文规定，瞿鸿禨主管外务部，不受此次官职改革影响，继续担任军机大臣。

鹿传霖、铁良、徐世昌、荣庆退出后，以世续、林绍年入军机处。世续在当时以收藏古董而闻名，收藏的古玉瓷器甚多。太监经常向他索要小物件，世续就拿一些赝品相赠，太监不识货，视为宝物收藏。林绍年是瞿鸿禨亲信，从广西巡抚任上调入军机处学习行走。

官制改革的挫败使袁世凯知道中枢对自己有了戒心，他辞去八项兼职，将北洋六镇中四镇的统兵权交给了陆军部。遭遇了重挫后，袁世凯一度闭门在家，"非要客不见，非要公不办"。

到光绪三十三年（1907）三月，在地方官制改革中，袁世凯一系却大获全胜。三月初八，清廷在东北设置督抚，总督徐世昌、奉天巡抚唐绍仪、吉林巡抚朱家宝、黑龙江巡抚段芝贵都是袁世凯的人马。

就在袁世凯一系取得战绩时，瞿鸿禨的外援岑春煊在三月十九日夜间突然进入京师，让整个官场为之一震。

庚子之乱时，担任甘肃布政使的岑春煊想带兵入京勤王。陕甘总督魏光焘以军费不足为由推却。岑春煊就从甘肃财政中挪出了三十万两，请调兵入京。不待军队集中，岑春煊带了十几名卫兵从草地星夜前行，赶往北京。入京时，岑春煊随身带了五万两银子准备做军饷，此时仓皇出逃，扈从的军队吃饭、住宿等一切费用就指望岑春煊了。岑春煊被任命为"办理前路粮台"，途中与李莲英结交，并亲昵地称李莲英为"老叔"。到了西安后，慈禧对于岑春煊一路卖力很是感激，曾对他道："若得复国，必无敢忘德也。"

岑春煊在庚子年中的表现使慈禧对他信任有加。岑春煊连续被提拔，庚子年之后历任山西巡抚、四川总督，再调任两广总督。在山西，他支持创办了山西大学堂；在广东，他创办了广东法政学堂、两广高等工业学堂等系列学校。在广东创办的系列新式军事学堂中，培养了一批人才。从光绪二十九年到三十一年，岑春煊担任两广总督，其间大力整顿官场，大批官员被革职。他在两广总督任内的四年，总计参罢文武大小官员一千四百余人，由此得了个外号"屠官"。岑春煊所"屠"的官，多是花了钱买来的，卖官的人正是首席军机大臣奕劻。奕劻看着岑春煊这样到处整人，断自己财路，心中忌恨，而岑春煊与袁世凯又是政治上的竞争对手，号为"南岑北袁"，两人遂联合起来对付岑春煊。

光绪三十二年(1906)七月，奕劻以云南边境不靖为由，请将岑春煊调任云贵总督，得到慈禧同意。清代的总督之中，直隶总督地位最高，两广总督最肥，云贵总督最苦。岑春煊的两广总督肥差，又被袁世凯的亲家周馥给得了，于是他心中愤愤不平。岑春煊奉调云贵后，第二天就有电报来到，让岑春煊立刻前往云贵，不必来京师请训。岑春煊的幕僚岑炽看穿了其中的花样，即奕劻、袁世凯不想岑春煊入京与慈禧接触。岑春煊的对策就是寻找机会进京，利用慈禧对他的信任加以反击。他从广东乘轮船到上海，借口在上海治病，拖延着不去云南。一直拖到了光绪三十三年正月，云南边境问题解决。云贵总督长期空缺也不是办法，奕劻就将四川总督锡良调任云贵总督，以岑春煊接任四川总督。

瞿鸿禨此时密电岑春煊，让他入京援助。岑春煊取道长江，借口前往四川上任，走到武汉时，突然请求入京进觐，不等批准就搭乘京汉列车入京。岑春煊入京之后，慈禧不但没有怪他擅自前来，反而相当感动，回忆起庚子年的辛苦时"不觉泪下"。

岑春煊乘机攻击奕劻贪庸误国，所用非人。慈禧初时不信，问他有何证据。岑春煊一一举例，称自己在广东时，查出新任出使比利时大臣周荣曜，任广东海关库书时贪污二百余万。奕劻此时管理外务部，周荣曜是他所保举，不是受贿怎能得成？慈禧道："奕劻太老实，是上人的当。"岑春煊道："从前卖官鬻缺，尚是小官。现在内而侍郎，外而督抚，皆可用钱买得。丑声四播，政以贿成。"慈禧一直回护奕劻，听了岑春煊的话只能不表态，但对奕劻的信任开始动摇。岑春煊向慈禧表示不愿做外官，要留在京师"为皇太后、皇上做一条看家恶犬，未知上意如何？"慈禧大受感动："我母子西狩时，若得不到你照料，恐将饿死，焉有今日？我久已将你当亲人看待。"在召见的次日，慈禧即任命岑春煊为邮传部尚书。

三月二十一日，上任当日，岑春煊就弹劾袁世凯亲信邮传部左侍郎朱宝奎，迫使其去职。岑春煊的突然登场出手，在京师官场之中刮起了风暴，时人道"岑尚书乃一活炸弹也，无端天外飞来，遂使政界为之变动，百僚为之荡恐。"袁世凯也觉得形势不妙，"大老被困，情形甚险"。大老者，奕劻也。

御史们积极配合岑春煊，三月二十五日，赵启霖弹劾段芝贵在天津花了一万二千金，买了歌伎杨翠喜送给奕劻的儿子载振，又从天津商会王竹林处筹了十万金送给奕劻作为寿礼，由此从道员提拔为巡抚。慈禧看了后大怒，令醇亲王载沣、大学士孙家鼐调查。

奕劻狼狈不堪，哭哭啼啼地对载沣表态，请查明此事，还父子以清白。载沣、孙家鼐决定先去奕劻府中探查有无杨翠喜，再去看奕劻过生日的收礼簿中有无十万金的记录。外界听得这二人如此查案后，一片哗然，认为此举极为笨拙。此时袁世凯已经将杨翠喜暗中接回天津，逼富商王益孙用三千五百两买下杨翠喜，又让王竹林否认曾借过银子。

孙家鼐在京没查出名堂，被舆论攻击，不得已只好到天津继续查案。到了天津后，孙家鼐先到王益孙家中询问，王益孙称杨翠喜是自己一个月前买的。天津商会的账簿中早已做了手脚，查不出什么问题。孙家鼐也不想开罪奕劻、袁世凯，就回复慈禧，查无实据。

四月初五，赵启霖被革职。御史江春霖、赵炳麟不平，接连发起弹劾，抗议对赵启霖处理不当，并指出此案中的诸多疑点。御史恽毓鼎则表示"言官不宜反坐"，反对将赵启霖革职。虽然此时恽毓鼎表现得正义凛然，不久之后他的突然转向让所有人瞠目结舌。其他御史也愤愤不平，联名准备继续上疏弹劾奕劻父子。迫于舆论压力，慈禧将赵启霖"开复革职处分"，免去段芝贵巡抚职务，并让载振自己辞职，可谓各打五十大板。

赵启霖此番出击，一则是长期不满于奕劻弄权，二则受到岑春煊鼓励支持。岑春煊从武汉来京，赵启霖提前到保定会合，陪同进京，路上商定了对付奕劻的计划。岑春煊攻势正盛，奕劻、袁世凯哪里肯退让一步？奕劻、袁世凯指使两广总督周馥、闽浙总督松寿等电告南方各地出现叛乱，难以平定。四月十六日，作为首席军机大臣，奕劻在单独召见时夸大两广军情，请让岑春煊再任两广总督，得到慈禧同意。

担任了二十五天邮传部尚书的岑春煊，再次被排挤出京。对此岑春煊极为不满，牢骚道："朝廷用人如此。既有今日，则当时何必移我滇与蜀？"岑春煊遂称病不肯去广东，清廷再次催他上任。岑春煊请求面见慈禧，但已不能挽回，就再去上海养病。岑春煊一去，火力集中到了瞿鸿禨身上。

早在四月十二日，御史恽毓鼎至天津拜会袁世凯，收了一万八千两银子，倒向袁世凯。恽毓鼎是河北大兴人，在翰林院担任侍读学士，年薪只有一百零五两银子。光绪三十一年，他有儿子五人，女儿九人，都要靠他养活。为了补贴家用，他长年在琉璃厂卖字。恽毓鼎缺钱，袁世凯缺打手，经过中间人撮合，双方一拍即合。

五月初六，恽毓鼎递呈了早已拟好的弹劾瞿鸿禨的奏折，称其罪行四条："暗通报馆，授意言官。阴结外援，分布党羽。"

之所以攻击其"暗通报馆"，因为瞿鸿禨有一门生汪康年时常在《京报》上发文讽刺奕劻。前不久在召见军机大臣时，慈禧偶尔流露出对奕劻的不满，有让奕劻退出军机处的意思。瞿鸿禨回家后告诉了夫人，夫人转告给了汪康年夫人，汪康年又辗转告诉多人。此事被英国《泰晤士报》驻北京记者马利逊得知，作为新闻刊发。慈禧得知是瞿鸿禨泄露消息后，严厉叱责了他一番，此事京师官场人人知晓，是故恽毓鼎再将此事搬出。

恽毓鼎一击命中，次日，瞿鸿禨开缺离职。军机大臣林绍年对此大为不满，公开抗辩："如此何足以服人？"请求调查此事，慈禧让孙家鼐、铁良调查，但又称："林某要查，我不知如何查法。"孙家鼐、铁良向慈禧索取弹劾的奏折，慈禧却道："汝查而已，何必原折？"慈禧这样做，明摆着是要瞿鸿禨去职，孙家鼐、铁良毫无办法。瞿鸿禨一走，年迈的鹿传霖再次入军机处。

瞿鸿禨回到湖南老家后，筑超览楼，谢绝访客，每日里登山游水，饮酒赋诗，也是潇洒。对于自己军机大臣任上的往事，瞿鸿禨在《傮直纪略》中作了记述，其中也有诸多有趣的故事。光绪、慈禧去世之后，瞿鸿禨大恸，彻夜不眠，导致身体状况不佳。六十岁生日时，连酒杯也端不起来。瞿鸿禨次子瞿宣治是民国初年的外交家，精通多国语言。1910年，瞿宣治生了个儿子，与祖父瞿鸿禨同为庚戌年阴历六月出生，遂取名瞿同祖，日后成为史学大家。辛亥革命后，瞿鸿禨避居上海。1918年瞿鸿禨在上海去世，葬在他最喜爱的西湖边，由陈三立撰写墓志铭。陈、瞿两家是世交，陈三立儿子陈寅恪有诗云："论交三世今余几，一别沧桑共白头。"

瞿鸿禨去职，岑春煊赖在上海养病，但仍担任着两广总督。这是一只卧虎，而不是病虎，奕劻、袁世凯如何能够容他？奕劻、袁世凯在打击政敌时，最直接有效的一招就是，将政敌与慈禧最厌恶的人联系起来。如果要问慈禧晚年最厌恶的人是谁？那就是康有为。

慈禧认定，戊戌变法之中，光绪受了康有为的蛊惑，要做出大逆不道的事来。可这狂妄的康有为竟然出逃海外，并在海外兴办报纸、捏造谣言，不停攻击慈禧。康有为也视慈禧为大敌，为除去慈禧，康有为一直密谋收买死士刺杀慈禧，却终究未能实施。

慈禧的执行力比康有为强大多了，她派人挖了康有为的祖坟，又派人到香港康有为的宅子下面挖地道，准备炸死他，结果却被香港警方察觉。慈禧由对康有为的痛恨，连带着痛恨所有与康有为有联系的人。总理衙门大臣张荫桓因为与康有为是南海同乡，也在庚子年被下令处死。

当时的各种报纸之中，发表了由奕劻和袁世凯设计、伪造的岑春煊与康有为、梁启超的合影，并交给慈禧看。慈禧看了之后哀叹，想不到岑春煊也负我，遂令将他罢职。但实际上递送的不是照片，而是奏折。

恽毓鼎在七月初二再次出击，剑指岑春煊，他在奏折中指出："乃都人士有从上海来者，咸谓康有为、梁启超现已到沪，与岑春煊时相过往，岑春煊留之寓中，又证以所见各处函电，均确凿可凭。"此奏递上后留中不发，岑春煊在七月初四被革职。岑春煊开缺的当日，军机大臣林绍年也被外放为河南巡抚。一个多月后，瞿鸿禨门生汪康年主笔的《京报》也被查封。

对自己的两个密折拉下一批高官，恽毓鼎得意扬扬，在日记中记载："两月中，毓鼎所上两疏皆立见施行，又皆重大之举，圣明过听，盖当勉自收敛，以避嫌忌之乖。"

恽毓鼎通过弹劾瞿鸿禨发了一笔财，之后却染上吸食鸦片的毛病，烟瘾愈来愈大，烟枪须臾不能离。宣统二年（1910），摄政王载沣等严厉推行禁烟，要求京师侍郎以下官员一律接受戒烟公所的检验。禁烟公所建了个四面装有玻璃的浴室，大员们要"裸而入浴"，并有人监视。此后要换上禁烟公所的皮衣、棉衣裤，监视七日或十日。

恽毓鼎无法容忍这种"裸体受检"的侮辱，于宣统三年（1911）三月十七日提出辞职，二十四日获得批准。清室覆灭之后，恽毓鼎对于自己攻击过的岑春煊仍抱成见，在日记中大骂他为清室叛臣："对于岑门为贼子，对于民国为乱党，可为无耻之尤。"

瞿鸿禨、林绍年离开军机处后，载沣、张之洞、袁世凯三人补入。袁世凯入军机处，又破了军机处的一个成例。军机处历史上，凡汉军机大臣基本上都是进士出身，最差也得举人，如左宗棠；袁世凯则是荫生出身，入军机处是破格而为之。载沣之入军机处，则是慈禧刻意栽培。

丁未政潮是光绪军机处的最后一次内讧，此次内讧以奕劻大胜而告终。瞿鸿禨在政坛上虽颇具心计，但他到底延续了文祥、沈桂芬等人的务实风格，在军机处中以练达实干而成为顶梁柱。他一离职，军机处剩下的只有年迈的奕劻、张之洞，年轻而胆怯的载沣，核心骨也就是野心勃勃的袁世凯了。

迟来的张之洞

张之洞入军机处时，已七十一岁。他一生仕途顺畅，历任湖广、两江总督，纵横捭阖，经营有方。可他也有遗憾，那就是他与中枢军机处无缘。清代文官的完美履历是既入内阁担任大学士，又入军机处为大臣。曾国藩、李鸿章等重臣一直外任总督，朝廷让他们入内阁，做个名义上的宰相。张之洞历任封疆大吏多年，却无缘内阁，更不要说是军机大臣了。

张之洞外任既久，自负硕学重望，与张之万、李鸿藻私人关系又深，应该竭力援引内用，纵不能位列宰辅，秉持钧衡，最低也应该内调尚书八座，充任经筵讲官，总裁会试，主持文柄，师表人伦。张之洞虽与李鸿藻、张之万交善，可翁同龢不喜欢他，屡屡从中作梗，从此张之洞只好历任封疆，不得内用。

翁同龢与张之洞交恶，缘起于光绪十年之事。此年翁同龢主持户部，张之洞担任两广总督，张之洞在两广主持了系列战事，又编练军队，建造港口，创办企业，用款比其他各省多出十倍。而依照陋规，户部对于报销款项，每一百万两要扣四万两。张之洞认为两广的开支多，每一百万两扣二万两就可以了，而翁同龢则坚决不同意。

被翁同龢卡住不能报销，张之洞情急之下就找了担任军机大臣的堂兄张之万帮忙。张之万就去找醇亲王说情，讲述了张之洞在两广的困难。醇亲王遂出面找翁同龢做工作，最终同意只扣二万两。虽然款项得以报销，但翁同龢对张之洞的意见大得不得了，此后时常与他作对。

戊戌年（1898）春，张之洞派亲信到京师联络徐桐、荣禄等人造势，想回京入军机处。经徐桐、荣禄等人运作，张之洞内调回京之事敲定。外放多年之后，得以回到京畿，张之洞激动无比，从武汉行到上海时，突然接旨让他仍回两湖。翁同龢对张之洞一直不爽，不想让他入京。此时恰逢宜昌发生教案，他就向光绪奏请，由张之洞回去处理教案最为合适。张之洞虽然不满，但只能调头回去。

1903年，为了废科举、开学堂，张之洞入京。五月十六日，张之洞抵达北京，第一个去拜见的却是奕劻。奕劻对两个人最为警惕，曾称封疆大吏之中为人张扬跋扈的前有左宗棠，后有张之洞，对此辈唯有敬而远之。此次张之洞进京，必对奕劻有所孝敬，以为拉拢。

入京之前，张之洞发了一封电报给瞿鸿禨、鹿传霖。军机处得电后，命军机章京拟稿，待张之洞到京之后再共商。军机章京对张之洞此老极为敬畏，花了数日工夫，再三斟酌才拟定。张之洞到京后看到稿件，讽刺道："此军机笔耶？何恶劣如是。此不能用，须吾自为也。"

过了几日，张之洞被赐西苑骑马，照例要谢恩。张之洞请军机处帮拟稿，瞿鸿禨不理会他，鹿传霖和他是亲戚，没法推脱，就让军机章京帮他代写。稿子拟好后，张之洞看了又摇头叹息："军机之不通如此，仍须吾自为之。"此后再无人帮他写稿。

入京之后，军机处在颐和园值班，奕劻请张之洞到军机处商议废科举事。到了军机处门前，张之洞却不肯上台阶。瞿鸿禨聪明，知道张之洞的意思。虽然此前清廷屡次规定，军机重地不得擅入，但张之洞是被特命邀请过来商量事务的，并不触犯规定。张之洞不肯入军机处，是因为他愤愤不平，多年封疆大吏竟然一直不能进入中枢。瞿鸿禨遂请奕劻、鹿传霖、王文韶出来，到军机处外面与张之洞商议。

此番入京，张之洞私下向姐夫鹿传霖打听，得悉军机大臣有空缺，他以为势在必得。不想在朝堂上，张之洞一句闲话激起了军机处老臣王文韶的怒火。张之洞在总督任上唯我独尊，有啥说啥，此次入京商讨废除科举事宜，他自然更不避讳了。张之洞雄心万丈地道："科举一日不废，即学校一日不能大兴。"年迈的王文韶一听，须眉倒张，双目发红，拍桌子怒问张之洞："别的我都不管，我只问你，你是科举出身，还是学堂出身？"张之洞不服，与王文韶争辩。王文韶益加愤怒，撩起衣袖，亮出老拳，要揍张之洞，被仆役拉开。王文韶仍不肯罢休，大叫着要以老命与张之洞相拼。

张之洞主持废除科举，得罪了一大群人，而此次入京后，他主持了特科考试，考生是各省保举的经济特科人才。考试后，第一名为梁士诒，第二名为杨度，为了表示重视，特意将名单以黄榜悬挂在金水桥东。不想却有人出来捣乱，称梁士诒与梁启超同姓，杨度与谭嗣同是湖南老乡，所录取的都是康梁余党。受此牵连，不得不重新进行特科考试。

张之洞在京待了良久，待军机大臣任命出来后，却是荣庆。张之洞打听之后，知道是王文韶从中为难。既然不能入军机处，张之洞准备继续回去做他的湖广总督，不想王文韶竟然冷笑："不叫他去，他敢去？"

张之洞既不能入军机处，又不能走，每日无事，只能喝酒赋诗作乐，樊增祥每天也跟在他后面厮混，乐此不疲。不过湖广重地，张之洞经营多年，还是离不开他，王文韶可以阻止他入军机处，终究不能让他不回湖北。

光绪三十三年七月，张之洞、袁世凯同入军机处，夙愿得偿。八月初三，张之洞交卸职务后乘京汉火车入京任职。此前他刚刚充任体仁阁大学士，入阁拜相加上入军机处，张之洞为自己的仕途画上了圆满的句号。八月初五，张之洞抵京。

张之洞入京之前，他的门生故吏筹集资金在武昌黄鹄矶上建"奥略楼"。"奥略"二字，出自《晋书·刘弘传》中"恢宏奥略，镇绥南海"。1953年，修建武汉长江大桥时，此楼被拆除。

担任军机大臣之后，张之洞却主动帮政敌翁同龢开复原官，封给谥号。李焜瀛前去拜见张之洞时，张之洞却道："翁叔平无他，惟不晓事与执拗耳，赐谥之典宜从厚。"张之洞瞧不起翁同龢，却帮他要谥号，这是效法司马光在王安石死后帮他请封谥号的做法。但张之洞对翁同龢并未释怀，不时在诗文中讽刺一二。张之洞去世之前，命门生圈校诗集，对一些不宜留下的诗句加以删除。其中一首诗后面有注云："叔平相国，一意倾陷，仅免于死，此种孽缘，殊不可分解。"门生及他的次孙都认为这样的注解应该删去，以免结怨于翁家。张之洞却执意不肯，可见他对翁同龢成见之深。

张之洞入军机处至去世前后共二十五个月。其间张之洞主持了新政，修建铁路，扶持企业，而他最大的努力则是抑制满人亲贵势力的膨胀。早在1900年年底，英国驻汉口领事在一封信函中谈到，张之洞曾私下向他表示："憎恨满人，因为他们把持中国，搜刮民脂民膏。他们不顾自己的能力和是否胜任，总能升官发财。中国要想改革只有一法：废除满人一切特权，不论是旗人的俸禄还是仕途特权。"

张之洞入军机处时，清廷已处于风雨飘摇之中，各地民变四起，革命党人在"革命排满"的旗帜下四处举事，立宪派叫嚣着要进一步推行宪政。张之洞力请大赦革命党人。他认为，大赦党人，"开其自新之路，免致党祸潜滋"。张之洞言辞恳切，两宫听后很是动容，对待革命党稍有宽松。此前各省拿到革命党人，均可立即正法，此后上谕饬令地方要将人犯口供全部送交法部，待审核后再行定夺。

自慈禧、光绪去世之后，以载沣为首的满族亲贵控制军政大权，压制地方督抚，进一步激化满汉矛盾。张之洞清晰地认识到，当务之急是缓和满汉矛盾。可年迈老臣的教诲敌不过年轻气盛的亲贵们。载沣的弟弟载洵要当海军大臣，张之洞坚称不可，载沣却不理他，一心扶持亲贵集团。载洵权势过人，"现中央政府大权虽统握于军机处，而载洵不在军机，其权势实出各军机之右"。遇有重要事件各军机所不能主持者，载洵一言而定。载洵保举者，无不如愿以偿。京师相传，其为军机外之军机。

正是出于调和满汉的考虑，张之洞对袁世凯有所回护。张之洞、袁世凯同入军机处，此番人事布局，自然是希望彼此牵制。张之洞与袁世凯之前交往不多。光绪二十八年（1902）冬，袁世凯在河南料理完老母丧事，特意前去南京拜访署理两江总督的张之洞。酒宴正酣时，袁世凯兴起，豪气万千地对张之洞道："今天下英雄，唯香帅与世凯耳。"

面对这赤裸裸的表白，张之洞的反应也很高明，他当即伏案假寐，不理袁世凯。袁世凯自觉无趣，径自离去，到了江边登上军舰，命令开船。军舰管带称没有张之洞的命令不敢开船，袁世凯怒道："我这北洋大臣难道不能杀你南洋水师管带吗？"军舰开动后，张之洞飞马来到江边，袁世凯在船上拱手道："香帅请回，容日后相见。"

此年袁世凯入军机处后，排场比张之洞大多了，他所携带的卫兵打扮奇特，穿着黄布衣，衣上有虎头虎纹。未曾练新军时，清军之中多有此类打扮。不想操练新军的袁世凯，竟也沉迷于此。多年不见此种打扮，宫中太监都看得呆了。袁世凯的卫兵都是虎背熊腰、凶悍无比，在西苑入值时，袁世凯以卫兵开道，太监避让慢了也被痛斥。围观者无不叹息："太凶猛。"一名太监甚至嚷嚷："难道袁某非海外天子耶？"

载沣监国之后，握有重兵的袁世凯成为载沣集权的最大障碍。载沣驱逐袁世凯，绝不是为了戊戌年的恩仇。光绪帝被当时在京的外国人视为"神一样孤独的男人"，对他的弟弟载沣，他也没有什么感情流露。载沣在日记之中以两个圈儿代替光绪，也没有一句亲情语的流露。

载沣将袁世凯驱走，唯一的理由是权力争斗。此番权力争斗，涉及财政权、外交权问题。

此年袁世凯兼任外交部尚书，派了亲信唐绍仪访美。唐绍仪访美除了外交谈判外，更重要的议题是借款。而清廷命令唐绍仪出使时，并未授权他谈及借款问题，借款纯是袁世凯的私人指示。唐绍仪赴美之后，建议清廷批准中美互派大使，而此事事前清廷并不知晓。此外，袁世凯与掌握度支部的载泽为了财政问题发生争执。袁世凯主张给地方督抚财政权，载泽则极力反对，甚至大怒云："宁不为尚书，绝不受袁之侮。"

袁世凯在外交、财政上的擅自主张让载沣心生警惕，此时载泽等人又在耳边吹风，建议他将袁世凯清除。就如何处理袁世凯，载沣在十二月初六征求了奕劻的意见。奕劻反对惩处袁世凯，但不能挽回载沣心意。奕劻夹在中间很难做人，就在初十以足疾为由称病请假，此时他肯定已给袁世凯通风报信。

十二月十一日，载沣召见军机大臣，此日奕劻因病假未曾入见。待军机大臣退出之后，载沣再次召见世续、张之洞二人，将已经拟好的罢免袁世凯的谕旨出示。张之洞、世续毫无准备，看了大吃一惊。张之洞请载沣征求奕劻意见之后再决定，但载沣心意已定。他转而劝告载沣，修改谕旨中的严厉词句，给袁世凯下野留足面子。载沣对此表示许可，随即召军机章京许宝蘅过来缮写谕旨。许宝蘅急匆匆走来时，看到袁世凯正在军机处外徘徊不安，他知道将有风暴来临，却又不敢私自出走。不久世续、张之洞二人出来，世续将蓝笔（大丧百日内不能用朱笔）谕旨出示给袁世凯。袁世凯看了后脸色大变，问道："是否即出去。"那桐道："可以。"他向来与袁世凯是一个鼻孔出气，知道形势不妙，支持袁暂时躲避为上策。

当日发出蓝谕三道，袁世凯开缺，回籍养疴，那桐入军机处。当年翁同龢开缺被指责"揽权狂悖"，瞿鸿禨开缺被指责"窃权结党"。袁世凯此次开缺，可谓给足了面子，谕旨对袁世凯的功劳予以肯定，并对他因为"腿疾"不能胜任感到遗憾。之所以让袁世凯体面下野，张之洞从中劝说出力甚多。

当日下午袁世凯携带部分家眷乘火车一路狂奔，逃到天津，躲在天津英国租界利顺德饭店内，由直隶总督杨士骧派人保护，并做好了出逃日本的准备。当得悉安全无忧后，袁世凯又在当夜返回北京，以免留下把柄。对于袁世凯的老搭档奕劻，载沣则暂时未动。

宣统元年（1909）六月，张之洞患肝病，服药无效，仍继续入军机处办公。此时载沣大力任用亲贵，导致满汉分裂严重，张之洞忧形于色。

此年，吕海寰担任津浦铁路督办，李德顺担任总办，为了修建铁路，必须向农民征地。李德顺动用官方力量低价征地，被人弹劾，吕海寰、李德顺均被撤职。在召见军机大臣时，载沣提议由唐绍仪接任督办，张之洞不同意，认为唐绍仪"不洽舆情"。载沣看张之洞反对，只好道："中堂以为不可，谁还能说可。"张之洞就反驳道："朝廷用人，如果不顾舆情，恐怕要激起民变。"载沣道："国家养着兵，还怕什么民变？"张之洞道："国家养兵，不是打老百姓的。"退朝之后，张之洞跌足道："不意闻此亡国之言。"

七月，张之洞病情加重，请假养病。病榻之上，张之洞还亲自拟定了创办京师图书馆的奏稿。自庚子年变乱之后，京师中所藏珍贵书籍遗失甚多，张之洞得悉后很是痛心，就奏请创办京师图书馆，此即后来的国家图书馆。

八月二十一日夜，张之洞去世。当天载沣亲临张之洞府中探望，载沣到时，张之洞还比较清醒。待军机大臣世续到时，又陷入昏迷。到了夜里，张之洞醒来，召集所有子孙，每个人都有遗命，语言清晰，颇有文法。张之洞又将遗折要来，读了几段紧要语句之后方才去世。

张之洞去世后，谥号"文襄"，是文臣的最高荣誉。载沣一直倚重张之洞，对他的去世极为痛惜。张之洞在湖北担任总督时，亏空共计四百余万。即使他死了，其中的私人部分家属也要偿付。为此载沣特意下令，亏空不论公私，一概不追究，也算是对老臣的一份心意。

资政院肉搏军机处

自庚子变乱后，在内外压力之下，清廷不得不表态，将推行改革。清廷的表态并不是统治集团自身执政理念发生了变化，只是大势所逼，唯有如此方能维系其统治。至于改革如何推行，会造成什么样的后果，清廷不能预测。改革涉及哪些实际内容，清廷也很模糊。拖到1905年日俄战争，日本击败俄国，这予中国以巨大刺激。"日俄之胜负，立宪专制之胜负也"，清廷开始认真对待改革问题。

随后清廷派出五大臣出国考察立宪，不想五大臣出国之前遭到了吴樾的阻击。在此之前，吴樾一直将暗杀的目标锁定在清廷实力人物铁良身上。此年清廷宣布出洋考察立宪，康有为、梁启超等保皇党兴高采烈，宣布宪政时代即将到来。吴樾认为这是清廷所施展的手段，以延缓革命，遂决定刺杀五大臣。吴樾持激烈排满态度，认为："排满之道有二：一曰暗杀，一曰革命。"并称："我四万万同胞，人人实行与贼满清政府势不两立之行为，乃得有生之权利。"

光绪三十一年八月二十六日上午，吴樾换上了买来的官服，从北京正阳门车站混上了火车。火车上人多拥挤，吴樾挤到五大臣包厢前段的车厢夹道中，掏出炸弹准备投掷时，火车挂车，猛地颠簸了一下，炸弹引信触发爆炸。吴樾当场身亡，炸死三名侍卫，五大臣有两人受轻伤。

次日慈禧召见未受伤的大臣，竟"凄然泪下"，感叹世事之艰险。

刺杀事件之后，五大臣继续出国，先后考察了日本、美国、英国、法国、德国、俄国等国。回国后，他们认为推行立宪有巩固皇位、减轻外患、消弭内乱的好处，建议"宣布立宪"。

光绪三十二年七月，清廷发布了"预备仿行宪政"的谕旨。谕旨肯定了当下中国"日处阽危，忧患迫切"，须及时"仿行宪政"。但同时清廷认为"目前规制未备，民智未开"，不能立刻推行宪政，而要经过一系列准备，如改革官制、厘定法律、兴办教育、整顿武备之后，才可施行宪政。改革的核心则是"大权统于朝廷，庶政公诸舆论"。

随后清政府就中央官制进行了改革，开始学习西方，创设了法部、邮传部、民政部、农工商部等部门。这些部门中分设尚书一人，侍郎二人，名义上规定高级官员不分满汉，但在十三名高级官员中，只有四名

广西桂林官方集会,主席台上悬挂着"立宪万岁"

汉人。次年六月，清廷又变更地方官制。

此轮改革看起来很美，但实际上无非是将旧衙门换上新名字，再添设一二新机构做点缀而已。借助官制改革之名，清廷又将实力派大员张之洞、袁世凯调入军机处，削弱他们的实权。

这次改革的结果是，清廷强化中央权力的措施进一步加深了民族矛盾，也加剧了地方与中央的矛盾。立宪派所期待的政治目标无一达成，国会没有召开，军机处依然存在，责任内阁无从产生。立宪派对此大为不满，遂联名上书，要求开国会。这些当时中国最有影响力的立宪派都开始离心离德，大清皇族感到前所未有的孤单，不得不进一步摆出改革姿态。

光绪三十三年清廷宣布，在中央筹备设立资政院，各省设立谘议局，并派达寿等三人分赴德、英、日三国考察宪政。又改考察政治馆为宪政编查馆，同时着手制定宪法。但这番改革，锣鼓敲打得响亮，最后成果寥寥无几。民间的反应是，立宪如镜花水月，可望而不可即也。

光绪三十四（1908）八月初一，为了应对立宪派的改革呼声，清廷颁布《钦定宪法大纲》，宣布九年之后正式推行宪政。此后不久，慈禧、光绪相继去世。

宣统元年九月初一，除新疆、云南二省外，各省开谘议局。谘议局的召开，一为指陈地方利弊，二为资政院储才之阶。谘议局的权限是：议决本省应兴应革之事，议决本省岁出入预算事件，议决本省岁出入决算事件，议决本省税法及公债事件，议决本省担任义务之增加事件，议决本省单行章程规则之增删修改事件，议决本省权利之存废事件，选举资政院议员事件等。凡谘议局议定可行事件，交给督抚公布施行，督抚不同意则应向谘议局说明事由。谘议局议决不可行事件，督抚须更正后再施行，如果督抚不同意更正，也应说明理由。如果本省督抚有侵犯谘议局权限或违背法律事件，则谘议局可以向资政院申诉备案，由资政院裁决。由于资政院的一半议员来自谘议局，这使谘议局在与督抚的争端中居于有利地位。谘议局虽无立法权，但已对督抚权力形成制约，这是中国政治史上前所未有的变革。

谘议局创设的同时，开创资政院的准备工作也在紧锣密鼓地筹划之中。至宣统元年七月，经过三次修改，资政院院章陆续公布。资政院的主要职掌有：国家岁出入预算事件，国家岁出入决算事件，税法及公债事件，新定法典及嗣后修改法律事件（宪法不在此限），其余奉特旨交议事件。

在与军机处、各行政部门的关系上，章程中也有规定：资政院议决事件，若军机大臣或各部行政大臣不以为然，得申叙原委事由，咨送资政院复议。如果资政院仍坚持原议，则应由资政院正副总裁、军机大臣、各部行政大臣分别具奏，由皇帝定夺。如果军机大臣或各部行政大臣侵犯资政院权限，则提交皇帝定夺。

虽然资政院的权限不能与国会相比，并受到钦定议员、皇帝定夺等限制，却已是巨大进步，并具有了一定的权力。如资政院可以对国家财政、立法等事务进行讨论，并对军机大臣、各部大臣形成制约。

宣统二年九月初一，资政院正式开院，当日摄政王载沣到场致辞，议员们站着聆听。资政院议员总数为二百人，分为民选议员与钦定议员，因为新疆的两名民选议员未能产生，钦定议员相应减少二人，各为九十八人。议长由王公大臣担任，可以限制议员发言乃至黜退议员。

在资政院，民选议员唱了主角，发言最为频繁，也最为激烈。活跃的民选议员主要有籍忠寅、孟昭常、雷奋、邵羲、罗杰、易宗夔等。据

《公论西报》载："钦选议员虽居过半，毫无把握"，致使"一切讨论均为民选所通过"。而据美国驻华使馆观察："几位显得有卓越能力的及善辩之民选议员，已成为该院之领导者。"

资政院第一次常年会议，从宣统二年九月一日开始，至十二月十一日闭幕，本来预期三个月，但因为议事未竣，故而延长十日，共计一百日。

初期资政院还对军机处抱有希望，期待早日开国会，实行责任内阁，双方关系一度融洽。九月二十九日，资政院第十次会议时，军机大臣毓朗、徐世昌、那桐到资政院与会。

此前载沣突然问军机大臣，资政院内是否设有军机大臣的座位。毓朗回答已经设立。载沣追问，既然设立了军机大臣的座位，资政院开会也快有一个月了，你们为何一次也不去？那桐回复："最近繁忙，现在已拟定轮流去资政院。"看着载沣神情不快，次日除奕劻之外，军机大臣们都出席资政院会议。毓朗到资政院首先发表演说，内容不外是"时事艰难，总赖上下协力"云云。会上议员们不是大骂革命党，就是请求军机大臣早日开国会。议员许鼎霖直言："此次请开国会，想军机大臣断无有不赞成的。唯有革命党、哥老会土匪不愿意开国会。"议员于邦华苦求军机大臣早日开国会，"我今替国民惟有对军机大臣叩头而已"。议员易宗夔则道："请速开国会，出于人民善意之请求，非由于人民恶意之胁迫。"更有议员哭成一片，请早开国会。毓朗等人只能回答现在尚未降旨，不能自行做主，但自言会竭力赞成。

到了十月，军机处开始与资政院碰撞，双方激烈肉搏多次。

宣统二年，长沙爆发抢米风潮，事后湖南须赔款一百二十万两。为了筹集这笔款项，湖南巡抚杨文鼎决定以铅矿做抵押，发行公债，此举得到了中央度支部的批准。

新设立的湖南谘议局有讨论本省税法及公债的权力，但杨文鼎没有将此议案提交给湖南谘议局讨论。据此谘议局认为杨文鼎鄙视谘议局，滥发债务，将此事告到资政院。

资政院议员许鼎霖在审查报告中认为：谘议局是立法机关，资政院也是立法机关，所定之章程若是不能遵守，则将来开了国会，中国亦是一个无法律的国家。议员易宗夔认为杨文鼎之举违背宪法，就是违旨欺君。

十月初二，资政院经过辩论，认为杨文鼎藐视局章、欺骗朝廷，据此认定杨文鼎发行公债违法，侵犯谘议局职权。

议员李文熙发言时认为，各省督抚一向唯我独尊，不受制约，将法律条文视为虚设，有了监督机构后一定要将督抚们置于监督之下，不然今后法律断难以实施。议员们认为资政院现在的处分并非针对杨文鼎个人，"实为维持国家法律之必要"。

资政院刚运行不久，即挟雷霆之势而来，击打得整个官场是漫天风雨。载沣也不能不对资政院有所表示，十月初三，清廷宣布将在宣统五年（1913）召开国会。资政院虽然希望早开国会，但两年时间也不算太长，就不再争议。现在资政院所面对的主要问题是，如何限制地方督抚的权力，真正发挥各省谘议局的作用。

十月初八，清廷对杨文鼎的处理意见出来。清廷认为此次杨文鼎未交谘议局纯属"疏漏"，之后应当注意，至于发行公债则照常办理。夹在中间的清廷显示出了调和的用心，但资政院议员对此处理很是不满。

议员易宗夔认为一个御史就可以弹劾督抚并奏效，而全体议员议决的事件竟然无效，如此则无必要设置资政院。议员罗杰认为，既然是"疏漏"就应该有处分，立宪国家的原则全在法律，督抚违法不予处分，那么宪政也不必实行了。资政院议员恼火万分，遂以军机大臣副署制为突破口，要求军机大臣来资政院接受质询。

载沣担任摄政王后规定，在谕旨前一行钤摄政王印章，于钦此后一行书"军机大臣署名"六字，再书军机大臣名，此即军机大臣副署制度。军机大臣参与副署，在当时舆论看来是走向立宪的标志，因为在立宪国家中，国务大臣都要副署。但此时的副署，并不代表军机处权力的扩充，军机处仍然要秉持载沣的意思行事。此种副署，与西方立宪国家中的副署有着本质的区别。西方立宪国家之中，大臣副署之后就得承担责任，并接受议会质询。在军机处几次与资政院碰撞之后，资政院议员不敢直接质询载沣，就转而利用副署制度，拿军机大臣开刀，要求他们如西方立宪国家中的大臣一样承担责任，接受质询。

状元出身的议员刘春霖认为军机大臣侵犯了资政院的权力，也就是违背了法律，如果不加以质询，日后军机大臣会更加肆无忌惮，故要求军机大臣到资政院接受答辩。议员们对军机大臣早就不满，希望借此打击军机处的威风，遂多数附和。

议员宋振声请议长立刻打电话给军机大臣，请到资政院来接受质询。议员黎尚雯则认为："我们中国内政不修，外患日迫，都是军机大臣及各省督抚违背法律所致。"议员们催得急，副议长沈家本就打了几次电话，督促军机大臣出席会议，接受质询。

军机大臣哪里见过这等大场面，坚决不肯来，有军机大臣扬言："宁见义和拳匪，不愿见资政院议员。"军机大臣不肯来，议员们也不罢休，会场上一片沸腾。最后沈家本宣布休会，休会期间沈家本找了部分议员做工作，请议员平心静气。继续开会之后，沈家本劝告议员：

"今天军机大臣就是来院也已很晚了，今天还有其他文件要讨论。"议员们看着今日军机大臣肯定是来不了，又有一堆事要讨论，方才罢休。

资政院要求军机大臣接受质询，这是中国历史上的第一次。以往虽有御史们行使弹劾的权利，但这与现代政治中的议会监督政府到底有本质上的不同，当时报纸对此评论道："是为资政院与军机处肉搏之第一次。"不过也有舆论指出，资政院如同考官，出了张试卷交给军机大臣们考试，军机大臣们绞尽脑汁、费力作答，敷衍着将试卷填满，以蒙混过关。

一波未平，一波又起，就在湖南公债案风波尚未平息之时，又发生了督抚与地方谘议局冲突的新案，导致军机处与资政院再次肉搏。

广西筹办的高等警察学堂初次招生时，以生员、中学堂毕业生作为招生对象。招生时，广西巡抚认为广西地方上的生员、中学堂毕业生很少，需要招外省籍的学生。广西谘议局则认为，外省学生对本省的方言、习俗都不了解，今后办事不便。退一步讲，真的要招收外省学生，应该限制名额，并收取学费。广西巡抚与谘议局的分歧一直闹到了中央，双方均请求资政院裁定。

十月九日，资政院审查股进行了详细审查，认为广西巡抚所言本省生员已经搜罗殆尽的说法不成立，在参考了民政部的《奏定高等巡警学堂章程》后，裁定不得招收外省学生。

广西招生案之外，尚有云南盐斤案。云贵总督李经羲认为自云南禁烟后，财政紧张，遂想增加盐价，弥补财政不足。李经羲认为盐法乃是行政事务，不在谘议局讨论范围之内，遂不交谘议局议决。谘议局则认为，盐斤加价会影响民众生活，增加负担。此时又风传云南地方上的穷人买不起盐，开始淡食，云南谘议局议员群情激昂，非要讨论此案不可。

此事一直闹到资政院，在资政院讨论时，云南籍议员张之霖要求立刻将总督命令取消。议员郑际平则认为此事关系到云南全省民众的生计，应由谘议局加以议决。议员易宗夔认为云贵总督不经谘议局讨论，擅加盐价，是"侵权违法"。

十月十四日，资政院议定，将此案交给云南谘议局讨论，所有已颁命令停止施行。

到了十月二十一日，清廷突然颁发上谕，将广西招生案交给民政部处理，云南盐斤案交给盐政大臣处理。此道谕旨，无异于给资政院当头一棒，导致议员们"群情大愤"。资政院认为，此两案已经过资政院讨论，摄政王载沣只有同意或者否决的取舍，现在让盐务大臣与民政部来审查，是无视资政院的存在，是让行政机构干预立法机构的权限。但资政院此时还不敢直接挑战摄政王，就转而弹劾军机大臣。

资政院中最为激烈的议员均是民选议员，其中湖南的易宗夔、罗杰，江苏的雷奋号称"资政院三杰"，在资政院中频繁发言。三个月内，易宗夔发言多达四百一十九次。雷奋是张謇的心腹，在江浙立宪派中影响甚大，《国民公报》说他"大江南北，声誉卓著"。

当日易宗夔在资政院就此发表了滔滔不绝的演讲，阐释了军机处与资政院之间的关系，并向军机大臣质疑："既是军机大臣拟旨，军机大臣副署，则军机大臣有应负之责任。军机大臣岂不知道资政院这个机关是独立的吗？既然知道为独立的机关，就不能将立法机关所议决的案子叫行政衙门去查核。可见军机大臣是侵资政院的权，违资政院的法了。本议员倡议对于此事，应该照院章第二十一条上奏弹劾军机大臣为是。"

民选议员们决意弹劾军机处，哪怕解散资政院也在所不惜。为了争取钦定议员支持，雷奋也发表了演讲："今天议决弹劾军机大臣的问题，二百名议员都应发表意见，不要存钦选、民选的心事。"至弹劾案表决时，到会议员一百二十四人，起立赞成者一百一十二人，超过三分之二的规定，弹劾案成立。资政院指定赵炳麟等六名议员起草弹劾奏稿。

载沣、奕劻等人哪里见过这等场面，也乱了手脚，而此时舆论又都偏向于资政院，清廷遂做出让步。三天之后，十月二十四日，清廷另发谕旨，同意广西、云南二案依资政院所议执行，不再交行政部门查核。同时表示，此前所发的谕旨只是咨询意见，并不是蹂躏资政院，还望资政院通融，取消弹劾。

不巧当日资政院已拟好了弹劾奏稿，此时军机处已做出了让步，就是否继续弹劾议员们产生分歧。资政院遂决定重拟奏稿，将重心从弹劾军机大臣变为要求明确军机大臣的职责。奏稿中先对军机大臣加以攻击，称他们"尸位旷官，上负天恩，下辜民望"，并请早日开设责任内阁取代军机处。在责任内阁未成立前，请明降谕旨将军机大臣应担负的责任宣告天下，使其无可推卸。

奏折递上之后，首席军机大臣奕劻大为恼火，将资政院议长溥伦喊到军机处内痛斥了一番，指责他未能将此奏给压下去。溥伦满腹委屈，被骂后跑到南书房太监屋中，对钦选议员载润等人抱怨，众人听了都默然无语。溥伦是道光长子奕纬的孙子，曾与五大臣出国考察，一直主张推行君主立宪，建立责任内阁，在资政院中倾向明显。

被资政院接连攻击，军机大臣奕劻、毓朗、那桐、徐世昌颜面尽失，便奏请辞职。资政院的议员们沾沾自喜，以为大获全胜了。

针对资政院的弹劾，摄政王载沣认为资政院只有上奏建议的权利，最后的决断权仍在朝廷手中。十一月十七日，载沣连发两道上谕，一道上谕大力挽留奕劻等人，不准开去军机大臣职务。另一道上谕则指责资政院："军机大臣负责任与不负责任，朝廷自有权衡，非该院所得擅权，所请着毋庸议。"

议员们对此反应激烈，认为君主立宪是议员与政府对峙，而非君主与议员对峙。资政院与军机处之间的是非，作为摄政王的载沣不该干涉。议员们还不敢直接将矛头指向载沣，便继续攻击军机大臣，认为军机大臣"挟天子以令诸侯，我们议员谁敢与皇上作对？"

对未来立宪，议员们均不抱乐观态度，汪龙光认为将来必然由立宪复归于专制，易宗夔甚至认为："人民没有别的法子，只好拿出暴动的手段来。"议员郑际平则看得透彻："军机处积习相沿，几乎劾不胜劾。""资政院议员听任其不负责任，作为全国的代表，人民问起国家的事体，将如何面对，不若自动解散了吧。"

议员经过讨论之后，决定再次就是否弹劾军机大臣的议案进行表决，结果有一百零二名议员起立赞成。各省谘议局此时纷纷来电，支持资政院，社会舆论也都站在资政院一方。

一片纷争之中，载沣只好做和事佬，请溥伦在资政院做工作，让议员们不要激化事态。同时载沣也做出让步，以求博取议员们的信任。

十一月二十四日，清廷命令宪政编查馆迅速编制内阁官制。此举一出，议员中形成了新的分歧。一些议员认为弹劾军机大臣的目的就是为了设置责任内阁，既然目标已经达成，则应适可而止。一些议员认为速定内阁不能成为取消弹劾军机大臣的理由。议员吴熙龄认为，如果不弹劾，将来责任内阁成立了，这一班军机大臣还是内阁总理大臣，"恐亡国的祸胎更不堪设想"。经过激烈辩论，最终有八十五名议员同意不再弹劾军机处。

载沣本以为此场风波就此过去，可当日的舆论却是厉害，非政府所能控制得住。看到资政院与军机处达成妥协，各报展开攻势，大骂资政院议员对不起国民："失全国之舆望，窒革新之动机。"《北京日报》大骂："议员不敢弹劾军机、质问政府，此议员便是无用废物。"《公论实报》则弄了个《群狗竞争图》，讽刺议员们为走狗，禽兽不如。《国风报》报道："资政院弹劾军机一事，闻者莫不惊为自开院以来最有价值之壮举，转瞬间如烟消云散。"

面对舆论的抨击，议员们自觉心里有愧。十一月二十七日，在资政院会议上，议员李素提议再次弹劾，"方足以对天下"。罗杰也赞成重新弹劾，并表示："军机大臣若不负责任，我们资政院通过的议案全行无效。"经过议员表决，通过再次弹劾案。十一月二十九日，资政院通过了第二次弹劾奏稿。

弹劾奏折递上去后，军机大臣们反应不一，有建议解散资政院的，有建议申诉的。首席军机大臣奕劻则连日请假，不来军机处上班。最终载沣采纳了徐世昌的建议，将奏折留中不发，一拖到底。议员们一看奏折被留中了，就再次上奏，反对留中不发，结果这个奏折又是石沉大海，再无消息。此时第一次资政院年会即将结束，议员们尚有诸多议案需要商讨，第二次弹劾军机处遂不了了之。

资政院与军机处存在的矛盾，由政体架构上的缺陷所致。军机处自创设之后，一直是决策机构，而不是政务的实际执行机构。而依照立宪体制，资政院（议会）通过决议，政府（军机处）执行，并接受监督。但军机处又不是执行机构，真正的执行者是皇帝（摄政王），也即皇帝（摄政王）才是真正的政府。虽然军机大臣在谕旨上副署，但这只是一个象征，它不表明军机处就是实际政务执行者。资政院一直强调要军机处负责，军机大臣们也很委屈，抱怨"无权而负责，谁肯为之？"军机大臣们也一再告诉资政院，不要将军机大臣与立宪国家的国务大臣混为一谈。

资政院中的议员也知道政治架构上的问题，遂力主建立责任内阁制，虚位于君，由责任内阁把握实权。资政院的目标是建立英国式的君主立宪制，可载沣心仪的却是德国式的立宪制度。

德国宪法中规定国王拥有无上大权，议会上院（贵族院）由国王指定人选；虽然存在选举和党派，但在选举中由于财产资格的限制，保证了贵族在议会中的多数地位。资政院所要达成的政治目标与载沣等皇族的政治目标，可谓是南辕北辙，整个局面如鸡同鸭讲。经过此两轮肉搏，外界也清晰地看出，未来奕劻必将是内阁总理大臣。本被视为内阁总理大臣人选的毓朗，也公开表态力挺奕劻。

资政院挑战军机处，并与之多轮肉搏，让世人刮目相看。《协和报》连呼"壮哉！"李提摩太惊呼："今日之有资政院，一若满人权利递交人民，仿佛二十国同时革命而不流一滴血。"可资政院的未来发展，并未如李提摩太设想得那么美好。

对于资政院第一次常年会的实验，载沣、奕劻等人很是不满。资政院闭会之后不久，载沣以议长溥伦、副议长沈家本不能震慑议员、掌握会议方向为由将其撤职，任命世续为资政院议长。又修订资政院章程，限制议员召集临时会议的权利，凡需要变更会议议程，则由行政衙门批准。世续为人宽厚，脾气极好，身体痴肥，"作事务取和平，居心常怀警惧"。担任军机大臣时，每入宫，小内监们都要把他抬起来取乐。用他执掌资政院，自然让人放心。

待武昌起义后，隆隆炮声终究压过了资政院中议员们的言论讨伐声。炮声改变国运，还是言论改变国运？历史已给出了答案。

军机处的消亡

自光绪三十三年（1907）起，杨度就开始在报纸上呼吁发起请愿运动，速开国会，并得到响应，"国会之声，日日响彻于耳膜"。到了此年春夏之际，各省代表陆续进京请愿，并递交请愿书，各省请愿书上签名者一般有四五千人，多者在万人以上。

国会与资政院有着很多差别。国会议员来自民选，资政院一半议员为朝廷指派，另一半则由各省谘议局议员互选。国会议长由议员推举，但资政院总裁则来自任命，且只对君主负责，不对议员负责。国会可以监督行政、财政，拥有立法权，这三项权力资政院所具不是很充分。

光绪三十四年（1908）五月初八，军机大臣在颐和园外务部公所召开特别会议，列出疑难问题数十条询问杨度。杨度当场回答了军机大臣们的问题，并就国民文明程度做了清晰说明。杨度表示："我此来以开国会为目的，如办不成，不特无以对朝廷，且何以对诸公之知遇？"

为了应对舆论，安抚立宪派，光绪三十四年八月二十七日，清廷宣布以九年为期，召集国会，并颁布了《钦定宪法大纲》及九年筹备事宜清单。依据筹备事宜清单，1909年将在各省设立谘议局，于是立宪代表们纷纷投入开设谘议局的活动之中，暂时将请速开国会放在了一边。谘议局创设后，地方士绅获得了更大的政治舞台。但士绅立宪派们并不满足于此，速开国会此时成为"第一要义"。

张謇、汤寿潜等人联络各立宪团体，要求统一行动，督促清廷早开国会。经江苏谘议局议长张謇联络，宣统元年十一月初五，十六省代表五十一人汇集上海，讨论派遣代表团赴京，请速开国会。代表团到京后，向都察院递交了请愿书，要求一年内开国会。

宣统元年十二月十一日，军机大臣接见请愿代表，奕劻、那桐表示赞成。鹿传霖则认为既然开了谘议局，就没必要再开国会。代表不得不详细解释两者的区别，年迈的鹿传霖还是不能领会。戴鸿慈询问代表："各种预备尚未完全，能否速开国会？"听了代表们的解释后，戴鸿慈表示"深以为然"。十二月十三日，与军机大臣世续会谈时，代表们的陈述让他为之动容。十二月二十日清廷颁布上谕，对立宪派请开国会，清廷"深为嘉悦"，但同时表示："惟我国幅员辽阔，筹备既未完全，国民智识程度又未画一。如一时遽开议院，恐反致纷扰不安，适足为宪政前程之累。"

立宪派对清廷的回复大为不满，针对"国民程度未及"，立宪派回击："及与不及，必试之而后见，不试之而强抑之，毋乃冤吾民乎？且所谓不及者，必有一标准，今日不及之标准安在？"

第一次国会请愿运动失败后，立宪派又继续发起第二次国会请愿运动。此次运动以江苏、直隶、广东三省为主力，分别派人前往各省游说，广东甚至派专人前往海外游说华侨。谘议局也利用自身的权限，逼迫清廷早开国会，"国会不开，即停纳一切租税"，"国民既未有监督财政之权利，自应不任增重负担之义务"。

立宪派在京创办《国会报》，宣传创设国会的必要性，并发起请愿签名运动。此次请愿声势浩大，各省入京递交的请愿书均有数万人签名，南美、澳洲等海外华侨也派代表到京，于六月十六日递交请愿书。此次请愿书中，不再似以往那么客气，公开指责清廷对立宪缺乏诚意，敷衍之意多，而阻挠国会开会的王公大臣则是"自全躯命保禄位之臣"。

载沣与军机大臣准备对请愿代表"严旨震吓"，但又怕节外生枝。六月二十七日，载沣召开御前会议。会上王公大臣表示宪政尚在预备，国会不能骤开，"摄政王深以为然"。随后发布谕旨，训斥立宪派，并告诫"毋得再行渎请"。

对于速开国会，载沣曾对军机大臣发表过个人看法。载沣认为现在朝廷的立宪是真立宪，为何这么说？因为载沣所推行的新政措施中，如清理财政，"即为将来预算决算，而预算决算又为将来上下议院实权。百姓尽纳税义务，也须知官吏用法，方对得起百姓"。现在各省财务问题重重，百姓不敢问，朝廷不能查，这如何立宪？大小臣工与百姓一起努力自强，去掉这些积习，中国得享长久太平，这个时候，上下一心，君民一体，"彼时不用要请，亦自成为国会也"。进而载沣认为现在各省请速开国会，不过是闹腾虚名而已。

而主张速开国会者则认为，如果不先开国会，则无上下一心、君民一体。载沣的此番言论，还是在拖延开国会，"于吾国，国会二字终在梦幻泡影"。

1910年10月，立宪派再次发起第三次国会请愿运动。此次运动声势浩大，各省都有民众大规模集会，向督抚递交请愿书。东三省有代表到京后，甚至准备剖腹自杀，以明心意。被劝住后，两名代表从身上割肉以示决心。

此次请愿运动也得到了地方督抚的有力支持。自从新政以来，清廷开始加强中央集权，清理财政，压制督抚，督抚通过支持开国会与中央博弈。十月二十五日，十七省督抚及地方大员联合致电军机处，要求立即开设责任内阁，明年开设国会。刚刚运行的资政院也卷入了请愿风波之中。在民选议员力挺下，十月二十六日通过了速开国会的奏稿。

十一月三日，在御前会议上，毓朗建议先开内阁，再开国会，载泽赞同毓朗，建议可"明定宣统五年召集国会"，载沣"极是二人之议，遂决定国会定限缩短三年"。十一月四日，清廷颁布上谕，将在宣统五年召开国会。同时警告请愿代表，"即日散归，各安职业"，如果再搞请愿运动，将"按法惩办"。

对此结果，江浙两省代表认为达成了目标，决定"欢祝"。其他各省代表对此极为失望，认为"三年遥遥，夜长梦多"。一些省份的激进代表聚集在国民报馆中议定："同人各返本省，向谘议局报告清廷政治绝望，吾辈公决秘密谋革命，并即以各谘议局中之同志为革命之干部人员，若日后遇有可以发难之问题，各省同志应竭力响应，援助独立。"

十二月，奉天省派出请愿代表赴京，再次请愿。行至天津时，天津学界积极响应，成立各种请愿会，联合绅商团体，要求直隶总督陈夔龙代奏朝廷，请再缩短期限，提前召开国会。

此时首席军机大臣奕劻一直被报纸攻击阻挠开设国会，对请愿运动是深恶痛绝。清廷指示陈夔龙加以弹压，不准再行联名上奏。陈夔龙遂派兵驱散天津请愿学生，又包围了保定师范学堂，禁止出入，严查书信。已到北京的东三省代表则被步军统领衙门押回原籍。

四次国会请愿运动之中，立宪派发行的普及立宪知识的"公民必读"书籍有十余种，有的发行量在十万部以上，同时各类报纸广泛刊载有关国会、选举、自治等方面的文章，各省开办的法政讲习所也培养了一批宪政人才。

　　清廷对于立宪派的宣传攻势感到头痛，据当时报载："某满军机近因会议新政时，与诸公意见龃龉，深以援力薄弱为虑，忽异想天开，拟出巨资在南省某一通商城市，开设报馆，借以抵制异己，并得扩张权势。"为了限制报纸的活力，《报律》《集会结社律》先后被炮制出来。立宪派对此大为不满，认为言论、出版、集会是立宪国家人民必有的三大自由，"今中国之立宪，乃先收此三自由于民"。

　　虽有阻力，以内阁取代军机处已是不可阻挡的潮流。宣统三年四月初十，军机处告别历史舞台。此日，责任内阁成立，军机处取消。

　　责任内阁成员由内阁总理大臣一人、协理大臣"一员或二员"及各部大臣组成，同为国务大臣。相比于军机处，责任内阁在官制上明确了

责任内阁成立

国务大臣的政治责任。在署名制度上，国务大臣由于副署而负有明确责任。根据立宪国家中的惯例，副署是宪法赋予国务大臣的权力，君主违反宪法，国务大臣要直陈是非，君主不听，则国务大臣可以拒绝副署，这使国务大臣有了与君主抗争的法理依据。

责任内阁取代军机处后，在任的军机大臣相应地也会成为总理大臣、协理大臣。内阁总理大臣为奕劻，协理大臣为徐世昌、那桐。对此内阁，当时恶评如潮："为总理大臣者，仍为领袖军机之庆王；为协理大臣者，仍为伴食军机之那、徐。"新成立的十三名内阁成员中，满族九人，其中皇族七人，故称"皇族内阁"。

内阁设立之后，军机处就此告别历史舞台，但军机章京们还得继续使用。军机章京们都进了新衙门内阁承宣厅，"宣统时，批答、拟旨一如军机旧制，唯调章京二十余人为内阁承宣厅，分一二班"。

承宣厅设有厅长，相当于以前的领班军机章京。内阁承宣厅主要负责事务有：一、颁发谕旨及法律命令，二、典守谕旨及法律命令，三、收发呈递折奏，四、阁议事件，五、请用御宝（君主印信），六、收掌阁印，七、掌管本阁公牍文件，八、掌管本阁会计庶务，九、编纂本阁档案，十、管理本阁图籍。

宣统三年，军机大臣有奕劻、毓朗、那桐、徐世昌四人，而总理、协理大臣最多三人，也就是有一人要出局。当时舆论认为，奕劻担任首席军机大臣多年，那桐、徐世昌都比毓朗资历深，且不可能三人都是满人，徐世昌必然要留下，资历较浅的毓朗出局基本上是铁板钉钉。任命出来之后，果然如此。

为了安抚毓朗，载沣曾想给他一个内阁上行走的虚衔，但毓朗不愿领情，他另有考虑。毓朗与载涛联手，经过陆军大臣荫昌、海军大臣载洵出面游说载沣，限制内阁不得过问军国大事。《内阁官制及办事暂行章程》十四条规定"关系军机军令事件，除特旨交阁议外，由陆军大臣、海军大臣自行具奏，承旨办理后，报告于内阁总理大臣"。

在试办内阁的当日，军谘处正式改为军谘府，"凡关于军事问题，军谘大臣应负完全责任"。毓朗、载涛担任军谘大臣，牢牢地把控了军权。

奕劻、徐世昌、那桐对此安排不满，军机处改为内阁后，竟然连军国大事都无权参与，还要内阁何用？四月十一日，奕劻、徐世昌、那桐三人向载沣提出辞职。载沣哪里能答应？四月十二日，奕劻再次请辞，载沣不准。

组阁当日，奕劻照例要发表演说，阐释施政纲领，奕劻一拖再拖，拖到六月十五日才发表了演说。演说重于财政、实业，对陆、海军不发一语。至核定政府预算时，也不议定陆、海军预算。载涛、毓朗对此很是不满，就去质问奕劻。奕劻讽刺道："吾国内阁总理与各国情形不同，今海陆军政既有军谘府主持，自毋庸内阁参预。"

在财政上，内阁受到限制。载泽的老婆是隆裕太后的妹妹，本人又是出洋考察五大臣之一，对宪政有较多了解，自恃有能力，一直想将奕劻拉下马。此次内阁成立，载泽也觊觎内阁总理的位置，暗中与奕劻较劲，经人出面，告诫他"勿为第一次总理"，方才罢休。载泽把持了度支部，借口财政吃紧，处处限制内阁经费。

奕劻在军事、财政上受到牵制，虽当了内阁总理，却没有大权在握的快感，牢骚不断："某某两亲贵，一则牵制军权，一则把持财政，均于暗中极力排挤，本邸有名无实，将何以担负责任？"

内阁成立之后，几个月内，奕劻七次请求辞职。此年奕劻已七十余岁，在政坛纵横多年，也不是恋栈之人。只是载沣还需要他站在前台，作为一个象征。至辛亥革命爆发后，奕劻总算被批准退休。对于内阁总理的职位，奕劻曾道："甘让权利于私友，决不任孺子得志。"于是"私友"袁世凯上位，"孺子"载沣终未得意。

一名军机章京的追忆

　　在大清王朝走到尽头的时候，军机章京们冷眼旁观，他们不必忧虑政体更替之后，他们这样的技术型官僚永远有用武之地。但往昔军机处的荣光，隆宗门内的匆忙，总是让他们有所追忆。

　　光绪三十三年九月，军机处令京内各衙门挑选精干人员参加军机章京录取考试，法部七品小京官吕式斌（字允甫）参加了此次考试。

　　十月初，军机处举行了初试，应试者一百三十人，取二十五人入军机处实习，一年之后再择优转正，竞争可谓相当激烈。试场设在东华门宪政编查馆内，军机大臣张之洞、鹿传霖、世续、袁世凯在院内设公案列坐。考试题目为"君子以辩上下定民志义"，限两小时交卷，试卷为毛边红格纸。交卷时军机大臣对考生加以面试，相貌不正者当场就被刷下。

　　十月二十三日，有七十人参加在宪政编查馆内举行的第二轮复试，题目为《敏事慎言论》，试卷为白纸两开，以写满一开为完卷（一开二百六十二字），限一小时交卷。实际上复试是测试考生们的书法与写作速度。军机处大臣亲临监考，交卷时看钟表亲自注明时刻。吕式斌文章写得虽然一般，但他字写得好且快，能日书小楷八千字，京师号称"小八千"。

吕式斌不到一个小时就迅速交卷，得了第六名。浙江仁和许宝蘅则被取为第一名，仁和许家是官宦世家，许宝蘅的哥哥正在张之洞身边当幕僚，所以得到关照。第二轮复试时，共录取了五十一人，然后再由光绪帝亲自挑选。

十一月初八，光绪帝在西苑勤政殿内接见考生。考生们在殿左院内排好队形，每六人为一队。吕式斌比较穷，没有貂褂，在队伍中显得很是寒碜。军机大臣们则躲在玻璃窗内，拿着名单依次传人入内觐见。

引见时军机章京由东进入，至光绪宝座前跪下，自报姓名、籍贯、出身、年岁等事项，然后起立从西边出去。考生进入时，军机大臣即将绿头牌递上供光绪挑选（清代凡官员觐见皇帝时，将姓名、履历写在木牌上，木牌为长条形，长不过一尺，牌头圆形，分别涂以红、绿色，王公、贝勒用红色，贝勒以下用绿色）。第一次见到皇帝，吕式斌无比紧张，"几于震慑失次"，在慌乱之中自报了籍贯、年岁，还看清光绪当日穿了件玄狐褂。

此次觐见后，清廷挑出二十五人到军机章京任上实习。新入军机处的章京对资深章京皆以"老前辈"相称，自称"侍生"。老前辈对新来的章京都耐心指导，如老师教导学生一般。偶尔有对新入章京加以训斥者，待其业务熟悉之后则改变态度。

实习了一年之后，宣统元年十一月，吕式斌等九名军机章京转正。转正的军机章京都要接受军机大臣的接见。此时的军机大臣有奕劻、鹿传霖、世续、那桐、戴鸿慈、吴郁生六人，张之洞此前已经去世。接见时，众章京对军机大臣行一揖礼，首席军机大臣奕劻则一一询问各人的情况，鼓励一二句。随后由领班章京分配班次，吕式斌被分配到二班。在满汉四班章京之中，二十七岁的吕式斌年纪最轻。

军机章京的办公室在隆宗门南边，房屋共五间，西边两间为满章京值班房，东边两间为汉章京值班房，中间则是苏拉、纸匠、听差之所。军机章京分为满、汉两屋，两处每日里的气氛全然不同。汉章京值班屋内忙碌异常，满章京值班房内则无所事事，每日清谈打发时间。满汉章京之间彼此也很少来往，自道光朝之后，满大臣也阅看汉文奏折，使用满文的情况很少出现，保留满军机章京只是作为象征而已。

领班章京满语谓"达拉密"，副领班章京谓"帮达拉密"，简称"帮达"。章京办公室内相当狭窄，领班章京、副领班章京的办公桌是方桌，其余章京用的是长方小桌，坐在小方凳子上，几乎不能转身。桌子排列在窗下，桌面上粘贴着蓝布，在常年使用后已积上了一层厚垢。值班房内时常点起白油蜡烛四五根作为照明，烟雾弥漫，墨香扑鼻。

汉章京分为两班，每班十人，其间有一些章京丁忧或因其他事务销假回来，仍到原班中行走，所以有时会有十一二人。吕式斌刚入军机处时，头班有章京十一人。次年二班因为两名章京回来，增至十二人。

头班、二班，每班轮流值班二日，称"上班"。上班时，领班、帮领班章京不用值夜班，其他八人分为四班，每班二人，轮流值夜班。二人之中，资历深者称"老班公"，资历浅者称为"小班公"。军机处中，领班军机章京坐大几，其余章京坐小凳。一次一名梁姓太监到了军机处后，一屁股坐到大几上不走，领班章京没地方坐，只好站立。

军机处值夜班在方略馆，位于武英殿后南向门内，有宿舍三间，中间一间为吃饭处，东西两间为夜班卧室。承平时，可以从方略馆散步至慈宁宫门口，宫门外都是卖珠宝玉器的商贩，任由宫女、太监购买。自从珍妃被推入井中后，慈宁宫大门用铁锁锁上，不能再出去逛街。

虽然规定两人值班，实际上每晚只有一人值班，以减少值班次数。

初来的新手由老班公陪同值夜班数次，待熟悉之后再独自值班。老班公值第一天的夜班，小班公值第二天的夜班。

值班时极其无聊，而军机处厨子所做的饭菜更是恶劣不堪，稍微讲究饮食者都难以下咽。夜班时，吕式斌常听到紫禁城中军士不时放声高呼，颇似街市上小贩在叫卖。吕式斌听不懂士兵们说的是什么，后来询问了满军机章京，才知道是满语"小心火烛"。

值夜班虽然无聊，不过也有好处。因为夜班值班室在方略馆，可以翻阅军机处库房中存放的历年旧档。对一些不合时宜的谕旨，清廷事后会下令剔除掉，但仍然有很多留存下来。吕式斌在其中有很多新奇发现，如"光绪二十六年，召集团民及令五台山寺僧普济，堵截洋兵"之类。

清廷对于年迈且品级高的大臣都赐给紫禁城骑马的荣耀，实际上很少有人骑马，都是乘坐二人肩舆(将二木杆绑在座椅两旁，以二人抬着行进)，到景运门外就得下来。摄政王乘坐四人轿，到内右门外下来。章京夜间行走时，可以使用灯笼，满章京值班房用得比较多，汉章京值班房则很少有人使用。吕式斌晚上在一地碎砖上摸黑行走，"新靴一双，两三月即已穿破"。

吕式斌入军机处实习时每月薪水八十两，转正后每月薪水一百二十两。与早期相比，军机章京的薪水已有改善，领班军机章京属三品，月薪三百两，帮领班章京四品，月薪二百两。其余章京都是一百二十两。另外每季度还有饭食结余银两，每个章京都可以分到些许。不过作为章京，在京内开销也大，可谓是"长安居，太不易"。

在军机处实习的第二个月，吕式斌买了件二手貂褂，花去八十两银子。这件貂褂耗去了一个月薪水，可在满汉军机章京中，吕式斌尴尬地发现"以余之貂褂为最不美"。

军机大臣必须根据皇帝当日所穿的衣服，确定自己所穿的衣服，以免不合礼制。军机章京相应地也要备齐衣服，随时更换。军机章京四季衣服有皮、棉、单、夹、纱之类，皮有貂狐、洋灰鼠、灰鼠、银鼠、珠皮之分，纱有实地纱、芝麻纱、亮纱之别，冬夏帽又有十余种，此外还有朝珠、领带及荷包、扇套等装饰品。

由于衣服讲究过多，贫困的军机章京有时只能借钱买衣，甚至出现过穿纸糊衣服穿帮事件。奕劻刚入军机处时，发现军机章京们如此之穷，特意给每人发了一百二十两银子置办衣服，军机章京们无不欢呼雀跃。

外间多传各省督抚孝敬军机章京的陋规收入最为丰厚。吕式斌入了军机处后才发现，只有资格最老、人脉最深者才能收到很多陋规。吕式斌在军机处工作期间，只收到过一次陋规，且不过二十两银子。

军机处里的主要工作是缮写谕旨，此时管理已不是很严格，常有消息外泄。宣统元年，湖北都统为了拍载沣马屁，上奏请给摄政王福晋加封号。载沣翻看后发现奏折中竟然有"天生圣母"四字。这马屁拍得过了头，载沣看了大怒，发廷寄严厉叱责。此事极为机密，不想军机章京嘴大，将此事在京师中传得人人皆知。载沣大怒，规定此后军机处凡有寄信，起草缮写后均要归档，承办者负有保密责任。由于不时有电报内容泄露，军机大臣改定规章：凡系各军机往返密电另由外部传唤译电生入内翻译，临时由值班章京监视，再于电格下分鉴名衔，如再有宣泄，即唯该监视章京及原译电生是问。

慈禧、光绪一般在养心殿召见军机大臣，军机大臣由内右门出入，军机章京也可以跟着一起出入。其他大臣召见时则由乾清门出入，李鸿章因为未能从内右门出入而大发牢骚。军机大臣入内受召见时，如果预测当日要缮写谕旨，或者有其他文书工作，则让两名章京携带笔墨随行，在养心殿外东板屋内等候。

军机大臣召见后出来，立刻到板屋中口传旨意，此时章京要抓紧起草缮写，只求速度，不求工整。缮写完毕之后，军机大臣粗略看后，就送交内监钤章，是谓"述旨"。吕式斌到了养心殿外板屋内，发现此处更为狭窄，只有靠窗长方小桌一张，自己又近视，夏天缮写谕旨时，毛笔常顶着头上的帽子，军机大臣又在身边不时催促，弄得浑身大汗，苦不堪言。

进入宣统朝之后，内外危机之下，对卖力工作的军机章京清廷也给予了更多的关照。一日天热时，隆裕太后突然命太监出来赐食，并慰问："天热如此，外间时事又如此，而诸大人勤劳不懈。"自然让军机章京们大为感动。

宣统三年三月，军机章京们搬到西苑（中南海）去办公，值班房在西苑门北、中海东岸，与宝光门隔海相对，可以看到湖光山色。值班时，军机章京们常可以看到隆裕太后带着宫女乘船游玩，限于纪律，章京门不能出去看热闹。西苑值班房也是五间，北二间为满屋，南二间为汉屋，值班房较隆宗门内的值班房更为宽阔。军机大臣值班房、供事房也均临水而建。

当时，日本赠送了一艘游轮给清廷，放在昆明湖中，赐名"永乐"。听说游轮是日本人驾驶，军机章京们不无愤慨。皇室禁地，就是寻常百官也不得入内，现在让一个日本人天天在里面开船，成何体统？此外风传驾船的日本人好酒，宫中多是女性，万一酒后闹事，非礼起来，"不知何以处之？"吕式斌为此忧虑不已。

军机处中裁办纸张、装订成档及谕旨接扣等工作，都由专门的纸匠负责。军机处有三名纸匠，其中一名老纸匠还有六品顶戴。仆役之中有顶戴者也有数人，大多是世袭之职。辛亥革命之后，军机处中的仆役大多沦落。吕式斌看到一名少年仆役在隆福寺庙会大门外卖油炸糕，"遍身油腻，无复当年气象矣"。

军机处有供事房，专门负责文字抄录工作。供事分为三等，头等每月给薪水银四十两，二等银三十两，三等银二十两。均照八成发给，扣留二成作为考核之用。办事勤劳者，至年终将每月所扣留之二成发下。六年之后，供事也可以优保，以示鼓励。懒惰者只发八成薪水，年终所扣二成不补。连扣三年者，头等降为二等，二等降为三等，三等罚没薪水。供事分为两班，每班两人，由军机章京指挥工作。每逢奏折较多时，供事要从早忙到晚。供事的办公处在军机章京值班房的南面，小屋三间，两处相隔不过数米，领班章京时常隔着窗户大声催促。到了西苑之后，两处相距较远，要跑过去催促。

军机处中有厨子数人，除了做饭菜外，还要帮干些杂活儿。因为仆人不得进入景运门、隆宗门，军机章京带的衣服、包裹之类，由仆人送到方略馆，再由厨子去取。厨子一日领银一两，为军机章京、供事买点心。军机章京的点心有面饺、馄饨、面条及烹煮鸡子之类，供事的点心只有烧饼、麻花，方略馆的仆役也可以吃到些炸酱饼之类，在点心上厨子很难赚到钱。

军机章京值夜班时，每天早晚两餐的伙食费为四两银子，可以说极其丰厚了，厨子就从此中捞钱。厨子所准备的早晚菜肴时常难以下咽，曾有军机章京因为饭菜不佳，对厨子发火摔掉碗盘，此后伙食改善了几日，不久又恢复原样。

军机分为两班，风气迥然不同，头班多是南方人，二班多是北方人。头班阔绰者居多，二班则多少清贫。吕式斌在军机处三年，发现提拔做外官的三人都出自头班，而被免职或丁忧在籍者又都在二班，不由感叹"二班之班运不佳"。

军机章京每日陪伴在王公大臣身边，外人都以为能很快飞黄腾达，吕式斌做了章京后，却发现实情并非如此。有一名山西籍的军机章京，在军机处近二十年，还没有外放。宣统三年京察，这名老先生因为资历深，被考为第一等，以道府记名外放。（明清两代对在京官员定期进行考绩。清代吏部设有功考清吏司，文武官员三年考绩一次，在京的称京察，在外地的称大计。）

但此公有抽鸦片的癖好，此时恭亲王溥伟担任禁烟大臣，雷厉风行推行禁烟。各处衙门中有鸦片瘾的官员都要有同事联名担保，随时抽检，查验是否还抽大烟。此公烟瘾极重，知道没人肯帮他做保，就自己填了保单，以领班章京易丞午、华壁臣二人作为保人。易丞午、华壁臣得知名字被填到保单上后，连声叫苦，想着他马上要外放了，又不好与他多计较。不久有禁烟公所的人来军机处调查，此公当场被查出身上有烟枪，随即被赶出军机处。易丞午、华壁臣无端被牵连，吃了降三级的处分。

不过吕式斌仕途比较顺畅，入军机处后接连被提拔。军机处档案每三年重修一次，由供事负责缮写，军机章京二人负责校对，事毕都有褒奖。宣统三年修档时，吕式斌奉命校对，事后加四品衔。入军机处三年，竟混到了四品，吕式斌对清廷充满了感激。

宣统二年冬季，由于革命党人密谋刺杀载沣。进出紫禁城盘查更为森严，军机章京们发给出入证一张，仆人则发给木制腰牌，查验之后再放行。吕式斌入宫时，守门士兵却不看他的出入证，让他自己去校尉值班房交验。到了校尉住处，吕式斌发现校尉还躺在床上呼呼大睡。兵丁将出入证交给他，校尉瞄了一眼之后下令开门放行。冬季入宫时，东华门内士兵都盖着破被子在门洞内呼呼大睡，夏季则用席子垫着睡在地上。午门、端门各门洞常见禁卫军在下围棋打发时间。三大殿左右墙角之下都是便溺臊味儿，污秽不堪。

每至正月隆裕皇太后万寿节，及五月五日、八月十五、年节等节日，军机章京照例都有赏赐，不外是丝绸之类。得赏之日，军机章京们一起进宫跪谢，行三跪九叩首礼。辛亥革命之后，隆裕太后寿辰照例给赏，吕式斌入宫谢恩时，"见人数寥落，凄凉景况，不胜今昔之感"。

军机处在晚清的变革中成了责任内阁，军机章京们在内阁中继续效力。进入民国之后，原军机章京吕式斌的仕途也比较顺畅，担任大总统府秘书，但他仍对清廷充满感情。1917年6月，吕式斌与其他章京一起入宫，至隆宗门内军机章京值班房小坐片刻，见旧日桌案犹在，而风景已殊，山河有异，不由黯然神伤。

已退位的清室对忠心的臣子予以了厚爱，在文华殿西屋赐宴，"珍肴约数十品，接连方桌二张，为之布满"。吃饭时有太监伺候，饭毕有各种点心、汤招待，并赠送香茶、吕宋烟，"同人对此盛设，心头上均不知是何滋味"。在后半生，吕式斌对于早年的军机章京生涯充满了回忆，"饮酒征歌，夜分始散，少年乐事，回首凄然"。

参考书目

[1]阿桂.平定两金川方略[M].文渊阁四库全书刻本.

[2]傅恒.平定准噶尔方略[M].文渊阁四库全书刻本.

[3]钦定大清会典则例[M].文渊阁四库全书刻本.

[4]钦定八旗通志:卷三十九[M].文渊阁四库全书刻本.

[5]来保.平定金川方略:卷二四[M].文渊阁四库全书刻本.

[6]鄂容安.鄂文端公年谱[M].抄本.

[7]王昶.春融堂杂记八种[M].刻本.塾南书舍藏版,1808（清嘉庆十三年）.

[8]赵翼.瓯北集:卷四十五[M].刻本.湛贻堂,1812（清嘉庆十七年）.

[9]那彦成.阿文成公年谱:卷一[M].刻本,1813（清嘉庆十八年）.

[10]包世臣.小倦游阁集[M].抄本.小倦游阁.

[11]包世臣.艺舟双楫:卷七[M].刻本.

[12]那彦成.那文毅公奏议:卷二十八[M].刻本,1834（清道光十四年）.

[13]长龄.懋亭自定年谱:卷一[M].刻本.桂丛堂,1841（清道光二十一年）.

[14]陆以湉.冷庐杂识:卷二[M].刻本,1856（清咸丰六年）.

[15]李星沅.李文恭公遗集·奏议[M].刻本,1866(清同治五年).

[16]陈其元.庸闲斋笔记:卷十一[M].刻本,1874(清同治十三年).

[17]李元度.国朝先正事略:卷十八[M].清同治刻本.

[18]陈康祺.郎潜纪闻:卷一[M].清光绪刻本.

[19]陈康祺.郎潜纪闻二笔:卷三[M].清光绪刻本.

[20]佚名.瓯北先生年谱[M].重刻《瓯北全集》本,1877(清光绪三年).

[21]李元度.天岳山馆文钞:卷九[M].刻本.

[22]陈庆镛.籀经堂类稿·奏疏:卷二[M].刻本,1883(清光绪九年).

[23]陈寿祺.左海文集:卷九[M].刻本.

[24]贺长龄.皇朝经世文编:卷十四[M].重校本.思补楼,1886(清光绪十二年).

[25]催国因.出使美国秘国日记:卷二[M].清光绪刻本.

[26]龚自珍.定盦全集·文集补编:卷二[M].刻本.万本书堂,1897(清光绪二十三年).

[27]丁宝桢.丁文诚公奏稿:卷一[M].补刻本,1899(清光绪二十五年).

[28]张寿镛.清朝掌故汇编[M].铅印本,1902(清光绪二十八年).

[29]震钧.天咫偶闻:卷一[M].刻本.甘棠转舍,1907(清光绪三十三年).

[30]胡家玉.胡小蘧通参自订年谱[M].光绪家刻本.

[31]李鸿章.李文忠公奏稿:卷二[M].民国影金陵原刊本.

[32]胡思敬.戊戌履霜录:卷二[M].南昌退庐刻本,1913.

[33]刘锦藻.清朝续文献通考·卷一百十八[M].北京:商务印书馆,

1936.

[34]吕式斌.枢曹追忆[J].中和月刊，1940，1（10）.

[35]朱寿朋.光绪朝东华录[M].北京：中华书局，1958.

[36]翁同龢.翁文恭军机处日记[M].台北：学生书局，1966.

[37]雍正.大义觉迷录[M].台北：文海出版社，1966.

[38]陈昌.霆军纪略[M].台北：文海出版社，1973.

[39]钱保塘.沈文忠公（兆霖）集[M].台北：文海出版社，1973.

[40]胡钧.张文襄公（之洞）年谱[M].台北：文海出版社，1973.

[41]赵尔巽.清史稿[M].北京：中华书局，1977.

[42]中国社会科学院近代史研究所近代史资料编辑组.热河密札[M]//近代史资料·总36号.北京：中华书局，1978.

[43]昭梿.啸亭杂录[M].北京：中华书局，1980.

[44]钱实甫.清代职官年表[M].北京：中华书局，1980.

[45]中国社会科学院历史研究所清史室、资料室.清中期五省白莲教起义资料[M].南京：江苏人民出版社，1981.

[46]张德泽编.清代国家机关考略[M].北京：中国人民大学出版社，1981.

[47]李宗侗，刘凤翰.清李文正公鸿藻年谱[M].台北：台湾商务印书馆，1981.

[48]洪良品，等.文文忠公（祥）事略[M].台北：文海出版社，1982.

[49]赵翼.檐曝杂记[M].北京：中华书局，1982.

[50]吴振棫.养吉斋丛录[M].北京：北京古籍出版社，1983.

[51]清实录·世宗宪皇帝实录[M].北京：中华书局，1985.

[52]清实录·高宗纯皇帝实录[M]. 北京：中华书局，1985.

[53]清实录·仁宗睿皇帝实录[M]. 北京：中华书局，1986.

[54]清实录·宣宗成皇帝实录[M]. 北京：中华书局，1986.

[55]清实录·文宗显皇帝实录[M]. 北京：中华书局，1986.

[56]谢兴尧.荣庆日记：一个晚清重臣的生活实录[M].西安：西北大学出版社，1986.

[57]杜春和，耿来金，张秀清. 荣禄存札[M]. 济南：齐鲁书社，1986.

[58]清实录·穆宗毅皇帝实录[M]. 北京：中华书局，1987.

[59]清实录·德宗景皇帝实录[M]. 北京：中华书局，1987.

[60]李星沅. 李星沅日记[M]. 北京：中华书局，1987.

[61]陈金林，齐德生，郭曼曼. 清代碑传全集[M]. 上海：上海古籍出版社，1987.

[62]翁同龢.翁同龢日记[M]. 北京：中华书局，1988.

[63]王文韶.王文韶日记[M]. 北京：中华书局，1989.

[64]中国第一历史档案馆.雍正朝汉文朱批奏折汇编[M].南京：江苏古籍出版社，1991.

[65]英和.恩福堂笔记[M]. 北京：北京古籍出版社，1991.

[66]张廷玉.张廷玉年谱[M]. 北京：中华书局，1992.

[67]河北省博物馆. 鹿传霖日记[J]. 文物春秋，1992(2).

[68]河北省博物馆. 鹿传霖日记[J]. 文物春秋，1992(3).

[69]河北省博物馆. 鹿传霖日记[J]. 文物春秋，1993(1).

[70]河北省博物馆. 鹿传霖日记[J]. 文物春秋，1993(3).

[71]河北省博物馆. 鹿传霖日记[J]. 文物春秋，1994(3).

[72]中国第一历史档案馆.光绪宣统两朝上谕档[M].桂林：广西师范大学出版社，1996.

[73]中国第一历史档案馆.咸丰同治两朝上谕档[M].桂林：广西师范大学出版社，1998.

[74]北京图书馆.北京图书馆藏珍本年谱丛刊：第129册[M]北京：北京图书馆出版社，1999.

[75]北京图书馆.北京图书馆藏珍本年谱丛刊：第139册[M]北京：北京图书馆出版社，1999.

[76]北京图书馆.北京图书馆藏珍本年谱丛刊：第146册[M]北京：北京图书馆出版社，1999.

[77]北京图书馆.北京图书馆藏珍本年谱丛刊：第158册[M]北京：北京图书馆出版社，1999.

[78]北京图书馆.北京图书馆藏珍本年谱丛刊：第161册[M]北京：北京图书馆出版社，1999.

[79]北京图书馆.北京图书馆藏珍本年谱丛刊：第162册[M]北京：北京图书馆出版社，1999.

[80]恽毓鼎.恽毓鼎澄斋日记[M].杭州：浙江古籍出版社，2004.

[81]林文仁.南北之争与晚清政局（1861—1884）：以军机处汉大臣为核心的探讨[M].北京：中国社会科学出版社，2005.

[82]北京市档案馆.那桐日记[M].北京：新华出版社，2006.

[83]祁寯藻，文廷式，吴大澂，等.《青鹤》笔记九种[M].北京：中华书局，2007.

[84]岑春煊.乐斋漫笔[M].北京：中华书局，2008.

[85]梁章钜，朱智.枢垣记略[M].北京：中华书局，2008.

[86]上海商务印书馆编译所.大清新法令（1901—1911）[M].北京：商务印书馆，2010.

[87]徐柯.清稗类钞[M].北京：中华书局，2010.

[88]李棠阶.李文清公日记[M].长沙：岳麓书社，2010.

[89]瞿鸿禨.瞿鸿禨集[M].长沙：湖南人民出版社，2010.

[90]祁寯藻.祁寯藻集[M].太原：三晋出版社，2011.

[91]梁章钜.归田琐记[M].上海：上海古籍出版社，2012.

[92]岑毓英.岑襄勤公奏稿[M].桂林：广西师范大学出版社，2012.

军机处二百年

后　记

　　自十余年前确定写作《军机处二百年》一书后，便开始了烦琐的史料收集工作。幸运的是，当年的军机大臣与军机章京们留下了大量与军机处相关的记载，而清人的笔记、年谱，清廷的实录、上谕，也提供了与军机处有关的海量材料。

　　军机处的史料浩瀚，如何择取、组合，自然让人费神。在写作中，困扰我的问题主要有几个方面。首先，一些重要事件，如果直接写军机处的处理过程，可能较为枯燥，降低了可读性。比如同治年间，天津教案发生之后，引发颇多争执。曾国藩在处理天津教案时，内心存在较大矛盾，而他最终的处理结果也存在较大争议，乃至引发了军机处内部的矛盾，进而带来了朝局变动。由曾国藩的心理历程，进而展示军机处内部的博弈与朝局变动，这样的处理相信会提高本书的可读性。

　　其次，由于军机处涉及的年代长、事件多，如何避免本书出现碎片化的倾向，也是困扰我的一个问题。故而每一朝的写作，尽量围绕中心展开，如雍正朝军机处初创，便以军机处创立的原因、创设的契机、军机处的奠基者等为中心。对乾隆朝，则以十全武功为中心，同时佐以军机处重要人物与事件。对嘉庆朝，由于正处国力下降的过程之中，整个政局呈现出保守的倾向，此章就以保守为主题，将军机处置于其中考察。至道光朝，大清帝国已处于衰落曲线的底部，故以面对颓废景象的军机处为主要内容。

再次，此书的写作，涉及大量军机处人事制度工作等方面的内容。这些内容是较为枯燥的，如廷寄制度，拟定谕旨，军机大臣、军机章京的职责之类。这些内容虽然晦涩，却又是不可或缺的。故在写作中，将这些内容分解开，融入各个章节的故事之中，在不降低可读性的同时，使读者对军机处有更全面的了解。

本书主要以军机处的人物与事件为中心，并对此加以拓展延伸，力图通过各种史料的比证，从一个新的角度展示历史。这样的写作方式，也使得本书的一些章节并不完全是军机处的内容。由此种写作方式，希望能向读者展示大历史背后小人物的作用，也希望读者朋友能够理解、喜欢这样的处理。

本书以人物为中心，既重视军机大臣，也重视军机章京。当太平军派出的北伐军进至天津时，咸丰不得不违背祖制，以弟弟奕䜣为军机大臣，坐镇中枢，扑灭北伐军，挽救危机。亲王入军机处，这也是危难之际的无奈之举。咸同二朝，文祥堪为军机处的顶梁柱，他主持了与英法联军的议和、扑灭了东北马贼动乱、创办了神机营、开办了京师同文馆，暂时挽回了大清帝国的颓势，为有清一代满人大臣之翘楚。军机章京中的杰出人物颇多，如丁守存，喜好枪炮，并亲身实践，又曾在前方策划战事，一生堪为传奇。如王拯，诗歌文章冠盖一时，但性格耿介，终不合于当时，归而退隐，以诗书文章传世。又如朱学勤，居中联系，为奕䜣通风报信，在辛酉政变中立下汗马功劳。

在本书之中，读者朋友将会与祁寯藻、彭蕴章、文祥、李棠阶、李鸿藻这些军机处的重要人物接触，也将看到军机处中的分歧、争斗、密谋。咸丰朝，由于肃顺的崛起和军机大臣的老去，导致军机处日渐虚弱，御前大臣竟得以参与军机处事务，并在咸丰死后，形成了顾命大臣主持大政的格局。只是在辛酉政变之后，奕䜣重新执掌军机处，方使军机处重新恢复权势。同治朝初期，由于慈禧尚未熟悉政务，放手让奕䜣处理政务，军机处权势益重。随着慈禧对政务的熟练，对实力益壮的奕䜣不满，双方不时产生矛盾。

就晚清末年的军机处而言，虽然有诸多优秀人物入主其中，但军机处未能有大作为。盖因光绪执政后，军机处面临着皇帝与太后的权力竞争，庚子年巨变之后，又经历了大阿哥党、帝党、后党的激烈争斗，诸多军机处人才于内讧之中消耗精血，哪里有余暇顾及国政？不论是军机处，还是光绪帝，都处于慈禧的阴影笼罩之下。慈禧死后，时间进入了宣统朝，一群后生小子主持朝政，军机处中也经历了诸多变革，面临着各种挑战。在晚清新政的热潮之中，军机处最终让位于责任内阁，告别了历史舞台。

历史的书写常受作者个人主观意志的影响，带有作者的私人烙印，只是深浅程度不一而已。虽然历史写作难免要受主观的影响，但著史者所能做的，且应该去做的，是尽量地还原客观历史。本书在写作中，尽可能不做主观评价，而以展示史实为主。到底，对历史的评判，恰如千人有千种生相，我尽可能将评判权交给读者。

袁灿兴

2021年3月20日

军机处二百年

著　　者｜袁灿兴　　责任编辑｜刘书乔

出 版 人｜崔　灿　　责任校对｜舒　舍

出版统筹｜马美著　　营销编辑｜谢一帆

书籍设计｜罗志义　　　　　　　唐　睿

光绪二年（1876），军机大臣文祥去世。

咸丰十年（1860）九月，英法联军在八里桥击败清军，进逼北京。咸丰帝逃往热河，恭亲王留京议和。十月，英法联军焚掠圆明园。同月，清廷与中英、中法分别签订《北京条约》。权臣肃顺控制军机处，军机处权势渐移。

咸丰元年（1851），太平天国起义爆发，以军机大臣赛尚阿为钦差大臣，前往广西督战。

咸丰十一年（1861）一月，设同文馆于北京。三月，设立总理衙门。八月，咸丰帝死于热河，同治即位。九月，"辛酉政变"爆发，两宫太后垂帘听政。恭亲王奕訢掌握军政大权。

咸丰三年（1853），恭亲王奕訢担任首席军机大臣。太平军占领南京，定为都城。

道光三十年（1850），道光去世，咸丰即位，下谕正式罢免首席军机大臣穆彰阿。

宣统元年（1909），各省要求速开国会运动爆发。军机大臣张之洞去世。

光绪三十一年（1905），五大臣出洋考察宪政。八月，废除科举制。

光绪二十四年（1898），推行维新变法运动，任命谭嗣同等人为军机章京。九月，慈禧太后发动政变，变法失败。

光绪十年（1884），中法战争爆发，军机处进退失据，和战不定。慈禧太后借此改组中枢，斥退奕䜣，史称『甲申易枢』。

宣统三年（1911）四月初十，责任内阁成立，军机处退出历史舞台。

光绪三十三年（1907）七月，张之洞、袁世凯同入军机处。十二月，罢袁世凯。

光绪二十六年（1900），义和团兴起。五月，清廷下诏向列强宣战。八月，八国联军攻陷北京，慈禧挟光绪出逃西安，军机处在此办公。

光绪二十年（1894）八月，甲午中日战争爆发。十月，翁同龢、李鸿藻、刚毅授军机大臣，张之万等人退出军机处。